"十二五"普通高等教育本科国家级规划教材

数学教学技能系列丛书

丛书主编/冯伟贞　何小亚

中学数学教学设计

（第三版）

何小亚　姚　静　主编

科学出版社

北京

内 容 简 介

本书紧扣数学新课标和现代数学教学论与学习论,以初中、高中数学新教材作为素材,内容包括数学教学设计导论,数学基本课型的教学设计,常见的数学教学模式,数学问题解决的教学设计,数学活动课的教学设计,数学微型教学,说课·听课·评课,数学教学设计的原理与策略.书中在每章前给出本章的内容框架、学习要求和目标;章后的"实践与反思"为读者提供进行实践的小课题和进行反思的问题案例.

本书可用作高等师范院校数学教育专业的本科生教材,也适合在职数学教师培训和教育硕士研究生使用.

图书在版编目(CIP)数据

中学数学教学设计/何小亚,姚静主编. —3 版. —北京:科学出版社,2020.7

(数学教学技能系列丛书/ 冯伟贞,何小亚主编)

"十二五"普通高等教育本科国家级规划教材

ISBN 978-7-03-063350-7

Ⅰ. ①中… Ⅱ. ①何…②姚… Ⅲ. ①中学数学课-教学设计-高等学校-教材 Ⅳ. ①G633.602

中国版本图书馆 CIP 数据核字 (2019) 第 255354 号

责任编辑:姚莉丽 / 责任校对:杨聪敏
责任印制:吴兆东 / 封面设计:陈 敬

科 学 出 版 社 出版

北京东黄城根北街 16 号
邮政编码:100717
http://www.sciencep.com

北京中石油彩色印刷有限责任公司印刷
科学出版社发行 各地新华书店经销

*

2008 年 7 月第 一 版 开本:720×1000 1/16
2012 年 7 月第 二 版 印张:21 3/4
2020 年 7 月第 三 版 字数:438 000
2025 年 8 月第二十九次印刷

定价:59.00 元

(如有印装质量问题,我社负责调换)

《数学教学技能系列丛书》编委会

《数学教学技能系列丛书》序言

应对新时代、新的教育理念和新课程改革的挑战,促进教师的专业发展是根本策略,而数学教师专业素质的培养和提升是其中的核心问题.

数学教师专业素质是在一般素质基础上形成和发展起来的数学教师职业基础性和通识性素养及品质,包括数学素养和品质、数学教育教学理论素养和品质以及数学教学技能. 对于数学素养、数学教育教学理论素养的内涵及其作为数学教师专业素质结构组成部分的重要性已经成为人们的共识. 在数学师范生的培养方案中,一般通过数学学科基础课群、数学专业课群、教育学及心理学基础课群和数学教育课群的设置来实现培养目标.

数学教学技能是数学教师在数学教学过程中,运用数学专业知识和教学理论及教学经验,使学生掌握学科基础知识、基本技能并受到思想教育等所采用的一系列教学行为方式,也是以教学操作知识为基础的动作技能与心智技能的统一. 动作技能包括一系列外部可见的机体动作,如语音、语调、语速、板书、绘图等包括口语表达技能、书面表达技能、仪器操作技能在内的部分;心智技能则主要指教师基于自身的数学素养及数学教学素养完成的心智活动方式,包括讲解、提问、抽象概括、对教学对象各种数学素质和知识能力水平的诊断等. 在实际教学过程中,动作技能与心智技能是交叉在一起,不可分割的. 但从对数学教学技能结构的解剖不难发现,教师的数学教学技能首先是教师基于个人数学素养、数学教育教学素养的外显行为方式,是教师实现个人相关素养的有效外显、有效传递及有效迁移的工具.

目前在师范生教学技能的培养中,"重视动作技能,轻视数学思想内化,轻视数学教育教学理论内化" 的现象是普遍存在的,学生的 "心智技能" 的形成相对滞后. 这与目前数学师范生培养的课程设置及课程内容中,数学学科知识学习、数学教育教学理论学习与教学技能培养三方面被割裂有重要关系,而学生本人也往往缺少打通三方关联的意识及能力.

本丛书的编写选取 "中学数学教学设计""中学数学解题研究""中学数学现代教学技术" 为立足点,着力于建立数学学科知识与思想方法、数学教育教学理论和数学教学技能三方融合的平台,为学生 "心智技能" 的养成提供支持.

教学技能的生成遵循 "初步感知 → 机械模仿 → 灵活运用 → 拓展创新" 这一发展历程. 本丛书的编写力求体现教学技能的这一发展过程,为读者提供丰富的案例,以促进数学教学技能素养的形成、强化和提高.

本丛书是以科学出版社 2008 年 "普通高等教育 '十一五' 规划教材·高等师范

院校数学教育系列丛书" 为基础修订、扩充而成. 具体工作包括:

1. 新增《中学数学教学设计案例精选》, 作为《中学数学教学设计》一书的配套用书.《中学数学教学设计案例精选》为读者提供类型丰富的教学设计案例, 力求使读者通过对案例的学习、比较、研究提高数学教学设计能力. 对案例的解读、点评及修改指引有效融合了大量的数学学科知识、思想方法及数学教育教学理论的解读及运用指引.

2. 修订完善《中学数学教学设计》一书, 使其更简洁、更实用.

3. 对《中学数学解题研究》一书以 "简洁思路及表述, 强化解题方法与技巧, 丰富案例" 为原则进行修订.

4. 对《中学数学现代教学技术》一书, 从原来侧重数学定量分析与信息技术相结合的定位, 向全面解决数学教学中定性分析、定量分析与信息技术相结合转移, 力求使读者更全面把握信息技术在解决数学教学过程中问题情境设置、图形定性及定量分析、数值分析与计算、数学探究等方面的辅助功能.

5. 新增《中学数学课件制作案例精选》(电子读物). 本电子读物收录了华南师范大学数学科学学院历届本科学生的优秀作品, 其中包括多件在全国、广东省多媒体课件制作竞赛中的获奖作品. 本电子读物对相关课件的教学设计、技术设计及制作技巧作了详细的剖析.

借此机会感谢华南师范大学数学科学学院对本丛书的编写所给予的精神上及经费上的大力支持, 感谢兄弟院校对本丛书的热情支持、积极推介和广泛使用. 科学出版社的领导对本丛书的出版给予了大力支持, 编辑们付出了辛勤劳动, 在此表示由衷的敬意和诚挚的谢意.

希望数学家、数学教育家及使用本丛书的各兄弟院校师生, 对本丛书提出宝贵意见和建议, 使它们在实践中不断完善, 为我国的数学教师专业发展发挥更好的作用.

冯伟贞

2011 年 7 月 1 日于广州华南师范大学

前　　言

在专业越来越细分的今天, 同医生、律师、各种技师这些职业一样, 教师专业化成了世界各国教育的共同趋势. 在数学教育领域, 数学教师专业化越来越受到人们关注. 在数学教师专业化领域的诸多问题中, 数学教师的专业素质问题是最核心的问题.

数学教师的专业素质包括数学素养、数学教育理论素养和数学教学技能. 一个优秀的数学教师应该对数学有好的理解, 具备较高的数学素养, 这已经成为人们的共识. 数学教育理论包括数学课程论、数学学习论和数学教学论, 简称 "数学教育三论". 国家基础教育课程改革的文件、数学课程标准和相应的数学教材担当起提高数学课程理论素养的角色. "数学教育心理学" 课程则负责解决数学学习论的素养问题. "数学教学论" 课程则解决数学教学论的素养问题.

数学教学技能属于实践性极强的意会知识, 要通过具体的教学实践活动才能培养. "中学数学教学设计" 课程就是为提高师范生的数学教学技能而设置的. 这门课程要解决下面几类问题:

(1) 数学教学设计的通用操作技术问题.

(2) 数学基本课型的教学设计问题.

(3) 常用教学模式的教学设计问题.

(4) 数学问题解决的教学设计问题.

(5) 数学活动课的教学设计问题.

(6) 数学微型教学及其设计问题.

(7) 如何说课? 如何听课? 如何评课?

(8) 数学教学设计的原理与策略问题.

本课程是华南师范大学的精品课程 "数学教学论" 的子课程, 属于教育部、财政部第二批高等学校特色专业建设点 "数学与应用数学" 的课程. 本书是华南师范大学教学改革项目 "新课程理念下 '中学数学教学设计' 研究性教学模式改革的实践研究" 的研究成果, 主要有以下 3 个特色:

1. 理念特色

(1) 体现时代性和先进性.

紧扣数学新课标, 以最新修订的国家数学课程标准和新教材作为数学教学设计的课程理论依据; 以数学教育心理学理论作为数学教学设计的学习理论依据; 以现代的数学教学理论作为数学教学设计的教学理论依据; 吸收同类教材的优点, 克服同类教材的缺陷.

(2) 突出应用性和拓展性.

基础教育数学新课程改革以及数学教师专业化发展的趋势,对数学教师提出了新的要求.本书的宗旨是,构建我国数学教师专业化的平台,为国家培养一大批适应数学新课程需要的、具有创新精神和实践能力的高素质的数学教师.本书既为读者提供应用性极强的数学教学的基本设计、微型设计,也为读者提供进行数学教学设计研究所必需的一般原理和策略.

(3) 具有实践性和操作性.

本书是数学教育类课程体系改革的一项成果,是理论在实践中的具体运用,表现出较强的实践性.书中的内容,不管是对师范生还是对在职教师,都是一些与备课紧密联系、具有操作性的典型范例.为师范生找工作提供说课、讲课帮助,为教师教学研究提供研究思路.

2. 结构特色

根据组块化、先行组织者等学习心理学的原理,我们在每一章的首页给出本章目录和本章概览,使读者能从总体上把握本章的知识结构.

在本章概览中,先说明本章要解决什么核心问题,然后指出学完本章后读者能做什么.

在每一章末,设置"实践与反思"模块.为读者提供进行实践的小课题和进行反思的问题案例,提高运用本章所学来解决问题的能力.

3. 内容特色

本书以现代数学教学设计导论为设计指导思想和技术,以数学教学的概念、原理、习题这三大内容的设计以及常见的数学教学模式为基础,以旧课程中少见的问题解决教学、数学活动教学为重点,以指导师范生专业成长、提高面试成功率的数学微型教学和说课为补充,最后,从数学教学设计研究者的角度,提供教学设计的一般原理和策略,为教师进行行动研究提供理论支持.

例如,针对许多数学教师在进行数学教学三维目标设计时出现的问题 —— 目标内涵不清楚,目标串位,目标层次要求不清楚,目标空洞无物,目标与内容不协调以及对"了解""理解""掌握""灵活运用"这四个术语界定不清,作者对知识与技能、过程与方法和情感态度与价值观这三维目标的内容、层次进行了具有可操作性的界定,使数学教学目标设计变成看得见、摸得着、做得到,而不是形同虚设的一项设计.

又如,在第 3 章中介绍引导探究的教学模式时,选取了既简单,又新颖,且经典的贝特朗概率悖论作为探究案例,不但使读者熟悉了这种教学模式,而且拓展了视野.

再如,针对目前师范院校数学教学论课程说课的空白,第 7 章从"什么是说课?

说课说什么? 怎样说好课?" 这三个角度弥补了这一缺憾, 并提供了两个说课评价标准和一个说课模板, 其适用性和操作性深受师生们的欢迎.

本书由何小亚 (华南师范大学) 负责确定内容结构框架, 姚静 (华南师范大学) 参与讨论. 各章撰写人员分工如下: 何小亚编写第 1 章并负责全书统稿; 卢建川 (广州大学) 编写第 2 章; 张映姜 (岭南师范学院) 编写第 3 章; 姚静编写第 4 章和第 8 章; 曾超益 (韩山师范学院) 编写第 5 章; 谢明初 (华南师范大学) 编写第 6 章; 廖运章 (广州大学) 编写第 7 章.

第三版除了对第二版中的错漏进行修订之外, 我们还针对《普通高中数学课程标准 (2017 年版)》和《中国学生发展核心素养》总体框架的新变化和新要求做了调整. 我们回答了这些问题: 什么是学生发展的核心素养? 什么是数学素养、数学核心素养, 二者与数学三维目标是什么关系? 三维目标是不是过时了, 核心素养目标比三维目标好? 体现数学素养的数学三维目标的内涵、外延是什么?

智者千虑, 必有一失. 尽管我们已经尽力, 但囿于水平, 书中疏漏和不足之处在所难免, 敬请广大读者批评指正.

何小亚

2019 年 10 月于华南师范大学

目　　录

第 1 章　数学教学设计导论

本章目录

本章概览

　　有这么一种说法: "某某老师很厉害, 他可以不用备课而随时上课. " 著名德国数学家希尔伯特 (Hilbert, 1862~1943) 在哥廷根大学任教时, 常常在课堂上即兴提出一些新的数学问题, 并立即着手解决. 虽然他并非每次都能得到圆满的解答, 甚至有时把自己 "挂" 在黑板上, 但他展现的思维过程却使学生受益匪浅.

　　追根溯源, 希尔伯特的老师、著名的德国数学家富克斯 (Fuchs, 1833~1902) 教授在为希尔伯特上线性微分方程时, 就采用了这样一种教学风格. 富克斯对所讲内容总是现想现推, 这使希尔伯特和他的同学们看到了数学家创造性活动的思维过程.

　　富克斯教授上课不备课却对希尔伯特产生了积极的影响 —— 富克斯效应. 但要注意, 教授的教学内容是他的研究成果和研究方法. 他不是不备课, 而是以学术研究的方式备课. 我们提出这样的口号:

　　"战场上, 不打不备之战! 课堂上, 不上不备之课! "

备课并不是要把教材背熟, 而是要设法让学生看到数学的思维过程. 数学教学是强调数学素养, 不是强化应试训练; 是以过程为核心, 不是以结论为核心; 是展示思维过程, 不只是传授数学知识结论. 那么如何备好课呢? 数学备课问题, 用专业术语来讲, 就是数学教学设计的问题.

本章主要回答 3 个问题: ①如何理解数学教学设计? ②数学教学设计的理论依据是什么? ③如何掌握数学教学设计的操作技术? 学了本章后, 你应该做到:

(1) 洞察数学教学的本质;

(2) 了解数学教学设计的理念、思路、理论依据;

(3) 理解数学教学三维目标设计的内容, 能清楚区分三维目标的层次;

(4) 了解教学内容分析和学生分析的思路;

(5) 熟悉教案编写的项目.

1.1 什么是数学教学设计

1.1.1 数学教学设计的含义

1. 数学教学的本质

为了准确把握数学教学设计的内涵, 首先来透视什么是数学教学.

1) 数学教学过程的主要矛盾

不管是哪一层次、哪一阶段的数学教学, 都是由教师、学生、教学内容和教学目标这 4 个要素组成的一个系统. 这 4 个基本要素的关系见图 1.1.

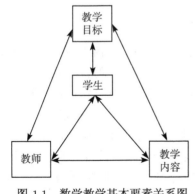

图 1.1 数学教学基本要素关系图

由数学教学基本要素关系图可看出, 数学教学系统中存在着许多矛盾. 比如说学生的实际水平和教学目标之间的差异所构成的矛盾、学生和教学内容之间的矛盾、教师的教与学生的学之间的矛盾、教师和教学内容之间的矛盾等. 在这些矛盾中, 学生的实际水平和教学目标之间的差异所构成的矛盾是数学教学系统最核心的矛盾. 它决定着数学教学过程的性质和层次, 规定和影响着其他矛盾的存在和发展.

首先, 这个矛盾决定着数学教学过程的存在、层次, 并贯穿于一切数学教学过程的始终. 学生之所以参加数学教学活动, 就是因为学生的实际水平和教学目标之间存在着差异. 教学的目的就是为了缩小这个差异, 一旦这个差异被消除, 原来的教学过程就完结, 学生的水平得到提高. 但是, 当向学生提出更高的教学目标要求时, 新的差异就产生了, 学生又转入新的、更高层次的教学系统. 随着数学教学目标的升级, 数学教学系统就不断得到升级. 当体现课程目标的各种教学目标得以实现后, 即 "差异" 得以消除, 一个阶段的教学过程就此结束, 学生就毕业或者进入社会. 当社会对他提出更高的要求时, 新的差异就会产生, 学习者又重新回到教学活动中来. 比如说各种职业培训、在职教育就属于这种情况. 因此, 学生的实际水平与教学目标之间的差异是教学过程存在的根本原因.

其次, 这个矛盾规定和影响着其他矛盾的存在和发展. 数学教学系统中的许多矛盾, 如学生和教师之间的矛盾、学生和教学内容之间的矛盾、教师和教学内容之间的矛盾、教学目标和教学内容之间的矛盾, 几乎都是随着 "差异" 这个矛盾的产生而产生, 随着这个矛盾的消失而消失. 这些矛盾的解决都是为了解决 "差异" 这个矛盾.

2) 学生的主体地位

教学过程的主要矛盾是学生的实际水平与教学目标之间的矛盾. 学校的一切教学活动都是为了解决这个矛盾, 以逐步缩小学生与国家制订的课程标准目标之间的差距, 从而实现全面发展.

数学教学过程是学生的数学认知结构的建构过程. 数学知识结构只有通过学生本身的内化才能转化为学生头脑中的数学认知结构. 因此, 学生在数学教学中处于非常重要的主体地位. 学生发展的根本原因是学生内部的矛盾性, 而不是学生之外的诸如教材、教学手段等外部条件. 学生内部的矛盾性主要表现为求知欲和自身的数学水平 (或数学认知结构) 之间的矛盾. 求知欲中包含着自觉、积极、主动和独立的特性, 表现为学习的兴趣、愿望、信念等形式. 学生能根据客观条件和自身的需要、目的、计划和聪明才智来支配自己的活动, 以满足自己的需要, 获得自身的发展. 由于学生具有这种自主性、选择性和能动性, 因而从发展的眼光来看, 学生的数学认知结构决定了数学教学过程的层次和进程. 随着数学认知结构的不断建构与优化, 学生由不会学发展为会学, 由完全依赖教师发展为部分依赖或不依赖教师, 教师对学生的影响逐渐减少. 从此意义上讲, 教师的 "教" 就是为了 "不教".

因此, 在数学教学中, 教师不能忽视学生学习的主观能动性, 应充分激发学生的求知欲, 加强启发引导, 让学生阅读, 让学生想, 让学生讲, 让学生议论, 让学生练, 让学生验证, 帮助学生正确建构自己的数学认知结构, 提高他们的数学水平.

3) 教师的主导作用

数学教学过程是学生在教师的指导下能动地建构自己的数学认知结构的过程. 教师在这个过程中起着举足轻重的主导作用, 主要表现在以下几个方面:

(1) 教师作为学生和数学知识结构之间的中介. 学生之所以参加数学活动, 那是因为学生的数学认知结构水平和数学知识结构水平之间存在着差异. 教学的目的就是为了缩小这个差异, 在二者之间建立联系. 由于数学知识结构是既定的客观实在, 它不能主动向学生传输. 而学生在一定的学习阶段, 由于受自身条件, 如年龄特征、智力水平、知识水平等的限制, 不能有效独立地将新知识内化, 教师恰好充当连接这两个系统的桥梁, 使二者产生联系, 从而消除它们之间的不平衡.

(2) 了解学生原有的数学认知结构. 要发展学生良好的数学认知结构, 教师必须了解学生原有的数学认知结构, 也就是要了解学生头脑中的知识结构以及学生的智力、能力、个性心理特征, 这样才能选择、提供合适的数学材料, 使新的数学知识和学生原有的适当观念联系起来. 也只有在了解了学生原有的数学认知结构之后, 教师才能对于那些缺少的观念进行补充, 使那些模糊的和稳定性不强的观念变得清晰和稳定. 例如, 在平面几何学习中, 要用内错角定理来证明三角形的内角和定理, 如果学生不了解平行公理, 或不知道内错角定理, 或平角的概念是模糊的, 或缺少化归的思想观念, 那么学生是难以理解的.

(3) 熟悉教材的内在逻辑结构, 对教学内容进行加工. 要使学生将数学知识结构很好地内化为他们的数学认知结构, 除了了解学生原有的数学认知结构外, 教师还要熟悉教材的内在逻辑结构. 不仅要熟悉教材各个部分之间的联系, 而且还要熟悉教材的整体结构, 熟悉教材中隐含的数学思想方法, 为学生接受新知识提供最佳的固定点. 在熟悉了学生原有的数学认知结构和教材的逻辑结构之后, 教师就应该有针对性地对教学内容进行必要的加工处理, 使之与学生的数学认知结构产生尽可能多的联系, 选用适当的教学方法和教学手段进行教学. 不能把数学知识作为一种 "结果" 直接传授给学生, 要把数学知识的学习作为一种过程让学生参与. 教师应注意充分暴露自己的思维过程, 使学生从教师思考、探索和再发现的过程中学到今后真发现的本领.

总而言之, 在数学教学中, 教师应在新旧知识之间架设好认知的 "桥梁", 创设问题情境, 激发学生的学习兴趣和求知欲望, 暴露解决问题的思路, 揭示解决问题的思想方法, 使学生的数学认知结构得到良好的建构.

综上所述, 数学教学系统有 4 个基本要素: 教师、学生、教学目标、教学内容. 教学过程的主要矛盾是学生的实际水平和教学目标之间的差异, 它规定和影响着教学过程中其他矛盾的存在和发展; 学生是教学过程中最重要的因素, 他决定着教学过程的进程; 教师在教学过程中起着调控作用, 调控作用的大小取决于学生发展水平的高低. "数学教学的本质是学生在教师的引导下能动地建构数学认知结构, 并使自己得到全面发展的过程." (何小亚, 2004)[125]

2. 数学教学设计的内涵与核心问题

数学教学过程有 4 大要素, 即教师、学生、教学目标、教学内容. 数学教学设计是教师根据学生的认知发展水平和课程培养目标, 来制订具体教学目标, 选择教学内容, 设计教学过程各个环节的过程.

数学教学设计过程是一个系统工程, 其核心问题是教什么? 怎样教? 达到什么效果? 也就是说, 数学教学设计要解决以下 3 大问题:

1) 要达到什么目标

这个问题必须以课程培养目标为依据, 结合学生的认知水平, 制订出切实可行的具体目标, 如知识与技能目标、过程与方法目标、情感态度与价值观目标.

2) 如何实现目标

这个问题要求结合具体的教学目标、教学内容, 设计相应的教学环节.

3) 设计效果如何

这个问题要求通过教学实践, 对所设计的教学目标、教学内容、教学环节的科学性、合理性、可行性进行评价反思.

1.1.2 数学教学设计的思路

数学教学低效的核心原因是: 教师不知道学生知道了什么, 以及教师也不清楚要学生知道什么. 因此, 明确数学教学目标, 熟悉学生的认知基础, 洞察学生的认知障碍, 是提高数学教学效率的根本. 教学设计的目的是解决学生现有水平与培养目标的差异问题. 那么, 如何评价学生学前与学后的表现? 为此, 加涅提出了学习结果五维度模型: 言语信息、动作技能、智慧技能、认知策略、态度. 我们认为, 在数学教育领域, 5 类学习的结果的含义如下:

(1) 言语信息是指通过言语传达信息的能力, 即 "知识" "知道是什么" 的能力. 习得数学言语信息的学生, 能够回答一些陈述性的数学知识, 如会说、会背、会写一些数学概念、数学原理、数学事实结论, 但并不能理解和运用.

(2) 动作技能是指将各动作组成连贯、精确的完整动作的能力. 例如, 绘制函数图像, 动手制作几何模型, 用直尺和圆规二等分一个已知角, 动手获取测量数据等.

(3) 智慧技能是运用符号与环境相互作用的能力, 即 "知道如何去做" 的能力. 习得数学概念的学生, 学会了运用概念去识别概念的例证和反例, 也就学会了以其为标准对个体进行归类的能力; 习得数学原理的学生, 能够将其用于具体的情境, 也就是说学会了相应的心理运算操作 (产生式) 能力. 更进一步, 学会了综合运用原理解决问题的能力.

(4) 认知策略是指指导自己注意、学习、记忆和思维的能力. 控制自身内部技能的能力. 认知策略包括一般的认知策略和元认知策略.

一般的认知策略包括复述的策略、精加工策略 (给学习内容赋予心理意义, 构建联系等)、组织策略 (形成概念图、分类、类推、形成产生式、概括等)、问题解决策略 (表征问题策略、化归策略、波利亚策略等).

元认知策略是指个体对自身学习过程的有效监控策略. 它包括制订认知计划、实际控制认知过程、及时检查认知成果、及时调整认知计划, 以及在认知活动偏离目标时采取补救措施, 对自己的注意力或行为进行自我管理.

(5) 态度是指影响个体行为选择的心理状态. 数学学习结果中的态度主要包括:

(i) 对数学学科的态度 —— 数学信念. 例如, 数学就是计算; 数学就是证明; 数学就是逻辑推理; 数学是思维的体操; 数学是解决其他学科问题的有力工具; 数学是一种文化; 数学就是一大堆的公式、法则和定理, 是一种规定, 没有什么实在意义.

(ii) 对数学的兴趣. 比如, 数学很好玩; 我喜欢解数学题; 我喜欢几何; 我想研究数学; 数学没有意思.

(iii) 对数学具体内容的态度. 例如, 函数概念太抽象了; 勾股定理太漂亮了, 可用来解决许多实际问题; 式子 $e^{2\pi i} = 1$ 太美了, 里面不但有有理数, 有无理数 e, π, 还有复数 i, 如此简洁, 如此统一, 如此和谐, 帅呆了 (感受数学的美)!

数学教学设计必须以数学教学的本质观为核心理念. 数学教学的本质是学生在教师的引导下能动地建构数学认知结构, 并使自己得到全面发展的过程. 在这一过程中, 学生是主体, 教师是主导. 教学设计要体现以学生为本, 以学生发展为核心, 要体现教师的组织者、引导者与合作者的主导作用.

我们认为, 在数学教学设计中, 制订教学目标时可以围绕学生学习的 5 种结果, 即言语信息、动作技能、智慧技能、认知策略、态度来操作. 在评价教学或学生学习的效果时, 可以从学习的结果这 5 个角度来进行.

数学教学设计的思路是以学生学前状况为起点, 以数学教学目标为导向, 以学生的学习为平台, 以学生学习的类型、结果为依据的一个过程, 如图 1.2 所示.

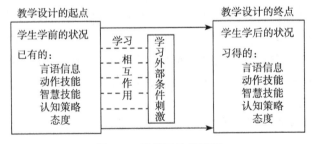

图 1.2　教学设计思路图

1.1.3　数学教学设计的理念

1. 提高教学效率

数学教学设计最基本、最重要的理念是提高教学效率. 教学效率的高低主要体现在: 是否激发了学生学习的动机, 尤其是内在动机; 是否促进了学生的学习; 是否落实了教学目标要求.

2. 实施系统设计

数学教学过程是一个涉及教师、学生、教学内容和教学目标这 4 个要素的一个动态系统. 在这个系统中, 4 个要素是相互作用, 相互影响的, 必须全面地考虑它们在系统中的作用, 而不能只重视其中之一二. 因此, 数学教学设计要求实施系统设计. 也就是说, 教师要真正将数学教学过程作为一个动态的、开放的系统来设计. 必须从整体上综合考虑数学教学系统中的各个要素, 使它们协调统一, 实现系统的整体功能, 优化数学教学过程.

3. 教是为了不教

"一切为了学生的发展" 是数学新课程的核心理念. 学生是数学教学系统中最重要的一个要素. 数学教学必须以促进学生的学习为主要目标, 体现 "以人为本" 的先进教育理念. 现代的数学教育十分强调以问题解决教育为价值取向, 这就要求数学教学设计必须以提高学生的问题解决能力为重要目标, 使学生逐步学会独立学习, 从而实现 "教是为了不教" 的最终目标.

教师在实施教学之前需要进行教学设计, 但在教学过程中又不可拘泥于教学设计, 防止被教学设计束缚了手脚, 一切应以学生为重, 以教促学, 应学生动而动, 应情境变而变, 对课堂教学各种变化进行综合把握, 及时作出正确的判断, 采取有效的应对措施.

4. 三维目标设计 —— 追求数学素养的达成

新课程提出, 要改变课程过于注重知识传授的倾向, 强调形成积极主动的学习态度, 使获得基础知识与基本技能的过程同时成为学会学习和形成正确价值观的过程. 在培养目标上强调知识与技能, 过程与方法, 情感态度与价值观三维目标的整合, 最终实现数学素养的达成和促进学生核心素养发展的目标.

因此, 数学教学已不再仅仅以 "双基" 为目的, 以 "知能 (literacy: 读、写、算)" 为目的, 而是更加关注知识技能的形成过程和学习方式的多样化. 让学生在多样化的数学活动中感受、体验数学的探索与创造, 使学生对数学有好的理解, 形成良好的情感态度价值观.

1.2　数学教学设计的理论依据

数学教学设计是以教学目标为导向, 以学生的学习为平台, 以学生学习的结果为依据的一个动态过程. 其核心理念是促进学生的学习, 教是为了不教. 因此, 各种学习理论以及数学新课程的教学理念是数学教学设计的理论依据.

1.2.1 现代学习理论

1. 行为主义学习理论 (何小亚, 2004)[46~64]

行为主义学习理论主要包括桑代克的试误学习理论、巴甫洛夫的条件反射理论和斯金纳的操作学习理论. 尽管他们对学习的研究与解释均不同, 但他们对学习的认识本质是一致的, 即学习是在一个特定的刺激与一个特定的反应之间建立联系的过程. 但刺激与反应之间联系的建立过程, 各家的观点是有区别的. 桑代克强调刺激与反应的联系要通过试误的方式进行. 巴甫洛夫强调条件刺激与反应之间联系的形成是通过条件刺激与无条件刺激的多次配对引起的. 而斯金纳则强调强化刺激对刺激与反应之间的联系的强化作用. 桑代克的试误理论对认识数学问题解决的思路探索过程具有重要的参考作用. 巴甫洛夫的条件反射理论为洞察数学符号学习的本质提供了理论框架. 而斯金纳的强化学习理论则对数学练习的教学, 化解难点, 以及良好学习习惯的形成均有直接的指导价值.

2. 认知主义学习理论 (何小亚, 2004)[65~99]

认知主义学习理论主要包括格式塔顿悟学习理论、布鲁纳的发现学习理论、奥苏贝尔的有意义学习理论和加涅的累积学习理论 (严格说, 加涅是介于行为主义者和认知主义者之间的折中主义者).

行为主义者在研究人的学习时撇开了意识的作用, 只关注环境刺激如何引起人的行为的变化, 忽略了人类认知的内部心理过程. 我们知道意识具有认识的功能, 具有目的性, 具有情感因素, 能区分我与非我, 它对学习有重大的、不可忽视的影响作用. 而认知主义者则克服了行为主义者的这一缺陷, 将心理过程与外显行为的研究结合起来. 他们认为, 学习不是刺激与反应之间简单的联结过程, 而是个体与其环境相互作用的结果, 是学习者积极主动形成认知结构的过程. 但他们对认知结构的形成的观点是不同的. 格式塔学派强调通过顿悟, 即知觉重组来构造完形. 布鲁纳主张学习者通过认知操作, 即动作表征、映象表征、符号表征, 采取发现学习的方式来发展自己的认知结构. 奥苏贝尔强调有意义学习, 通过同化来发展认知结构. 折中主义者加涅则提出了累积学习模型.

格式塔顿悟学习理论能使我们透视数学问题解决过程的本质; 布鲁纳的发现学习理论对训练学生发现问题、提出问题和培养创造意识有重要的指导作用; 奥苏贝尔的有意义学习理论能使我们理解区分机械学习与有意义学习; 加涅的累积学习模型和信息加工理论为数学教学设计提供了直接的支持.

3. 建构主义学习理论

建构主义是认知主义的进一步发展. 建构主义学习理论的代表人物是皮亚杰和维果茨基. 建构主义的学习观主要包括:

(1) 学习不是被动地接受外部知识, 而是根据自己的经验背景, 对外部信息进行选择、加工和处理, 从而获得心理意义. 意义是学习者通过新旧知识经验的相互作用过程而建构的. 意义是不能传输的. 人与人交流, 传递的只是信号而非意义. 接收者必须对信号加以解释, 重新构造其意义.

(2) 学习是一种社会活动. 个体的学习与他人 (教师、同伴、家人、偶然相识者) 有着密切的联系. 传统教育倾向于将学习者同社会分离, 将教育看成是学习者与目标材料之间一对一的关系. 而现代教育意识到学习的社会性, 同其他个体之间的对话、交流、协作是学习体系的一个重要部分.

(3) 学习是在一定的情境之中发生的. 学生意义的建构依赖于一定的情境. 这种情境包括实际情境、知识生成系统情境、学生经验系统情境. 创设问题情境是教学设计的重要内容之一 (莫雷, 2002)[128~135].

总而言之, 学习是个体基于已有的学习基础 (智力与非智力), 在一定的情境下, 通过主客体的互动, 积极主动地建构个人心理意义的过程.

王希华教授 (2003)[186~196] 指出, 建构主义提倡在教师指导下的、以学生为中心的学习. 也就是说, 既强调学生的认知主体作用, 又不忽视教师的指导作用. 教师是意义建构的帮助者与促进者, 而不是知识的传授者与灌输者. 学生是信息加工的主体, 是意义的主动建构者, 而不是外部刺激信息的被动接受者.

建构主义学习要求学生在以下几个方面发挥主体作用:

(1) 要用探索法、发现法去建构知识的意义.

(2) 在建构意义过程中要主动去收集并分析有关的信息和资料, 对所学习的问题要提出各种假设并努力加以验证.

(3) 要把当前的学习内容尽量与以前的经验相联系, 并对这种联系认真地思考. "联系" 与 "思考" 是意义建构的关键. 如果能将联系与思考的过程与协作学习中的协商过程 (即交流、讨论的过程) 结合起来, 那么建构意义的效率会更高, 质量会更好.

建构主义学习要求教师在以下几个方面发挥指导作用:

(1) 激发学生的兴趣, 帮助学生形成学习动机.

(2) 通过创设符合教学内容要求的情境和提示新旧知识之间联系的线索, 帮助学生建构当前所学知识的意义.

(3) 为了使意义建构更加有效, 教师应在可能的条件下组织协作学习 (开展讨论与交流), 并对协作学习过程进行引导, 使之朝有利于意义建构的方向发展. 比如, 提出适当的问题以引起学生的思考与讨论; 在讨论中设法将问题引向深入, 以加深理解; 启发学生自己发现规律, 自己纠正错误的、片面的理解.

莫雷教授 (2002)[128~135] 指出: 建构主义的教学设计强调以学生为中心, 认为学生是知识意义的主动建构者, 教师只对学生的意义建构起帮助和促进作用, 注重发挥学生的首创精神, 让他们在不同情境下应用所学的知识并实现自我反馈. 重视教学中师生、生生之间的相互作用, 倡导自主学习和协作学习; 强调 "情境" 对意义建构的作用, 注重对学习环境 (而非教学环境) 的设计; 强调利用各种信息资源来支持学生的自主学习和协作式探索; 强调学习过程的最终目标是完成意义建构而非完成教学目标. 建构主义的教学设计一般包括下列内容与步骤: ①教学目标分析; ②情境创设; ③信息资源设计; ④自主学习设计; ⑤协作学习环境设计; ⑥学习效果评价设计; ⑦强化练习设计. 他们认为每个人都在以自己的经验为背景建构对事物的理解, 因此只能理解到事物的不同方面, 不存在唯一正确的理解. 教学要使学生超越自己的认识, 而通过协商和讨论, 可以使他们相互了解彼此的见解, 形成丰富的理解, 以利于广泛的迁移.

1.2.2　新课程的教学理念

1. 学生观 (何小亚, 2004)[110~112]

"一切为了每一位学生的发展" 是新课程倡导的学生观, 具体来说它包括 3 个方面, 即学生是发展的人; 学生是独特的人; 学生是具有独立意义的人.

1) 学生是发展的人

把学生看成是发展的人, 主要包括以下 3 个方面的认识:

(1) 学生的身心发展是有规律的. 它要求教师掌握学生身心发展的理论, 熟悉不同年龄阶段学生身心发展的特点, 并依据学生身心发展的规律和特点开展教育教学活动, 以促进学生身心的健康发展.

(2) 学生具有巨大的发展潜能. 教师应认识到, 人的才能表现为外在能力和潜在能力两种形式, 外在能力是已经形成的并明显表现出来的能力, 而潜在能力则是尚未开发和显现出来的一种能力, 只要有合适的环境, 具备一定的条件, 尤其是个体拥有从事体现能力的活动机会, 个体的这种潜能就会迸发显现出来. 教师要相信学生身上潜藏着巨大的发展能量, 坚信每个学生都是积极上进, 追求进步和完善的, 是有培养前途的, 是可以获得成功的, 教师对教育好每一个学生应充满信心.

(3) 学生是处于发展过程中的人. 教师应认识到, 学生是一个尚未成熟的人, 一个正在成长的人. 学生是在教育过程中发展起来的, 是在教师的指导下成长起来的. 从某种程度上说, 学生的生活与命运掌握在学校和教师的手中, 学生对生活是否有信心, 是否觉得幸福快乐, 其能力是否得到充分发展, 是否能健康成长, 都和其所在的学校与所遇到的教师有很大的关系.

2) 学生是独特的人

把学生看成是独特的人, 主要包括以下 3 个方面:

(1) 学生是完整的人. 学生并不是单纯、抽象的学习者, 而是有着丰富个性的完整的人. 在教育活动中, 作为完整的人而存在的学生, 不仅具备全部的智慧力量和人格力量, 而且体验着全部的教育生活. 要把学生作为完整的人来对待, 就必须反对那种割裂人的完整性的做法, 还学生完整的生活世界, 丰富学生的精神生活, 给予学生全面展现个性力量的时间和空间.

(2) 每个学生都有自身的独特性. 受遗传、社会环境、家庭条件和生活经历等因素的影响, 每个学生都有自身独特的 "心理世界", 他们在兴趣、爱好、动机、需要、气质、性格、智力和特长等方面是各不相同, 各有侧重的. 教师应珍视学生的这些独特性, 培养具有独特个性的人. 独特性也意味着差异性, 教师不仅要正视学生之间的差异, 而且要尊重差异, 善待差异, 鼓励差异, 使每个学生在原有的基础上都得到完全、自由的发展.

(3) 学生与成人之间存在着巨大的差异. 学生和成人之间有很大的差别, 他们在行为方式、思维方式、价值观和生活经历、体验等方面都和成人有明显不同. 在教育过程中, 教师应注意进行角色换位思考, 多从学生的角度考虑问题, 找到适合学生的教育方式.

3) 学生是具有独立意义的人

把学生看成是具有独立意义的人, 主要包括以下 3 个方面的认识:

(1) 每个学生都是独立于教师之外、不以教师的意志为转移的客观存在. 教师应视学生为不以自己的意志为转移的客观存在, 不能把自己的意愿强加于学生, 应把学生当作具有独立性的人来看待, 使自己的教育和教学适合学生的需要和发展. 教师应是学生发展的引导者和促进者, 而不是强人所难的塑造者, 因为强人所难会挫伤学生的主动性和积极性, 扼杀其创造性, 只会造成学生的逆反心理.

(2) 学生是学习的主体. 正如每个人都只能用自己的身体器官吸收物质营养一样, 每个学生也都是靠自己的认知来吸收精神营养. 学生是学习的主人, 教师不可能代替学生学习, 只能为学生创设良好的情境, 让学生自己观察, 自己思考, 自己体验.

(3) 学生是责权主体. 在现代文明社会, 一方面, 学生享有一定的法律权利和承担着一定的法律责任, 是一个法律上的责权主体; 另一方面, 学生也享受特定的伦理权利和承担一定的伦理责任, 也是伦理上的责权主体. 视学生为责权主体的观念, 是建立民主、道德、合法的教育关系的基本前提, 是时代的要求. 因此, 学校和教师既要保护学生的合法权利, 又要引导学生学会对学习, 对生活, 对自己, 对他人负责, 学会承担责任.

2. 教学观与教师角色的转变

1) 教学是师生交往、积极互动、共同发展的过程

在传统教学中, 教学被看成是教师有目的、有计划、有组织地传授学生知识、训练学生技能、发展学生智力、培养学生能力、陶冶学生品德的过程. 教学关系是,

教师负责教, 学生负责学; 以教为中心, 学围绕着教转; 教师讲, 学生听; 教师问, 学生答; 教师写, 学生抄; 先教后学, 教多少就学多少, 不教就不学, 不考就不教.

在新课程中, 教学被看成是师生交往、积极互动、共同发展的过程. 在这一过程中, 教师与学生分享彼此的思想、知识和经验, 交流彼此的感受和体验, 实现教学相长和共同发展. 交往意味着人人参与, 意味着平等对话, 意味着尊重和信任, 意味着理解和宽容. 交往使得学生的主体性得到体现, 个性得到表现, 创造性得到发展.

新课程的教学观要求教师的角色要作出相应的转变.

(1) 教师要从一个知识传授者转变为学生发展的促进者. 也就是说, 教师要把主要精力转到激发学生的内部动机 (内部动机是指想要在学习本身中发现学习的源泉和报偿. 以内在动机为学习动力的学习者, 除了动机所推进的活动之外, 不要求任何别的外部报偿. 他所要求的报偿就是对于该活动的出色结果的满足感, 或是对活动过程本身的喜悦. 它包括好奇心、上进需要、自居作用和伙伴之间的相互作用), 培养学习能力和积极个性上来, 要把教学的重心放在如何促进学生的 "学" 上, 从而真正实现教是为了不教.

(2) 教师要从课堂支配者转变为学习活动的组织者、引导者与合作者. 具体而言, 教师要组织学生寻找、收集和利用学习资源, 营造开放式的课堂气氛, 保持学生积极的学习心态; 为学生的自主性学习活动提供参考意见, 激活学生进一步探究所需的先前经验, 引导学生围绕问题的核心进行探索和讨论; 建立人道的、和谐的、民主的、平等的师生关系, 让学生在平等、尊重、信任、理解和宽容的氛围中受到激励和鼓舞, 得到指导和建议.

教师的作用特别要体现在引导学生思考和寻找当前问题与已有知识经验的联系, 营造一个激励探索和理解的气氛, 为学生提供有启发性的讨论模式. 教师要鼓励学生表达, 并在加深理解的基础上对不同的答案开展讨论. 要引导学生分享彼此的思想成果, 并重新审视自己的想法. 教师要善于抓住学生的想法, 不断引导学生关注问题的重要方面, 及时揭示那些出现在学生中的新颖的、有意义的交流实例.

(3) 教师应成为教学的研究者. 与其他教育研究者相比, 一线教师有着丰富的实践经验, 容易发现教学中的问题, 也有能力对自己的教学进行探索、研究和改进. 教师经过自己的研究与努力, 以及同事的合作交流, 就能解决教学中遇到的问题. 因此, 教师要以研究者的心态参与到教学中去, 以研究者的眼光审视和分析教学理论和实践中的问题, 对自身的教学行为进行反思, 对出现的问题进行研究, 对获得的经验及时进行总结, 形成规律. 学会并养成 "反思" 的习惯是优秀教师成长的共性特征. 而反思与实践的结合, 对教师教学智慧的提升具有不可估量的作用. 肖川教授 (2002) 说得好: "教育就是不完美的人引领着另一个 (或一群) 不完美的人追求完美的过程."

2) 教学不仅仅是为了掌握知识的结论, 更重要的是经历求知的过程教学的目的不只是掌握现存的知识结论, 其最重要的目的是将习得的知识迁移到新情境中去, 也就是要学生创造性地解决问题.

知识结论仅仅是问题解决的必要条件. 学生不能解决问题的主要原因之一就是头脑中缺少相关的产生式. 重结论、轻过程的教学把构建产生式的生动过程变成了机械的言语连锁学习, 没有过程的知识结论学习是不能使学生建立真正的产生式的.

重结论、轻过程的教学是注重记忆背诵, 忽视活动过程的简单化教学. 英国哲学家 M. Polanyi 认为, 人类大脑中的知识分为明确知识 (explicit knowledge) 和意会知识 (tacit knowledge). 明确知识是指能言传的, 可以用文字来表述的知识. 意会知识是指不能言传的, 不能系统表述的知识. 意会知识是镶嵌于实践活动之中的, 是情境性和个体化的, 只可意会, 不可言传. 例如, 无论你掌握了多么丰富的游泳的明确知识, 但从来没有在水中折腾过, 那么你永远也学不会游泳, 因为你脑中缺乏游泳的意会知识. 游泳是在游泳的实践活动中才能学会的. 传统的学习方式只注意到了明确知识的学习, 忽视了意会知识的学习. 意会知识隐藏在人类的实践活动中, 只有通过亲身的活动体验才能学会和提高. 另外, 学习不仅要用大脑思考, 而且要用眼睛观察, 用耳朵倾听, 用语言表达, 用手操作, 即要亲身去经历, 去感悟. 这不仅仅是认知的需要, 更是激发学生生命活力, 促进学生成长的需要. 因此, 新课程特别强调过程教学, 让学生参与、让学生活动、让学生操作、让学生考察、让学生调查、让学生探究、让学生表达、让学生经历、让学生体验等.

培养学生的创新精神和实践能力是新课程的重要目标之一. 在数学教学中要培养学生的创造性思维, 就要充分揭示思维过程.

(1) 充分揭示概念的形成过程. 数学中的很多抽象概念常常以精炼的定义形式出现, 并略去了其形成的过程, 教师应将此过程充分揭示出来, 使学生经历比较、抽象、概括、假设、验证和分化等一系列的概念形成过程, 从中学到研究问题和提出概念的思想方法.

(2) 充分揭示结论的发现过程. 数学教科书的定理和性质大多数是按照 "定理 — 证明 — 例题 — 习题" 的模式来安排的. 为顾全精炼、严谨和系统的原则而将数学结论的发现过程略去. 数学结论的发现与提出, 实际上经历了曲折的实验、比较、归纳、猜想和检验等一系列探索过程. 如果教师能将这一结论的发现过程揭示出来, 或者引导学生经历这一探索过程, 那么就不仅仅使学生了解结论的由来, 强化对定理的理解和记忆, 而且可以培养学生发现问题和提出问题的能力, 为今后的科学发现奠定基础. 我们应该牢记, 真发现和真创造的能力是靠再发现与再创造的学习而培养的.

(3) 充分揭示问题解决的思路探索过程. 数学创造性思维和问题解决有密切的关系, 即使是划时代的数学创造也是诞生于数学家对某一相关问题的探索之中. 从数学教育的角度来说, 某人对某一数学问题的解决是否属于创造性的, 不在乎这一解决曾否有别人提出过, 而关键在于这一问题及其解决对解题者而言是否具有新颖性. 因此, 数学创造性思维的培养就是要培养学生创造性地解决数学问题的能力.

教材上的定理、性质、例题等问题的证明与求解, 往往以最简约的形式给出, 省去了复杂的思路探索过程. 如果教师只是按书上的顺序将这种方法传授给学生, 学生学到的不过是一种机械的模仿或者最多是会解这一类问题. 但当学生面临一个新情境下的、具有挑战性的问题时, 可能就会束手无策. 实际上, 一种解题方法的得出并不是一蹴而就的, 往往要经历艰苦的思路探索过程. 面对一个问题, 解题者首先调动已有的经验去理解问题, 然后应用自己的认知策略去作思路探索. 常见的认知策略包括联想、类比、想象、简单化、特殊化、一般化、数形结合、反过来想、顺推与逆推结合等. 每一种策略就是一条思路, 解题者要根据自己的经验对所选择的思路进行探索和评价. 如果不行, 就得立即进行调整, 换另一条思路. 如此进行下去, 直到探索到正确思路为止. 这一过程实质上是一个尝试, 错误, 调整, 再尝试, 再错误, 再调整 …… 的过程. 教师要想使学生学会创造性地解决问题, 就必须在平时的教学中将问题解决的思路探索过程充分暴露在学生面前, 使学生从中学会问题解决的思路探索方法.

3) 教学要关注每一位学生的发展

以学科为本位的教学, 重认知轻情感, 只关注学科知识的学习, 忽视学生在教学活动中的情感体验. 以学科为本位的教学把学科凌驾于教育之上, 重教书轻育人, 只注重学科知识的学习和学科能力的培养, 不关注学生道德品质和人格的发展. "一切为了每一位学生的发展" 是新课程的核心理念. 在教学中, 教师要关注每一位学生.

关注学生, 就是要关注学生的情感体验. E. L. Thorndike 的效果律告诉我们, 若刺激与反应之间联结的形成同时伴以愉快的情绪体验时, 这种联结就会增强, 否则就会减弱. 因此, 教学应该使学生获得成功和自信, 为学生带来愉快的情绪体验. 过多的错误和失败的经历会影响学生的情绪, 甚至能摧毁学生的自信和自尊. 下面这则故事可以使我们体会到鼓励和自信的力量 (高国春, 2002).

有位母亲第一次参加家长会, 幼儿园的老师说: "你儿子有多动症, 在板凳上 3 分钟都坐不了." 回家的路上, 儿子问她, 老师都说了些什么? 她鼻子一酸, 差点流下眼泪. 然而, 她头一回对儿子撒了 "谎": "老师表扬了你, 说宝宝原来在板凳上坐不了 1 分钟, 现在能坐 3 分钟了. 别的家长都非常羡慕妈妈, 因为全班只有宝宝进步了."

在第二次家长会上, 老师说: "全班 50 名同学, 这次数学考试, 你儿子排第 49 名. 我们怀疑他智力有问题, 你最好带他到医院查一查." 回家的路上, 她流了泪. 然而, 当回到家里, 看到诚惶诚恐的儿子时, 她又振作精神地 "撒谎": "老师对你充满信心. 他说你并不是一个笨孩子, 只要能细心些, 会超过你的同桌. " 说这话时, 她发现儿子暗淡的眼神一下子充满了光亮, 沮丧的脸也一下子舒展开来. 第二天上学, 儿子比平时起得都要早.

孩子上了初中, 家长会上老师告诉她: "按你儿子的成绩, 考重点中学有点危险." 回到家里, 她又一次对儿子 "撒谎": "班主任对你非常满意, 他说了, 只要你努力, 很有希望考上重点中学."

高中毕业时, 儿子把一封印有清华大学招生办公室的特快专递交到她手里, 边哭边说: "妈妈, 我一直都知道我不是个聪明的孩子 ……"

关注学生, 意味着尊重每一位学生的尊严和人格, 尊重智力发育迟缓的学生, 尊重学业成绩不良的学生, 尊重被孤立和拒绝的学生, 尊重有过错的学生, 尊重有严重缺点和缺陷的学生, 尊重和自己意见不一致的学生. 尊重学生意味着不伤害学生的自尊心, 不体罚学生, 不辱骂学生, 不大声训斥学生, 不羞辱、嘲笑学生, 不随意当众批评学生, 不冷落学生. 关注学生, 意味着信任和赞赏, 赞赏每一位学生的独特性、兴趣、爱好和特长, 赞赏每一位学生所取得的进步, 赞赏每一位学生所付出的努力和所表现出来的善意, 赞赏每一位学生的质疑精神和对自己的超越.

1.2.3 学生发展的核心素养、数学素养、数学核心素养理论

数学教育的未来之路必然是以追求理解、追求探究、追求问题解决为价值取向, 最终实现数学素养的达成, 并促进学生的核心素养发展. 那么什么是学生发展的核心素养? 什么是数学素养? 什么数学核心素养?

1. 发展学生的核心素养(林崇德, 2016)

改革开放 40 多年, 中国取得了举世瞩目的成就. 经济飞速发展, 与此同时, 我们还需要提升我们的文化软实力. 为此, 2012 年 11 月, 中共十八大报告明确提出 "三个倡导", 即 "倡导富强、民主、文明、和谐, 倡导自由、平等、公正、法治, 倡导爱国、敬业、诚信、友善, 积极培育和践行社会主义核心价值观". 2017 年 9 月 24 日, 针对文化软实力发展的需要和第八次课程改革存在的问题, 中共中央办公厅、国务院办公厅印发《关于深化教育体制机制改革的意见》, 由此掀起了以核心素养为标志的第九次课程改革. 教育部曾于 2013 年委托北京师范大学和华南师范大学等五所高校研究学生发展的核心素养, 最终于 2016 年 9 月 13 日正式发布了《中国学生发展核心素养》.

《中国学生发展核心素养》的总体框架以科学性、时代性和民族性为基本原则, 以培养 "全面发展的人" 为核心, 分为文化基础、自主发展、社会参与三大领域, 综合表现为人文底蕴、科学精神、学会学习、健康生活、责任担当、实践创新六大素养. 每一个素养又依次具体细化为三个要点, 一共十八个基本要点: 人文积淀、人

文情怀、审美情趣; 理性思维、批判质疑、勇于探究; 乐学善学、勤于反思、信息意识; 珍爱生命、健全人格、自我管理; 社会责任、国家认同、国际理解; 劳动意识、问题解决、技术运用.

核心素养是学生在接受相应学段的教育过程中, 逐步形成的适应个人终身发展和社会发展需要的必备品格和关键能力. 其基本特点是: ①核心素养是所有学生应具有的最关键、最必要的基础素养; ②核心素养是知识、能力和态度等的综合表现; ③核心素养可以通过接受教育来形成和发展; ④核心素养具有发展连续性和阶段性; ⑤核心素养兼具个人价值和社会价值; ⑥学生发展核心素养是一个体系, 其作用具有整合性.

2. 提高学生的数学素养(何小亚, 2015)

数学素养是一种十分重要的学生发展的核心素养. 在全球很多发达国家、先进组织和发达地区的核心素养框架中, 大多数将 "数学素养" 列为学生发展核心素养的一级指标 (林崇德, 2016)[107].

数学素养是满足学生自身发展和社会发展所必备的数学方面的品格和能力, 是数学的知识、能力和情感态度价值观的综合体现. 数学素养的构成要素为: 数学化、数学运算、数学推理、数学意识、数学思想方法和数学情感态度价值观. 按照学生获得的先后顺序和难易程度, 数学素养的表现水平可以由低到高分成三个层次: 数学知识与技能、数学过程与方法和数学情感态度价值观.

当前, 数学教学低效的主要原因是教师不知道理解数学要理解什么, 也不清楚到底要教会学生什么. 因此, 要提高学生的数学素养, 首先就要提高教师的数学素养. 于是, 数学教师培训必须解决的核心问题是: 如何帮助教师深刻认识数学和欣赏数学? 如何提高教师对数学具体内容的理解水平? 如何由低效的应试刷题教学转向数学问题解决教学?

3. 数学核心素养的细分

数学核心素养其实就是一些重要的、关键的数学能力. 2018 年 1 月 16 日公布的《普通高中数学课程标准 (2017 年版)》中给出的高中数学核心素养是: 数学抽象、逻辑推理、数学建模、运算能力、直观想象、数据分析.《义务教育数学课程标准 (2011 年版)》给出了十个关键词, 也就是小学初中的数学核心素养: 数感、符号意识、空间观念、几何直观、数据分析能力、运算能力、推理能力、应用意识、创新意识、模型思想. 当前, 最迫切需要解决的问题是, 在数学教学中, 如何科学、具体地落实这些数学核心素养?

首先, 考虑到数学抽象的研究对象有两类, 一是真实世界, 二是数学世界. 另外, 数学抽象的内容主要有三类: 一是问题, 二是数学概念, 三是数学原理. 于是数学抽象的内容就可以细分为两类六种: 一是在真实世界中利用理想化和数学表示提出数学问题、数学概念、数学原理, 这个叫水平数学化 (horizontal mathematization). 数学建模是一种很重要的水平数学化, 可以将其单列出来讨论; 二是在数学世界中提出更高级的数学问题、数学概念、数学原理, 这个叫垂直数学化 (vertical mathematization).

其次, 标准中所说的逻辑推理的内容实质上包括了演绎推理与部分合情推理的内容.

最后, 直观想象这一条核心素养中的 "直观" 属于数学思想. 直观只是化归的手段之一, 它只解决了代数与几何的联系问题. 其实化归是比直观更普遍、更重要的数学核心素养. 无论是初等代数还是高等代数, 处理方程问题时, 都是在把多元问题化归为少元问题, 最终少到一元; 把高次问题化归为低次问题, 最终低到一次. 立体几何中也是将空间问题化归为平面问题, 平面问题化归为数轴问题. 而想象则属于合情推理, 它是一种重要的合情推理形式.

基于以上三点考虑, 结合文献 (何小亚, 2016a) 的研究结论, 可以将数学核心素养细分调整为: 数学化、数学运算、数学推理、数学意识、数学思想方法和数学情感态度价值观.

1) 数学化是从现实世界到数学世界或者由低层数学到高层数学的转化过程. 它主要包括:

(1) 形式化: 用简洁有效的符号来表示心里产生的数学问题、概念、原理和结构模式的过程, 它可以分为水平数学化 (在真实世界中利用理想化和数学表示提出数学问题、数学概念、数学原理) 和垂直数学化 (在数学世界中提出更高级的数学问题、数学概念、数学原理).

(2) 图式化: 是对形式的数学本质内容的内化过程, 是对数学概念、原理、模式的理解过程.

(3) 数学建模: 就是运用理想化和数学表示的手段从实际问题中概括提炼出一个数学模型, 求出模型的解, 检验模型的合理性, 从而使这一实际问题得以解决的过程.

2) 数学运算是指, 根据算理和算法对数与式进行的运算. 它要求运算要正确、迅速、合理, 并对运算结果的正确性进行判断、验算. 它包括: 数值计算、代数运算.

3) 数学推理是指, 由一个或几个已知判断得出一个新的数学判断的思维形式. 它包括:

(1) 演绎推理 (deductive reasoning, 中国学界习惯称之为逻辑推理): 从已有的事实和确定的规则出发, 按照逻辑推理规则进行的推理, 它是一种必然性推理.

(2) 合情推理 (plausible reasoning): 从已有的事实出发, 凭借经验和直觉, 通过不完全归纳、类比和想象等方式来推断某些结果的推理, 它是一种或然性推理.

4) 数学意识是个体在思考问题时在数学方面的自觉意识或思维习惯, 是用数学的眼光看世界的具体内容, 它包括:

(1) 数的意识: 对数的意义的理解; 数的表示; 数的大小的相对性; 用数进行交流; 算法的选择: 数值的估算与解释.

(2) 符号意识: 能够理解并且运用符号表示数、数量关系和变化规律; 知道使用符号可以进行运算和推理, 所得到的结论具有一般性, 能用符号进行交流.

(3) 空间观念: 指根据物体特征抽象出几何图形, 根据几何图形想象出所描述的实际物体; 想象出物体的方位和相互之间的位置关系; 描述图形的运动和变化; 依据语言的描述画出图形, 图形的分解与组合, 等等.

(4) 数据分析意识: 意识到数据中隐藏着重要信息; 有收集数据、分析数据、用数据说理的习惯; 意识到数据分析方法的多样性与合理性; 通过数据分析体验随机性.

(5) 应用意识: 一是有意识利用数学的概念、原理和方法解释现实世界中的现象, 解决现实世界中的问题; 二是认识到现实生活中蕴涵着大量与数量和图形有关的问题, 这些问题可以抽象成数学问题, 用数学的方法予以解决.

5) 数学思想方法是数学思想和数学方法的统一, 它既包括观念层面的数学思想 (一种数学观念, 它是贯穿于一类数学方法中的普遍的方法原则、策略和规律) 又包括操作层面的数学方法. 比如数形结合思想、公理化思想、化归思想、模型化思想、统计思想、随机思想、微积分思想, 等等.

6) 数学情感态度价值观是指, 个体对数学学科、数学活动、数学对象的喜好、立场观念等心理倾向. 它包括: 对数学的自信心, 对数学的科学价值、应用价值和文化价值的认识, 对数学的独特之美的感受, 等等.

1.3   数学教学设计技术

数学教学设计是一个系统设计, 必须综合考虑数学教学系统中的各个要素, 即教学目标、教学内容、学生情况、教师情况. 数学教学设计的具体操作技术可以从目标分析、内容分析、学生分析、教案编写这 4 个方面来进行.

1.3.1   数学教学的目标分析

教什么? 达到什么程度? 是数学教学设计的核心问题之一. 数学教学设计首先要进行目标设计. 教学目标有不同的类型, 也有不同的要求. 许多教师的教学之所以层次低、效果不佳、达不到数学课程的要求, 最主要的原因是教学目标设计出了这样一些问题: 尽管数学课程改革已经实施了十几年, 但许多教师, 包括专业的数学教育研究者, 仍未能明确数学三维目标的内涵和外延.

许多一线教师都在抱怨, 三维目标还没搞明白, 怎么又出来 "核心素养目标" 呢? 华东师范大学的崔允漷教授认为 "三维目标" 本身就比较难理解, 尤其是 "过程与方法" 的目标. 由于看不清 "过程与方法" 目标的内涵和外延, 他认为三维目标是较低的 2.0 版本, 核心素养目标是较高的 3.0 版本 (郭跃辉, 2018). 三维目标真的过时了吗? 事实上, 三维目标本身体现的恰恰就是核心素养的要求, 我们不能因自己不知道、不理解而对其持否定的态度.

其实, 核心素养的定义和特点表明, 以核心素养为标志的第九次数学课程改革不是革命性的, 课堂教学改革更不是革命性的 (革命是要否定, 要推翻, 要打倒重来的!), 而是对第八次数学课程改革的传承, 是补齐没有落实好过程与方法、情感态度价值观目标这一短板的深化改革, 这也是中央文件《关于深化教育体制机制改革的意见》的精神.

不少数学教育专家、教研员在各种场合说: "三维目标是课程目标, 不是课堂教学目标, 在数学课堂教学设计中没必要都写三维目标"; "情感态度价值观目标要靠过程教学来完成, 过程性目标里就有情感态度价值观目标, 怎么能分开来写?" 试问: 没有每一节课的过程与方法、情感态度价值观目标的具体化设计和追求, 何来总体课程的过程与方法、情感态度价值观目标的实现? 认为不能把过程性目标和情感态度价值观目标分开来写的原因是他们自身并没有明确数学三维目标的内涵和外延.

在设计数学课堂教学目标时, 众多的数学教育杂志上的优秀教案, 不少国家级、省级的获奖教案, 都出现了这样一些硬伤: 目标内涵不清楚、目标串位、目标层次要求不清楚, 目标只是一个摆设, 空洞无物, 与内容不协调, 与学生实际不符. 请看某初中教师设计的《平均数、中位数、众数的使用》教案中很不专业的教学目标:

知识与技能: 让学生接触并解决一些社会生活中问题, 培养学生的数学应用意识和创新意识, 重视和提高学生的理解水平.

过程与方法: 根据不同的问题情景, 选择合理的统计量进行分析决断, 在问题解决过程中, 培养学生自主学习能力.

情感、态度与价值观: 提供适当的问题情景, 激发学生的学习热情, 培养学生学习数学兴趣, 在合作学习中, 学会交流, 相互评价, 提高学生的合作意识与能力. 又如教案《回归分析的基本思想及其初步应用》的教学目标也出现了前述的一些问题 (何小亚, 2011)[263~275].

1. 数学教学目标的类型

数学教学目标的类型可以分成总体目标、学段目标、内容目标、课堂教学目标 4 类.

总体目标

义务教育阶段数学课程的总体目标大体上分为以下 3 个方面:

(1) 获得适应社会生活和进一步发展所必需的数学的基础知识、基本技能、基本思想和基本活动经验;

(2) 体会数学知识之间、数学与其他学科之间、数学与生活之间的联系, 运用数学的思维方式进行思考, 增强发现和提出问题的能力、分析和解决问题的能力;

(3) 了解数学的价值, 提高学习数学的兴趣, 增强学好数学的信心, 养成良好的学习习惯, 具有初步的创新意识和实事求是的科学态度.

上述总体目标进一步被分为以下 4 点:

1) 知识技能

(1) 经历数与代数的抽象、运算与建模等过程, 掌握数与代数的基础知识和基本技能;

(2) 经历图形的抽象、分类、性质探讨、运动、位置确定等过程, 掌握图形与几何的基础知识和基本技能;

(3) 经历在实际问题中收集和处理数据、利用数据分析问题、获取信息的过程, 掌握统计与概率的基础知识和基本技能;

(4) 参与综合实践活动, 积累综合运用数学知识、技能和方法等解决简单问题的数学活动经验.

2) 数学思考 (思维)

(1) 建立数感、符号意识和空间观念, 初步形成几何直观和运算能力, 发展形象思维与抽象思维;

(2) 体会统计方法的意义, 发展数据分析观念, 感受随机现象;

(3) 在参与观察、实验、猜想、证明、综合实践等数学活动中, 发展合情推理和演绎推理能力, 能清晰地表达自己的想法;

(4) 学会独立思考, 体会数学的基本思想和思维方式.

3) 问题解决

(1) 初步学会从数学的角度发现问题和提出问题, 综合运用数学知识解决简单的实际问题, 增强应用意识, 提高实践能力;

(2) 获得分析问题和解决问题的一些基本方法, 体验解决问题方法的多样性, 发展创新意识;

(3) 学会与他人合作交流;

(4) 初步形成评价与反思的意识.

4) 情感态度

(1) 积极参与数学活动, 对数学有好奇心和求知欲;

(2) 在数学学习过程中, 体验获得成功的乐趣, 锻炼克服困难的意志, 建立自信心;

(3) 体会数学的特点, 了解数学的价值;

(4) 养成认真勤奋、独立思考、合作交流、反思质疑等学习习惯, 形成实事求是的科学态度.

高中数学课程的培养目标是: 进一步提升学生综合素质, 着力发展核心素养, 使学生具有理想信念和社会责任感, 具有科学文化素养和终身学习能力, 具有自主发展能力和沟通合作能力.

学段目标

九年义务教育阶段被划分为 3 个学段, 每一学段的数学课程都有一个学段目标, 每一个学段目标都按照知识技能、数学思考、问题解决和情感态度 4 个维度来阐述. 初中属于第三学段 (7~9 年级), 其学段目标如下:

1) 知识技能

(1) 体验从具体情境中抽象出数学符号的过程, 理解有理数、实数、代数式、方程、不等式、函数等概念; 掌握必要的运算 (包括估算) 技能; 探索具体问题中的数量关系和变化规律, 掌握用代数式、方程、不等式、函数进行表述的数学表示方法.

(2) 探索并掌握相交线、平行线、三角形、四边形和圆的基本性质与判定, 掌握基本的证明方法和基本的作图技能; 探索并理解平面图形的平移、旋转、轴对称; 认识投影与视图; 探索并理解平面直角坐标系, 能确定位置.

(3) 体验数据收集、处理、分析和推断过程, 理解抽样方法, 体验用样本估计总体的过程; 进一步认识随机现象, 能计算一些简单事件的概率.

2) 数学思考

(1) 通过用代数式、方程、不等式、函数等工具来表达数量关系的过程, 体会模型的思想, 建立符号意识; 在研究图形性质和运动、确定物体位置等过程中, 进一步发展空间观念; 经历借助图形思考问题的过程, 初步建立几何直观.

(2) 了解利用数据可以进行统计推断, 发展建立数据分析观念; 感受随机现象的特点.

(3) 体会通过运用合情推理探索数学结论, 运用演绎推理探究证明的过程, 在多种形式的数学活动中, 发展合情推理与演绎推理的能力.

(4) 学会独立思考, 体会数学的基本思想和思维方式.

3) 问题解决

(1) 在具体的情境中, 能从数学的角度发现问题和提出问题, 并综合运用数学知识和方法等解决简单的实际问题, 发展应用意识和实践能力;

(2) 经历从不同角度分析问题和解决问题的过程, 体验解决问题方法的多样性;

(3) 在与他人合作和交流的过程中, 能客观地理解他人的思考方法和结论;

(4) 能针对他人所提的问题进行反思, 初步形成评价与反思的意识.

4) 情感态度

(1) 积极参与数学活动, 对数学有好奇心和求知欲;

(2) 感受成功的快乐, 体验独立解决数学问题的历程, 有克服困难的勇气, 具备学好数学的信心;

(3) 在运用数学表示和解决问题的过程中, 认识数学具有抽象、严谨和应用广泛的特点, 体会数学的科学价值和应用价值;

(4) 敢于发表自己的想法、提出质疑, 养成独立思考、合作交流等学习习惯.

高中的学段目标如下:

(1) 通过高中数学课程的学习, 获得进一步学习以及未来发展所必需的数学基础知识、基本技能、基本思想、基本活动经验 (简称 "四基"); 提高从数学角度发现和提出问题的能力、分析和解决问题的能力 (简称 "四能").

(2) 在学习数学和应用数学的过程中, 发展学生的数学核心素养, 学会用数学眼光观察世界, 用数学思维分析世界, 用数学语言表达世界.

(3) 通过高中数学课程的学习, 提高学习数学的兴趣, 增强学好数学的自信心, 养成良好的数学学习习惯, 发展自主学习的能力; 树立敢于质疑、善于思考、严谨求实的科学精神; 不断提高实践能力, 提升创新意识; 认识数学的科学价值、应用价值、文化价值和审美价值.

内容目标

义务教育阶段的数学课程内容都分成数与代数、图形与几何、统计与概率、综合与实践 4 大模块. 高中阶段的数学课程内容分 4 个必修主题, 3 个选择性必修主题和 5 类选修课程. 每一个主题都有相应的主题内容目标.

例如, 初中的统计与概率这一主题的内容目标如下:

1) 抽样与数据分析

(1) 经历收集、整理、描述和分析数据的活动, 了解数据处理的过程; 能用计算器处理较为复杂的数据.

(2) 体会抽样的必要性, 通过实例了解简单随机抽样.

(3) 会制作扇形统计图, 能用统计图直观、有效地描述数据.

(4) 理解平均数的意义, 能计算中位数、众数、加权平均数, 了解它们是数据集中趋势的描述.

(5) 体会刻画数据离散程度的意义, 会计算简单数据的方差.

(6) 通过实例, 了解频数和频数分布的意义, 能画频数直方图, 能利用频数直方图解释数据中蕴涵的信息.

(7) 体会样本与总体关系, 知道可以通过样本平均数、样本方差推断总体平均数、总体方差.

(8) 能解释统计结果, 根据结果作出简单的判断和预测, 并能进行交流.

(9) 通过表格、折线图、趋势图等, 感受随机现象的变化趋势.

2) 事件发生的概率

(1) 能列出随机现象所有可能的结果以及指定事件发生的所有可能结果, 了解事件发生的概率.

(2) 知道通过大量地重复试验, 可以用频率来估计概率.

高中的必修课程主题四概率与统计的内容目标如下:

1) 概率

(1) 随机事件与概率

(i) 结合具体实例, 理解样本点和有限样本空间的含义, 理解随机事件与样本点的关系 (参见案例 12). 了解随机事件的并、交与互斥的含义, 能结合实例进行随机事件的并、交运算.

(ii) 结合具体实例, 理解古典概型, 能计算古典概型中简单随机事件的概率.

(iii) 通过实例, 理解概率的性质, 掌握随机事件概率的运算法则.

(iv) 结合实例, 会用频率估计概率.

(2) 随机事件的独立性

结合有限样本空间, 了解两个随机事件独立性的含义. 结合古典概型, 利用独立性计算概率.

2) 统计

(1) 获取数据的基本途径及相关概念

(i) 知道获取数据的基本途径, 包括: 统计报表和年鉴、社会调查、试验设计、普查和抽样、互联网等.

(ii) 了解总体、样本、样本量的概念, 了解数据的随机性.

(2) 抽样

(i) 简单随机抽样

通过实例, 了解简单随机抽样的含义及其解决问题的过程, 掌握两种简单随机抽样方法: 抽签法和随机数法. 会计算样本均值和样本方差, 了解样本与总体的关系.

(ii) 分层随机抽样

通过实例, 了解分层随机抽样的特点和适用范围, 了解分层随机抽样的必要性, 掌握各层样本量比例分配的方法. 结合具体实例, 掌握分层随机抽样的样本均值和样本方差 (参见案例 13).

(iii) 抽样方法的选择

在简单的实际情境中, 能根据实际问题的特点, 设计恰当的抽样方法解决问题.

(3) 统计图表

如根据实际问题的特点, 选择恰当的统计图表对数据进行可视化描述, 体会合理使用统计图表的重要性.

(4) 用样本估计总体

(i) 结合实例, 能用样本估计总体的集中趋势参数 (平均数、中位数、众数), 理解集中趋势参数的统计含义.

(ii) 结合实例, 能用样本估计总体的离散程度参数 (标准差、方差、极差), 理解离散程度参数的统计含义.

(iii) 结合实例, 能用样本估计总体的取值规律.

(iv) 结合实例, 能用样本估计百分位数, 理解百分位数的统计含义 (参见案例 14).

课堂教学目标

课堂教学目标就是一节课的教学目标. 总体目标、学段目标和内容目标是宏观目标, 是远期目标, 它们要由一节一节课的课堂教学目标来具体体现、落实. 课堂教学目标是当期目标, 它受制于前 3 类目标, 是实现前 3 类目标的基础.

2. 数学课堂教学目标的设计

不管是义务教育阶段还是高中阶段, 数学课堂教学目标都可以按照知识与技能、过程与方法、情感态度与价值观这 3 个维度进行设计.

1) 知识与技能

这一维度指的是数学基础知识和基本技能. 其内容主要包括 3 类: 第一类是数学概念、数学原理 (即数学定理、性质、公式、法则)、基本的数学事实结论这样一些用于回答 "是什么" 问题的陈述性知识, 它属于言语信息; 第二类是涉及数学概念、数学原理、基本的数学事实结论的运用, 用于回答 "做什么" 的问题的程序性知识, 它属于认知技能; 第三类是数学操作性技能, 它属于动作技能 (何小亚, 2004)[189~191].

知识与技能目标的要求可以分成以下 4 个层次:

了解　能回忆出知识的言语信息; 能辨认出知识的常见例证; 会举例说明知识的相关属性.

理解　能把握知识的本质属性; 能与相关知识建立联系; 能区别知识的例证与反例.

掌握　在理解的基础上, 能直接把知识运用于新的情境.

综合运用　能综合运用知识解决问题.

"了解"(同义词: 知道、认识、辨认)、"理解"、"掌握" 都是针对某一具体数学知识而言的."综合运用" 则强调综合运用各种知识来解决问题. 而这里所说的 "问题" 则包括纯数学问题和实际问题, 以及介于这两者之间的应用题 (部分理想化了的实际问题). 需要强调的是, "掌握" 是以理解为前提的单个知识的运用水平. 那种会套用而不理解的水平不属于 "掌握" 水平.

由于综合运用的难度主要取决于知识点的数量与由已知通向答案的步骤的数量, 以及思路步骤间的跨度大小, 因此, 综合运用层次还可以据此细分.

我们在写知识与技能目标时, 可以根据其知识与技能的内容和层次要求来写. 比如说, "了解什么" "理解什么" "掌握什么" "综合运用什么". 综合运用还可以再写细一些, 如 "使学生达到两个知识点三步骤的综合运用水平."

了解和理解反映了构建知识意义的水平; 掌握与综合运用反映了知识迁移运用的水平. 知识运用的水平可以分成正用知识水平、逆用知识水平和变形使用知识水平. 如 "逆用 …… 定理" "逆用 …… 公式" "变形使用 …… 公式".

"会解" "会用" "解决" 这些术语既指单一知识点的掌握水平, 也指综合运用水平.

2) 过程与方法

过程与方法的内容是: 通过数学学习过程, 把握数学思想方法、形成数学能力, 改善数学思维品质 (广阔性、深刻性、灵活性、独创性、批判性和严谨性), 发展数学意识, 提高问题解决能力 (何小亚, 2016b)[201~241] 和积累基本活动经验.

标准中所说的数学核心素养就是数学能力系统中的一些关键能力, 也就是说, 数学能力已经包括标准中所说的数学抽象、逻辑推理、数学建模、运算能力、直观想象、数据分析等能力.

培养学生的 "数学眼光" 实际上就是培养学生的数学意识, 其操作性定义为: 数的意识、符号意识、空间观念、数据分析意识、应用意识.

基本活动经验是指经历一项数学基本活动后所获得的意会知识 (tacit knowledge). "意会知识是指不能言传的、不能系统表述的知识. 意会知识是镶嵌于实践活动之中的, 是情境性的和个体化的, 只可意会, 不可言传. 只有通过亲身的活动体验才能学会和提高. "(何小亚, 2016b)[140] 基本活动经验是否符合专业标准, 取决于我们为学生提供了什么样的活动. 学生经历接吻, 就获得了吻的经验; 经常刷题, 就获得刷题的经验; 经历问题解决的过程, 就获得了问题解决的经验; 经历了数学试算、猜想、探究、发现的过程, 就积累了数学研究发现的经验.

描述过程与方法目标的常见术语有: 经历 …… 过程、培养 …… 能力、领悟 …… 思想方法、发展 …… 意识、学习 …… 的问题解决方法; 观察、参与、尝试; 探索、研究、发现; 合作、交流、反思.

在写过程与方法目标时, 可以根据其内容和上述术语来写.

3) 情感态度与价值观

这里的情感是指, 在数学活动过程中的比较稳定的情绪体验. 数学态度是指, 对数学活动、数学对象的心理倾向或立场. 表现出兴趣、爱好、喜欢与否、看法立场. 数学态度可以演变为数学信念 —— 对数学持有的较为稳定的总体看法、观念. 数学态度包括对数学学科的态度 (即数学信念)、对数学的兴趣、对数学具体内容的态度. 这一维度目标的内容还包括宏观的价值观和数学审美观. 例如, 对数学的科学价值、应用价值和文化价值的看法; 辩证法的观点; 数学的精确之美、严谨之美、简洁之美、概括之美、统一之美, 以及奇异、对称、和谐之美.

刻画情感态度目标的术语有: 感受 ……、体会 ……、领悟 ……; 形成 …… 观点、养成 …… 习惯、欣赏 …… 之美.

在写情感与态度目标时, 可以根据其内容和上述术语来写.

在设计数学课堂教学目标时, 要注意以下几点:

1) 知识与技能目标要具体详细

对于概念, 不能只空洞地写理解什么概念, 而要写出理解的具体内容. 要做到这一点, 教师首先要对概念有好的理解, 即具备此概念的良好图式. 概念图式的核心内容就是主体对概念的看法. 良好的概念图式要求看法要多, 看法要准确, 看法要深刻. 例如, 字母 a 的良好图式是: "看死 a, 它就是一个数; 看活 a, 它就是一个变数, 可大, 可小, 可正, 可负; a 和 x 没有什么不同, 它俩都表示数, 当然, 其值可能相同也可能不同; 跳出代数看 a, 它是某一点的坐标, 某一线段的长度, 某一图形的面积, 某一几何体的体积, 这些量的正负是有意义的, 表明了它所处的方位; ……" 只有良好地理解了字母 a, 我们才有可能写出理解 a 的具体内容.

对于原理, 也不能只是写理解什么原理, 而要写出理解的具体内容. 理解原理就是要理解原理结构的不变性、稳定性, 理解其表达形式的可变性、多样性.

对于概念、原理的运用, 需要按照运用的层次来写. 划分水平层次的标准: 一是正用、逆用、变用; 二是知识点的数量、步骤的数量、步骤间跨度的大小 (这是一个相对的指标, 只能做定性分析. 当然, 我们可以用增加步骤来解决跨度大的问题, 实在增加不了, 可以不考虑这一指标, 但要在难点之处说明); 三是学生水平层次比较接近时, 可考虑完成任务的人数比例维度 (80% 是个比较合理的要求).

2) 过程与方法目标要抓 6 方面

传统教学是 "重操作, 轻理解; 重知识, 轻思想; 重结论, 轻过程", 而数学新课程则十分强调过程教学. 知识分为明确知识与意会知识. 知识与技能目标主要解决明确知识方面的目标, 而意会知识方面的目标要通过数学学习活动的过程来实现. 过程与方法目标反映了过程教学的理念. 这一目标要从数学思想、数学能力、数学思维、数学意识、问题解决、活动经验这 6 个方面的具体内容去考虑书写, 要写出具体的什么思想, 这一思想的内容是什么, 什么能力, 什么样的思维内容, 什么样的意识, 问题解决中的什么内容, 以及什么过程.

3) 情感态度与价值观目标要抓小放大

情感态度价值观属于内隐的心理结构, 不是明确知识, 而是意会知识, 无法通过传授而直接获得, 必须通过学生的过程学习间接获得. 教师在进行教学设计时, 要以知识技能为基础, 以过程方法为途径, 在引导学生学习数学的过程中, 形成良好的情感态度与价值观. 在设计这一目标的内容时, 着重考虑以下几个层次:

一是学习的兴趣. 数学教育应当使学生对数学有一个比较客观、正确的认识, 愿意接近数学、了解数学、谈论数学, 对数学现象保持一定的好奇心. 这就要求课堂教学要从学生已有的生活经验、数学经验出发, 注意创设良好的问题情境, 使学生对问题或学习内容产生好奇, 产生 "我想学" 的兴趣.

二是学生的参与. 和其他学科相比, 数学是最抽象, 最不好玩, 最难玩的学科. 因此, 数学教师要想法使学生主动参与学习, 学得快乐、学得成功, 获得情感上的满足.

三是学生的体验. 在数学活动中, 独立思考, 自主判断, 体验数学概念的形成过程, 体验数学原理的发现过程, 体验问题解决的过程, 体验数学活动的探索性和创造性, 逐步形成一种对数学、对现实世界的态度和价值观.

四是学生的主体性. 学生在数学学习活动中获得了强烈的主体意识, 学习数学、提高自己的数学素养成为学生自身的主体愿望和自觉行为.

在写情感态度价值观目标时, 要多写当期的、微观的具体内容的感受、体会、喜好, 少写远期的、宏观的信念、价值观. 例如, 关于平方差公式的教学设计, 有老师将情感态度价值观目标设计为: "敢于面对数学活动中的困难, 并有独立克服困难勇气和运用知识解决问题的成功体验, 有学好数学的自信心; 体验数、符号和图形是有效的描述现实世界的重要手段, 认识到数学是解决实际问题和进行交流的重要工具, 通过观察、实验、归纳、类比、推断可以获得数学猜想, 体验数学活动充满着探索性和创造性, 感受证明的必要性、证明过程的严谨性以及结论的确定性; 在独立思考的基础上, 积极参与对数学问题的讨论, 敢于发表自己的观点, 并尊重与理解他人的见解; 能从交流中获益." 显然, 这样的目标太多, 太全, 太空, 没有针对性和现实性. 而《中学数学教学设计案例精选》(何小亚, 2011) 一书中的案例 20 则将这一目标设为: "纠正片面观点: '数学只是一些枯燥的公式、规定, 没有什么实际意义! 学了数学没有用!' 体会数学源于实际, 高于实际, 运用于实际的科学价值与文化价值." 与前一目标相比, 这一目标更有针对性和现实性, 也简洁实用得多.

如何让学生对数学生情呢? 首先, 教师自己要对数学生情, 并在教学中公开表达自己的数学之情. 只有理解了具体的数学概念、原理, 才可能对这些概念、原理生情. 没有理解就有了伤害! 其次, 数学教学要让学生与数学 "谈恋爱"(詹欣豪, 何小亚, 2014b), 即, 相识: 创设情境, 使其一见钟情; 勾魂: 问题驱动, 使其欲罢不能; 解惑: 解决问题, 使其豁然开朗; 相知: 理解数学, 使其情意绵绵; 动情: 欣赏数学, 使其情不自禁.

在此, 仅举一些对数学及其内容的情感体验的例子供大家参考:

讲直线与圆的位置关系, 必须将 "眼见并不为实!" 贯穿始终, 教师要感慨: 数学好精确哦, 可以解决肉眼不能分辨的微观粒子问题.

讲到不完全归纳的相关问题时, 教师赞叹: 数学真的好严谨, 其逻辑性, 尤其是举反例的思维简直是独一无二的.

在短线段上的点与长线段上的点之间建立一一对应之后, 教师要惊叹: 短线段上的点与长线段上的点竟然一样多, 好神奇噢! 太不可思议了! 以后学习研究数学真的不能从真实世界的角度去看数学!

数学是因为追求简单而诞生的. 例如, 为了简化浪费时间、浪费人力物力在树干上刻痕计数的工作, 人类用 0, 1~9 这十个数字、进位制以及小数点, 就可以表示超大的数, 无限接近 0 的数; 加法就是数数的简化; 乘法就是复杂加法的简化, 不是新东西. 不信请看: 请写出 10000 个 2 相加. 你要重复写 10000 个 2, 9999 个加号, 你累不累啊! 浪费时间, 浪费笔墨纸张, 很不环保! 怎么办? 简化它! 2 就写一个, 加号写一个, 不对! 那就把它旋转 45 度, 给它取个名, 叫乘号, 于是, 10000 个 2 相加可以简化为 2×10000, 这就是乘法, 哇, 乘法太简洁了! 到了初中, 老师如法炮制: 乘方不是新运算, 你们在小学早已学过. 乘方就是复杂乘法的简化, 不信请看: 请写出 10000 个 2 相乘. 你要重复写 10000 个 2, 9999 个乘号, 你累不累啊! 浪费时间, 浪费笔墨纸张, 很不环保! 怎么办? 简化呀! 2 就写一个, 乘号就懒得写了, 就在 2 的右上角写上 10000, 于是, 10000 个 2 相乘可以简化为 2^{10000}, 这就是乘方, 哇, 乘方太简洁了! 有了乘方, 知道幂和指数求底数就是开方; 知道幂和底数求指数就是求对数. 数学; 真是太漂亮了!

数学最精彩的不是抽象性, 而是概括性, 即通杀性 —— 以一个有限的模式搞定无穷的具体! 数学的概括性让人跪拜! ! 你不信? 请看平面向量基本定理; 想象一下平面上有多少个向量? 向量有长有短, 长至十万八千里, 短至 1 纳米, 还有无穷无尽的方向, 这么多无穷无尽的向量如何掌控, 我的妈呀, 太复杂了! 不过所有向量都逃不出我数学佬的手心, 我的世界我做主! 对于平面上的任意一个非零向量 $\overrightarrow{AB}$, 我在这个平面上随意选定两个不共线的向量 i, j, 分别过起点 A 和终点 B 作直线 a 平行于 i, 直线 b 平行于 j, 因为 i 和 j 不共线, 所以直线 a, b 必然交于一点, 根据向量的三角形法则和数乘向量就可得出 $\overrightarrow{AB} = mi + nj$. 看到了吧, 这么多无穷无尽的向量居然可以只用两个不共线的已知向量 i 和 j 线性表示, 哇, 平面向量基本定理太简单了! 太概括了! 太强大了! 强大到以一个有限的模式驾驭无穷的具体! 老夫我不得不跪拜! ! 还有哦, 平面向量基本定理就是数乘向量的推广, 平面向量基本定理还可以推广到三维空间, 其方法、结果形式几乎是一样的. 哇, 数学是联系的、统一的 …… 哦, 数学让我, 让我心跳加快, 血压升高 ……

4) 目标主体问题

对课堂教学目标的理解有两种: 一是教师要做什么; 二是学生会做什么. 如果

把课堂教学目标理解为教师想要完成的目标, 那么 "使学生理解 ……" "培养学生 ……" "让学生经历 ……" 等表述都是可以的, 反映了这节课教师要做什么, 此时教师是目标主体; 如果把课堂教学目标理解为学生学习后的行为变化目标, 那么前面的表述就不符合要求, 应改为 "理解 ……" "培养 ……" "经历 ……", 体现了学生应该会做什么, 此时, 学生是目标主体. 从学生行为测量评估的角度, 我们建议大家使用第二种表述.

3. 数学课堂教学目标设计的案例

从内容角度考虑, 教数学就是要三教, 即: 一教概念; 二教原理; 三教问题解决. 决定一堂课好不好的核心要素是这节课的教学目标, 以下是根据上述课堂教学目标设计的理论标准进行设计的案例.

1) 数学概念教学目标设计案例

【案例 1】 对数概念第一节课的教学目标 ("第六届东芝杯 · 中国师范大学师范专业理科大学生教学技能创新实践大赛" 数学组一等奖 (冠军))(江灼豪, 张琳琳, 何小亚, 2015)

(1) 知识与技能

理解对数的概念 (即: 对数 $\log_a N$ 是一个实数, 她十分有魅力, 我喜欢称她为 "小鲜数", 你要问我她等于多少, 就是在问底 a 的多少次幂等于真数 N) 以及指数与对数的互逆关系.

(2) 过程与方法

① 经历对数概念的提出过程, 学习将乘法和除法转化为指数的加减以及乘方和开方转化为指数的乘除运算的化归思想;

② 通过类比减法、除法、开方运算学习对数概念的过程, 学习类比思想, 积累垂直数学化的经验.

(3) 情感态度与价值观

① 感受引入对数十分必要;

② 领悟对数超强的简化运算的功能;

③ 体会对数源于生活中数学运算的需要, 它有较高的科学价值和应用价值.

【案例 2】 《双曲线及其标准方程》第一节课的教学目标

(1) 知识与技能

① 理解双曲线的定义; ② 会推导双曲线的标准方程; ③ 明确双曲线标准方程中 a,b,c 的关系, 知道怎样求 a,b,c; ④ 能分清什么形式的方程是双曲线的标准方程, 并知道焦点的位置与方程形式的对应关系.

(2) 过程与方法

① 经历用拉链画双曲线的活动, 培养动手操作能力与合作意识, 积累水平数学化的经验.

② 通过双曲线的定义和标准方程的推导过程, 提高运算化简能力, 并最终形成这样一种能力: "求曲线的方程实质上就是求该曲线上任意一点的坐标所满足的关系式. 为此, 需要建立直角坐标系, 设点坐标, 抓住该曲线上的点满足的几何性质, 将此几何性质代数化得出方程, 证明这个方程就是所求的方程".

③ 通过拓展练习 3 和 4, 学习分类讨论和数形结合的思想方法, 并证明初中的反比例函数图像就是双曲线.

(3) 情感态度价值观

① 通过用拉链画双曲线感受数学实验活动的乐趣; ② 通过发掘双曲线定义的细节体会数学的严谨性; ③ 通过双曲线标准方程的推导过程, 感受 "追求简单化" 这一数学的灵魂; ④ 通过双曲线标准方程及图像感受数学的简洁、对称、概括、统一之美.

附: 拓展练习 3. 方程 $\dfrac{x^2}{m} - \dfrac{y^2}{n} = 1(mn \neq 0)$ 可以表示哪些曲线?

4. 证明以下关系式恒成立, 并说明其几何意义是什么?

$$\sqrt{(x+\sqrt{2})^2 + \left(\frac{1}{x} + \sqrt{2}\right)^2} - \sqrt{(x-\sqrt{2})^2 + \left(\frac{1}{x} - \sqrt{2}\right)^2} = \pm 2\sqrt{2}$$

2) 数学原理教学目标设计案例

【案例 3】 《正弦定理》第一节课的教学目标 ("第七届东芝杯 · 中国师范大学师范专业理科大学生教学技能创新实践大赛" 数学组一等奖 (冠军))(蔡晓纯, 何小亚, 2016)

(1) 知识与技能

① 了解正弦定理的应用背景, 探索与证明正弦定理;

② 理解正弦定理的 "结构不变性" 和表达这一不变性的 "字母可变性";

③ 知道解三角形的概念, 学会 "正用" 正弦定理解决三角形中 "已知两角一边求其他" 和 "已知两边及其中一边对角求其他" 的问题.

(2) 过程与方法

① 经历观察发现、猜想并证明正弦定理的思路探索过程, 学习由特殊到一般的思维方式, 培养合情推理能力;

② 通过尝试定理的证明, 领悟分类讨论和化归的数学思想;

(3) 情感态度价值观

① 感受正弦定理的统一美、对称美、简洁美;

② 体会正弦定理的科学价值和应用价值, 形成崇尚数学的精神.

【案例 4】 《2.3 数学归纳法》教学目标 ("第五届东芝杯·中国师范大学师范专业理科大学生教学技能创新实践大赛" 数学组三等奖 (第 9 名))(詹欣豪, 何小亚, 2014a)

(1) 知识与技能

① 理解两步骤的必要性与合理性; ② 会用它证明一些与正整数有关的简单问题.

(2) 过程与方法

① 借助具体问题与直观模型, 经历数学归纳法的 "再创造" 过程, 积累水平数学化的经验;

② 理解将无限问题转化为有限问题的化归思想, 培养数学探究的意识.

(3) 情感态度价值观

喜欢数学归纳法, 并体验以有限驾驭无限, 以静制动的超强威力.

3) **问题解决教学目标设计案例**

【案例 5】 《走进数学建模世界》的教学目标 ("第二届东芝杯·中国师范大学师范专业理科大学生教学技能创新实践大赛" 数学组一等奖 (冠军))(何小亚, 2011)[231~243]

(1) 知识与技能

① 理解数学模型、数学建模两个概念; ② 掌握框图 2—— 数学建模的过程.

(2) 过程与方法

① 经历解决实际问题的全过程, 初步掌握函数模型的思想与方法;

② 提高学生通过建立函数模型解决实际问题的能力.

(3) 情感态度价值观

① 体验将实际问题转化为数学问题的数学化过程;

② 感受数学的实用价值, 体会数学以不变应万变的魅力.

1.3.2 数学教学的内容分析

1. 基本分析

学习教材的配套教参, 了解教材的编写意图和编写特点, 理解课程学习目标, 熟悉教学要求.

2. 背景分析

了解相关数学知识产生的背景和发展历程以及与其他知识、学科、实际的联系, 挖掘其教学价值.

例如, 有理数加法运算的符号法则中的 "异号两数相加, 符号取绝对值较大的那个数的符号." 这一法则是如何产生的? 有哪些实际背景? 它除了作加法运算之外, 还有什么作用?

3. 结构分析

通览教材, 熟悉教材内容知识结构图 (整体结构图和单元结构图), 从整体上把握教材. 明确本课内容在相关章节中的地位和作用, 弄清楚本课内容与相关内容之间的上下位、并列、矛盾、对立、交叉、纵横等各种关系. 明确例题、习题的编排与教学功能.

4. 数学分析

研究数学概念、数学原理以及例题和习题的解法, 把握其数学本质 (例如, 字母 a 的本质? $\sqrt{a}$、$\log_a N$、$\tan \alpha$ 的本质? 平面向量基本定理、点按向量平移的本质?). 尤其是其中所含有的数学思想方法. 例如, 数形结合思想、分类讨论思想、化归思想, 函数与方程思想、统计思想; 配方法、换元法、待定系数法、坐标法、归纳法、演绎法、分析法、综合法、反证法.

5. 重点难点分析

先分析教材中的重点、难点, 预估学生易混淆和易出错之处, 再根据课堂教学目标要求, 可以确定本堂课的教学重点. 例如, 概率中随机事件这一节内容的教学重点是随机事件概念, 因为概率论研究的对象的核心不是必然事件, 也不是不可能事件, 而是随机事件. 教学中要淡化必然事件和不可能事件的概念, 要重点围绕着随机事件进行. 这一节的难点是随机事件概念中 "在一定条件下" 这一句话的理解. 教学中, 教师应指出随机试验的三大条件 (何小亚, 2012).

1.3.3　数学教学的学生分析

学生是学习的主体, 一切教学都要从学生的实际出发. 只有对学生情况熟悉, 才可能做到有的放矢、对症下药、因材施教, 才可能调动学生的积极性.

1. 基本情况分析

主要是了解学生学习情况、能力差异、年龄性格特征、兴趣爱好、身体状况、家庭状况等.

2. 认知结构分析

主要是了解学生的知识结构、认知水平的准备情况.

例如, 教师在讲授 "指数函数与对数函数互为反函数" 这一事实时, 教师必须检测了解学生对函数概念的认知水平情况, 只有保证学生已达到下面的认知水平, 教学才真正有效.

良好的函数概念认知图式: "函数是两个非空数集之间的一种对应关系; 在一个集合中任意取定一个数, 总可以在另一个集合里找到唯一确定的数与它对应; 前面的集合叫定义域, 那些被唯一确定的所有数组成了叫做值域的集合; 函数概念的关键是由谁唯一确定了谁; 函数概念与函数所用的符号没有什么关系, 就像人的名字一样; 函数的类别: 解析式确定的函数、图像确定的函数、表格确定的函数、方程确定的函数 ……"

例如, 教师在选择下面这种 (何小亚, 2004)[147,148] 完全由学生自己操作来学习平方差公式的教法时, 教师需要帮助学生做什么样的认知准备?

教师在讲授平方差公式时, 可让学生作如下操作:

(1) 现有两个数, 不知其大小, 请你随意用两个字母来表示这两个数;

(2) 请把这两个数的和与差分别表示出来. 这两个式子是多项式还是单项式;

(3) 请将所得的和与差相乘并化简;

(4) 请概括: 两个数的和与这两个数的差的乘积等于.

教师在总结讲评学生的解答 (选三个学生为例) 之后再给出平方差公式的标准形式和文字解释 (其实学生在操作的过程中已领会其意).

苏联著名的教育家、教学论专家、教育科学院士, 巴班斯基 (1927~1987) 认为, 了解学生就是对学生 "学习的实际可能性" 的诊断. 以下是他开的一个 "处方" 项目:

(1) 学习精力;

(2) 教材中区分重点的能力;

(3) 思维的独立性;

(4) 完成基本学习技巧的速度;

(5) 学习中的自我检查;

(6) 遵守学习纪律的自觉性;

(7) 原有知识水平.

3. 了解学生的方法

了解学生的一般方法有访谈法、观察法、课堂提问、检查习作、问卷法等. 了解学生的具体方法如下:

(1) 向前任老师、班主任、家长了解;

(2) 通过与学生交往了解;

(3) 根据课堂教学中反馈的信息了解;

(4) 从练习、作业、个别辅导、测验中了解;

(5) 要积极主动了解学生.

值得注意的是, 了解学生十分有效的一个方法是从 "投学生所好" 切入.

1.3.4   数学教学的教案编写

教案的编写主要从教学目标、重难点与关键、课前准备、教学过程 4 个方面去写, 其中, 教学过程是最重要的一部分.

1. 写教学目标

写教学目标的目的是回答这些问题: 学什么? 教什么? 达到什么程度? 基本原则是, 在数学课程目标、内容目标的指导之下, 围绕本节课的内容制订. 要求明确具体, 重点突出, 切合学生实际. 切忌贪大求全或顾此失彼. 基本做法是, 按照知识与技能、过程与方法和情感态度与价值观三维目标来写. 每一维度都要按照该维度的内容和相应的层次要求, 用规范、专业的术语书写 (见 1.3.1 小节数学课堂教学目标的设计这一部分的内容).

2. 写重点、难点与关键

不但要写出本节课的重点、难点、关键, 而且要写如何突出重点, 如何解决难点, 如何抓住关键.

3. 写课前准备

这一部分主要写课前的准备事项. 比如, 使用什么教具? 使用什么多媒体? 学生需要做什么课前准备?

课前准备十分必要, 要求必须具体、周到, 未雨绸缪. 比如, 使用多媒体课件上课, 你必须课前自己操作演示一遍. 你要做好应对课室电脑系统兼容性、病毒、死机、停电等意外事故的准备. 电子备份、纸质备份十分必要.

4. 写教学过程

教学过程部分是教案中最大的一块内容, 其结构取决于所采用的教学模式.

常用的教学模式有: 讲练结合模式、引导探究模式、讨论交流模式、指导自学模式、复习总结模式 (见第 3 章). 教学模式的选取要根据教学目标、教学内容和学生情况来确定.

5. 新手备课十问

当你拿到一个教学任务而不知道如何备课, 也不知道该写些什么的时候, 请逐条回答下列问题, 并把它写下来, 那么一份教案便应运而生.

(1) 本节课的目的、重点、难点、关键是什么?

(2) 为什么要学习新内容, 其实际背景、与先前内容的联系是什么?

(3) 学生要具备什么基础, 可能有什么障碍, 如何帮助学生克服?

(4) 新内容中有哪些数学思想方法, 如何进行教学?

(5) 如何激发学生的兴趣?

(6) 何时提问学生, 目的是什么?

(7) 选用什么例题、习题, 目的是什么?

(8) 选用什么教具?

(9) 各个教学环节所需要的大致时间是多少?

(10) 应联系哪些章节进行练习巩固, 应为后继的学习留下什么伏笔?

实践与反思

围绕下列问题研讨后面的两个教学设计案例.

问题 1: 该教学设计的教学价值取向是什么?

问题 2: 其教学目标设计存在什么问题?

问题 3: 其教学内容的选择有何特点?

问题 4: 重点、难点恰当吗?

问题 5: 你认为案例中还存在哪些值得改进的方面? 请提出你的改进意见.

【案例 1】

有理数乘法法则教学探讨

由于引进了负数, 七年级对数系的认识范围扩大到了有理数. 有理数乘法法则的教学难点所在, 就是运算的因式含有了负数, 如何自然地由原来正数的乘法过渡到带有"负数"的乘法, 如何体现这些运算法则的合理性和必要性, 是困扰很多教师的问题. 特别地, 对"负负得正"的理解, 是关键所在. 下面提供一个教学设计, 并做简要的评析, 来探讨这一问题.

教材 华东师大版《数学》七年级上册.

教学内容 有理数的乘法法则.

教学目标

1) 知识与技能

经历探索有理数乘法法则的过程, 熟练掌握有理数的乘法法则, 并能正确地进行有理数的乘法运算.

2) 情感体验

让学生自主探索, 形成有理数乘法法则, 在数学学习活动中形成自主、自信、健康的心理.

教学重点、难点

重点: 正确地进行有理数的乘法运算.

难点: 探索出有理数乘法的符号规律.

教学过程设计

(一) 情景导入

一只小虫沿一条东西向的路线, 以每分钟 3 米的速度向东爬行 2 分钟, 那么它现在位于原来位置的哪个方向, 相距多少米? 若小虫向西以每分钟 3 米的速度爬行 2 分钟, 那么结果有何变化?

(二) 合作探索

若规定向东为正, 向西为负.

(1) 对于第一个问题, 可以列出式子: $3 + 3 = 6$.

根据乘法是加法的简便运算, 同样可以得到: $3 \times 2 = 6$, 即小虫位于原来位置的东方 6 米处.

用数轴表示这个过程, 如图 1.3 所示.

(2) 对于后一问题, 根据有理数相加的法则, 可以列出算式为: $(-3) + (-3) = -6$. 通过比较, 同样可以得到另外一条算式: $(-3) \times 2$.

【分小组讨论】　求出算式 $(-3) \times 2$ 的积.

显然, 其结果为 -6, 它的意义是两个 -3 相加. 这是两种不同运算的求解过程. 我们就此求得小虫位于原来位置的西方 6 米处.

用数轴可以表示这个过程, 如图 1.4 所示.

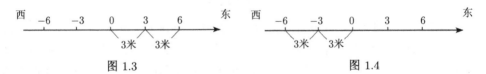

图 1.3　　　　　　　　　　　　　图 1.4

【试一试】　求下列算式的积:

(1) 3×3, 　3×4, 　5×7;

(2) $(-3) \times 3$, 　$(-3) \times 4$, 　$(-5) \times 7$;

(3) $3 \times (-3)$, 　$3 \times (-4)$, 　$5 \times (-7)$.

解　(1) $3 \times 3 = 9$, 　$3 \times 4 = 12$, 　$5 \times 7 = 35$.

(2) $(-3) \times 3 = -9$, 　$(-3) \times 4 = -12$, 　$(-5) \times 7 = -35$.

(3) $3 \times (-3) = -9$, 　$3 \times (-4) = -12$, 　$5 \times (-7) = -35$.

【比较】　请同学对比观察上面 3 组算式, 有什么发现?

提示: 分别从因数和结果的角度看.

【归纳】　请和小组成员交流, 写出发现的结论:

两数相乘, 若把一个因数换成它的相反数, 则所得的积是原来的积的相反数.

【想一想】　求下列算式的积:

$(-3) \times (-2)$; 　　　　　$(-3) \times (-4)$;

$(-3) \times (-5)$; 　　　　　$(-5) \times (-7)$.

提示: 运用发现的规律, 对比前面的 (2), (3) 组算式来思考.

再试一试计算: $3 \times 0 = ?$　$(-3) \times 0 = ?$　$0 \times (-5) = ?$

【概括】　综合以上各种情况, 有有理数乘法法则:

两数相乘, 同号得正, 异号得负, 并把绝对值相乘; 任何数与零相乘, 都得零.

【巩固提高】

例　计算:

(1) $0 \times \left(-2\dfrac{1}{5}\right)$;　　　　(2) $\dfrac{1}{12} \times (-0.8)$;

(3) $\left(-1\dfrac{1}{4}\right) \times \left(-\dfrac{4}{5}\right)$;　(4) $(-3) \times \left(-\dfrac{1}{3}\right) \times 0 \times 0.7$;

(5) $(-1) \times \dfrac{1}{4}$;　　　　(6) $(-6) \times 1$.

答案　(1) 0; (2) $-\dfrac{1}{15}$; (3) 1; (4) 0; (5) $-\dfrac{1}{4}$; (6) -6.

点评　按乘法法则先确定积的符号, 再确定积的绝对值;

分数与分数相乘, 带分数应先化为假分数, 小数应化为分数;

在连乘运算中 "有零快写零, 无零先定号";

一个数与 -1 相乘, 积与这个数互为相反数, 一个数与 1 相乘, 积与这个数相同.

练习　判断题, 对的在括号内写 T, 错的写 F.

(1) 同号两数相乘, 符号不变. (F)

(2) 异号两数相乘, 取绝对值较大的因数的符号. (F)

(3) 两数相乘, 如果积为正数, 则这两个因数都为正数. (F)

(4) 两数相乘, 如果积为负数, 则这两个因数异号. (T)

(5) 两数相乘, 如果积为 0, 则这两个数全为 0. (F)

(6) 两数相乘, 积比每一个因数都大. (F)

(7) 如果 $ab > 0$, 且 $a + b < 0$, 则 $a < 0$, $b < 0$. (T)

(8) 如果 $ab < 0$, 则 $a > 0$, $b < 0$. (F)

(9) 如果 $ab = 0$, 则 a, b 中至少有一个为 0. (T)

【拓展】　对于两个负数相乘的意义的理解, 可以通过代入实际背景, 如路程、温度、水位等去帮助理解, 还可以运用数轴进行操作帮助理解. 可以看这样的一个问题:

水池的水位每小时下降 2 米, 已知现在的水位是 0, 问: (1) 2 小时后, 3 小时后的水位分别是多少? (2) 2 小时前, 3 小时前的水位分别是多少?

分析　把水位上升记为正, 下降记为负, 那么下降 2 米的水位就为 -2 米, 所以对问题 (1), 2 小时后的水位容易计算, $(-2) \times 2 = -4$(米), 同样 3 小时后的水位为 $(-2) \times 3 = -6$(米). 在掌握了负数的基础上, 这是容易理解的. 对于 (2), 记现在以后为正, 现在以前为负, 那么自然地, 2 小时前, 3 小时前的水位就分别为 $(-2) \times (-2) = 4$(米), $(-2) \times (-3) = 6$(米). 现在的水位, 也就是 0 时刻的水位可以计算为 $(-2) \times 0 = 0$(米). 通过类似这样的客观模型, 可以帮助说明含负数相乘法则的现实意义.

从上面还可以得到这样的一个事实, 要求几小时后的水位, 就用 "几" 乘以 -2, 而每增加 1 小时, 水位就随着减少 2 米, 那么, 每减少 1 小时, 水位就随着增加了 2 米. 所以, 符号 "$-$" 的实质可以看成是相反的量或相反的操作. 两个负数相乘可以通过这种方法来理解. 例如 $(-2) \times (-3)$ 就是把 (-2) 相反的操作 3 次, (-2) 相反就是 $(+2)$, 操作 3 次就是把 $(+2)$ 连加 3 次, 得 $(+6)$. 从而也可以得出乘法的符号法则.

【小结】　引导学生作知识总结, 回顾法则的发现过程, 熟记法则. 有理数的乘法法则实质上是符号法则, 符号确定后, 其余的绝对值相乘与小学乘法运算完全相同.

以上的教学过程, 可以从以下几个方面去分析:

(1) 前面的部分, 从正整数的乘法过渡到 "正负相乘". 正整数相乘是相同加数相加的简便运算, 从这一基本定义出发, 通过类比, 在问题设计中, 自然得出了 "正负相乘" 的相似定义, 并且通过不完全归纳, 得出一个重要事实 —— 两数相乘, 若把一个因数换成它的相反数, 则所得的积是原来的积的相反数.

(2) 后面的部分, 由 "正负相乘" 过渡到 "负负相乘", 这对于教学进程又是一个飞跃, 通过上面得到的改变一个因式的符号就改变结果的事实, 得到了两个负数运算的计算法则, 这是在原来的抽象基础上再一次抽象提高, 再经过不完全的归纳, 就得出有理数相乘的一般法则.

(3) 在扩展部分, 通过水位现实的模型说明 "负负得正" 的现实意义, 这是非常必要的. 负数的学习中, 是通过方向问题、上下问题、盈亏问题等单一的实际模型引入的, 而这里同时涉及了水位变化, 时间进程的一个 "二维" 变量问题, 这既有和前面的对比, 又是前面的再度提高. 通过现实模型来说明学习对象, 是将抽象和具体结合的过程, 通过这一过程, 加深学生对学习对象理解的深刻度, 也培养了学生结合具体抽象的思维能力.

(4) 整个教学过程, 主要涉及了类比和不完全归纳两种重要的思想方法. 利用类比, 将具有相同特征的事物进行比较, 对学习和研究新事物具有积极的作用, 也可以将两个毫不相关的事物进行类比, 通过旧事物的某一特征来研究新问题, 达到触类旁通的效果. 另外, 通过不完全归纳, 可以得出一些容易得到而缺乏证明的事实. 如 "负负得正", 这在形式上是不能够证明的, 这样, 用不完全归纳去发现这一结果就非常地有意义了.

请查阅如下相关 "负负得正" 的教学研究文章:

刘志强, 崔向锋. 2005. 由 "为什么负负得正" 引发的一些思考 [J]. 中学数学教学参考, (12).

罗增儒. 2004. 案例创作: "$(-3) \times (-4) =?$" 数轴表示的挑战 [J]. 中学数学教学参考, (12).

田载今. 2005. "负负得正" 的乘法法则可以证明吗 [J]. 中学数学教学参考, (3).

易倩善, 罗静. 2008. 有理数乘法法则教学探讨 [J]. 中学数学研究 (广州), (1).

张孝达. 2004. 学生认为 $(-3) \times (-4) = 9$ 怎么办 [J]. 中小学数学 (初中教师版), (5).

【案例 2】

《直线与平面垂直的判定 (一)》的教案

授课教师: 宁夏银川市第二中学　周　军

教材　人教版《普通高中课程标准实验教科书 · 数学 (A 版)》必修 2.

课题　2.3.1 直线与平面垂直的判定 (一).

教学目标

(1) 借助对图片、实例的观察, 抽象概括出直线与平面垂直的定义, 并能正确理解直线与平面垂直的定义.

(2) 通过直观感知, 操作确认, 归纳直线与平面垂直判定的定理, 并能运用判定定理证明一些空间位置关系的简单命题, 进一步培养学生的空间观念.

(3) 让学生亲身经历数学研究的过程, 体验探索的乐趣, 增强学习数学的兴趣.

教学重点、难点

重点: 操作确认并概括出直线与平面垂直的定义和判定定理.

难点: 操作确认并概括出直线与平面垂直的判定定理及初步运用.

课前准备

1. 教师准备: 教学课件.

2. 学生自备: 三角形纸片、铁丝 (代表直线)、纸板 (代表平面)、三角板.

教学过程设计

(一) 直线与平面垂直定义的建构

1) 创设情境

① 请同学们观察图片 (图 1.5), 说出旗杆与地面、高楼的侧棱与地面的位置有什么关系.

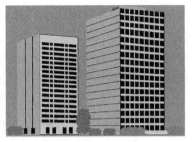

图 1.5

② 请把自己的数学书打开直立在桌面上, 观察书脊与桌面的位置有什么关系.

③ 请将①中旗杆与地面的位置关系画出相应的几何图形.

2) 观察归纳

① 思考: 一条直线与平面垂直时, 这条直线与平面内的直线有什么样的位置关系?

② 多媒体演示: 旗杆与它在地面上影子的位置变化.

③ 归纳出直线与平面垂直的定义及相关概念.

定义　如果直线 l 与平面 α 内的**任意**一条直线都垂直, 就说直线 l 与平面 α 互相垂直, 记作 $l \perp \alpha$. 直线 l 叫做平面 α 的垂线, 平面 α 叫做直线 l 的垂面. 直线与平面垂直时, 它们唯一的公共点 P 叫做垂足 (图 1.6).

用符号语言表示为

$$\left.\begin{array}{l} m \text{ 是平面 } \alpha \text{ 内任一直线} \\ l \perp m \end{array}\right\} \Rightarrow l \perp \alpha.$$

3) 辨析 (完成下列练习)

① 如果一条直线垂直于一个平面内的**无数**条直线, 那么这条直线就与这个平面垂直.

② 若 $a \perp \alpha, b \perp \alpha$, 则 $a \perp b$.

在创设情境中, 学生练习本上画图, 教师针对学生出现的问题, 如不直观、不标字母等加以强调, 并指出这就叫直线与平面垂直, 引出课题.

在多媒体演示时, 先展示动画 1 使学生感受到旗杆 AB 所在直线与过点 B 的直线都垂直. 再展示动画 2 使学生明确旗杆 AB 所在直线与地面内任意一条不过点 B 的直线 B_1C_1 也垂直, 进而引导学生归纳出直线与平面垂直的定义 (图 1.7).

在辨析问题中, 解释 "无数" 与 "任何" 的不同, 并说明线面垂直的定义既是线面垂直的判定又是性质, 线线垂直与线面垂直可以相互转化, 给出常用命题:

$$\left.\begin{array}{l} a \perp \alpha \\ b \subset \alpha \end{array}\right\} \Rightarrow a \perp b.$$

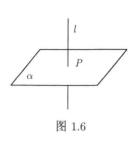

图 1.6

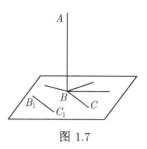

图 1.7

(二) 直线与平面垂直的判定定理的探究

1) 设置问题情境

提出问题: 学校广场上树了一根新旗杆, 现要检验它是否与地面垂直, 你有什么好办法?

2) 折纸试验

如图 1.8 与图 1.9, 请同学们拿出准备好的一块 (任意) 三角形的纸片, 我们一起来做一个试验: 过 $\triangle ABC$ 的顶点 A 翻折纸片, 得到折痕 AD, 将翻折后的纸片竖起放置在桌面上 (BD, DC 与桌面接触). 观察并思考:

① 折痕 AD 与桌面垂直吗?

② 如何翻折才能使折痕 AD 与桌面所在的平面垂直?

③ 多媒体演示翻折过程.

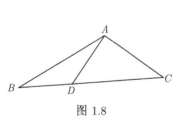

图 1.8

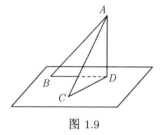

图 1.9

3) 归纳直线与平面垂直的判定定理

① 思考: 由折痕 $AD \perp BC$, 翻折之后垂直关系, 即 $AD \perp CD$, $AD \perp BD$ 发生变化吗? 由此你能得到什么结论?

② 归纳出直线与平面垂直的判定定理.

定理 一条直线与一个平面内的两条相交直线都垂直, 则该直线与此平面垂直.

用符号语言表示为 (图 1.10)

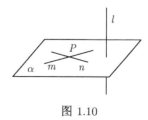

$$\left.\begin{array}{l} m \subset \alpha, n \subset \alpha, m \cap n = P \\ l \perp m, l \perp n \end{array}\right\} \Rightarrow l \perp \alpha.$$

图 1.10

在讨论实际问题时, 学生同桌合作进行试验 (将铁丝当旗杆, 桌面当地面) 后交流方案, 如用直角三角板量一次、量两次等. 教师不作点评, 说明完成下面的折纸试验后就有结论.

在折纸试验中, 学生会出现"垂直"与"不垂直"两种情况, 引导这两类学生进行交流, 根据直线与平面垂直的定义分析"不垂直"的原因. 学生再次折纸, 进而探究直线与平面垂直的条件, 经过讨论交流, 使学生发现只要保证折痕 AD 是 BC 边上的高, 即 $AD \perp BC$, 翻折后折痕 AD 就与桌面垂直, 再利用多媒体演示翻折过程, 增强几何直观性.

在归纳直线与平面垂直的判定定理时, 先让学生叙述结论, 不完善的地方教师引导、补充完整, 并结合"两条相交直线确定一个平面"的事实, 简要说明直线与平面垂直的判定定理. 然后, 学生试用图形语言表述, 练习本上画图, 可能出现垂足与两相交直线交点重合的情况 (图 1.11), 教师补充说明, 同时给出符号语言表述.

在理解直线与平面垂直的判定定理时, 强调"两条""相交"缺一不可, 并结合前面"检验旗杆与地面垂直"问题再进行确认. 指出要判断一条直线与一个平面是否垂直, 取决于在这个平面内能否找到两条相交直线和已知直线垂直, 这充分体现了"直线与平面垂直"与"直线与直线垂直"相互转化的数学思想.

(三) 直线与平面垂直的判定定理的初步应用

(1) 尝试练习:

求证: 与三角形的两条边同时垂直的直线必与第三条边垂直.

学生根据题意画图 (图 1.12), 将其转化为几何命题: 不妨设 $a \perp AC, a \perp BC$. 求证: $a \perp AB$.

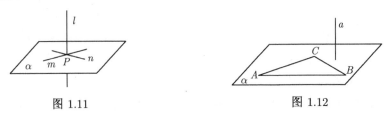

图 1.11   图 1.12

请三位同学板演, 其余同学在练习本上完成, 师生共同评析, 明确运用线面垂直判定定理时的具体步骤, 防止缺少条件, 同时指出: 这为证明"线线垂直"提供了一种方法.

(2) 尝试练习: 如图 1.13, 有一根旗杆 AB 高 8m, 它的顶端 A 挂有两条长 10m 的绳子, 拉紧绳子并把它的下端放在地面上的两点 (和旗杆脚不在同一条直线上)C, D. 如果这两点都和旗杆脚 B 的距离是 6m, 那么旗杆就和地面垂直. 为什么?

本题需要通过计算得到线线垂直. 学生练习本上完成后, 对照课本 P69 例 1,

完善自己的解题步骤.

(3) 尝试练习: 如图 1.14, 已知 $a//b, a\perp\alpha$, 求证: $b\perp\alpha$.

图 1.13   图 1.14

此题有一定难度, 教师引导学生分析思路, 可利用线面垂直的定义证, 也可用判定定理证, 提示辅助线的添法, 学生练习本上完成, 对照课本 P69 例 2, 完善自己的解题步骤.

(四) 总结反思

(1) 通过本节课的学习, 你学会了哪些判断直线与平面垂直的方法?

(2) 在证明直线与平面垂直时应注意哪些问题?

(3) 本节课你还有哪些问题?

学生发言, 互相补充, 教师点评, 归纳出判断直线与平面垂直的方法, 给出框图 (图 1.15)(投影展示), 同时, 说明本课蕴含着转化、类比、归纳、猜想等数学思想方法, 强调 "平面化" 是解决立体几何问题的一般思路, 并鼓励学生反思, 大胆质疑, 教师做好记录, 以便查缺补漏.

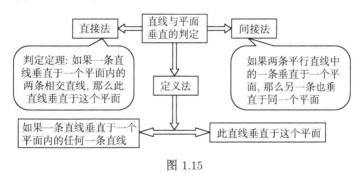

图 1.15

(五) 布置作业

(1) 如图 1.16, 点 P 是平行四边形 $ABCD$ 所在平面外一点, O 是对角线 AC 与 BD 的交点, 且 $PA = PC, PB = PD$.

求证: $PO\perp$ 平面 $ABCD$.

(2) 课本 P70 练习 2.

(3) 探究: 如图 1.17, $PA\perp$ 圆 O 所在平面, AB 是圆 O 的直径, C 是圆周上一

点, 则图中有几个直角三角形? 由此你认为三棱锥中最多有几个直角三角形? 四棱锥呢?

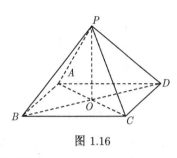

图 1.16

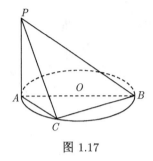

图 1.17

板书设计

板书设计如图 1.18 所示.

2.3.1 直线与平面垂直的判定(一)		
1、直线与平面垂直的定义:	2、直线与平面垂直的判定定理:	练习1:_____
_____	_____	练习2:_____
_____	_____	练习3:_____

图 1.18

教学设计说明

在这次新课程数学教学内容中, 立体几何不论从教材编排还是教学要求上都发生了很大变化, 因而, 我在本节课的处理上也作了相应调整, 借助多媒体辅助教学, 采用 "引导探究式" 教学方法. 整个教学过程遵循 "直观感知 — 操作确认 — 归纳总结" 的认知规律, 注重发展学生的合情推理能力, 降低几何证明的难度, 同时, 加强空间观念的培养, 注重知识产生的过程性, 具体体现在以下几个方面:

1. 线面垂直的定义没有直接给出, 而是让学生在对图形、实例的观察感知基础上, 借助动画演示帮助学生概括得出, 并通过辨析问题深化对定义的理解. 这样就避免了学生死记硬背概念, 有利于理解数学概念的本质.

2. 线面垂直的判定定理不易发现, 在教学中, 通过创设问题情境引起学生思考, 安排折纸试验, 讨论交流, 给学生充分活动的时间与空间, 帮助学生从自己的实践中获取知识. 教师尽量少讲, 学生能做的事就让他们自己去做, 使学生更好地参与教学活动, 展开思维, 体验探索的乐趣, 增强学习数学的兴趣.

3. 本节中教师不作例题示范, 而是让学生先尝试完成, 后讲评明晰. 为更好地巩固判定定理, 设置了有梯度的练习, 其中, 练习 (1) 是补充题, 是判定定理的最简单的运用. 作业中增加了基础题 (第 1 题) 和开放性题目 (第 3 题), 这样, 有助于培养学生的发散思维, 使学生在不同的几何体中体会线面垂直关系, 发展学生的几何直观能力与一定的推理论证能力. 同时, 在教学中, 始终注重训练学生准确地进行三种语言 (文字语言、图形语言和符号语言) 的转换, 培养运用图形语言进行交流的能力.

4. 以问题讨论的方式进行小结, 培养学生反思的习惯, 鼓励学生对问题多质疑、多概括.

参 考 文 献

蔡晓纯, 何小亚. 2016. 正弦定理的教学设计 [J]. 中学数学研究 (上半月), 4: 封 2~4.

高国春. 2002-3-1. 慈母 "撒谎"[N]. 羊城晚报, B6 版.

郭跃辉. 2018. 听崔允漷教授讲 "指向学科核心素养的教学变革"[EB/OL].
　　http://blog.sina.com.cn/s/blog_4b8e04e40102y1ct.html

何小亚. 2004. 与新课程同行: 数学学与教的心理学 [M]. 广州: 华南理工大学出版社.

何小亚. 2011. 中学数学教学案例精选 [M]. 北京: 科学出版社.

何小亚. 2012. 概率教学问题探讨 [J]. 中学数学研究 (下), (2).

何小亚. 2015. 学生数学素养指标的理论分析 [J]. 数学教育学报, 24(1): 13~20.

何小亚. 2016a. 数学核心素养指标之反思 [J]. 中学数学研究 (上半月), 7: 封 2~4.

何小亚. 2016b. 数学学与教的心理学 [M]. 2 版. 广州: 华南理工大学出版社.

江灼豪, 张琳琳, 何小亚. 2015. 基于数学史的对数概念教学设计 [J]. 中学数学研究 (上半月),
　　5: 10~13.

林崇德. 2016. 21 世纪学生发展核心素养研究 [M]. 北京: 北京师范大学出版社, 29~33.

莫雷. 2002. 教育心理学 [M]. 广州: 广东教育出版社.

盛群力等. 2005. 教学设计 [M]. 北京: 高等教育出版社.

王希华. 2003. 现代学习理论评析 [M]. 北京: 开明出版社.

奚定华. 2001. 数学教学设计 [M]. 上海: 华东师范大学出版社.

肖川. 2002. 教育的理想与信念 [M]. 长沙: 岳麓书社.

詹欣豪, 何小亚. 2014a. 数学归纳法的教学新设计 [J]. 中学数学研究 (上半月), 5: 7~9.

詹欣豪, 何小亚. 2014b. 数学归纳法教学的困难、对策与价值 [J]. 中学数学杂志, (9): 6~9.

中华人民共和国教育部. 2012. 全日制义务教育数学课程标准 (2011 年版)[M]. 北京: 北京师
　　范大学出版社.

中华人民共和国教育部. 2018. 普通高中数学课程标准 (2017 年版)[M]. 北京: 人民教育出
　　版社.

第 2 章　数学基本课型的教学设计

本章目录

本章概览

第 1 章已经指出, 数学教学系统由教师、学生、教学目标和教学内容 4 个要素组成. 在这一系统中, 学生是主体, 教师起着主导作用, 教学目标预示着教学的方向和蓝图, 而数学教学内容则起着基础平台的作用, 因为数学教学总是要借助于一定的数学教学内容来展开的. 无论是知识与技能、过程与方法, 还是情感态度与价值观, 都是要通过基本的数学内容的教学来实现的. 数学基本内容包括数学概念、数学原理 (公式、法则、定理、性质) 和数学习题. 从这一角度而言, 数学概念课、数学原理课和数学习题课构成了数学课的基本课型.

本章主要回答 3 个问题: ①数学概念的学习和数学原理的学习有什么规律? ②概念教学和原理教学的教学设计的理论依据是什么? ③数学习题起何作用及如何掌握习题的选择与设计技术? 学了本章后, 你应该做到:

(1) 认识概念教学和原理教学的本质;

(2) 了解概念教学设计和原理教学设计的理念、思路、理论依据;

(3) 熟悉概念教学设计和原理教学设计的基本要求和基本模式;

(4) 掌握数学习题教学的基本要求.

2.1 数学概念教学设计

2.1.1 数学概念教学的本质(何小亚, 2004, 2008)

1. 数学概念学习的本质

数学概念是反映客观事物在数量关系和空间形式方面的本质属性的思维形式, 是人们通过实践, 从数学所研究的事物对象的许多属性中, 抽象出其本质属性概括而成的. 概念的形成, 标志着人的认识已经从感性认识上升为理性认识.

数学概念是进行数学推理和证明的基础和依据, 数学中的推理和证明实质上由一连串的概念、判断和原理组成, 而数学中的原理又都是由一些概念构成的. 因此数学概念学习是数学学习的基础, 数学概念的教学是数学教学最重要的组成部分.

数学概念学习的本质就是概括出数学中一类事物对象的共同本质属性, 正确区分同类事物的本质属性与非本质属性, 正确形成数学概念的内涵和外延.

一般地, 数学概念学习的内容包括以下 4 个方面:

(1) 数学概念的名称.

(2) 数学概念的定义.

(3) 数学概念的例子. 符合数学概念定义的事物对象是数学概念的正例, 即肯定例证; 不符合数学概念定义的事物对象是数学概念的反例, 即否定例证.

(4) 数学概念的属性.

概念教学的本质: 概念教学的本质是要使学生在脑中形成概念表象, 帮助学生在脑中建构起良好的概念图式.

概念教学的本质不是低水平的概念言语连锁学习, 而是要帮助学生获得概念的心理意义, 即形成概念内涵的心理表象, 或者说建构起良好的概念图式. 概念图式由一些反映概念属性的观念组成. 概念图式中观念的多少、观念的准确与否、观念的深刻程度是反映概念理解水平的重要因素. 会解题、考试成绩好的学生, 并不保证他有好的概念图式.

例如, 当我们出示问题: 已知 $\int xf(x)\mathrm{d}x = x^2\mathrm{e}^x + c$, 试求 $\int f(x)\mathrm{d}x$, 来测试某学生时, 他能迅速地两边求导, 求出 $f(x)$, 然后就求出了答案. 问他为什么要对两边求导, 他说这种题就是这样做的. 再问他 $\int f(x)\mathrm{d}x$ 是什么, 他说是积分, 其他的就不知道了. 这说明该学生已经习得了机械的解题步骤, 但其关于 $\int f(x)\mathrm{d}x$ 的认知图式只是低水平的 "积分", 尚未建构起良好的认知图式: "$\int f(x)\mathrm{d}x$ 是不定积分; 是一族函数; 它们相差一个常数; 它们都有一个共同的 '老祖宗' $f(x)$; 它们都是 $f(x)$ 的原函数; 对它们求导后都等于 $f(x)$; 它们的图像是沿 y 轴方向由下至上一层一层叠起来的 ⋯⋯"

良好的概念图式是由一系列反映概念本质属性的观念组成. 比如, $\sqrt{a}$ 的教学本质是帮助学生建构起认知图式: "$\sqrt{a}$ 是一个数; 它不会是负的; 它的平方等于 a; 在数轴上它可能是原点也可能在原点的右边; $\sqrt{a}$ 和 x 都是表示一个数的符号, $\sqrt{a}$ 中的 a 是不自由的, a 必须是非负的; 从表示数的角度来看, 它们是类似的 ⋯⋯"

人类获取概念的主要方式是概念的形成和概念的同化. 概念的形成是指从大量的具体例子出发, 归纳概括出一类事物的共同本质属性的过程. 这是一种发现学习的过程. 概念的同化是指学习者利用原有认知结构中的观念来理解接纳新概念的过程. 这是一个接受学习的过程. 不论是通过概念的形成方式还是通过概念的同化方式来获得概念, 其最终目标都是掌握同类事物的关键属性, 使学生在头脑里建构起良好的概念认知图式.

1) 概念的形成 (concept formation)

概念的形成是指从大量的具体例子出发, 归纳概括出一类事物的共同本质属性的过程. 我们现在来分析学生如何通过概念的形成方式来获得 "扇形" 这个数学概念.

当教师提出课题 "现在我们来学习 '扇形' 的概念. 什么是扇形呢?" 时, 学生脑中的 "扇形" 概念可能是 "扇形就是像扇子那样形状的图形". 显然, 这种概念不是数学概念, 而是具体概念或日常概念. 因为 "像扇子那样形状的图形" 这个属性是扇形概念的非本质属性. 要使学生掌握扇形的共同本质属性, 教师可以逐次呈现图 2.1 中的图形, 要求学生观察所呈现图形中的阴影部分, 并作出是否是扇形的判断, 同时, 教师根据学生的回答作出对或错的反馈. 学生不断判别的过程其实就是不断提出假设和对假设进行检验的过程, 也是不断舍弃扇形的非本质属性从而发现扇形的本质属性的过程. 当判别进行到图 (7)、(8) 时, 有些学生发现了扇形的本质属性, 即 "两条半径和圆周的一部分围成的封闭图形"; 当进行到图 (9)、(10) 时, 大部分学生已发现了扇形的本质属性.

由于儿童, 尤其是学前儿童的认知结构中的概念都是一些比较具体的概念, 缺乏精确的定义性概念, 而且理解能力有限, 因此, 他们获得概念的典型方式是概念的形成. 例如, 我们完全可以让儿童背诵 "圆" 这个数学概念: "圆是平面上到定点的距离等于定长的点的集合." 但是他们能否获得这个概念的意义呢? 由于儿童的认知结构中缺乏 "平面""定点""距离""定长""集合" 等观念, 也不知道这些词语在定义句子中的语法功能, 因此, 儿童不能用定义的方式获得这个概念. 事实上, 囿于认知水平, 儿童是不可能获得这个精确概念的. 他们只能从大量的圆形的例证和反例中归纳出一些视觉上的共同属性, 从而获得具体的、模糊的、日常的圆

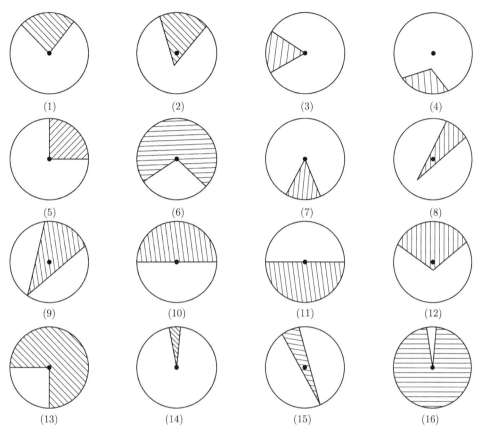

图 2.1

概念.

低年级学生大多数通过接触概念的例证和反例, 或者记住某些典型例子来获得具体概念或日常概念. 随着认知水平的提高, 学生可以按概念的形成方式来获得精确的科学概念.

以概念的形成方式获得精确概念的心理过程如图 2.2 所示.

图 2.2 概念形成的心理过程

2) 概念的同化 (concept assimilation)

学生学习某一学科中的大多数概念, 完全不同于人们在日常生活中形成概念, 也不同于科学家提出概念. 他们要接受系统、高效的学习. 因此, 他们在学校获得概念的主要形式不是概念的形成而是概念的同化. 同化是指学习者的认知结构吸收新的信息, 从而使原有的认知结构发生变化的过程. 概念的同化是指学习者利用原有认知结构中的观念来理解接纳新概念的过程. 概念的同化过程不仅使新概念获得了意义, 而且扩大和深化了原有的认知结构.

在数学中, 大多数概念是以属概念 (在概念的从属关系中, 外延大的概念称为属概念) 加种差 (即关键属性) 的方式定义的. 同化以这种方式定义的概念, 实质上就是对属概念重新进行分类, 分类的依据是种差, 并借助于具体的例证进行. 例如, 要同化梯形的概念: "一组对边平行而另一组对边不平行的四边形叫做梯形". 就要对属概念 "四边形" 进行分类, 分类的依据是种差: "一组对边平行而另一组对边不平行". 于是, 从属概念中就分化出一个新的种概念 "梯形". 梯形是一种特殊的四边形, 它既不同于一般的四边形, 也不同于另外一种特殊的四边形 —— 平行四边形, 更不同于空间四边形. 再借助于丰富的例证, 学习者就明确了梯形概念的内涵和外延. 同化的结果, 梯形概念获得了心理意义, 原有的数学认知结构得到扩展和深化.

概念同化的心理过程如图 2.3 所示.

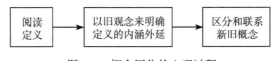

图 2.3   概念同化的心理过程

2. 数学概念学习的 4 种水平

数学概念学习可以分成了解、理解、掌握和综合运用 4 种水平:

了解   能回忆出概念的言语信息; 能辨认出概念的常见例证; 会举例说明概念的相关属性.

理解   能把握概念的本质属性; 能与相关概念建立联系; 能区别概念的例证与反例.

掌握   在理解的基础上, 能直接把概念运用于新的情境.

综合运用   能综合运用概念解决问题.

为帮助学生透彻理解并掌握所学的数学概念, 教师要注意以下 5 个方面:

1) 加强对数学概念的解剖分析

数学概念是借助于数学语言符号来表达的, 其用语、用词一般都非常严密、精练, 具有高度的概括性, 因而, 有的概念叙述十分简练, 寓意深刻; 有的用符号、式子表示, 比较抽象. 对这些概念, 教师必须抓住概念中的关键词句进行解剖分析, 揭示每一个词、句、符号、式子的内在含义, 使学生深刻理解概念的本质属性.

例如, 对于数列极限的 ε-N 定义: ①任给 $\varepsilon > 0$; ②如果总存在自然数 N; ③当 $n > N$ 时; ④不等式 $|a_n - A| < \varepsilon$ 恒成立. 就称数列 $\{a_n\}$ 的极限是 A.

教师应剖析定义中的 "4 句话的作用" 和 "5 个字母的含义".

①和④说明数列 $\{a_n\}$ 无限趋近于 A; ②和③则说明, 项数无限增大时, 数列 $\{a_n\}$ 无限趋近于 A 是可能的.

对定义中 5 个字母的含义应明确:

(1) ε 的双重属性, 即绝对任意性和相对稳定性;

(2) n, N 对 ε 的依赖性: 解不等式 $|a_n - A| < \varepsilon$ 可以找到 N_0, 对于极限的研究来说, 重要的不在于对于某一个具体的 ε, 能求出相应的 N, 更不在于求出确切的 N($N - 1$ 则不成立), 重要的是对于任意的 $\varepsilon > 0$, 只要保证有这样一个使不等式成立的自然数 N 存在即可, 至于 N 有多大, 无关紧要;

(3) A 的客观存在性;

(4) a_n 对 A 的无限趋近性, 可由 ε 的任意性看出.

有的数学概念涉及的知识点比较多, 教学时要抓住概念的本质属性, 通过对本质属性的分析, 加深学生对概念的理解.

例如, 正弦函数的概念, 涉及比的意义、角的大小、点的坐标、距离公式、相似三角形、函数概念等知识. "比" 是这一概念的本质属性. 为了突出这个 "比", 可以这样分析:

(1) 正弦函数值实质上是一个 "比" 的数值;

(2) 在角 α 的终边上任取一点 $P(x, y)$, 那么这个 "比" 就是 $\dfrac{y}{r}$, 其中, $r = \sqrt{x^2 + y^2}$;

(3) 这个 "比" 的值随 α 的确定而确定. 在这里, 可以提出这样的问题让学生思考: "既然点 P 是角 α 的终边上任取的一点, 为什么说这个比值是确定的?" 因此, 需运用相似三角形原理, 阐明点 P 不论选在角 α 的终边上的什么位置, 那些比值都是相等的.

在分析以上几点时, 还要紧扣住函数这一基本概念. 因为对于 α 的每一个确定的值, 都有唯一确定的比值与之相对应, 所以这个 "比" 就是 α 的函数.

2) 利用变式, 突出概念的本质属性

变式是指概念例证在非本质属性方面的变化. 利用变式的目的是通过非本质属性的变化来突出本质属性, 使学生获得的概念更精确、更稳定.

例如, 在讲解 "直角三角形" 的概念时, 教师应呈现图 2.4 中的各种直角三角形的变式, 以突出直角三角形的本质属性 —— 有一个内角是直角.

又如, 为了使学生全面理解无理数的概念, 教师可以呈现下面的各种变式:

(1) 开不尽的数: $\sqrt{2}$, $2\sqrt{3}$, $\sqrt[3]{5}$, $\cdots$;

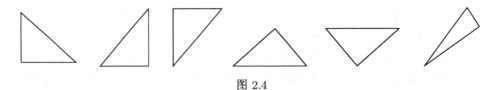

图 2.4

(2) 负无理数: $-3\sqrt{3}, -3\sqrt{7}, -\dfrac{3\sqrt{2}}{2}, \cdots$;

(3) 超越数: $\pi, e, \lg 2, \cdots$;

(4) 无限不循环小数: $4.121121112111112\cdots$.

3) 注意概念的对比和直观化

数学中有许多概念是平行相关的概念, 如果能将它们有机地联系在一起进行类比, 就可以收到由此及彼、温故而知新的效果. 例如分数和分式的类比、数列极限和函数极限的类比、平面几何与立体几何的类比等.

有些数学概念之间, 联系紧密, 差别较小, 形式相似, 容易被学生混淆. 对这些概念, 就要让学生比较它们的内涵和外延, 在比较中加以鉴别, 澄清模糊.

例如, "任一直线和平面 α 所成的角" 与 "任一斜线和平面 α 所成的角", 虽然都是角, 但两者的范围不同, 前者是 $\left[0, \dfrac{\pi}{2}\right]$, 而后者则是 $\left(0, \dfrac{\pi}{2}\right)$.

又如, "不等式的解" 是一个比较难理解的概念, 教师可将它和 "方程的解" 进行比较. 通过一些具体的例子向学生指出: 方程的解是使方程两边的值相等的未知数的值, 而不等式的解则是使不等式成立的未知数的取值范围; 从使原式成立这一点来看, 方程的解和不等式的解的意义相同; 从解的个数来看, 方程的解和不等式的解有明显的区别. 方程在一般情况下解的个数是有限的, 而不等式的解一般是一个或几个数值范围内的无穷多个数. 反映在数轴上, 方程的解是数轴上某一个或几个孤立的点, 而不等式的解则是无数个点的集合.

再如, 对等式 $\sqrt{a^2} = |a|$ 和等式 $(\sqrt{a})^2 = a$, 有些学生区分不清楚两者的异同. 教师可进行如表 2.1 所示的对比.

表 2.1

$\sqrt{a^2} = |a|$	$(\sqrt{a})^2 = a$
a 可以取任意实数	a 只能取非负数
$\sqrt{a^2}$ 表示 a^2 的算术平方根	$\sqrt{a}$ 表示非负数 a 的算术平方根
$|a|$ 中的绝对值号不能去掉, 否则可能出错	a 不必加绝对值号, 因为 a 总是非负数

数学教材一般都是从正面阐述概念, 这容易使学生形成思维定式, 妨碍对概念的深刻理解. 因此, 教师应注意引导学生从正反两方面去认识概念. 比如, 可以利用若干反例, 让学生从反面去认识概念的内涵和外延.

例如, 学生对两个函数相同的概念比较模糊, 总以为定义域相同和值域相同的两个函数是相同的. 教师可举反例: 函数 $f(x) = (x+1)^2$, $x \in \{-1, 0, 1\}$ 与函数 $g(x) = (x-1)^2$, $x \in \{-1, 0, 1\}$ 的定义域相同, 且值域都是 $\{0, 1, 4\}$, 但它们的对应法则都不同, 因此, 它们是两个不同的函数.

又如, 学生学习反正弦函数的概念之后, 让它们判断等式 $\sin(\arcsin 2) = 2$ 和等式 $\arcsin\left(\sin\dfrac{3\pi}{4}\right) = \dfrac{3\pi}{4}$ 是否正确, 从而归纳出反正弦函数符号 $\arcsin x$ 的三层含义: ①表示一个角; ②表示正弦值为 $x(|x| \leqslant 1)$ 的一个角; ③表示区间 $\left[-\dfrac{\pi}{2}, \dfrac{\pi}{2}\right]$ 上的一个角. 这样学生才有可能正确解答下面这一类问题:

已知 $\sin x = k$, 且 $\pi < x < \dfrac{3\pi}{2}$, 那么用反三角函数表示 x 为 (　　).

(A) $\arcsin k$ (B) $\pi - \arcsin k$

(C) $\pi + \arcsin k$ (D) $2\pi - \arcsin k$

数学概念通常是经过多层次的抽象概括而得来的, 它往往脱离了具体的原型. 对这类比较抽象的概念, 应引导学生将概念具体化、形象化, 借助于直观图形, 使抽象的数学概念成为看得见摸得着的事物.

例如, 为使学生能弄清函数 "最值" 和 "极值" 这两个概念的区别: 最值是函数在整个区间所取得的最大 (或最小) 函数值, 而极值 (极大值或极小值) 是函数在局部区间的性质. 教师应通过具体的图像来进行讲解.

如图 2.5 所示, P 点是最大值点, 但不是极大值点; Q 点是极大值点, 但不是最大值点; R 点是极小值点但却不是最小值点. 但有时函数的某个极大值就是函数的最大值. 如图 2.6 所示, P 点既是极大值点又是最大值点. 这里, 借助于直观图形的比较, 突出了 "最大值" 的整体性和 "极大值" 的局部性, 使学生弄清了这两个概念的区别.

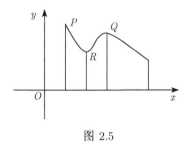

图 2.5

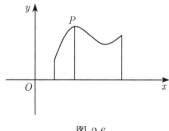

图 2.6

4) 注意概念体系的建构

在数学概念教学中, 不但要使学生掌握单个的概念, 而且还要使学生掌握概念体系, 建构良好的数学认知结构. 新概念是在原有概念的基础之上形成的, 或是原有概念的限制、延伸或扩充. 因此, 新旧概念之间有着内在的联系, 如相邻关系、对立关系、矛盾关系、交叉关系、从属关系、并列关系等, 这些联系是构建概念体系的前提. 在经过每一章节的学习之后, 应引导学生将所学的概念加以整理、归类, 理清概念之间的关系, 特别是种属关系, 将这些概念联点串线, 建立章节或学科的概念网络体系, 使概念纵横贯通, 有助于学生深化对概念的理解. 学生一旦形成了这样的概念体系, 不仅有利于概念的储存和检索, 而且有助于理解和吸收新概念.

例如, 在学完了一般四边形和特殊四边形的相关概念之后, 应引导学生将所学的概念整理为如图 2.7 所示的概念网络系统.

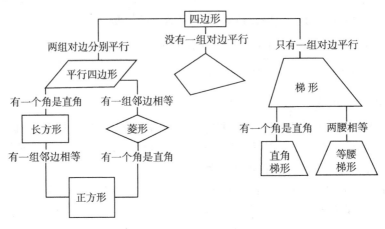

图 2.7

5) 注意概念产生的背景

为帮助学生透彻理解并掌握所学的数学概念, 关键的问题是不仅要让学生知道一节课学习的内容, 更要让学生知道为什么要学这个内容, 由 "知其然" 发展到 "知其所以然". 即使是教师直接告诉学生课题, 也要作出充分的铺垫, 使得学生觉得这个时候学习这个内容是应该的, 自然而然的, 不至于产生从天上掉下一个概念的感觉, 长此以往, 学生就会逐渐在学习过程中自己给自己提出下一步要研究什么的问题, 发展自我探求知识的能力. 下面以 "分母有理化" 教学为例.

首先明确 "分母有理化" 概念这个课题的教学要求.

(1) 分母有理化的意义: 把分母中含有根号的式子化为**等值**的而且分母不含根号的式子.

(2) 分母有理化的作用: 在根式运算中简化运算.

(3) 分母有理化的理论依据: 分式的基本性质.

(4) 分母有理化的方法: 先找分母的有理化因式, 然后分子分母都同乘以这个有理化因式, 从而把分母中的根式化去.

教学过程 (一)

先让学生做课堂练习.

计算 $\dfrac{1}{\sqrt{2}}$ 的值 (保留到 0.01).

解 $\dfrac{1}{\sqrt{2}} \approx \dfrac{1}{0.1414} \approx 0.707 \approx 0.71.$

学生完成以上练习后, 教师提出以下问题让学生思考:

(1) 有无更简便的方法? (以上计算过程繁杂的原因是什么?)

(2) 请考虑有没有办法把分母变成整数, 又使式子的值不变?

(3) 使分式的值不变, 分式的基本性质是什么?

(4) 分子分母同乘以一个什么数, 才使分母变成整数且分式的值不变?

通过一连串的引导启发, 引导学生找到办法: 分子分母同乘 $\sqrt{2}$, 则得

$$\frac{1}{\sqrt{2}} = \frac{1 \times \sqrt{2}}{\sqrt{2} \times \sqrt{2}} = \frac{\sqrt{2}}{2} \approx \frac{1.414}{2} = 0.707 \approx 0.71.$$

作了以上的准备后, 再提出 (总结) 分母有理化这个概念的意义.

教学过程 (二)

先让学生阅读 "分母有理化" 这个概念的意义: "把分母含有根号的式子化为**等值的**而且分母不含根号的式子", 逐字逐句讲解等值性的意义. 并举例:

$$\frac{1}{\sqrt{2}} = \frac{1 \times \sqrt{2}}{\sqrt{2} \times \sqrt{2}} = \frac{\sqrt{2}}{2},$$

最后指出其中的 $\sqrt{2}$ 为有理化因子.

如果这个课题采用教师照本宣科 (教学过程 (二)), 学生接受后加以练习的教学方法, 学生可能会记住分母有理化的几个步骤并能够模仿, 可是他们未必理解分母有理化的作用和必要性 (在根式运算中简化运算). 这样的教学方法在某种程度上只能够造成学生的被动接受, 产生简单模仿、机械联系的结果.

2.1.2 概念形成的教学设计

1. 数学概念形成的教学模式(何小亚, 2004)

数学概念形成是从大量的实际例子出发, 经过比较、分类从中找出一类事物的本质属性, 然后再通过具体的例子对所发现的属性进行检验与修正, 最后通过概括得到数学概念的定义.

数学概念的形成是由特殊到一般, 由具体到抽象的过程. 因此, 对于那些初次接触或较难理解的数学概念, 可以采用概念的形成方式进行学习. 其教学过程为提供概念例证 — 抽象出本质属性、形成初步概念 — 概念的深化 — 概念的运用.

下面以映射概念的教学为例来说明概念形成的教学模式.

1) 为学生提供熟悉的具体例证, 引导学生分析出每个例证的属性

例 1　某场满座电影, 所有的观众组成了一个集合, 所有的位子组成了另一个集合. 那么, 每一个观众就有一个位子而且只有一个位子, 也就是说, 在所有观众的集合 A 和所有位子的集合 B 之间有这样一种对应关系: 每一个观众有一个而且只有一个位子和它对应.

例 2　设想某一个班的学生组成一个集合 A, 这些学生在一次数学考试中的得分组成另一个集合 B, 那么, 在集合 A 与集合 B 之间有这样一种对应关系: 每一个学生有一个分数而且只有一个分数.

例 3　某次火车停靠的站名集合 A 与发车时间集合 B 之间有这样一种对应关系: 每一个站名有一个而且只有一个发车时间和它对应.

2) 抽象出共同本质属性, 形成初步概念

教师引导学生分析. 虽然这三个例子都不相同, 但是它们有一个共同的本质属性: "对于第一个集合 A 中的每一个元素, 第二个集合 B 中都有一个而且只有一个元素与它对应. " 这个属性可以用图形象地表示出来. 然后再给出映射的形式定义和记号: "设 A, B 是两个集合, 如果按照某种对应法则 f, 对于集合 A 中的任何一个元素, 在集合 B 中都有唯一的元素和它对应, 这样的对应叫做从集合 A 到集合 B 的映射, 记为 $f : A \to B$. " 于是, 学生初步了解了映射的概念, 但此时还不能说学生已形成了映射的概念, 还需要进一步深化.

3) 概念的深化

教师可以提供一些具体例子让学生练习和识别, 这些例子应包括各种类型的映射 (满射、单射、一一映射等) 和非映射.

然后给出映射的一般形式: $f : A \to B$, $x \to y = f(x)$, $f(a) \neq f(b) \Rightarrow a \neq b$.

4) 概念的运用

要使映射的概念成为学生认知结构中稳定的观念, 还需要运用它来解决问题. 例如, 判断下面的对应是否映射:

(1) $f : \mathbf{N} \to \mathbf{N}$, $x \to y = f(x) = 2x + 1$;

(2) $f : \mathbf{R} \to \mathbf{R}^+$, $x \to y = f(x) = |x|$;

(3) $f : \{x \in \mathbf{R}, x \neq 0\} \to \mathbf{R}$, $x \to y = f(x) = \dfrac{1}{x}$;

(4) 设 $A = \{x \in \mathbf{R} \ 且 \ x \neq 0\}$, $B = \{\alpha | 0° < \alpha < 180°\}$, f: 求正弦值为 x 的三角形的内角.

需要指出的是, 概念的形成是学生以自己的直接经验为基础, 在教师的引导下归纳发现概念的本质属性的学习. 虽然这种学习是一种有意义的学习, 但它并不一定要求学习者认知结构中具备较多的概念, 只需有概念的例证方面的直接经验, 而

且它也比较费时. 因此, 从学生的角度考虑, 这种学习方式适合那些认知水平不高或缺乏必备概念的学生的学习; 从概念的角度来考虑, 则适合那些处于概念体系中起着基础作用和核心作用的少数抽象概念的学习.

2. 数学概念形成的教学案例

课题 任意角.

教材 普通高中课程标准实验教科书人教社 A 版, 数学必修 4, 第一章第 1 节 "任意角和弧度制", 2004 年.

教学内容 正角、负角、零角、任意角、象限角等概念; 终边相同的角及其表示.

教学目标

1) 知识与技能

(1) 了解角的概念推广的背景, 理解推广角概念的必要性;

(1) 掌握正角、负角、零角的定义;

(3) 理解任意角以及象限角的概念;

(4) 掌握与 α 角终边相同的角 (包括 α 角) 的表示方法.

2) 过程与方法

通过列出几个终边相同的角, 画出终边所在的位置, 找出它们的关系, 探索具有相同终边的角的表示, 体会运动变化的观点和数形结合的思想方法.

3) 情态态度与价值观

(1) 体会推广角的概念、引入大于 $360°$ 角和负角的意义;

(2) 在探索性学习活动中提高数学学习兴趣, 强化参与意识, 转变学习态度, 体会变与不变的哲学思想.

教学重点、难点

重点: 正角、负角、零角的定义, 终边相同角的表示法.

难点: 终边相同角的表示.

学法与教学手段

学法: 合作探究、讨论交流.

教学手段: 电脑、投影机、三角板、粉笔.

教学过程

【创设情境】　3 分钟

师: 初中时, 我们已学习了 $0° \sim 360°$ 角的概念, 它是如何定义的呢?

[展示课件] 角可以看成平面内一条射线绕着端点从一个位置旋转到另一个位置所成的图形. 一条射线由原来的位置 OA, 绕着它的端点 O 按逆时针方向旋转到终止位置 OB, 就形成角 α. 旋转开始时的射线 OA 叫做角的始边, OB 叫做终边, 射线的端点 O 叫做角 α 的顶点.

这样的角够用吗? 请同学们思考以下问题:

(1) 你的手表慢了 5 分钟, 你是怎样将它校准的?

(2) 假如你的手表快了 1.25 小时, 你应当如何将它校准?

(3) 当时间校准以后, 分针转了多少度?

[学生发表意见后, 教师取出一个钟表并操作] 我们发现, 校正过程中分针需要按逆时针或顺时针方向旋转, 有时旋转不到一周, 有时旋转一周以上. 这就是说, 分针在旋转过程中所形成的角已不仅仅局限于 $0° \sim 360°$, 这正是我们这节课要研究的主要内容 —— 任意角.

【探究新知】　　23 分钟

　　1. 正角、负角、零角与任意角

　　师: 在体操比赛中我们经常听到这样的术语: "后空翻转体 720°"、"前空翻转体 1080°" 等等, 它们, 连同上述情境中的校准时钟问题都出现了大于 360° 的角以及按不同方向旋转而成的角. 同学们能否再举出几个现实生活中 "大于 360° 的角或按不同方向旋转而成的角" 的例子, 并思考: 这些例子说明了什么问题? 该如何区分和表示这些角?

　　[学生举例, 教师展示课件并板书] 如自行车车轮、螺丝扳手等按不同方向旋转时成不同的角, …….

　　师: 上述例子表明, 过去所学的角的概念不足以用来表达现实世界中存在的各种角, 必须对角的概念进行推广. 如何定义更广义的角的概念呢?

　　[教师等待学生回答, 并归纳要点] 从刚才大家的答案中可以提炼出两个重要的方向: 一是依然可以从射线旋转的角度来定义角; 二是不仅要考虑旋转的度数, 还要考虑旋转的方向. 如何定义不同旋转方向所形成的角呢?

　　[学生讨论, 教师倾听学生的意见, 评价不同观点, 待达成一致后, 得到正角、负角、零角的概念并板书] 为了区别起见, 我们规定: 按逆时针方向旋转所形成的角叫正角 (positive angle), 按顺时针方向旋转所形成的角叫负角 (negative angle). 如果一条射线没有做任何旋转, 我们称它形成了一个零角 (zero angle). 零角的始边与终边重合. 如果 α 是零角, 则 $\alpha = 0°$.

　　[教师展示课件] 如教材图 1.1-3(1) 中的角是一个正角, 它等于 750°; 图 1.1-3(2) 中, 正角 $\alpha = 210°$, 负角 $\beta = -150°, \gamma = -660°$. 这样, 我们就把角的概念推广到了任意角 (any angle). 那么, 同学们说一说, 任意角包含哪些角?

　　[学生会有不同观点, 可能从数量特征考虑. 最后, 教师帮助学生明确按 "正角、负角和零角" 来分类的合理性, 并给出角的符号表示]

　　师: 任意角包括正角、负角和零角. 为了简单起见, 在不引起混淆的前提下, "角 α" 或 "$\angle \alpha$" 可简记为 α.

2. 象限角与终边相同的角

(1) 象限角

师: 先前的实例给我们一个印象: 角具有 "周而复始" 的特征, 即一条射线 OA 绕它的端点 O 朝某方向旋转一定角度到达某位置 OB. 当它继续朝这个方向或朝相反方向旋转一周或多周后仍然会回到位置 OB, 仿佛 "回到初始状态", 但这个过程中得到的角是不同的. 那么, 如何描述角的这种变化规律, 又如何揭示由此形成的角之间的关系呢?

[学生讨论, 教师启发学生联系先前的学习, 从数形结合的角度找到解决问题的办法, 在学生发现把角放到直角坐标系中, 两角终边重合或相同, 且两角在数量上相差 $360°$ 的整数倍后, 教师指导学生进一步概括出象限角和终边相同的角的概念及其集合表示]

[教师展示课件] 将角的顶点与原点重合, 角的始边与 x 轴的非负半轴重合. 那么, 角的终边 (除端点外) 在第几象限, 我们就说这个角是第几象限角 (quadrant angle). 如教材图 1.1-4 中的 $30°$ 角、$-210°$ 角分别是第一象限角和第二象限角. 要特别注意: 如果角的终边在坐标轴上, 就认为这个角不属于任何一个象限, 称为非象限角.

[教师展示课件] 请大家回答: 锐角是第几象限角? 第一象限角一定是锐角吗? 请对直角、钝角作出同样的分析.

(2) 终边相同的角

[教师展示课件] 探究: 将角按上述方法放在直角坐标系中后, 给定一个角, 就有唯一的一条终边与之对应. 反之, 对于直角坐标系中任意一条射线 OB, 以它为终边的角是否唯一? 如果不唯一, 那么, 终边相同的角有什么关系? 请结合具体实例加以分析.

[学生讨论, 教师指导, 最后全班一起总结得出结果]

不难发现, 在教材图 1.1-5 中, 如果 $-32°$ 的终边是 OB, 那么 $328°$、$-392°$、$\cdots\cdots$, 这些角的终边都是 OB, 而 $328° = -32° + 1 \times 360°$, $-392° = -32° + (-1) \times 360°$.

设 $S = \{\beta | \beta = -32° + k \cdot 360°, k \in \mathbf{Z}\}$, 则 $328°, -392°$ 角都是 S 的元素, $-32°$ 角也是 S 的元素. 因此, 所有与 $-32°$ 角终边相同的角, 连同 $-32°$ 角在内, 都是集合 S 的元素; 反过来, 集合 S 的任一元素显然与 $-32°$ 角终边相同.

[教师展示课件] 一般地, 我们有:

所有与角 α 终边相同的角, 连同角 α 在内, 可构成一个集合

$$S = \{\beta \mid \beta = \alpha + k \cdot 360°, k \in \mathbf{Z}\},$$

即任一与角 α 终边相同的角, 都可以表示成角 α 与整数个周角的和.

【巩固新知】　　10 分钟

1. 例题探究

例 1　在 $0° \sim 360°$ 内, 找出与 $-950°12'$ 角终边相同的角, 并判定它是第几象限角 (注: $0° \sim 360°$ 是指 $0° \leqslant \beta < 360°$).

例 2　写出终边在 y 轴上的角的集合.

例 3　写出终边在直线 $y = x$ 上的角的集合 S, 并把 S 中适合不等式 $-360° \leqslant \alpha < 720°$ 的元素 β 写出来.

[课件演示题目, 教师带领全班一起讨论并板书示范]

2. 巩固练习

教材 P5 第 3~5 题.

[学生独立完成, 再全班交流, 课件展示答案, 教师指出注意事项]

注意: (1) $k \in \mathbf{Z}$; (2) α 是任意角 (正角、负角、零角); (3) 终边相同的角不一定相等; 但相等的角, 终边一定相同; 终边相同的角有无数多个, 它们相差 $360°$ 的整数倍.

【学习小结】　　3 分钟

(1) 你知道角是如何推广的吗?

(2) 象限角是如何定义的呢?

(3) 你熟练掌握终边相同角的表示了吗? 请写出终边落在 x 轴、y 轴、直线 $y = x$ 上的角的集合.

【课后强化】　　1 分钟

1. 作业: 习题 1.1A 组第 1, 2, 3 题.

2. 多举出一些日常生活中的 "大于 $360°$ 的角和负角" 的例子, 熟练掌握它们的表示, 进一步理解具有相同终边的角的特点.

2.1.3　概念同化的教学设计

概念同化是美国心理学家戴维·奥苏伯尔 (D. Ausubel) 提出的一种概念学习形式. 指的是新信息与原有的认知结构中的有关概念相互发生作用, 实现新旧知识的意义的同化, 从而使原有认知结构发生某种变化.

概念的同化实质上是学习者利用已掌握的概念去理解新概念, 或者对原有的概念重新进行加工整理的过程, 它是一种有意义的学习. 因此, 以概念的同化方式来学习新概念必须具备 3 个条件: 一是学习者必须具备 "我要学" 的动力; 二是新概念必须有逻辑意义; 三是学生原有的认知结构中必须具备同化新概念所需要的基础. 这种学习的关键是要把握好新概念与原有概念之间的关系. 这就要求教师必须了解学生对原有概念掌握的情况. 原有概念越牢固、越清晰, 新概念的同化也就越容易.

概念同化是一个由一般概念认识特殊概念、由总括概念认识从属概念的过程,具体心理发展过程如下: ①揭示概念的本质属性, 给出定义、名称和符号; ②对概念进行特殊分类, 用变式的方法突出本质属性; ③建立新旧概念之间的联系; ④辨认肯定例证和否定例证, 使新旧概念精确分化; ⑤通过实际应用强化概念, 将新概念纳入相应的概念体系中.

1. 数学概念同化的教学模式(何小亚, 2004)

数学概念同化的学习过程一般是直接揭示数学概念的本质属性, 通过对数学概念的分类和比较, 建立与原有认知结构中的有关数学概念的联系, 明确新的数学概念的内涵和外延; 再通过实例的辨认, 将新数学概念与原有认知结构中的某些数学概念相区别; 并将新的数学概念纳入到相应的数学概念系统中, 从而完善原有的认知结构, 即在数学概念的教学当中, 把概念的意义直接以定义的形式呈现给学生, 学生再利用自己认知结构中已有的适当知识和观念理解其意义, 从而获得新概念.

概念同化的教学过程: 提供定义 — 解释定义、突出关键属性 — 辨别例证、促进迁移 — 运用概念.

下面以 "奇函数" 概念的教学为例来说明概念同化的教学模式.

(1) 向学生提供概念的定义.

奇函数概念: "如果对于函数 $y = f(x)$ 的定义域里的任一个 x, 都有 $f(-x) = -f(x)$, 那么就称函数 $y = f(x)$ 为奇函数."

(2) 教师解释定义中的词语、符号、式子所代表的内在含义, 突出概念的关键属性, 使学生准确领会概念的内涵.

在奇函数概念的教学实践中, 许多学生, 甚至是部分教师十分注意理解定义中的等式 "$f(-x) = -f(x)$", 但却忽略了另一句话 "对于函数 $y = f(x)$ 的定义域里的任一个 x" 所隐含的内容, 未能深刻把握奇函数概念的内涵. 教师在分析讲解定义时, 应向学生指出, 从函数 $y = f(x)$ 的定义域里任意取出一个 x, 由等式 $f(-x) = -f(x)$ 成立, 就可以断定 $-x$ 也在定义域里, 而 x 和 $-x$ 关于原点对称, 于是, 由 x 的任意性就可以知道奇函数的定义域是关于原点对称的. 因此, 判断一个函数是不是奇函数, 首先要看定义域是否关于原点对称. 如果不是, 那么它一定不是奇函数, 无需验证等式 $f(-x) = -f(x)$ 是否成立.

(3) 辨别例证, 促进迁移.

教师向学生提供丰富的概念的例证, 让学生辨别, 进一步明确概念的关键属性. 值得注意的是, 所提供的例证不能只局限于同一类别, 也就是说, 例证不能只来自同一情境. 因为只接受来自同一情境的概念例证的学生, 虽然他们容易辨别出该情境中的其他例证, 但将概念应用于新情境中, 则不太顺利. 而接受不同情境的概念例证的学生, 则较容易实现迁移. 另外, 为了突出关键属性, 分化新概念和原有的相

关概念, 适当的反例是必需的. 对于此例, 除了一般的例子之外, 教师还可以向学生提供下列例子让学生辨别:

(i) $f(x) = 1$;

(ii) $f(x) = |2x + 1| - |2x - 1|$;

(iii) $f(x) = \sqrt{4 - x^2} + \sqrt{x^2 - 4}$;

(iv) $f(x) = g(x) - g(-x)$;

(v) $f(x) = \sin x, x \in [0, 2\pi]$.

(4) 概念的运用.

通过各种形式来运用概念, 可以强化概念的理解, 促进概念系统的建构, 提高解决问题的能力. 对于本例, 除了辨别奇函数这一类运用之外, 教师可以让学生解决下列问题:

(i) 已知奇函数 $f(x)$ 在区间 $[-3, -1]$ 上是增函数, 且有最大值 -2, 那么 $f(x)$ 在区间 $[1, 3]$ 上的最小值是多少?

(ii) 已知奇函数 $f(x)$ 在 $x > 0$ 时的表达式为 $f(x) = 2x - 0.5$, 那么当 $x \leqslant 0.25$ 时恒有 (　　).

(A) $f(x) > 0$ 　　　　　　　　　(B) $f(x) < 0$

(C) $f(x) - f(-x) \leqslant 0$ 　　　　　(D) $f(x) - f(-x) > 0$

(iii) 若已知奇函数 $f(x)$ 在定义域 $(-1, 1)$ 上是减函数, 试求满足 $f(1 - m) + f(1 - m^2) < 0$ 实数 m 的取值范围.

比较概念获得的两种教学模式, 概念的形成实质上是对具体事物共同本质属性的概括, 比较接近与人类自发形成概念的过程. 概念的同化则较多地依赖于原有的概念, 是认知水平达到一定程度的人获得概念的主要方式. 用概念形成的教学模式来学习概念比较费时, 但要求的认知水平不高; 用概念同化的教学模式来学习概念则比较省时, 但要求学习者具备适当的科学概念, 并且还要具备一定的认知水平. 因此, 低年级学生较适合于以概念形成的方式获得概念. 随着年龄的增长和学习的深入, 学生已获得了一定数量的概念, 这为同化新概念奠定了基础, 这时可以通过概念同化的方式来获得新概念. 这是小学高年级和中学阶段学生获得概念的主要方式. 通过概念同化的模式获得概念要比通过概念形成的模式获得概念更为迅速、有效.

2. 数学概念同化的教学设计案例

课题　函数的单调性.

教材　普通高中课程标准实验教科书 2004 年审定, 人教社 A 版, 数学必修 1, 第一章第三节.

教学内容 (1) 增函数、减函数、函数的单调性、单调区间等概念; (2) 函数单调性的判断与证明

对"函数的单调性"教学的基本认识

就中小学生与单调性相关的经历而言, 学生认识函数单调性可分为 3 个阶段:

① 经验感知阶段 (小学阶段), 知道一个量随另一个量的变化而变化的具体情境, 如 "随着年龄的增长, 我的个子越来越高", "我认识的字越多, 我的知识就越多" 等;

② 形象描述阶段 (初中阶段), 能用抽象的语言描述一个量随另一个量变化的趋势, 如 "y 随着 x 的增大而减小";

③ 抽象概括阶段 (进入高中以后), 能进行脱离具体和直观对象的抽象化、符号化的概括与操作, 即教材中 "函数单调性" 的定义与运用.

"函数单调性" 的教学, 应根据思维 "最近发展区" 理论, 在学生已有的知识经验中寻找新知识的 "生长点", 以 "概念同化" 的形式进行教学.

"函数单调性" 的教学是通过学生较为熟悉的具体函数图像入手引入的, 本身即是数形结合的一个范例, 可以说发现函数单调性的过程, 就是将数学图形语言 (函数的图像) 翻译成数学符号语言 (函数单调性的形式化表述) 的过程. 函数单调性教学成功与否的关键在于能否使学生将经由观察函数图像得到的结论用符号语言描述出来. 这个过程大致可以分为两个步骤: 一是让学生经历多个函数图像变化趋势的观察, 形成对函数单调性本质特征的认识, 这一步要尽可能地淡化形式; 二是用形式化的数学语言概括出函数单调性这个 "对象" 的本质特征, 这一步要回到形式化定义的道路上来.

教学目标

1. 理解增函数、减函数、函数的单调性、单调区间等概念;

2. 能运用函数图像研究函数的单调性;

3. 能利用增 (减) 函数的定义证明函数的单调性;

4. 在探索函数单调性的过程中提高数学语言表达与发现问题、分析问题的能力, 体会数形结合的思想方法及数学的严谨性;

5. 在获得增 (减) 函数概念的过程中体会数学符号语言的意义及数学的形式化特征.

教学重点、难点与关键

教学重点: ①增函数概念; ②函数单调性的证明.

教学难点: ①增函数的形式定义; ②函数单调性的证明.

突破难点的关键: 对于难点①, 主要抓两点, 一是函数图像 "上升" 特征的自然语言描述, 二是 "任意性" 的形式化表达; 对于难点②, 主要抓增 (减) 函数的定义

和比较大小.

教学方法与教学手段

　　教学方法: 启发式讲授并辅之以引导探究式教学法.

　　教学手段: 多媒体技术与板书.

设计思想

　　按照概念同化的教学方式, 对函数单调性的内容进行教学设计. 在充分利用学生头脑中已有知识经验 (数学的和非数学的) 的基础上, 使其掌握函数单调性概念的本质属性, 体会蕴含于其中的数学思想方法; 在获得知识的前提下发展思维能力, 并将一般科学研究方法应用到数学概念的学习过程之中.

教学过程

　　(一) 创设情境, 引入概念 (10 分钟)

　　1. 创设情境

　　① 展示给学生几个典型的熟悉的函数图像:

$$y = -2x - 1, \quad y = x^2 + 1, \quad y = x^3, \quad y = \frac{1}{x}.$$

　　② 让学生观察函数图像自左向右的变化趋势, 并分组讨论为什么会出现这样的变化规律, 受到哪些因素的影响.

　　③ 借助 "几何画板" 演示学生回答的情况和上述函数的图像变化特征.

　　④ 提出问题: 初中我们学习的函数定义是什么样的?

　　当学生会回答出函数概念的变量说时, 引导其将上述函数图像的变化规律概括为两种情况: y 随着 x 的增大而增大或者 y 随着 x 的增大而减小.

　　【教法说明】概念同化也要在情境创设的基础上进行, 针对学生的具体情况还可以举出和实际生活紧密结合的、学生们有着丰富体验的、能够反映出函数单调性变化特点的例子, 如一只股票在某一阶段的变化趋势图、某支球队在连续一段时间比赛的名次变化表等. 情境可以是多种多样的, 情境创设只是策略, 目的是揭示新概念的本质, 让学生获得丰富的表象认识.

　　函数图像可以让学生板演画出, 也可以直接展示. 通过对函数图像的动态展示, 在分组讨论、回顾之前所学的基础上, 学生的感性认识已经形成, 动态图像的展示本身即是一种元认知的和认知的提示, 是非语言性的提示; 相比语言性的提示, 可以留给学生更大的思考空间, 同时还能培养学生的观察能力.

　　2. 提出课题

　　像这种 "y 随着 x 的增大而增大" 或者 "y 随着 x 的增大而减小" 的现象称为函数的单调性. [板书课题 "1.3.1 单调性与最大 (小) 值 (一)"]

　　【教法说明】这部分内容的学习可以是在教师引导之下, 师生共同探求. 这一过程也可能是学生在教师引导下的不自觉的体验. 关键的问题是不仅要让学生知道这节课学习的内容, 更要让学生知道为什么要学这个内容, 由 "知其然" 发展到 "知其所以然". 即使是教师直接告诉学生, 也要作出充分的铺垫, 使得学生觉得这个时候学习这个内容是应该的、自然而然的, 不致产生从天上掉下一个概念的感觉. 长此以往, 学生就会逐渐在学习过程中学会自我提问, 即自己给自己提出下一步要研究的问题, 发展自我探求知识的能力.

3. 引出概念

首先, 引导学生思考问题: 刚才得到的是描述性的结论, 如果要对它进行严格的表述, 用数学符号语言刻画, 应该怎么说呢?

其次, 在学生已有的感性认识的基础上, 分别给出增函数、减函数、函数单调性及单调区间的定义 [可以让学生读出书上的定义, 或利用投影展示或板书], 并给出单调递增和单调递减的概念.

最后, 让学生观察几个函数图像, 结合已有的知识经验对函数单调性的概念形成一个初步的认识.

(二) 剖析定义, 同化概念 (15 分钟)

1. 分类辨析

① 函数 $y = -2x - 1$ 与函数 $y = x^3$ 的单调性

引导学生分析 $y = -2x - 1$ 和 $y = x^3$ 的图像并认识取值的任意性.

分别在两个函数的定义域内取自变量的两个值 x_1、x_2, 比较 x_1、x_2 所对应的函数值 $f(x_1)$、$f(x_2)$ 的大小, 看 $f(x_1)$、$f(x_2)$ 的大小关系与 x_1、x_2 的大小关系之间满足什么规律.

【学情预设】学生对照函数单调性的概念, 可以得出在函数 $y = -2x - 1$ 的定义域内, 当 $x_1 < x_2$ 时, 有 $f(x_1) > f(x_2)$; 在函数 $y = x^3$ 的定义域内, 当 $x_1 < x_2$ 时, 有 $f(x_1) < f(x_2)$. 因此, 函数 $y = -2x - 1$ 是减函数, $y = x^3$ 是增函数.

通过问题: 这里的 x_1、x_2 是否为特定的值? 强化 x_1、x_2 所具有的任意性的特点.

② 函数 $y = x^2 + 1$ 与函数 $y = \dfrac{1}{x}$ 的单调性

首先, 教师与学生一起分析函数 $y = x^2 + 1$ 的图像, 判断其单调性并找出它的单调区间.

【学情预设】对于函数 $y = x^2 + 1$, 学生能从图像上发现函数的单调性不一样, 在区间 $(-\infty, 0)$ 上是单调递增的, 在 $(0, +\infty)$ 上是单调递减的, 同时认为该函数的单调区间是 $(-\infty, +\infty)$.

【教学对策】提醒学生观察图像并利用特殊值法进行检验. 让学生在定义域内取两个值 x_1、x_2, 求出相应的函数值 $f(x_1)$、$f(x_2)$, 观察函数值 $f(x_1)$、$f(x_2)$ 的大小关系与自变量取值 x_1、x_2 的大小关系之间满足什么规律, 并交流不同答案. 学生经过计算、比较能够得出: 在函数 $y = x^2 + 1$ 的定义域内, 当 $x_1 < x_2$ 时,

$f(x_1) > f(x_2)$、$f(x_1) < f(x_2)$ 和 $f(x_1) = f(x_2)$ 三种情形都可能出现, 从而认识到: 函数 $y = x^2 + 1$ 的单调区间应该区分为单调递增区间和单调递减区间.

其次, 应用类似的方法讨论函数 $y = \dfrac{1}{x}$ 的单调性.

【学情预设】对于函数 $y = \dfrac{1}{x}$, 学生会发现, 在其定义区间 $(-\infty, 0)$ 和 $(0, +\infty)$ 上, 函数的单调性是一样的, 因此单调区间是 $(-\infty, 0) \cup (0, +\infty)$.

【教学对策】让学生回顾集合运算符号 $\cup$ 的含义以及逻辑连结词或的含义, 最后明白函数的单调区间不能取并集的道理以及正确的书写形式.

最后, 引导学生思考: 在增 (减) 函数定义中, 为什么要强调定义域内的某个区间, 即 "任意两个自变量的值 x_1, x_2" 是 "对于定义域 I 内某个区间 D 上的" 而不是 "定义域 I 内"; 同样, 所谓的增函数、减函数均指 "区间 D 上是增函数" 和 "区间 D 上是减函数". 值得注意的是, 区间 D 与定义域 I 可相等, 这个时候就说函数在整个定义域内是增函数或减函数, 例如函数 $y = -2x - 1$ 和函数 $y = x^3$.

【教法说明】① 讨论概念的各种特殊情况, 用变式的方法突出概念的本质属性, 通过精心设计的问题, 引出矛盾, 产生新的问题, 层层深入强化函数的单调性概念的几个注意点;

② 这个阶段也蕴含着概念形成的过程, 出现矛盾才引导学生去寻求解决矛盾的途径、充分发挥学生的主动性而不是急于告知学生答案;

③ 尽可能通过同学之间的讨论、互相纠正甚至争辩或者说是一种合作的方式达成问题的解决, 获得对函数单调性的准确、全面的认识.

2. 概念同化

这个过程已经蕴含在前面的对几个具体的一次函数、二次函数、反比例函数的讨论过程中了, 还可以进行下列工作:

① 提示学生分析、比较 "增函数" 与 "减函数" 中不变的和变化的分别是什么?

② 强调增 (减) 函数定义中的要点: 一是增 (减) 函数是相对于定义域 I 内的某个区间 D (即 $D \subseteq I$) 而言的; 二是 x_1, x_2 必须是区间 D 内任意两个自变量的取值, 而不是某些特殊值.

③ 讨论用不同方法表示的函数的单调性如何判断. 例如, 用图像法表示的函数, 当函数图像沿着 x 轴的方向逐渐上升时是什么函数, 逐渐下降时又是什么函数? 列表法表示的函数如何判断? 不容易画出图像且用解析法表示的函数又如何判断? 等等.

④ 提示学生在中学阶段讨论的是定义在区间上的严格单调函数, 即增 (减) 函数定义中 $f(x_1)$ 与 $f(x_2)$ 的大小关系是严格的大于或小于关系 —— $f(x_1) > f(x_2)$ 或 $f(x_1) < f(x_2)$, 在大学里将会遇到 $f(x_1) \geqslant f(x_2)$ 或 $f(x_1) \leqslant f(x_2)$ 的情形.

【教法说明】将函数单调性的概念与已有认知结构中的有关概念建立联系, 纳入到已有的认知结构当中, 同化新概念. 将形式化的函数单调性概念与之前学习的具体内容联系起来, 认识用不同方法表示的函数单调性的共同点和区别. 这之中也渗透着一般思维方法的培养.

(三) 分析范例, 巩固概念 (5 分钟)

判断下列函数的单调性:

① $y = 5x + 3, x \in (-\infty, +\infty)$;

② $y = \dfrac{1}{x+1} x \in [-1, +\infty)$;

③ $y = c(c\ 为常数), x \in \mathbf{R}$;

学生独立思考, 2 分钟后全班交流, 教师提出注意事项.

【教法说明】通过对上述几个肯定和否定例证的判断, 进一步加深对概念的理解.

这里面涉及了几个问题: 单调区间包不包含端点的问题, 常数函数具不具有单调性的问题, 以及是否所有的函数都有单调区间的问题. 对于同一个概念的完整理解, 只明了本质属性是不够的, 还要通过一些否定的例证来对它的非本质属性加以了解, 否定的例证最好能够从不同的侧面反映非本质属性.

(四) 深入理解, 形成体系 (8 分钟)

例　判断函数 $y = \sqrt{x}$ 的单调性并加以证明.

同桌学生讨论, 2 分钟后全班交流, 教师提出多种解法和注意事项.

【教法说明】例题的证明过程本身即是概念的应用过程. 最后还是要回到最初的概念上. 证明中的假设部分 "定义域内任取 x_1, x_2", x_1 和 x_2 的大小可以写成 $x_1 < x_2$, 也可以写成 $x_1 > x_2$. 关键还是对沿 x 轴的观察方向的强调, 是顺着 x 轴的方向还是逆着 x 轴的方向. 也可以在证明的过程中将要证明的目标统一为一个更加形式化的式子: $\dfrac{f(x_1) - f(x_2)}{x_1 - x_2}$, 通过判断其符号得到原函数的单调性.

通过实际的证明强化应用函数单调性概念, 使得函数单调性及其相关概念和之前的认识形成一个整体结构, 进而在新的认知结构中占据一个适当的位置.

(五) 课堂小结, 布置作业 (2 分钟)

(略)

【点评】　 "函数单调性" 是学生进入高中后较早接触到的一个完全形式化的抽象概念, 对仍处于经验型逻辑思维发展阶段的高中一年级学生来讲, 有较大的学习难度. 主要表现在: 形式化的定义如何得到, 即如何由 "y 随着 x 的增大而增大 (或减少)" 得到 "对任意 $x_1 < x_2$, 均有 $f(x_1) < f(x_2)$(或 $f(x_1) > f(x_2)$)"; 利用函数单调性的定义对具体函数的单调性进行证明或说理时, 表述到什么程度, 即如何把

"似乎显然" 的结论推理到 "确实显然". 如果采用教师逐字逐句讲解, 学生接受后加以练习的教学方法, 学生可能会记住证明函数单调性的几个步骤并能够判断某些具体函数的单调性, 可他们未必理解函数单调性定义的内涵和证明的必要性, 尤其是对一些可以通过图像观察直接得到其单调性的函数而言, 学生更难理解证明的必要性. 而且这种教学方法在某种程度上可能造成学生的被动接受, 产生简单模仿、机械联系的结果. 从另一个角度看, 如果彻底放手让学生去探究, 又可能超越大部分学生的认知水平, 难以达到预想的效果. 为此, 该教学设计案例有针对地采取了恰当的方式进行了 "函数单调性" 的有效教学.

2.2　数学原理教学设计

2.2.1　数学原理教学的本质(何小亚, 2004, 2008)

1. 原理学习的本质

对原理的两种理解: 作为客观的原理指的是原理的客观陈述, 用言语符号信息描述概念之间的关系; 作为主观的原理指的是人的心理操作反应系统, 即主体在特定的情境中根据各种关系作出相应的反应. 它以产生式 "若 ······, 则 ······" 的形式储存在大脑中. 例如, 习得勾股定理产生式的主体, 一见到直角三角形刺激, 就作出了两短边的平方和等于长边的平方的心理反应. 如果学生一识别出三角形 ABC 是直角三角形, 他就能作出反应: 斜边的平方等于两条直角边的平方之和, 那么, 我们就说该学生已习得了这个产生式. 假如被试是在被主试问到什么是勾股定理的情形下复述出勾股定理, 我们不能肯定被试已习得这个产生式, 因为他可能仅仅是从长时记忆中检索出勾股定理的言语信息, 并没有学会将其应用于实际情境. 学生是否习得产生式, 关键是看他在问题情境中识别出条件信息后能否作出活动. 尚未习得勾股定理产生式的学生当然不能解决与勾股定理相关的问题, 尽管他脑中储存有勾股定理的言语观念.

数学中的原理主要包括公式、法则、定理和性质. 数学原理的学习主要就是公式和法则的学习、定理和性质的学习.

关于原理学习, 有以下结论:

(1) 原理学习实际上是学习一些概念之间的关系.

(2) 原理学习不是习得描述原理的言语信息, 而是习得原理的心理意义, 它是一种有意义的学习.

(3) 原理学习实质上是习得产生式. 只要条件信息一满足, 相应的行为反应就自然出现. 学习者据此指导自己的行为并解决遇到的新问题.

(4) 习得原理不是孤立地掌握一个原理, 而是要在原理之间建立联系, 形成原理网络.

2. 原理学习的 4 种水平

数学原理学习的水平也可以分成了解、理解、掌握和综合运用 4 种水平:

了解 能回忆出原理的言语信息; 能辨认出原理的常见例证; 会举例说明原理的相关属性.

理解 能把握原理的本质属性; 能与相关原理建立联系; 能区别原理的例证与反例.

掌握 在理解的基础上, 能直接把原理运用于新的情境.

综合运用 能综合运用原理解决问题.

从运用原理的角度看, 数学原理学习可以分成 4 种水平.

(1) 言语连锁学习水平: 处于这一水平的学生, 会说、会背、会写原理的客观陈述, 但不理解原理的本质. 他们尚未在心理上形成产生式, 当然也就不能运用原理.

(2) 正向产生式水平 (正用水平): 处于这一水平的学生, 已在心理上形成 "若……, 则 ……" 这一正向产生式, 能够由满足原理的条件信息推出结论信息. 属于正向使用数学原理的水平.

(3) 逆向产生式水平 (逆用水平): 处于这一水平的学生, 已在心理上形成 "要……, 就要 ……" 这一逆向产生式, 能够由结论信息出发, 追寻结论成立的充分条件. 这一水平属于逆用数学原理的水平, 是运用数学原理的较高级水平. 逆向产生式的习惯性反应是逆向思维形成的基础.

(4) 变形产生式水平 (变形使用水平): 处于这一水平的学生, 已在心理上形成变形产生式, 能够由问题的部分信息检索出相关的数学原理模式, 并根据当前解决问题的需要对数学模式进行变形使用, 从而解决问题. 这一水平属于变形使用数学原理的水平, 是运用数学原理的高级阶段. 变形产生式的习惯性反应是创新思维的基础. 例如, 学完两角和的正切公式后, 具有变形产生式水平的学生, 在解一个综合性问题时, 面对两个实数 a 和 b 的乘积 "ab" 这一刺激, 他想起了两角和的正切公式 $\tan(\alpha + \beta) = \dfrac{\tan\alpha + \tan\beta}{1 - \tan\alpha \cdot \tan\beta}$, 并根据需要, 知道

$$ab = \tan\alpha \cdot \tan\beta = \frac{\tan(\alpha + \beta) - \tan\alpha - \tan\beta}{\tan(\alpha + \beta)}.$$

学习数学原理的主要目的在于掌握和应用数学原理, 教学就是要促进学生不断向更高的学习水平跃进.

促进原理学习的最有效的办法是让学生在运用原理的过程中掌握原理, 因为让学生自己运用原理是原理具体化的过程, 而这个过程对于全面、深刻地理解原理极为有利. 因此, 在原理的学习中, 让学生进行练习是极其重要的一个环节. 值得注

意的是, 练习不是越多越好, 那种类别单一的重复练习并不有效. 要想使学生真正掌握原理, 形成产生式, 就要让学生进行变式练习. 所谓变式练习, 就是在其他有效学习条件不变的情况下, 命题例证的变化. 在进行变式练习时, 应先设置与原先学习情境相似的问题情境进行练习, 练习课题之间要保持一定的同一性. 随着知识的逐渐巩固, 问题类型要有变化, 可逐渐演变成与原先的学习情境完全不同的新情境. 同时, 在练习的过程中, 及时给学生提供反馈是十分必要的. 及时分析指出学生练习中的错误, 并让他们改正错误, 可以防止学生将错误巩固下来而积习难改.

例如, 要使学生熟练掌握 "平方差公式" 这一原理, 教师可以引导学生解决下面各种类型的问题.

(1) 用于模仿的练习 (此略).

(2) 用于辨别的练习. 下面各题能否用平方差公式进行化简:

① $(x + 7y)(x - 7y)$;　　　② $(x - 7y)(x - 7y)$;

③ $(-x + 7y)(-x - 7y)$;　　④ $(-x + 7y)(-x + 7y)$;

⑤ $(-x - 7y)(-x - 7y)$;　　⑥ $(x + p)(x - q)$.

(3) 灵活应用的练习. 化简:

① $(x + 2)(x^2 + 4)(x^4 + 16)(x - 2)$;

② $(y + 2)^2(y^2 + 4)^2(y - 2)^2$;

③ $(a + b - c + 3)(a - b + c + 3)$;

④ $6\left(\dfrac{1}{3}x - 1\right)(x^2 + 9)(x + 3)$.

(4) 用于实际的练习. 计算:

① $1999 \times 1997 - 1998^2$;　　　② $59\dfrac{3}{4} \times 60\dfrac{1}{4}$.

(5) 变形运用公式的练习. 计算:

① 75^2;　　　　② 989^2.

教材中的数学原理不是孤立零散的知识, 是一个有系统的知识体系. 认清数学原理在数学知识体系中的地位作用以及数学原理之间的内在联系, 可以加深对数学原理的理解, 有助于从总体上掌握数学原理. 为此, 讲授定理、公式时, 应使学生了解每个定理、公式在数学知识体系中的来龙去脉, 发生过程. 通过单元复习、每章复习、总复习, 把所学的定理、公式进行 "梳辫子", 整理成为系统的知识. 教师要有计划有目的让学生做好这方面的练习, 对于系统地掌握数学知识是会有帮助的, 同时也加强了对定理、公式的记忆. 例如, 在三角函数的变换一章中, 公式很多, 给记忆公式带来一定的困难. 如果能掌握住它们的内在联系, 那么不仅有利于灵活地运用公式, 还有助于记忆公式. 另外, 研究讨论一些定理、公式的推广, 也是使学生认清数学原理相互关系及培养学生抽象概括能力的好方法. 例如, 勾股定理的推广及把两数和的平方公式推广到若干个数和的平方的计算等.

3. 数学原理学习的形式

在数学学习中, 习得原理不仅意味着习得描述原理的言语信息, 而且能根据原理对一类刺激作出相应的反应, 也就是说能在特定的情境中应用原理. 一旦学生掌握了数学原理, 就能用大量的例证来说明原理所反映的关系, 或运用原理解决特定情境下的问题. 在数学课堂教学中, 数学原理的学习一般有两种形式, 即由例子到原理的学习和由原理到例子的学习.

1) 由例子到原理的学习

由例子到原理的学习是指从若干例证中归纳出一般结论的学习. 它是一种发现学习. 这种学习方法简称为 "例子–原理法". 例如, 教师采用例子–原理法来教授数学原理 "从 1 开始的 n 个连续自然数的立方和等于这 n 个自然数之和的平方." 其教学环节如下:

(1) 学生计算

$$1^3 = ?$$
$$1^3 + 2^3 = ?$$
$$1^3 + 2^3 + 3^3 = ?$$
$$1^3 + 2^3 + 3^3 + 4^3 = ?$$

(2) 引导学生将各个和 $(1, 9, 36, 100)$ 写成平方形式.

(3) 让学生观察等式两边的底数, 让学生发现

$$1^3 = 1^2,$$
$$1^3 + 2^3 = (1 + 2)^2,$$
$$1^3 + 2^3 + 3^3 = (1 + 2 + 3)^2,$$
$$1^3 + 2^3 + 3^3 + 4^3 = (1 + 2 + 3 + 4)^2.$$

(4) 引导学生猜想.

从 1 开始的 n 个连续自然数的立方和等于这 n 个自然数之和的平方.

(5) 让学生验证猜想

$$1^3 + 2^3 + 3^3 + 4^3 + 5^3 = ? \quad (1 + 2 + 3 + 4 + 5)^2 = ?$$

(6) 证明猜想 (此略).

用例子–原理法教授原理时, 学生的认知过程类似于概念形成的认知过程, 都需要提供例证、辨别对象、提出假设、验证假设和进行概括. 但一般地说, 它对认知

水平的要求较高, 因为它概括的是由某些概念构成的特定关系. 因此, 原理学习要以概念学习为基础. 用例子–原理法学习一些较简单、明显的原理时, 学生可以不需要教师的指导, 这种学习常被称为独立发现学习. 但对那些不容易概括出来的原理, 教师的指导是必需的. 教师的提示越多, 学生发现原理的难度就越低. 这种在教师的指导下发现原理的学习常被称为指导发现学习.

2) 由原理到例子的学习

由原理到例子的学习是指先向学生呈现要学习的原理, 然后再用实例说明原理 (有时要予以逻辑证明), 从而使学生掌握原理的学习. 这是一种接受学习. 简称为 "原理–例子法".

例如, 要用原理–例子法来教授整式的加减法则时, 教师先呈现整式的加减法则 "整式的加减运算就是先去括号, 然后再合并同类项." 然后通过具体的例子来说明这个法则的运用. 最后通过巩固练习使学生掌握这个法则.

用原理–例子法教授原理的前提条件是, 学生必须事先掌握构成原理的各个概念和原理. 例如, 在上一个例子中, 学生要习得整式的加减法则这一原理, 就必须先习得同类项的概念、合并同类项的法则、去括号法则, 否则就不可能掌握由这些概念、原理构成的整式的加减法则.

和例子–原理法学习相比, 原理–例子法学习所花的时间较少, 但容易导致机械学习. 因此, 在用原理–例子法学习时, 教师必须了解学生对构成新原理的相关观念的掌握程度, 需要的时候, 事先进行复习补漏, 以便学生顺利同化新原理. 例子–原理法学习在旧观念和认知水平上的要求不高, 它适合于认知水平处于较低层次的学生. 而原理–例子法学习则要求学生具备足够多的观念和一定的认知水平, 它适合于认知水平较高的学生. 在中学数学教学中, 大多数原理的学习采用例子–原理法的学习方式, 而且以指导发现学习方式居多.

2.2.2　例子–原理的教学设计

1. 例子–原理的教学模式

由例子到原理的学习是指从若干例证中归纳出一般结论的学习. 它是一种发现学习, 简称为 "例子–原理法".

在采用例子–原理法教授原理时, 为了使学生顺利概括出原理, 需要为学生提供足够多的丰富的例证. 这些例证应尽量涵盖例证的各种典型类别, 以利于学生发现原理和全面理解原理.

例子–原理的教学如同数学概念的形成是一种由特殊到一般, 由具体到抽象的过程. 其教学过程为提供丰富的例证 — 提出假设 — 验证假设、进行推理论证和概括 — 提炼思想方法和原理的运用.

在为学生提供丰富的例子时, 不能仅仅提供原理的例证, 还应该提供原理的反例, 以强化对原理的认识, 使学生透彻理解原理.

例如, "三角形三边的关系" 课题的教学, 丰富的正反例证使学生能够更深入地认识该命题提出的根由, 学生也获得了探求数学规律的科学方法. 主要教学活动及教学实录如下:

(一) 复习引入

师: 上节课学习了三角形的有关概念, 请同学们回忆怎样的图形叫做三角形?

生: 三条线段首尾顺次连接所组成的图形叫做三角形.

师: 三角形由三条线段构成, 是否任意的三条线段都可以构成一个三角形呢?

生: 能/不能.

教师用三根磁条代表三条线段, 将磁条粘贴在白板上, 发现无论怎样移动都不能使磁条顺次连接构成三角形. ——**反例**

生: 不是任意三条线段都可以构成一个三角形.

师: 可见, 三角形三边是有一定的关系的, 这节课就是要研究三角形三边的关系. [板书课题: 三角形三边的关系]

(二) 合作探究

学生拿出事先准备好的长短不一的细木棍, 前后两桌共 4 人一组在桌子上摆三角形. 记下成功和失败时, 对应的三条木棍之间的长短关系. ——**丰富的正、反例**

学生提出自己的发现后, 教师进一步在白板上演示由三根磁条摆成的三角形. ——**正例**

对比之前的反例, 师生共同得到以下命题:

命题 三角形任何两边之和大于第三边.

教师向学生指出: 通过观察得出的命题不一定正确, 必须经过严格的证明, 用以前学过的一条公理可以证明上述命题是正确的.

复习公理: 两点之间, 线段最短.

教师指着黑板上的三角形模型, 将三个顶点分别记为 A、B、C, 启发学生将 $\triangle ABC$ 看成由线段 BC 和折线 BAC 构成.

由 "两点之间, 线段最短" 公理有: 线段 $BC <$ 折线 BAC, 即

$$a < b + c.$$

同理有

$$b < a + c, \quad c < b + a.$$

由这三个不等式即可证明以上命题是正确的, 把上述 "命题" 二字改为 "定理", 即得:

定理　三角形任意两边之和大于第三边.

教师最后向学生阐明"任意"二字的含义, 结合前面的实例阐明"大于"而不是"小于"或"等于".

2. 例子–原理的教学设计案例

课题　等差数列的前 n 项和 (第 1 课时).

教材　普通高中课程标准实验教科书人教社 A 版, 数学必修 5, 第二章第 3 节.

教学内容　等差数列的前 n 项和公式及其应用.

授课类型　新授课.

教学目标

知识与技能: 掌握等差数列前 n 项和公式及其证明思路; 会用等差数列的前 n 项和公式解决一些简单的与前 n 项和有关的问题.

过程与方法: 经历等差数列前 n 项和公式的推导过程, 掌握倒序求和法, 体会从特殊到一般, 再从一般到特殊的思想.

情感态度与价值观: 感受等差数列前 n 项和公式中体现的对称美.

教学重点、难点

重点: 等差数列 n 项和公式的推导.

难点: 等差数列前 n 项公式的推导及应用.

教学方法与手段

教学方法: 引导探究式教学法.

教学手段: PPT 与板书.

教学过程

(一) 实例引入 (12 分钟)

1. 求 $1 + 2 + 3 + \cdots + 100 = ?$

[教师讲述高斯算数的故事播放 PPT]

师: 高斯是伟大的数学家、天文学家, 在他 10 岁时的一次课上, 老师说: "现在给大家出道题目: $1 + 2 + \cdots + 100 = ?$"

过了两分钟, 正当大家通过依次逐次相加: $1 + 2 = 3, 3 + 3 = 6, 4 + 6 = 10, \cdots,$ 算得不亦乐乎时, 高斯站起来回答说: "$1 + 2 + 3 + \cdots + 100 = 5050.$"

老师问: "你是如何算出答案的?" 高斯回答说: "因为配对求和

$$1 + 100 = 101,$$
$$2 + 99 = 101,$$
$$\cdots\cdots$$
$$50 + 51 = 101,$$

所以

$$101 \times 50 = 5050.”$$

师: 从计算过程可知, 高斯观察到了式中加数的特殊性: 它们是首项为 1、末项 100、公差为 1 的等差数列中的项, 一共 100 项; 且首项 (即第 1 项) 与末项 (第 100 项)、第 2 项与第 99 项 (倒数第 2 项)、第 3 项与第 98 项 (倒数第 3 项)、$\cdots$、第 50 项与第 51 项 (倒数第 50 项), 这些一对对数的和相等. 这样的和共 50 个, 恰为项数的一半.

看到了这样的规律, 根据加法运算律, 高斯先依序配对, 两两求和, 再用所得的和与总对数 50 相乘即求得最终结果.

这个故事告诉我们: 作为数学王子的高斯从小就善于观察, 敢于思考, 所以他能从一些简单的事物中发现和寻找出某些规律性的东西.

这个故事还向我们展示了求等差数列前 n 项和的一种很重要的思想: "配对思想". 我们接着高斯的思路来求下列类似的问题:

2. 求 $9 + 12 + 15 + \cdots + 2007 = ?$

师 [播放 PPT]: 观察式子易知, 其中的加数也构成一个等差数列, 但是, 其中的项数不易求出, "中间数" 也很难仅凭观察、联想得到, 需要经过推理和计算. 显然, 像前面的例子一样直接进行首尾配对有一定难度, 有没有更好的方法来解决问题呢?

师 [引导学生观察、发现]: 式子依然具有第 i 项和倒数第 i 项的和相等的特点, 即 [播放 PPT]:

$$9 + 2007 = 2016, \quad 12 + 2004 = 2016, \quad \cdots.$$

于是想到将原式这些加数倒过来写, 即原式倒数第 1 项为新式第 1 项, 原式倒数第 2 项为新式第 2 项, $\cdots$, 原式第 1 项为新式倒数第 1 项.

师: 这样就得到两个加数相同、求和顺序恰相反的加式. 它们的值相同, 记为 S. 将两式 "配对" 竖写, 用方框标记对应的数对如下 [板书]:

$$\boxed{9} + \boxed{12} + \boxed{15} + \cdots + \boxed{2007} = S,$$
$$\boxed{2007} + \boxed{2004} + \boxed{2001} + \cdots + \boxed{9} = S.$$

从图中可见, 竖直方向每个方框内两数的和相等, 均为式中第 1 个加数与最后 1 个加数 (即对应等差数列中首项与末项) 的和. 求得数列项数, 即可求出和式的值 [师生共同完成算式的求解过程].

师: 像这种求由等差数列中的项依次相加所成和式的值的方法叫 "倒序相加" 方法. 该法的关键是将等差数列倒过来写, 并与原数列中的项依序配对, 各数对和相等, n 项的数列得到 n 对 "和"(数列两项所成的数对和, 非等差数列 n 项和), 将 "和"n 倍之, 再除以 2 即得所求.

师: [PPT 呈现高斯计算过程, 结合板书] 前面的算式 $1+2+3+\cdots+100$ 的值 也可以用这种 "倒序相加" 方法来求.

(二) 公式发现 (10 分钟)

1. 等差数列的前 n 项和公式 1: $S_n = \dfrac{n(a_1 + a_n)}{2}$.

(1) 提出猜想

[教师引导学生分析实例 1 和实例 2, 猜想等差数列前 n 项和公式, 学生提出猜想, 教师板书].

猜想等差数列的前 n 项和公式 [播放 PPT]:

$$S_n = \frac{n(a_1 + a_n)}{2}.$$

(2) 证明猜想

[教师引导学生进一步观察算式 $9+12+15+\cdots+2007$ 的求解过程, 启发学生 类比得到等差数列的前 n 项和公式 1 的证明过程. 生说证明过程, 师板书]

证明

$$S_n = a_1 + a_2 + a_3 + \cdots + a_{n-1} + a_n, \qquad ①$$

$$S_n = a_n + a_{n-1} + a_{n-2} + \cdots + a_2 + a_1. \qquad ②$$

① + ② : $2S_n = (a_1 + a_n) + (a_2 + a_{n-1}) + (a_3 + a_{n-2}) + \cdots + (a_n + a_1),$

因为

$$a_1 + a_n = a_2 + a_{n-1} = a_3 + a_{n-2} = \cdots,$$

所以

$$2S_n = n(a_1 + a_n),$$

由此得

$$S_n = \frac{n(a_1 + a_n)}{2}.$$

(3) 获得公式

[公式证明完毕, 教师带领学生回顾公式证明过程, 强调公式证明所包含的数学 思想. 板书 "等差数列的前 n 项和公式: $S_n = \dfrac{n(a_1 + a_n)}{2}$", 随后分析公式结构, 帮 助学生初步获得公式]

2. 等差数列的前 n 项和公式 2: $S_n = na_1 + \dfrac{n(n-1)d}{2}$.

师: 刚刚获得的公式表明, 一个等差数列, 如果知道其首项 a_1、第 n 项 a_n、项 数 n 就可以求出其前 n 项的和 S_n. 由等差数列的概念知, 其第 n 项是可以由首 项、公差及项数求出的, 将 $a_n = a_1 + (n-1)d$ 代入, 即得 [板书]:

$$S_n = na_1 + \frac{n(n-1)d}{2}.$$

上式表明, 对于等差数列, 如果知道其首项 a_1、公差 d、项数 n, 也可以求出 S_n. 记先前得到的公式为公式 1, 后面推出的这个公式为公式 2[板书]. 大家仔细观察两个公式, 分析其结构特征, 思考其应用条件.

[教师带领学生比较等差数列的前 n 项和公式 1、2, 明确其区别和联系, 初步理解和识记公式].

(三) 公式应用 (14 分钟)

1. 师生合作探究

课本 49~51 页的例 1~ 例 3.

[完成例题学习后, 教师带领学生分析例 3, 进一步得到等差数列前 n 项和 S_n 与第 n 项 a_n 之间的关系, 并板书] 由 S_n 的定义可知, 当 $n = 1$ 时, $S_1 = a_1$; 当 $n > 2$ 时, $a_n = S_n - S_{n-1}$, 即

$$a_n = \begin{cases} S_1, & n = 1, \\ S_n - S_{n-1}, & n \geqslant 2. \end{cases}$$

2. 学生自主学习

[教师布置学生完成课本 52 页练习 1~3. 教师巡视指导, 学生自主学习, 最后全班交流]

(四) 课堂小结 (3 分钟)

[教师先带领学生回顾本节课的重要知识点, 再重点阐述公式推导过程中所蕴涵的数学思想方法]

1. 等差数列的前 n 项和公式 1: $S_n = \dfrac{n(a_1 + a_n)}{2}$.

2. 等差数列的前 n 项和公式 2: $S_n = na_1 + \dfrac{n(n-1)d}{2}$.

3. 等差数列的前 n 项和 S_n 与第 n 项 a_n 之间的关系: $a_n = \begin{cases} S_1, & n = 1, \\ S_n - S_{n-1}, & n \geqslant 2. \end{cases}$

4. "配对" 思想与 "倒序相加" 法.

(五) 布置作业 (1 分钟)

课本 52 页习题 [A 组]2、3、4、5 题.

【点评】　该教学设计从特殊例证中归纳出一般结论, 运用了例子–原理的教学模式. 尤其是教学设计以 "高斯的故事 (例子)— 配对求和 (思想)— 倒序相加法 (方法)— 等差数列的前 n 项和公式" 的线索, 深刻地揭示了 "倒序相加" 这一数学方法的思想基础.

2.2.3 原理–例子的教学设计

1. 原理–例子的教学模式

由原理到例子的学习是指先向学生呈现要学习的原理, 然后再用实例说明原理 (有时要予以逻辑证明), 从而使学生掌握原理的学习. 这是一种接受学习, 简称为 "原理–例子法".

用原理–例子法教授原理的前提条件是, 学生必须事先掌握构成原理的各个概念和原理. 与概念学习一样, 原理学习是有意义学习, 是新旧知识相互作用并形成新的认知结构的过程. 因此, 要促进新原理的学习, 就要使学生的认知结构中具备与新原理相关的适当观念. 在教学中, 教师可以引导学生复习、回忆与原理相关的旧知识, 以帮助学生同化新原理.

例如, 要学习原理 "奇函数的图像关于原点成中心对称图形, 偶函数的图像关于 y 轴成轴对称图形". 教师应引导学生复习奇函数、偶函数、中心对称图形、轴对称图形、两点关于一点对称和两点关于一条直线对称等概念, 这样学生才有可能同化这一新原理.

2. 原理–例子的教学案例

【课题】 平面向量基本定理

【使用教材】 人教 A 版普通高中数学必修 4, pp93-94.

【课时安排】 第一课时

【教材分析】

1. 内容要点: 平面向量基本定理以及基底, 平面向量的夹角, 平面向量的同向、反向和垂直等概念.

2. 教材中的地位与作用: 平面向量基本定理是继平面向量的概念、运算之后的又一重点内容, 它是共线向量定理的推广, 是平面向量正交分解的基础, 在教材中具有承前启后的作用. 同时, 定理可以进一步实现向量的坐标表示, 实现向量运算代数化, 进而体现向量的工具作用.

3. 实际应用价值: 平面向量基本定理在物理和工程学中有着广泛的应用. 例如, 分析物体或微观粒子、高速运动物体的运动状态、规律、相互作用、受力情况、时空结构; 研究电磁场的分布和变化规律, 描述光的传播和干涉, 分析建筑物的受力情况、流体运动、压力分布; 设计机械零件, 分析电力等.

【学情分析】

1. 班级水平: 中等水平学校的高一普通班学生.

2. 认知基础: 学生已学习平面向量的概念和平面向量的线性运算, 能够利用平行四边形法则和三角形法则求向量的和与差, 理解向量线性运算的几何意义; 理解平面向量共线定理, 能够熟练应用于向量的表示; 能利用物理中力、速度分解的知识帮助理解向量运算的现实意义.

【教学目标】

1. 理解平面向量基本定理及其意义; 能够在具体问题中选取适当的基底, 使其他向量能够用基底表示, 培养逻辑推理能力.

2. 了解平面向量夹角的定义, 知道向量同向、反向和垂直三种特殊情形.

【教学重点】平面向量基本定理.

【教学难点】平面向量基本定理的应用.

【突破难点的策略】设置例 2, 变式 2.1 与变式 2.2, 引导学生感受如何用不同基底表示向量; 设置例 3, 初步揭示平面向量基本定理与坐标之间的联系.

【教学方法】讲授式教学法.

【教学手段】板书、几何画板.

【教学过程】

教学阶段	教学内容与活动	设计意图
(一) 以旧引新 (5 min)	【问题情境】 师 [播放 PPT]: 如图 1, 设 e_1, e_2 是平面内中的两个共线向量, 由平面向量共线定理, 其中一个向量能被另一向量唯一表示. 图1 如图 2, 设 e_1, e_2, α 是平面内三个两两不共线的向量, 从向量表示的角度, 你认为它们之间有什么关系? 图2 【师生活动】 学生猜想, 教师归纳、提炼: 事实上, 当三个向量两两不共线时, 其中一个向量可被另外两向量表示, 且表示是唯一的, 这就是平面向量基本定理.	帮助学生提取相关信息, 为接下来引出平面内三个两两不共线向量的关系作铺垫, 同时激发学生的问题意识 为学生学习提出问题作出示范, 为引入平面向量基本定理作铺垫
(二) 讲授定理 (8min)	[播放 PPT] **平面向量基本定理** 如果 e_1, e_2 是同一平面内的两个不共线向量, 那么对于这一平面内的任一向量 α, 有且只有一对实数 λ_1, λ_2, 使得 $\alpha = \lambda_1 e_1 + \lambda_2 e_2$. 我们把不共线的向量 e_1, e_2 叫做表示这一平面内所有向量的一组基底(又称基向量).	帮助学生获得新知

| (二)
讲授定理
(8min) | 【师生活动】
师陈述平面向量基本定理, 指出定理中的关键词及其意义, 接着带领学生学习定理的证明 [师边讲解边板书].
证明:
(1) *存在性.*
在平面内任取一点 O, 作 $\overrightarrow{OA} = e_1$, $\overrightarrow{OB} = e_2$, $\overrightarrow{OC} = \alpha$. 分别过点 C 作平行于 OA 和 OB 的直线, 交直线 OB 和 OA 于点 M, N. 由平面向量共线定理, 存在实数 λ_1, λ_2, 使得 $\overrightarrow{OM} = \lambda_1 e_1$, $\overrightarrow{ON} = \lambda_2 e_2$. 由于 $\overrightarrow{OC} = \overrightarrow{OM} + \overrightarrow{ON}$, 所以 $\overrightarrow{OC} = \lambda_1 e_1 + \lambda_2 e_2$.
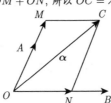
(2) *唯一性.*
若 α 还能表示为 $\mu_1 e_1 + \mu_2 e_2$ 的形式, 则由 $\lambda_1 e_1 + \lambda_2 e_2 = \mu_1 e_1 + \mu_2 e_2$, 可得 $(\lambda_1 - \mu_1) e_1 + (\lambda_2 - \mu_2) e_2 = \mathbf{0}$. 由此式可以推出 $\lambda_1 - \mu_1, \lambda_2 - \mu_2$ 全为 0(若否, 不妨设 $\lambda_1 - \mu_1 \neq 0$, 则 $e_1 = -\dfrac{\lambda_2 - \mu_2}{\lambda_1 - \mu_1} e_2$, 由此可得 e_1, e_2 共线, 与 e_1, e_2 不共线矛盾), 即 $\lambda_1 = \mu_1, \lambda_2 = \mu_2$.
证毕.
【师生活动】
证明完毕, 教师指出 "有且只有" 命题的证明包含两个方面: "存在性" 和 "唯一性", 这类命题在高等数学中十分常见. | 帮助学生理解新知并学习存在性、唯一性命题的证明思路, 进一步巩固平面向量共线定理和向量线性运算 |
| (三)
实例深化
(15min) | **例 1** 设 e_1, e_2 是平面内向量的一组基底,
(1) e_1 和 $e_1 + e_2$ 可以作为平面向量的一组基底吗?
(2) 用 e_1 和 $e_1 + e_2$ 表示 $4e_1 + 6e_2$.
【师生活动】
教师引导学生从平行四边形和待定系数法两个角度思考问题. 如果学生对问题 (1) 有困难, 教师可提示: 平面向量的一组基底需要满足什么条件? 如果对第 (2) 问有困难, 则可追问: 如果向量 $4e_1 + 6e_2$ 用 e_1 和 $e_1 + e_2$ 表示, 则表示的结果是什么形式?
【答案】
(1) 可以;   (2) $4e_1 + 6e_2 = -2e_1 + 6(e_1 + e_2)$.
例 2 如图, 在正方形 $ABCD$ 中, $\overrightarrow{AB} = \alpha$, $\overrightarrow{AD} = \beta$, $\overrightarrow{BD} = \gamma$. 则以 $\{\alpha, \beta\}$ 为基底时, $\overrightarrow{AC}$ 可表示为____; 以 $\{\alpha, \gamma\}$ 为基底时, $\overrightarrow{AC}$ 可表示为____.
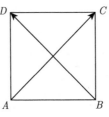 | 帮助学生理解基底的概念, 体会待定系数法在向量表示中的应用

帮助学生体会基底的可选择性及向量 "三角形法则" 和 "平行四边形法则" 在向量表示中的应用, 体会用基底表示向量的基本思路 |

| （三）
实例深化
(15min) | 答案: $\alpha + \beta$; $2\alpha + \gamma$.
【师生活动】
学生尝试独立完成. 教师巡视, 在学生遇到困难时给与提示.
例 3 如图, 向量 $\overrightarrow{OA}, \overrightarrow{OB}$ 不共线, 且 $\overrightarrow{AP} = t\overrightarrow{AB}(t \in \mathbf{R})$, 试用 $\overrightarrow{OA}, \overrightarrow{OB}$ 表示 $\overrightarrow{OP}$.
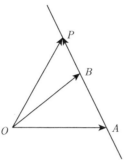
【师生活动】
学生先独立尝试后全班交流. 教师针对学生的疑惑、解题错误进行讲解.
接着, 教师指出该题的意义: 一方面, 它沟通了平面向量基本定理与共线向量基本定理之间的联系; 另一方面, 它从向量角度给出了平面内三点共线的充要条件.
最后, 教师引导学生观察结果的特殊性, 即 $\overrightarrow{OA}, \overrightarrow{OB}$ 的系数和为 1. 从而结论可进一步表示为: 已知 $\overrightarrow{OP} = \lambda\overrightarrow{OA} + \mu\overrightarrow{OB}(\lambda, \mu \in \mathbf{R})$, 若 $\lambda + \mu = 1$, 则 P、A、B 三点共线, 反之亦然.
【答案】
$\overrightarrow{OP} = (1 - t)\overrightarrow{OA} + t\overrightarrow{OB}$.
【学情预设】
学生遇到含参数比例的问题易产生畏难情绪, 将 $\overrightarrow{OP}$ 表示为 $\overrightarrow{OA} + \overrightarrow{AP}$ 或 $\overrightarrow{OB} + \overrightarrow{BP}$ 后遇到困难.
【对策】充分展示学生的解题过程, 学生评价, 纠错.
【延伸拓展】
在此基础上, 教师提出一般性问题: 若 $\lambda + \mu = k$(定值) 会怎样? 并布置给学生课后探索. | 让学生进一步体会平面向量基本定理, 训练用基底表示任一向量的技能. 激发学生的问题意识和探究欲望 |
| （四）
巩固练习
(8min) | 1. (多选) 设 e_1, e_2 是平面内向量的一组基底, 下面四组向量中, 能作为平面中的一组基底的有 (　　)
A. $e_1 + e_2$ 和 $e_1 - e_2$　　B. $3e_1 - 4e_2$ 和 $6e_1 - 8e_2$
C. $e_1 + 2e_2$ 和 $2e_1 + e_2$　　D. e_1 和 $e_1 + e_2$
【答案】ACD
教师进一步帮助学生明确: 考查两个向量是否构成基底主要看两向量是否不共线. 此外, 向量在同一平面内的基底有无数个, 当基底确定后, 向量的表示法是唯一的.
2. 如图, 在正方形 $ABCD$ 中, $\overrightarrow{AC} = \boldsymbol{\alpha}$, $\overrightarrow{BD} = \boldsymbol{\beta}$. 用 $\boldsymbol{\alpha}, \boldsymbol{\beta}$ 表示 $\overrightarrow{AB}, \overrightarrow{AD}$. | 帮助学生进一步巩固平面向量基本定理以及利用基底表示平面图形中任一向量的技能 |

【答案】

$\overrightarrow{AB} = \dfrac{1}{2}\boldsymbol{\alpha} - \dfrac{1}{2}\boldsymbol{\beta}, \overrightarrow{AD} = \dfrac{1}{2}\boldsymbol{\alpha} + \dfrac{1}{2}\boldsymbol{\beta}.$

3. 如图, 在平行四边形 $ABCD$ 中, M 是对角线的交点, O 是 AB 的中点. 设 $\overrightarrow{AC} = \boldsymbol{\alpha}, \overrightarrow{AD} = \boldsymbol{\beta}.$ 用 $\boldsymbol{\alpha}, \boldsymbol{\beta}$ 表示 $\overrightarrow{DB}, \overrightarrow{MO}.$

【答案】

(1) $\boldsymbol{\alpha} - 2\boldsymbol{\beta};$ (2) $-\dfrac{1}{2}\boldsymbol{\beta}.$

(五) 课堂小结 (3min)	【师生活动】 教师提出以下问题带领学生总结: 1. 理解平面向量基本定理的关键有哪些? 2. 在一个平面图形中, 如何用基底表示图形中的任一向量? 3. 向量夹角的范围是什么? 有哪些特殊情形?	对本节课的知识内容 和基本技能作总结
(六) 布置作业 (1min)	1. 在正六边形 $ABCDEF$ 中, $\overrightarrow{AC} = \boldsymbol{\alpha}, \overrightarrow{BD} = \boldsymbol{\beta},$ 分别用 $\boldsymbol{\alpha}, \boldsymbol{\beta}$ 表示 $\overrightarrow{FA}, \overrightarrow{AB}, \overrightarrow{CE}.$ 2. 证明: 三角形的三条中线交于一点. 3. 已知平面内一组基底 $\overrightarrow{OA}, \overrightarrow{OB}$ 及任意向量 $\overrightarrow{OP}, \overrightarrow{OP} = \lambda\overrightarrow{OA} + \mu\overrightarrow{OB}(\lambda, \mu \in \mathbf{R}),$ 若点 P 在直线 AB 或平行于 AB 的直线上, 则 $\lambda + \mu = k($定值$),$ 反之也成立. 我们把直线 AB 以及与 AB 平行的直线称为等和线. 试讨论等和线与 k 取值之间的关系.	巩固本节课所学知识, 激发探究欲望, 提高应用数学知识解决较复杂问题的能力

【板书设计】

2.3.1 平面向量基本定理 平面向量基本定理: 对任意两<u>不共线</u>向量 e_1, e_2 与平面内任<u>一</u>向量 $\boldsymbol{\alpha},$ <u>有且只有一</u>对实数 $\lambda_1, \lambda_2,$ 使得 $\boldsymbol{\alpha} = \lambda_1 e_1 + \lambda_2 e_2.$ e_1, e_2 叫做基底.	投影区	板演区

2.3 数学习题教学设计

2.3.1 数学习题的类别

关于数学习题的分类, 按不同的分类标准数学习题的常见分类法有:

1) 传统分类法

(1) 计算题; (2) 证明题; (3) 作图题; (4) 轨迹题.

2) 三分法

(1) 求解题, 包括①计算各种表达式的值; ②解方程; ③解方程组; ④解不等式; ⑤应用题; ⑥几何计算题; ⑦求已知函数的特殊点和特殊区间.

(2) 证明或说明题, 包括①证明恒等式; ②证明不等式; ③几何证明题; ④确定几何图形的形状; ⑤根据已知性质确定函数表达式或曲线方程.

(3) 变换或求作题, 包括①化表达式为标准型; ②化简表达式; ③多项式因式分解; ④作函数图像; ⑤表达式的运算; ⑥几何作图; ⑦图形的变换.

3) 综合程度分类法

(1) 单一性题, 知识和方法都不超出某一单元或学科;

(2) 综合性题, 其中有知识性综合题与方法性综合题.

4) 评分的客观性分类法

(1) 客观性题, 包括①是非题; ②选择题; ③填充题; ④简短的问答题.

(2) 非客观性题, 主要是论说题、证明题.

5) 要素分析分类法

以 Y 表示习题的条件, O 表示解题的依据, P 表示解题的方法, Z 表示习题的结论, 于是数学习题系统 $\{Y, O, P, Z\}$ 可分为

(1) 标准性题, 即 4 个要素都为已知的题;

(2) 训练性题, 即 4 个要素中只有 1 个是学生所不知道的题;

(3) 探索性题, 即 4 个要素中有 2 个是学生所不知道的题;

(4) 问题性题, 即 4 个要素中有 3 个是学生所不知道的题.

习题中未知要素越多, 难度就越高, 发散性越大, 探索性题和问题性题称为发散性题. 如果习题中 4 个要素都是数学对象, 这样的习题称为纯数学题; 如果习题中的数学内容仅在 O 和 P 中出现, 这样的习题称为应用题.

数学习题教学是教师根据教学内容、目的和能力要求, 有计划、有目的、有侧重地组织学生而进行的训练活动, 它穿插在教学过程中, 对知识的形成、巩固、运用以及把知识转化为能力都起着极其重要的作用.

2.3.2 数学习题的选择与设计

数学练习设计的 11 条原则:

1) 目的性原则

每次练习要有一个重点, 要把练习的意图集中地、强烈地体现出来.

2) 阶梯性原则

练习的设计要由易到难, 由浅入深, 要有层次, 有梯度. 第一层可练基本的, 单项的, 模仿性的题目, 这是使知识内化的过程; 第二层可设计综合性的, 变式性的练习, 把知识转化为技能、纳入认知结构, 这是知识同化的过程; 第三层设计一些思维性、创造性的题目, 使知识结构向智能结构转化, 这是知识的强化优化的过程.

3) 量力性原则

练习设计要考虑学生的基础, 年龄特征, 否则会挫伤学生的积极性.

4) 典型性原则

练习设计要从学生实际出发, 以教材为基本内容, 要讲究精当和典型, 能 "以一当十" "以少胜多", 练在关键处.

5) 趣味性原则

兴趣能激起学生的学习兴趣, 有趣味的练习可使学生在愉快中获得知识, 有利于提高学习和教学效果. 除练习内容精心设计外, 练习的形式也要新颖多样, 以增强趣味性. 可设计填空题、选择题、匹配题. 也可设计求同、求异练习、类比对比练习、顺向逆向练习、静态动态练习等. 让学生作练习的主人, 设计改错题, 让学生当医生; 设计判断题, 让学生当法官; 设计操作实验题调动其各个感官参与学习. 针对学生好胜的特点还可设计竞赛式练习. 低年级要寓练于乐中, 设计游戏性练习.

6) 伸缩性原则

由于学生水平有高低, 练习题的设计应照顾不同层次学生. 练习中要有一些具有弹性的题目. 如补充问题、改变条件、一题多解、一题多变、看式编题等. 这样题目优等生能做得好些, 差生也能做出几种. 能调动全体同学的积极性.

7) 以少胜多的原则

要精心选择具有代表性、覆盖面大的习题. 提倡以少胜多, 反对题海战术.

8) 发展思维的原则

出一些符合学生知识水平和思维水平的 "智慧题", 围绕书中的基本题出一些变式题等.

9) 灵活新颖的原则

设计练习既要不超纲, 围绕教材打基础; 又要不落俗套, 新颖灵活, 发展学生的智力. 做到活而不偏, 新而不怪.

10) 因材施教的原则

以中等生为着眼点, 面向全体学生设计练习, 配备好必做和自选练习题, 既给优秀生设计提高题, 又给后进生设计辅导题.

11) 适合儿童年龄特征的原则

设计练习题难度既不能拔高, 也不能降低; 习题内容尽量不脱离学生的生活实际和理解限度. 在数学教学中, 要使学生在探究新知过程中少走或不走弯路, 必须从知识、思维和方法等角度去精心设计数学铺垫准备题. 数学铺垫准备题的设计, 第一铺垫题要体现新知的趣味性, 就是通过新颖有趣的问题, 激发学生探究新知的欲望, 产生学习兴趣; 第二铺垫题要体现知识的针对性, 就是要弄清新知识的联络网, 找准新知识的支撑点, 分析新旧知识的衔接区, 复习那些与新知识有直接关系的旧知识; 第三铺垫题要体现思维的方向性, 就是要确定思维的起点和方向, 理清思维的顺序. 目的在于为学生指明探究新知识的思考方向, 减缓思维坡度.

在中学数学教学中, 我们反对 "题海战术", 就必须在习题的使用质量上下工夫. 一题多变是实现这一目标的重要途径之一. 中学数学教学中主要有 5 种 "一题多变" 的常用方法:

1) 类比法

与习题的结构、解法以及条件和结论之间的关系特征进行类比, 变出一些新题来, 然后判断是否有解、是否可解、怎样解.

例 1　已知 $\sin x + \cos x = \dfrac{\sqrt{2}}{2}$, 求 $\sin^4 x + \cos^4 x$ 的值.

求解本题时, 除条件之外, 重要的是利用 $\sin^2 x + \cos^2 x = 1$ 这一结论, 根据这个特点变出:

题 1　已知 $x^2 + y^2 = p$, $x + y = q$, 求 $x^4 + y^4$.

题 2　已知 $x^n + y^n = p$, $x^{2n} + y^{2n} = q$, 求 $x^{4n} + y^{4n} (n \in \mathbf{N})$.

例 2　证明: $(C_n^0)^2 + (C_n^1)^2 + (C_n^2)^2 + \cdots + (C_n^n)^2 = \dfrac{2n!}{n!n!}$.

该题是利用比较 $(1+x)^n(1+x)^n = (1+x)^{2n}$ 两边展开式中 x^n 系数而得证的, 以此类比, 下面两题也可用类似的解法:

题 3　求值 $C_5^0 C_5^4 + C_5^1 C_5^3 + C_5^2 C_5^2 + C_5^3 C_5^1 + C_5^4 C_5^0$.

题 4　化简 $C_n^0 C_n^k + C_n^1 C_n^{k-1} + \cdots + C_n^k C_n^0 (n, k \in \mathbf{N})$.

2) 引申法

变换题目中的条件, 看结论在新的条件下有什么变化, 其解法有什么新的要求.

例 3　经过 $A(3,4)$ 的直线 L 分别与 x 轴、y 轴的正半轴相交于 M, N 两点, 试确定 M 的位置, 使 $\triangle OMN$ 的面积最小, 并求出这个最小值.

变换题目中的条件, 可以引申出下题:

题 5　在直角坐标系 xOy 中, 设点 P 的坐标为 $(3,4)$, 点 Q 和点 R 分别在 x 轴的正半轴上及 y 轴的正半轴上, 使得 $PQ = QR = RP$, 试求 PQ 的长度.

又如, 变换例 4 的图形结构则可以引申出题 6:

例 4　如图 2.8, 已知 E, F 分别在正方形 $ABCD$ 的边 AB 和 BC 上, $AB = 1$, $\angle EDF = 45°$, 求 $\triangle BEF$ 的周长.

题 6　如图 2.9, $\triangle ABC$ 是等边三角形, 且 $\triangle DAC$ 是等腰三角形, 顶角 $\angle ADC = 120°$. M, N 分别在 AB 和 BC 上, $\angle MDN = 60°$, 求 $\triangle BMN$ 的周长.

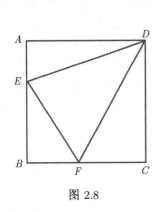

图 2.8

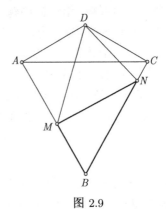

图 2.9

3) 推广法

将习题推广, 使之适用于更一般的情况.

例 5　求适合 $|x - 1| + |x - 2| = 4$ 的有理数.

分析　方法一. 代数法: 分类讨论、去绝对值符号.

方法二. 数形结合: 从几何意义分析.

例 6　方程 $|x - 2| + |x - 3| = 1$ 的有理数解的个数是 (　　) 个.

(A) 0;　(B) 1;　(C) 2;　(D) 3;　(E) 多于 3 个.

分析: 从绝对值的几何意义分析入手, 2, 3 两点将数轴分成三部分 (图 2.10).

图 2.10

事实上, 可将原题推广为

题 7　求 $|x - 1| + |x - 2|$ 的最小值. (分析: 可用例 5 的两种方法)

题 8　求 $|x + 1| + |x - 2| + |x - 3|$ 的最小值.

题 9　求 $|x - 1| + |x - 2| + |x - 3| + |x - 4|$ 的最小值.

题 10　求 $|x - 1| + |x - 2| + |x - 3| + |x - 4| + \cdots + |x - n|$($n$ 是不小于 2 的正整数) 的最小值.

4) 联想法

由原题的内部结构和外部特征与数学各部分内容建立联系, 产生联想.

例 7　化简 $\tan \theta + 2 \tan 2\theta + 4 \cot 4\theta$. (答: $\cot \theta$.)

原题可推广到一般情况:

$$\sum_{i=0}^{n} 2^i \tan(2^i\theta) + 2^{n+1}\cot(2^{n+1}\theta) = \cot\theta.$$

进而联想到数列的前 n 项和便可得.

题 11 已知数列 $\{a_n\}$ 的通项公式为 $a_n = 2^n\tan(2^n\theta)$, 求该数列前 n 项之和 S_n.

5) 反思法

对习题条件和结论之前的关系进行逆向思考, 看条件和结论倒置之后, 关系有何变化.

例 8 在非直角三角形 ABC 中, 求证: $\tan A+\tan B+\tan C = \tan A\tan B\tan C$.

该题的条件实际上是 $A+B+C=\pi$, $A,B,C \neq \dfrac{\pi}{2}$. 如果反向考虑便是

题 12 若 $\tan A + \tan B + \tan C = \tan A\tan B\tan C$, 问 A,B,C 应满足什么条件?

2.3.3 数学习题的教学

下面谈谈数学习题的教学设计. 数学习题的设计常用的 13 种方式:

1. 新课之后单项练习

记忆和遗忘是心理现象中的一对矛盾. 根据许多心理学家的研究, 人们在记忆的最初阶段伴随着产生的遗忘现象不仅速度快而且数量多. 因此当学生在学习新知识之后, 为了加强记忆, 避免遗忘, 需要就本节课所学的新知识或关键部分进行有针对性的强化练习. 实践也证明这样的练习, 不仅有利于提高记忆效果, 使学生正确理解的知识及时留下深刻的印象, 还能使错误理解的知识在教师指导下得到及时纠正, 达到强化、巩固、加深理解的作用. 把所教的新知识从整体中分离出来, 围绕某一具体内容进行的单项练习, 不仅能使学生的注意力集中到知识的重、难点上, 在较少时间内加大练习量, 而且反馈快, 便于及时纠正错误, 保证教学要求落实到每个学生身上, 达到当堂巩固, 提高练习效率和记忆效果.

2. 习旧引新的练习

新旧知识是相辅相成的, 旧知识是学习新知识的基础, 新知识是旧知识的发展和提高. 因此, 在讲授新知识时, 要注意运用正迁移的原理, 根据新旧知识的联系点设计习旧引新的练习.

3. 显示思维过程的练习

教学不仅很好的考虑传授知识, 而且更重要的是考虑让学生在学习知识时掌握

良好的思维方法. 因此, 教学时必须结合教学内容为学生提供显示思维过程的练习, 让他们循序渐进地进行思考, 逐步学会思考的方法.

4. 巩固教学重点的练习

学生在刚学习新知识后, 对新知识的形成巩固需要在当时有限的时间内来完成. 为此, 教师必须根据教学重点, 选准关键, 设计具有针对性的巩固练习.

5. 突破难点的练习

新知识中的难点, 是学生理解新知识的 "拦路虎", 教师必须选准难点的突破口, 为学生在理解、突破难点前设计 "阶梯性" 练习, 在理解突破难点后设计 "检验性" 练习.

6. 发展性练习

让学生进行局部的专项练习或半独立性的 "依样画葫芦" 的练习, 只是巩固新知识中的基本一步, 要使学生对新知识的理解达到全面、深刻、稳定, 还必须在进行巩固重点的练习后进行发展性练习.

7. 综合性练习

在设计这种练习时, 不仅要考虑到运用当时学的知识, 而且要考虑到运用以前学过的知识, 把新旧知识有机地结合起来运用. 但难度不宜过大, 应以多数学生经过努力可以解答为宜.

8. 培养能力的练习

在数学教学中, 要培养的能力是多方面的, 而且与具体的教学内容有着紧密联系. 因此, 应根据不同的教学内容设计练习, 达到培养不同能力的目的.

9. 伸缩性的练习

同班学生的智力因素与非智力因素都有差异, 为使每个学生能够吃得了, 吃得饱, 达到下有保底、上不封顶的目的, 在进行统一要求的练习后, 可设计伸缩性的练习供不同程度的学生选用.

10. 关键部分集中练习

集中练习, 就是在相对集中的时间里集中练习某一部分或某一方面的知识, 帮助学生巩固提高. 有些知识既是昨天所学内容的重现, 又是今天要学内容的基础. 对于这样关键部分知识必须让学生确实学好. 然而要使学生牢固掌握知识达到正确熟练运用知识, 就应在短时间内反复刺激大脑神经, 形成有效信号储存起来.

11. 变式练习

"变式" 是指从不同角度、不同方面和不同方式变换事物呈现的形式, 以便揭示其本质属性.

从数学几何图形知识部分的检测中可以看到, 多数学生识别几何图形和实际应用几何初步知识的能力较弱, 其原因之一就是教师在几何初步知识教学中没有充分地应用变式, 由于在教学中过多地使用定型标准图形, 使几何图形的某些偶然的、非本质的特征一再重复, 无意中起了强化作用, 使学生误把它当成 "本质特征", 而某些本质特征却又不能充分地显示出来, 在学生头脑中印象淡薄, 甚至被忽略, 从而造成有关概念在理解上的错误和应用上的混乱. 因此在教学中应有意识地应用变式, 以帮助学生理解、掌握和灵活应用几何的概念与原理. 如直角三角形的教学, 如果只重视标准图形, 学生会误认为只有成直角的两条边中的一条边在图形下方的三角形才是直角三角形. 这种 "标准" 的直角三角形的直观图形就成了学生掌握直角三角形的障碍. 所以在练习中就应该出示变式图形. 学生通过应用概念观察后, 可得出: 无论放置的位置怎样, 这些三角形的本质特征是 "有一个角是直角", 从而加深对直角三角形的概念的理解与记忆.

变式练习的设计还可以以变换形式、变换叙述方式等形式出现. 变换形式的题, 如 "基本题": $\frac{3}{4}$ 的倒数是 (　　), "变式题": (　　) 的倒数是 $\frac{4}{3}$; 又如, "基本题": 求 $\left(9\frac{1}{3} - 3.25\right) \div 2\frac{1}{2} + 10.5$ 的值, "变式题": $\left(6\frac{4}{5} - 5.4\right) \times \Delta - \frac{9}{10} = 2.95$, 求 Δ 的值. 变换叙述方式多用于应用题的练习中, 同样的数量关系, 用不同的方式、顺序叙述, 让学生通过认真分析, 打破解题的固定程序, 避免见到什么词就一定用什么方法算的定式作用, 使学生的分析能力得到提高, 认识得到深化, 有利于发展智力.

12. 沟通知识系统练习

课堂教学过程实质是信息的传输过程, 而学生的学习过程则是信息的输入、变换组合、储存、输出的流通过程, 其中, 信息储存的稳定性、有效性与大脑对新旧信息的变更、组合程序有关, 所以在课堂教学中, 教师要通过适当的调控与训练, 使信息组合融会贯通, 增强储存的质量.

13. 错题集中辨析练习

从学生的年龄特点看, 由于数学知识抽象性的特点, 学生在领会知识的过程中, 尽管教师、教材为他们提供了一定的感性材料, 但毕竟学生理解知识所依据的感性基础还是比较贫乏的, 所以他们在运用知识做练习时, 辨别知识的能力较弱, 以致在解题中产生这样或那样的错误. 这时可把有代表性的错题集中起来, 让学生进行判断、辨析的练习. 使错误的知识得到及时纠正, 正确知识得到肯定、强化、巩固, 辨别知识的能力得到提高.

【案例】

课题 函数及其图像 (习题课).

教材 华东师大版八年级, 下册, 第 18 章.

教学目标

1. 会用待定系数法求一次函数、反比例函数的解析式.

2. 能利用一次函数、反比例函数的图像及其性质解决简单的实际问题.

3. 进一步体会一次函数、一元一次方程及一元一次不等式之间的关系.

教学重点、难点

教学重点: 1. 求依次函数解析式; 2. 利用函数模型解决实际问题.

教学难点: 利用函数模型解决实际问题.

教学方法

练习法, 并采用小组合作学习的教学组织策略.

教学手段

PPT 课件与板书相结合.

教学过程

(一) 复习导入 (2 分钟)

教师向学生提出问题 ——

(1) 通常情况下, 我们可以用什么方法求函数的解析式?

(2) 如何利用一次函数的图像求解一元一次方程和一元一次不等式?

(3) 利用函数的知识解决简单问题, 你已经获得了哪些经验?

(二) 课前热身 (2 分钟)

师生交流上节课在 "链接生活" 与 "实践活动" 中所布置的内容.

(三) 合作探究 (25 分钟)

1. 明确任务 (1 分钟)

教师播放 PPT, 明确揭示课程学习任务 ——

本节课我们着重复习以下 3 个方面的知识:

(1) 一次函数 (包括正比例函数)、反比例函数解析式的求法.

(2) 一次函数、一次方程和一次不等式之间的关系.

(3) 利用上述 3 个函数解决具体问题.

2. 探究求一次函数解析式的方法 (6 分钟)

教师播放 PPT, 提出探究问题 ——

已知直线 AB 经过坐标系原点和点 $(1, -2)$, 求:

(1) 把直线 AB 向下平移 3 个单位后得到的直线 CD 的解析式;

(2) 把直线 CD 向左平移 2 个单位后得到的直线 EF 的解析式;

(3) 直线 EF 关于 x 轴对称的直线 GH 的解析式.

【答案】(1)$y = -2x - 3$;   (2) $y = -2x - 7$;   (2) $y = -2x + 7$.

学生前后两桌为一组, 合作探究解决问题. 教师巡视并通过提出以下问题点拨思路——

(1) 把原点 $O(0,0)$ 和 $A(1,-2)$ 同时向下平移 3 个单位的对应点 C, D 的坐标分别是什么?

(2) 把点 C, D 向左平移 2 个单位所得对应点 E, F 的坐标是什么?

(3) 点 E, F 关于 x 轴对称的点 G, H 的坐标是什么?

(4) 求直线的解析式需要知道直线上几个点的坐标?

大部分学习小组获得解题结果后, 教师带领全班交流展示并明确——

求直线的解析式需要知道直线上两个不同点的坐标, 然后用待定系数法求出直线的解析式. 对于几何变换 (直线的平移、旋转、对称) 后的直线解析式的求法, 首先要在原图形上找出两个点的坐标, 再求出这两个点经过变换后的对应的两个点的坐标, 然后应用待定系数法求变换后的直线的解析式.

3. 探究一次函数、一元一次方程及一元一次不等式之间的关系

教师播放 PPT——

画出函数 $y = -2x + 4$ 的图像, 并根据图像回答下列问题:

(1) 方程 $-2x + 4 = 0$ 的解是＿＿＿＿＿＿;

(2) 不等式 $-2x + 4 \geqslant 0$ 的解集是＿＿＿＿＿＿;

(3) 当 $-2 \leqslant y < 2$ 时, x 的取值范围是＿＿＿＿＿＿;

(4) 当 $-1 < x \leqslant 3$ 时, y 的取值范围是＿＿＿＿＿＿.

【答案】(1)$x = 2$; (2)$x \leqslant 2$; (3) $1 < x \leqslant 3$; (4) $-2 \leqslant y < 7$.

学生独立学习, 求得解答后再与相邻的四个同学交流, 检查解题过程与求解结果.

教师播放 PPT, 先呈现函数 $y = -2x + 4$ 的图像 (图 2.11), 再提问学生各题答案, 当学生说出答案后, 再逐个点击原题中的空格, 给出正确答案. 在学生获得解题反馈后, 教师进一步帮助学生明确一次函数、一元一次方程及一元一次不等式之间的关系——

对一次函数 $y = kx + b(k \neq 0)$, 一元一次方程 $kx + b = 0$ 的解是函数图像与 x 轴交点的横坐标; 不等式 $kx + b > 0$ 的解集是函数图像位于 x 轴上方部分对应的 x 的取值范围; 不等式 $kx + b < 0$ 的解集, 就是图像位于 x 轴下方部分对应的 x 的取值范围.

由函数值 y 的取值范围确定自变量 x 的取值范围的方法是: 首先在纵轴上找到 y 的取值区域, 映射到图像上的对应区域, 再在横轴上找到对应的映射区域, 从

而确定 x 的取值范围; 由自变量 x 的取值范围确定函数值 y 的取值范围的方法类似.

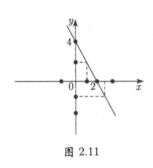

图 2.11

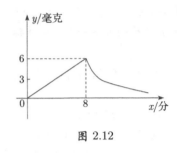

图 2.12

4. 解决问题 (12 分钟)

教师播放 PPT——

春天是万物复苏的季节, 同时也是疾病传播的猖獗时期. 为了预防疾病, 某学校对学生宿舍每周进行一次药熏消毒. 已知药物燃烧时, 室内每立方米空气中含药量 y(单位: 毫克) 与时间 x(单位: 分) 成正比例. 药物燃烧后, y 与 x 成反比例 (图 2.12). 现测得药物 8 分钟燃烧完结, 此时室内空气中每立方米含药量为 6 毫克. 请根据据题中提供的信息, 解答下列问题:

(1) 药物燃烧时, y 关于 x 的函数关系式为_____, 自变量的取值范围是_____; 药物燃烧后, y 关于 x 的函数关系式为_____, 自变量的取值范围是_____.

(2) 研究表明, 当空气中每立方米的含药量低于 1.6 毫克时学生方可进宿舍, 那么从消毒开始, 至少需要经过_____分钟后, 学生才能回到宿舍.

(3) 研究表明, 当空气中每立方米的含药量不低于 3 毫克且持续的时间不低于 10 分钟时, 才能有效杀死空气中的病毒, 那么此次消毒是否有效? 为什么?

学生先分组探究, 解答问题. 5 分钟后, 师生共同归纳解题思路和解题策略, 接着教师利用 PPT 展示解题过程和答案.

解　(1) 由图像可知 (燃烧过程中), 线段 AB 经过坐标系原点, 因此可设其解析式为 $y = kx$. 由点 $A(8,6)$ 在图像上, 得 $k = \dfrac{3}{4} = 0.75$, 所以 y 关于 x 的函数关系式为 $y = 0.75x$, 自变量的取值范围为 $0 \leqslant x \leqslant 8$.

由于燃烧后, y 与 x 成反比, 因此可设其解析式为 $y = \dfrac{k}{x}$, 因为点 $A(8,6)$ 在函数图像上, 得 $k = 48$. 所以 y 关于 x 的函数关系式为 $y = \dfrac{48}{x}$, 自变量的取值范围为 $x \geqslant 8$.

(2) 当 $y \leqslant 1.6$ 时, 由 $\dfrac{48}{x} \leqslant 1.6$ 得 $x > 30$, 因此, 学生在燃烧药物后 30 分钟, 才能回到宿舍.

(3) 空气中每立方米的含药量不低于 3 毫克, 包含两个过程, 即药物燃烧过程和燃烧后含药量逐渐消失的过程, 含药量不低于 3 毫克的时间应该是这两个时间的差. 在燃烧的过程中, 由 $0.75x > 3$, 得 $x > 4$; 在燃烧后的过程中, 由 $\dfrac{48}{x} \geqslant 3$, 得 $x \leqslant 16$, 时间差为 12 分钟. 即含药量不低于 3 毫克的时长为 12 分钟, 因此此次消毒有效.

四、达标反馈 (8 分钟)

教师播放 PPT——

某单位在 "五一" 期间, 组织 36 名员工到黄山旅游, 可租用的小车有两种: 一种每辆可坐 8 人, 另一种每辆可坐 4 人, 要求租用的小车不留空位, 也不超载.

①请你设计出不同的租车方案 (至少 3 种);

②若 8 人座的车每辆租金是 300 元/天, 4 人座的车每辆租金是 200 元/天, 请你设计出费用最少的租车方案, 并说明理由.

学生独立完成后在教师公布的答案下进行自主评价.

【答案】设租用 4 人座的小车 x 辆, 8 人座的 y 辆, 则 $4x + 8y = 36$, 且 x, y 均为自然数, 由 $8y \leqslant 36$ 得 $y \leqslant 4$, 由此得出租车共有 5 种方案: 9, 0; 7, 1; 5, 2; 3, 3; 1, 4. 设租车总费用为 w 元, 则 $w = 300y + 200x = 300y + 200(9 - 2y) = -100y + 1800$. 由于 w 随 y 的增大而减小, 所以当 y 值取最大值 4 时, 费用最少, 为 1400 元.

五、课堂小结 (2 分钟)

1. 内容总结

本节课我们主要复习了以下三类问题:

(1) 函数图像经过几何变换后的函数解析式的求法;

(2) 利用一次函数的图像解一元一次方程或不等式;

(3) 利用函数的图像或性质解决简单的实际问题.

2. 方法归纳

(1) 待定系数法;

(2) 图像法;

(3) 函数的思想方法.

利用函数知识解决实际问题的关键是我们在认识问题本质的基础上构建相应的函数模型, 然后利用相应函数的图形和性质解决问题.

六、布置作业 (1 分钟)

PPT 演示 ——

(一) 练习巩固

课本复习题第 14、17 和 18 题.

(二) 实践探索

1. 链接生活

某果农准备把上市的 60 吨鲜水果从 A 地运往 B 地, 经过调查得知: 从 A 地到 B 地有汽车和火车两种运输工具, 两种线路的路程相同, 均为 s 千米. 在运输的过程中, 除收取每吨每小时 5 元的冷藏费外, 其他费用如表 2.2 所示.

表 2.2

运输工具	行驶速度/(千米/时)	运输单价/(元/(吨·千米))	装卸总费用/元
汽车	50	2	3000
火车	80	1.7	4620

(1) 请分别写出利用汽车、火车运输这批水果所要的总费用 y_1 和 y_2(用含 s 的式子表示);

(2) 为减少费用, 请你帮助该果农设计出使费用较少的运输方案.

2. 实践活动

借助互联网查找利用一次函数、反比例函数解决问题的现实生活素材, 尝试提出数学问题并加以解决.

板书设计

见图 2.13.

课题 求几何变换后的函数解析式 利用一次函数的图像解一元一次方程或不等式 利用函数解决简单的实际问题	投影幕

图 2.13

实践与反思

围绕下列问题研讨本章的 5 个教学设计案例.

问题 1: 其教学设计有什么特色?

问题 2: 您对其教学方案或者其中的环节有什么优化设计意见?

问题 3: 其教学内容的选择有何特点?

问题 4: 其教学设计对相关知识的重点、难点把握得恰当吗?

参 考 文 献

何小亚. 2004. 与新课程同行: 数学学与教的心理学 [M]. 广州: 华南理工大学出版社.

何小亚. 2008. 教育战争与数学教育的出路 [J]. 数学教育学报, 1(17): 70~74.

普通高中课程标准实验教科书·数学 [M]. 2004. 北京: 人民教育出版社.

普通高中课程标准实验教科书·数学 [M]. 2004. 南京: 江苏教育出版社.

奚定华. 2001. 数学教学设计 [M]. 上海: 华东师范大学出版社.

第3章　常见的数学教学模式

本章目录

本章概览

20 世纪 70 年代末, 西方就对教学模式进行了研究. 而后, 教学模式的研究逐步受到教育界的重视. 80 年代, 我国开始了教学模式的研究, 并从理论到实践全面展开. 数学教学模式是教育理论指导数学教学实践的重要形式, 是教育理论联系教学实际的纽带. 现有的数学教学理论解决了为什么教, 通过何种形式、运用何种方法、采用何种原则去教什么内容, 而数学教学模式则具体回答了怎么教, 采取何种程序, 运用何种教学策略, 围绕何种教学主题、课程理念及教学目标. 多年的数学教学模式的教学试验, 为我们提供了形式多样的教学模式, 如讲练结合、引导探究、合作交流、指导自学、复习总结等. 本章论述了数学教学模式的主要含义及主要特征, 同时指出, 选择、确定数学教学模式的依据主要有教学观念、课程理念、数学教学主题、数学教学目标、教学条件等要素. 不同的数学教学内容可运用不同的教学模式, 但同一内容的数学教学因教学主题不同也可能采用不同的教学模式. 其实, 相同的教学模式也存在差异, 其教学程序也可能不同. 例如, 讲练结合的数学教学模式的程序是 "讲讲典型例题 → 练练典型习题 → 议议学习目标", 引导探究的数学教学模式程序是 "问题情境 → 学生探究 → 教师指导 → 总结反思 → 拓展练习", 合作交流的数学教学模式的程序是 "教学目标 → 情境内容 → 师生交流 → 总结应用", 指导自学的数学教学模式的程序是 "布置任务 → 学生自学 → 检测反馈 → 学生演练 → 评价总结", 复习总结的数学教学模式程序是 "信息提取 → 思考重构 → 综合运用 → 反思提高". 本章针对 5 种教学模式给出了若干个数学教学案例. 我们认为, 无论采用何种教学模式, 数学教学应该做到, 一堂数学课既要有丰富的知识, 也要有纯熟的技能; 要有方法的领悟、思想的启迪, 也要有精神的熏陶; 既要有知识的系统性, 也要有知识的开放性. 学完本章后, 你应该做到:

(1) 了解数学教学模式的含义, 掌握数学教学模式的主要特征;

(2) 掌握数学教学模式的构成;

(3) 明确选择数学教学模式的主要依据;

(4) 把握讲练结合与复习总结两种数学教学模式的差别;

(5) 把握引导探究与指导自学的数学教学模式的差别;

(6) 结合具体的数学教学内容, 选择适合的教学模式进行教学.

3.1　数学教学模式的含义、特征与类型

数学教学模式是落实课程理念, 践行先进的教育观念, 促进数学理解, 培养核心素养, 实现教学目标的重要形式. 因此要注意弄清数学教学模式的含义, 把握教学模式的特征, 了解数学教学模式的类型, 掌握数学教学模式的结构, 灵活地选用

恰当的数学教学模式. 数学教学, 抓住数学课程理念, 突出数学教学主题, 运用合适的教学程序, 实现数学教学目标.

3.1.1   数学教学模式的含义、特征

模式是指某种使人可以照着做的标准样式, 是能反映客观事物的基本结构、体现事物根本特征的形式. 数学教学模式是指在一定的教育思想、数学课程理念的指导下, 针对数学教学内容为实现教学目标所形成较稳定的、简明的教学活动的框架、式样. 实质上, 数学教学模式是在数学教学实践环节中, 系统地组合数学教学过程的诸因素, 充分地体现课程理念, 完整地最大程度地实现数学教学目标的、一种较稳定的教学程序. 在运用数学教学模式时, 要反映先进的教育观念, 体现科学的数学课程理念, 充分发挥学生主体性, 调动学生数学学习积极性, 教学程序围绕数学教学目标而展开.

数学教学模式不同于数学教学方法. 数学教学模式与数学教学方法既有联系又有区别. 数学教学方法是在数学教学过程中, 为实现教学目标, 完成教学任务而采取的教与学相互作用的活动方式的总称. 数学教学方法是在加强数学双基、发挥学生学习主动性的指导思想下所采用的教学方式, 包括讲解法、谈话法、练习法、读书指导法、演示法、实验法、实习作业法、讨论法和研究法等. 而数学教学模式是 “在教学观念、教学目标指导下, 体现基本教学原则的整体操作程序和教学方法体系所构成的动态系统”(葛军, 2000)[32,33]. 巴班斯基认为, 教学模式是在 “教学实践中基于教学形式和方法的系统结合而产生的一种综合性的形式”(樊豫陇, 2006)[111]. 对各种教学方法、教学策略进行系统的组合, 则构成教学模式. 教学组织形式、教学手段和教学方法结合方式不同, 可以形成不同特点的教学模式. 各种方法在具体时间、地点和条件下表现为不同的空间结构和时间序列, 从而形成不同的模式. 自然, 教学方法、教学策略的不同组合形式可以得到不同的数学教学模式.

数学教学模式也不同于教学策略, 两者既有联系又有区别. 数学教学策略是教师在数学教学过程中, 为实现数学教学目标所采取的相对系统的行为 (邵瑞珍, 1997)[80]. 数学教学实践中, 教学策略往往表现在具体的教学方法和技能的实施过程中. 教学策略注重于对教学方法的计划和选择, 教学方法是教学策略的主要构成内容. 美国学者埃金等认为, 教学策略就是根据教学任务的特点选择恰当的方法. 数学教学过程中可以根据实际情况采取某些策略或调整策略, 因而教学策略具有灵活性特点; 数学教学模式则具有范例性、直观性、完整性、稳定性. 数学教学模式是具有相对稳定性特征的教学策略等组合起来的结构、程序, 是指导数学教师进行教学活动的范例.

我们存在对数学教学模式多种角度的理解和认识, 这些理解恰恰从各自的侧面反映了数学教学模式的相关特征, 如结构性、程序性、方法性、独特性、指向性、发

展性等.

1. 结构性

数学教学模式是指在某种教育思想指导下, 在实践中所形成的教学基本框架结构、式样. 这也就不难理解有人提出的 "教学模式就是教学结构" 的观点. 但这种框架是与相应的教育观念、数学课程理念、特定的教学主题联系在一起的, 数学教学模式是在一定教学思想指导下建立的较典型的、较稳定的数学教学基本结构框架, 是对数学教学结构框架简化的一种式样. 课程理念、教学目标、师生角色、教学方法、教学策略、评价等教学要素的结构关系组成了相应的教学结构框架. 教育教学观念、数学课程理念不同, 数学教学目标不同, 则所建立的数学教学结构框架也不同, 即形成的数学教学模式也不相同.

2. 程序性

程序性是数学教学模式存在的必要条件, 是数学教学模式中的重要因素. 数学教学模式往往是通过教学的程序性来体现模式的可操作性. 数学教学模式的程序是指实现数学教学目标的步骤和过程. 数学教学模式必定体现数学教学过程的时间顺序列, 它反映教学的逻辑步骤. 我们认为, 数学教学模式就是数学教学过程的模式, 数学教学过程的模式简称为数学教学模式. 数学教学模式的程序逻辑是与数学教学程序有关的策略体系. 因而, 数学教学模式是教育理论、课程理念指导下形成的、较稳定的教学程序和教学方法的策略体系. 教学模式的程序性决定了数学教学活动的开展顺序.

3. 方法性

方法性也是数学教学模式的重要特征. 各种数学教学方法的空间结构和教学时间序列的不同排列、组合便形成了不同的数学教学模式. 乔伊斯认为, 所谓教学模式就是创造这种环境的方法. 巴班斯基认为, 教学模式是教学实践中由教学形式和教学方法的结合而产生的一种综合性的形式. 数学方法也是数学教学模式中的重要组成部分. 数学教学也是数学方法的教学, 是数学思维方法运用的教学. 所以, 方法性是数学教学模式的重要特征.

4. 独特性

每一种数学教学模式都具有独自的特点, 有其特定的数学教学主题, 明确的数学教学目标, 相应的适用范围, 独特的教学结构和环环紧扣的时间序列. 各种数学教学模式的教学主题不同, 则教学策略也不相同, 自然, 教学目标也不相同.

5. 指向性

任何数学教学模式都是为了增进数学理解, 实现相应的教学目标而产生的. 指导自学的数学教学模式是为了培养学生的自学能力, 学会学习; 引导探究的数学教学模式是为了让学生掌握探究的方法, 培养创新意识, 提高创新能力; 讨论交流的数学教学模式是为了让学生学会有条理地进行数学表达, 提高数学交流的能力.

6. 发展性

数学教学模式揭示数学教学中的客观规律, 寻找数学教学的最有效的教学程序和途径, 是数学教学主题、课程理念、教学目标、教学策略、师生地位等因素的有效组合, 具有相对的稳定性. 但数学教学模式不是固定不变的, 随着学生良好的学习习惯和学习方法的掌握, 课程理念的提升, 数学教学模式必然要进行改进、完善, 因而数学教学模式是发展的、不断变化的. 教学模式随着教学目标、课程理念、师生情况的变化而变化, 并随着时代的前进、社会的发展、教学手段的变化而不断地修正、完善和发展.

3.1.2   数学教学模式的构成

数学教育家乔伊斯认为 "教学, 就是创造由教育内容、教学方法、教学作用、社会关系、活动类型和设施等组成的环境. 而所谓教学模式就是创造这种环境的方法". 教学模式是构成课程和课业、选择教材、提示教师活动的一种范型或计划 (钟启泉, 1982)[163]. 数学教学模式是在一定的教育思想、课程理念的指导下, 为实现数学教学目标针对某一教学主题所形成的相对固定的、规范的教学结构框架、教学程序的式样. 在长期的数学教学研究和数学教学实践中, 人们依据一定的教学理念和教学实践经验, 构建了一系列的数学教学模式.

常用的数学教学模式有 5 种基本形式: 讲练结合的教学模式、引导探究的教学模式、讨论交流的教学模式、指导自学的教学模式、复习总结的教学模式. 尽管这些数学教学模式隐含的教育观念、课程理念不同, 但这些数学教学模式具有一定的共性, 基本上是由教学理论 (包括课程理念)、教学主题、教学目标、师生角色、教学程序、教学策略和教学评价等要素组成. 教学目标、评价目标受教学理论的直接制约, 教学程序、教学策略受教学目标、评价目标等要素的制约, 也间接地受课程理念、教育教学思想的制约.

1. 教育思想

教育思想包括数学课程理念, 是数学教学模式形成的理论基础, 也是教学模式选择的重要依据. 数学课程论、数学学习论和数学教学论为数学教学模式的建立提供理论支持, 数学课程理念要求选择、运用数学教学模式时体现学生数学学习方式的变革, 反映数学的文化性, 体现数学核心素养, 揭示数学的思维过程. 动手实践、自主探索、合作交流和数学自学等是对数学教学模式的必然要求. 正如《数学课程标准》中所指出的: "有效的数学学习活动不能单纯地依赖模仿与记忆, 动手实践、自主探索与合作交流是学生学习数学的重要方式. 学生的数学学习活动应当是一个生动活泼的、主动的和富有个性的过程."

2. 教学目标

每一种教学模式都有其特定的教学目标, 是为完成一定的教学目标而建立的. 例如, 引导探究的教学模式意在使学生掌握探究的方法, 培养科学探究的精神, 有创新的意识; 讨论交流的教学模式以培养学生的合作精神, 学会有条理的表达、获取有用信息为目标; 指导自学的教学模式以培养学生的自学能力为主要目标. 数学教学模式是为达到特定的数学教学目标而形成的. 数学教学目标是数学教学模式中的核心因素, 它决定着教学模式的选择、运用及操作的程序, 影响数学教学活动的形式、教与学的时间比例等.

3. 师生角色

在不同的数学教学模式中, 教师、学生扮演的角色肯定不同, 他们在教学程序中的地位、交流方式、承担的任务也不相同. 在讲练结合的数学教学模式中, 教师通过范例进行讲解, 揭示数学的本质规律, 展示数学的思维过程、解题方法以及解题技巧, 学生着重运用基础知识和基本方法进行解题训练, 在解题过程中掌握基础知识, 提高基本技能. 在指导自学的数学教学模式中, 学生在教师的指导下各自进行自学活动, 教师进行巡视、指导、帮助, 适时点拨, 教师基本放手让学生独自理解数学的基本规律, 掌握数学方法. 在讨论交流的教学模式中, 教师和学生、学生与学生共同讨论, 交流信息, 相互启迪, 在交流、讨论、合作中实现教学目标.

4. 教学主题

每一种数学教学模式都有一个突出的教学主题. 数学教学主题就是根据数学课程理念、数学课程目标, 隐含在数学教学内容中的一个观念主线. 数学教学主题不同于数学教学内容, 数学教学内容是具体的、实实在在的, 而教学主题却是人为的, 自然是为人的. 教学主题受课程理念、教学目标、教学评价等相关因素的支配. 这个主题是一根主线, 贯穿并主导着整个模式, 支配着教学模式中诸如教学策略、师生角色等其他因素, 并产生与主题相关的一系列概念. 如引导探究的数学教学模式, 尽管不同的数学教学内容不同, 但教学模式的主题词 "数学探究" 不变, 数学探究的主题一直贯穿于引导探究教学模式前后. 这一主题能产生探究方法、探究能力、探究学习、探究策略等许多概念, 探究的主题不仅影响着教学目标, 而且影响着教学程序、教学方法以及学生学习的策略.

5. 教学程序

各种数学教学模式都有其教学步骤、操作程序, 能明确规定教学中各步骤应完成的任务. 教学步骤、操作程序, 实质上是数学教师针对教学内容在实施过程中时间序列上的教学活动, 并规定了数学教学过程中教师、学生各自不同的角色、每人应承担的任务. 例如, 讲练结合的数学教学模式的教学程序是先讲后练, 教师讲解, 学生练习. 又如, 指导自学的数学教学模式的教学程序是布置自学任务 → 学生自学 → 检测反馈 → 学生练习 → 总结讨论.

6. 教学策略

数学教学策略就是在数学教学模式中, 为实现相应的教学目标和体现课程理念, 教师和学生对教学组织形式、教学方法、教学条件等各因素进行优化组合所采取的方式: 怎样选择、组织各种教学资源, 如何运用教学方法, 如何采用教学设备和教学手段, 如何确定教师、学生教学、学习程序等. 如指导自学的数学教学模式教学策略是 "先学后教、先练后讲、教师指导、学生自学".

7. 教学评价

特定的数学教学模式都是以特定的教育理论为依据的, 具有特定的教学目标指向. 而教学目标决定着评价目标. 任何一种数学教学模式都是与一定的教学目标相关联, 即不同的数学教学模式所要完成的教学目标及教学程序是不同的, 评价的方法和评价目标也不一定相同. 如讲练结合的数学教学模式的教学评价特别强调数学基础知识和数学基本技能的评价; 引导探究的数学教学模式却尤其看重对学生创新意识、创新能力、探究方法的评价; 指导自学的数学教学模式特别注意学生数学自学能力、学会数学地思维的评价. 也就是说, 任一种数学教学模式都与特定的教学评价标准、评价方式是联系在一起的, 对数学的认知目标、技能目标以及情感目标的评价标准是不尽相同的, 但对数学核心素养的发展性评价不变.

3.1.3　数学教学模式的选择、运用

数学教学模式是教学理论与数学教学实践的 "中介", 一定的教育观念通过选择、调整教学模式才能体现, 才能指导实践. 数学教学有讲练结合、引导探究、合作交流、指导自学、复习总结等基本教学模式. "教学有法, 但无定法, 贵在得法". 如何选择、运用恰当的数学教学模式? 数学教学模式与教育思想、课程理念、教学目标、教学策略、师生地位等因素有关. 因此, 选择、运用恰当的数学教学模式时, 要考虑课程理念、教学主题、教学目标等因素. 教学目标是教学模式中的核心因素, 对教学程序、教学策略和教学评价起着直接制约的作用. 一定的数学教学目标要求选择一定的教学模式. 不同的教学主题要求不同的数学教学模式, 教学序列、结构也

相应地进行调整,数学教学所采用的模式也有差异.确定、选择数学教学模式的主要依据有:

1. 数学课程理念

数学课程理念是影响教学模式选择的重要因素之一.加强学生双基教学的数学课程理念通常要求采用讲练结合、复习总结的教学模式,确保数学基础知识的理解和数学基本技能的掌握;培养学生的创新意识,提高学生的创新能力的数学课程理念通常要求教师采用引导探究的教学模式;为了培养学生合作精神,形成团队意识,要求学生逐步学会数学的表达方式,则必然要求数学教学采用合作交流的教学模式.不同的课程理念往往需要采用相应的数学教学模式.

2. 数学教学目标

数学教学目标是影响教学模式选择的重要因素.数学基础知识和基本技能目标通常要求选择、运用讲练结合的教学模式;要实现培养学生的创新和探究意识,掌握创新方法的教学目标,通常会采用引导探究的教学模式;若要实现培养学生学会获得、处理信息,培养合作意识,学会有条理地进行数学表达的培养目标,通常采用合作交流的教学模式;若要培养学生学会学习,提高学生的数学自学能力,数学教学通常可选择指导自学的数学教学模式;若要学生形成完整的数学认知结构,学会梳理数学知识,掌握解题方法,运用数学的学习策略,通常可采用复习总结的教学模式.

3. 数学教学主题

数学教学主题是影响教学模式选择的重要因素.不同的教学主题要求采用不同的数学教学模式.探究学习的教学主题通常要求采用引导探究的教学模式,在讨论中学习、在交流中学习的教学主题要求采用讨论交流的教学模式,强调数学技能训练的教学主题则要求采用讲练结合的教学模式.当然,若同一数学内容的教学主题不同,则所采用的数学教学模式也不相同,如强调数学概念的运用、形成数学技能的教学主题则要求采取讲练结合的教学模式,而强调在交流、讨论中学习数学概念的教学主题则要求采用交流讨论的教学模式.

4. 教师的教学风格

教师的教学风格是教师在一定理论和长期教学实践中逐步形成的教学思想、教学技巧、教学策略等方面稳定性的表现.数学教师的教学风格也影响对教学模式的选择.沉默寡言型的数学教师一般采用讲练结合的教学模式,这样,教师可发挥精讲或少讲的优势,让学生给予足够、有效的练习,达到明确的教学目标.活动组织型的数学教师通常采用合作交流的教学模式,以便于充分发挥教师对活动的把握、组织的优势, 调动学生对数学学习活动的高度参与性. (思维) 灵活创新型的数学教师倾向于采用引导探究的教学模式, 这样可充分发挥教师创新能力强的优势, 培养学生的创新意识, 引导学生掌握探究的方法, 学会创新. 默默思考型的数学教师平时喜欢阅读, 独自思考, 努力理解和把握数学知识前后间的关联, 能抓住数学的本质特征, 自然对数学自学有更多体会, 因而会倾向于运用自学指导的数学教学模式.

5. 学生的年龄特征

学生的年龄特征也是确定和选择数学教学模式的重要依据. 一般而言, 低年级学生学习的自觉性较低, 注意力容易分散, 但好动好奇, 参与性要求较高, 数学学习可采用讨论、竞赛、动手操作等形式, 所以数学教学模式通常采用合作交流、引导探究的数学教学模式. 对于高年级学生, 自学能力较强, 数学学习自觉性较高, 能独立思考, 往往需要对学习进行整理、总结、综合, 因而数学教学模式通常采用讲练结合、指导自学、复习总结等教学模式.

6. 评价的目标、方式

教学评价的目标、方式也是选择教学模式的重要因素之一. 数学的形成性评价、定性评价往往要求教师采用合作交流的教学模式, 定量评价、终结性评价则往往要求教师更多地采用讲练结合、复习总结的数学教学模式.

数学教学模式的选择除了要考虑上述六种因素之外, 我们还要考虑学生的实际水平、学习能力以及学习习惯等. 数学教学无论采用何种教学模式, 我们都要充分考虑到数学课程理念、数学教学内容、数学教学目标、教学条件、教学策略等, 要求能完整地、最大地实现我们的数学教学目标. 知识化、技巧化、功利化不应成为数学教学模式选择的依据.

3.2　讲练结合的教学模式

教与学是数学教学工作的两个重要方面. 教学教学, 有教有学, 教学离不开教与学. 数学教学活动中离不开教师, 离不开教师的教; 当然, 教学也离不开学生, 离不开学生的学. 有教师的教, 就少不了教师的讲 (授); 有学生的学, 也就少不了学生的练 (习), 离开了学生的练, 对基础知识、基本技能也就无法掌握, 解题方法也不可能灵活地运用. 因此, 讲练结合是最基本的数学教学模式. 讲练结合的教学模式教学条件要求较低, 特别在强调基础知识和基本技能教学时, 讲练结合教学模式是常用的数学教学模式, 也是用得较多的教学模式之一. 讲练结合的数学教学模式就是教师通过典型的数学范例进行讲授, 传授系统的数学知识、技能、方法, 并让学生利用典型的数学练习题进行系统的训练, 达到掌握基础知识、形成基本技能和提高数学能力的教学结构、程式. 采用练讲练结合的数学教学模式, 较易把握课堂进度, 有序地组织数学教学活动, 增大教学容量, 深受许多数学教师的欢迎. 讲练结合的数学教学模式繁衍成多种形式, 如多讲多练模式、精讲多练模式、精讲精练模式、讲讲—议议—练练—评评的模式等.

3.2.1 教学模式结构

讲练结合的教学模式以奥苏贝尔的有意义的接受学习和 W. 克拉夫斯基的范例教学理论、课程目标为依据, 以掌握扎实的数学基本功为主题、以五基 (基础知识、基本技能、基本能力、基本方法和基本情感) 为教学目标, 以讲练结合为教学策略, 以讲讲练练为教学程序的教学思路. 奥苏贝尔主张, 讲授应是中小学的主要教学方式, 教师讲授系统的数学基础知识、基本方法, 学生把新的知识与自己的数学认知结构中已有的观念建立非人为的、实质性的联系, 并通过同化、顺应的方式构建数学认知结构, 实现数学教学目标. 教师讲什么呢? 如何讲呢? 范例教学理论为我们提供了答案. W. 克拉夫斯基等的范例教学理论告诉我们, 讲练结合的数学教学模式注意精选典型的数学案例和内容, 通过有针对性的讲授, 揭示所蕴含的数学基本概念、数学基本规律和数学的基本结构, 对我们的数学学习起到示范作用, 有举一反三的教学效果, 最终做到既传授了数学知识又发展了数学能力, 既能进行数学系统知识的学习也能学会解决问题的方法.

采用讲练结合的数学教学模式时, 以数学的课程理念、教育理论为依据, 以课程目标为导向, 围绕巩固基础知识与基本技能、打好扎实的数学基本功的教学主题, 采用讲讲练练的教学程序, 突出教师的主导地位、学生的主体地位, 教师讲授典型的案例、例题, 进行教学示范、启发式教学, 学生进行有意义的接受学习, 并提供典型的习题让学生进行练习, 体现教师的讲授 (解) 和学生练习的有机结合, 使讲 (解) 和练 (习) 互相促进, 实现数学教学目标.

数学讲练结合的教学模式的要素有具体的数学教学三维目标、教师的讲 (教)、学生的练 (学) 三个基本部分和两个典型. 两个典型是指教师讲 (授) 的数学范例和学生所练 (习) 的典型的数学习题.

讲练结合的教学模式程序见图 3.1.

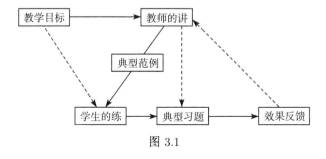

图 3.1

如图 3.1, 数学教学目标确定了教师的讲 (授), 要求教师通过典型范例去启发学生理解数学基本原理、基本方法, 教学目标通过教师的讲和教师对数学中典型习题的编制、调控间接地去影响学生, 也间接地影响学生的练, 教师的讲 (授) 与学生的练 (习) 要保持一致, 教师讲什么确定学生练的内容, 通过学生的练逐步达到学生的数学学习目标, 针对学生的数学学习效果情况反馈, 调整教师的讲 (授)(包括讲的内容和讲的方式).

1. 一个目标

一个目标是指数学教学目标. 在讲练结合的数学教学模式下, 明确教学目标, 尤其是基础知识和基本技能方面的教学目标. 教师围绕数学教学目标从数学概念的产生、形成、发展过程, 从数学的基础知识到基本技能, 从理解到运用, 从思维到能力进行全面讲授. 学生的练习也是围绕数学教学目标而进行, 从知识的记忆到理解, 从方法的掌握到运用, 从技能到能力进行全面的、系统的、明确的训练. 高中数学课程标准中课程目标可以分为知识与技能目标、过程与方法目标、情感态度与价值观三维目标; 九年义务教育的课程目标分为知识技能、数学思考、问题解决和情感态度 4 个方面. 若依学习结果可将教学目标划分为数学知识、数学智慧技能、数学思想方法、数学问题解决和态度 5 种目标 (皮连生, 2004). 也有人提出, 数学教学目标应该从数学基础知识、基本技能、基本能力、基本的数学思想方法以及基本的情感、态度和价值观等 5 个方面体现. 不管目标分为几个方面, 都要整体地实现数学教学目标.

2. 两个环节

两个环节是指教师讲的环节和学生练的环节. 这两个环节互相关联, 讲 (授) 是练 (习) 的基础和前提, 讲为练提供示范, 练是讲的必然要求, 是讲的深化和发展. 教师的讲要充分体现教师主导、学生主体、练习主线的教学要求. 没有练, 讲的数学知识得不到运用, 实现不了培养数学能力的目标. 教师通过讲、练两个环节实现数学教学目标, 让学生达到理解数学原理, 形成数学技能, 掌握数学方法, 提高创新意识的目的.

3. 两个典型

两个典型是指教师讲的数学范例和学生所练的典型习题. 数学范例具有典型性、代表性, 能充分体现数学的本质规律, 能反映数学的基本原理、基本思想、基本方法. 对于典型数学案例, W. 克拉夫斯基指出: 范例, 更确切地说, 就是 "好的例子" "典型的例子" "学生能够理解的例子". 精选数学案例, 讲好数学案例, 练好数学案例, 用好数学案例, 发挥典型性数学案例的示范作用. 让教师充分运用好讲练结合的教学模式, 在有限的教学时间内, 通过选择典型的数学范例让学生去理解数学基本规律, 把握基本方法, 体验数学的意义, 并借助于数学的一般原理和方法学会学习, 达到 "教是为了不教" 的目的, 并实现数学教学目标. 简言之, 讲练结合教学模式的基本程序是: 讲讲 (典型范例)→ 练练 (典型习题)→ 评评 (学习效果).

3.2.2 教学模式特点

讲练结合的数学教学模式就是针对教学目标, 要求通过讲讲练练, 让教师的讲与学生的练相互影响、促进, 最终实现学生的学习目标. 由此可以看出, 讲练结合的教学模式中有教师的讲和学生的练, 最大的特点是案例的典型性、目标的明确性、运用的简洁性.

1. 案例的典型性

典型性是讲练结合教学模式的重要特征. 教师讲的是能反映数学基本规律的数学范例, 能体现出基本的数学原理的典型例题, 学生练的是与范例相配合的典型习题. 这些数学范例本质特征是明显的, 具有强烈的启发性, 能导引学生的数学思维趋于深刻, 发展学生的数学能力, 使学生充分把握数学的逻辑结构, 在方法上能起到触类旁通的作用.

这些数学范例能揭示数学的基本原理、基本方法, 能体现数学基础知识、基本技能, 与学生的知识经验、智力水平相一致. 这些范例教学能引起学生的联想类比, 从特殊中发现数学的一般规律, 举一反三; 通过典型范例促进学生进行有意义的学习, 同化或顺应新的数学知识, 形成良好的数学认知结沟. 数学范例既不过难也不过易, 符合学生的生活经验. "范例" 是经过精选的, 力求做到具有典型性、代表性、开导性, 能起到示范作用, 有助于学习迁移以及实践应用.

2. 目标的明确性

讲练结合模式中, 教学目标明确, 尤其是对数学基础知识、基本技能、基本方法等教学目标的准确把握. 教师的讲体现新的课程理念, 是在熟悉教材、了解学生的基础上围绕教学目标的讲, 是在研究教学方法、突出重点、抓住关键、分散难点上的讲, 教师的讲解主次分明, 详略得当, 由浅入深, 步步深入. 学生的练也突出数学基础知识、基本技能、基本方法的学习目标, 是围绕数学知识点、数学的重点、难点、数学基本技能、思想方法等学习目标的练, 是进行数学能力、解题技巧、分析解决问题能力等多方面的练习.

3. 运用的简洁性

讲练结合的教学模式就是师生共同参与, 教师讲讲, 学生练练, 讲讲练练, 实现学习目标. 所以讲练结合的教学模式的运用简洁、实用, 容易操作, 易于使用. 教学过程就是讲一讲, 再练一练的多次组合. 讲的目的和讲的内容与学生练的目的和练的习题保持一致. 也就是说, 讲什么就练什么, 讲为了使学生的练更有效, 练更富有针对性, 针对教师所讲的基本概念、数学原理和数学方法, 加强双基训练, 实现数学教学目标.

3.2.3　教学模式案例

【案例 1】

教材　数学必修 1, 人教版普通高中课程标准实验教科书, 2004 年.

课题　对数及其意义 (对数第一课时).

教学目标

(1) 理解对数的概念, 了解自然对数和常用对数的概念;

(2) 能进行对数式与指数式的互化, 理解二者的关系;

(3) 能求一些对数的值;

(4) 领悟对数的应用及意义.

教学重点　指数式与对数式互化; 对数式求值.

教学难点　对数式求值.

教学关键　对数的定义.

教学模式　讲练结合.

教学手段　PPT 与板书相结合.

教学程序

讲一讲 (对数的文化意义及对数、指数式与对数式概念)→ 做一做 (对数式与指数式转化)→ 做一做 (例题、练习题)→ 讲一讲 (两种特殊的对数)→ 做一做 (对数式求值)→ 讲一讲 (课堂小结) → 讲一讲 (课后作业).

教学过程

一、讲一讲 (2 分钟)

(一) 对数的文化意义

教师: 对数发明是 17 世纪数学史上的重大事件.

恩格斯说, 对数的发明与解析几何的创立、微积分的建立是 17 世纪数学史上的 3 大成就.

伽利略说, 给我空间、时间及对数, 我可以创造一个宇宙.

布里格斯 (常用对数表的发明者) 说, 对数的发明, 延长了天文学家的寿命.

对数的发明让天文学家欣喜若狂. 这是为什么? (停顿) 我们将会发现, 对数可以将乘除法变为加减法, 把天文数字变为较小的数, 简化数的运算. 这些都非常有趣. 那么, 什么是对数? 对数真的有用吗? 对数如何发现的?

(二) 对数、指数式、对数式的概念 (10 分钟)

1. 对数的概念 (5 分钟)

师 [播放 PPT]: 为了研究对数, 我们先来研究如下问题:

假设 2000 年我国的国民生产总值为 a 亿元, 如每年平均增长 8%, 那么①经过 5 年国民生产总值是多少? ②经过多少年国民生产总值是 2000 年的 2 倍?

容易得到 [板书]

(1) 总产值是

$$a(1+8\%)^5. \tag{①}$$

(2) 设经过 x 年国民生产总值是 2000 年的 2 倍, 则有 $a(1+8\%)x = 2a$, 即

$$1.08^x = 2. \tag{②}$$

那么 $x = ?$

师: ①式是已知底数和指数求幂 $(1+8\%)^5$ 与 a 的积. 而②式 $1.08^x = 2$ 是已知底数和幂, 求指数 x. 如何求指数 x? 这是本节课要解决的问题. 这一问题也就是 [播放 PPT]:

若 $a^x = N$, 已知 a 和 N 如何求指数 x (其中, $a > 0$ 且 $a \neq 1$)?

数学家欧拉用对数来表示 x: 如果 a 的 x 次幂等于 N, 即 $a^x = N$, 那么 x 叫做以 a 为底 N 的对数. 记作 $x = \log_a N$, 其中, a 叫做对数的底数, N 叫做真数.

2. 指数式与对数式 (5 分钟)

[播放 PPT] 称 $a^x = N$ 为指数式, $x = \log_a N$ 为对数式.

伟大的数学家欧拉发现了对数式与指数式的关系, 对数符号却是笛卡儿发明的 (解析几何的发明者). 但对数却是耐普尔首先提出的. 有兴趣的同学可以去阅读数学史, 了解对数产生的一些趣闻轶事.

我们可以由指数式得到对数式, 也可以由对数式得到指数式 [播放 PPT]:

$$a^x = N \Leftrightarrow x = \log_a N (a > 0 \text{ 且 } a \neq 1).$$

不难得到, $1.08^x = 2$ 的 x 用对数表示就是 [板书]: $x = \log_{1.08} 2$.

注意到, $a^x = N$ 中的 $a > 0$ 且 $a \neq 1$ 因此, $\log_a N$ 也要求 $a > 0$ 且 $a \neq 1$. (停顿) 又 $a > 0$ 且 $a \neq 1$ 有 $a^x = N > 0$. 因此, $x = \log_a N$ 中真数 N 也要求大于零, 即 [板书] 负数与零一定没有对数.

二、做一做 (14 分钟)

(一) 例题探究 (10 分钟)

[播放 PPT] **例 1** 将下列指数式化为对数式:

$$4^1 = 4, \quad 3^1 = 3, \quad 10^0 = 1, \quad 4^0 = 1, \quad 10^4 = 10000.$$

[板书] **解**　所求对数式分别为

$$\log_4 4 = 1, \quad \log_3 3 = 1,$$
$$\log_{10} 1 = 0, \quad \log_4 1 = 0, \quad \log_{10} 10000 = 4.$$

师: 大胆猜测, (1) 由 $\log_4 4 = 1, \log_3 3 = 1$, 可以发现什么结果? (2) 由 $\log_{10} 1 = 0, \log_4 1 = 0$ 呢? (停顿, 让学生思考)

【答案】([播放 PPT]1)$\log_a a = 1$ (其中, $a > 0$ 且 $a \neq 1$); (2) $\log_a 1 = 0$ (其中, $a > 0$ 且 $a \neq 1$).

师: 我们还会注意到, $10^4 = 10000, \log_{10} 10000 = 4$, 利用对数可以将很大很大的数变为较小的数, 减少计算量. 以后还会发现, 乘除运算变为加减运算, 简化运算.

[播放 PPT] **例 2**　将下列指数式化为对数式, 对数式化为指数式:

(1) $5^4 = 625$;　　　　　(2) $2^{-6} = \dfrac{1}{64}$;　　　　　(3) $\left(\dfrac{1}{3}\right)^m = 573$;

(4) $\log_3 9 = 2$;　　　　　(5) $\log_5 125 = 3$;　　　　　(6) $\log_{\frac{1}{2}} 16 = -4$.

[板书] **解**

(1) $\log_5 625 = 4$;　　　　(2) $\log_2 \dfrac{1}{64} = -6$;　　　　(3) $\log_{\frac{1}{3}} 5.37 = m$;

(4) $3^2 = 9$;　　　　　　(5) $5^3 = 125$;　　　　　(6) $\left(\dfrac{1}{2}\right)^{-4} = 16$.

(二) 巩固练习 (4 分钟)

[播放 PPT]

1. 把下列指数式写成对数式:

(1) $2^3 = 8$;　　(2) $2^5 = 32$;　　(3) $2^{-1} = \dfrac{1}{2}$;　　(4) $27^{-\frac{1}{3}} = \dfrac{1}{3}$.

2. 把下列对数式写成指数式:

(1) $\log_3 9 = 2$;　　(2) $\log_5 125 = 3$;　　(3) $\log_2 \dfrac{1}{4} = -2$;　　(4) $\log_3 \dfrac{1}{81} = -4$.

三、讲一讲 (7 分钟)

(一) 两种特殊的对数 (2 分钟)

1. 常用对数

[播放 PPT] 当 $a = 10$, 我们得到对数 $\log_{10} N$. 称 $\log_{10} N$ 为常用对数, 通常写成 $\lg N$.

常用对数是耐普尔和布里格斯根据数的十进位制共同提出来的.

2. 自然对数

[播放 PPT] 当 $a = e = 2.71828\cdots$ 时, 得到对数 $\log_e N$. 称 $\log_e N$ 自然对数, 通常写成 $\ln N$.

自然对数在对数早期由耐普尔提出来的.

(二) 应用指数式与对数式的关系解决问题 (5 分钟)

[播放 PPT] **例 3** 求下列各式中的值:

(1) $\log_{64} x = -\dfrac{2}{3}$; (2) $\log_x 8 = 6$; (3) $\lg 100 = x$; (4) $-\ln e^2 = x$.

[板书] **解** (1) 因为 $\log_{64} x = -\dfrac{2}{3}$, 所以 $x = 64^{-\frac{2}{3}} = \left(4^3\right)^{-\frac{2}{3}} = 4^{-2} = \dfrac{1}{16}$.

(2) 因为 $\log_x 8 = 6$, 所以 $x^6 = 8, x = 8^{\frac{1}{6}} = \left(2^3\right)^{\frac{1}{6}} = 2^{\frac{1}{2}} = \sqrt{2}$.

(3) 因为 $\lg 100 = x$, 所以 $10^x = 100, 10^x = 10^2$, 于是 $x = 2$.

(4) 因为 $-\ln e^2 = x$, 所以 $\ln e^2 = -x, e^{-x} = e^2$, 于是 $x = -2$.

师: 我们可以发现, 求对数式中底、真数、对数的值均可以利用对数的定义, 通过将对数式转化为指数式来实现.

四、做一做 (4 分钟)

[播放 PPT] 1. 求下列各式的值:

(1) $\log_5 25$; (2) $\log_2 \dfrac{1}{16}$; (3) $\lg 1000$; (4) $\lg 0.001$.

2. 求下列各式的值:

(1) $\log_{15} 15$; (2) $\log_{0.4} 1$; (3) $\log_9 81$;

(4) $\log_{2.5} 6.25$; (5) $\log_7 343$; (6) $\log_3 243$.

五、讲一讲 (3 分钟)

(一) 课堂小结 (2 分钟)

[播放 PPT]

1. 对数定义 (关键);

2. 指数式与对数式互化 (重点);

3. 对数式求值 (重点).

(2) 课后作业 (1 分钟)

[播放 PPT]

1. P86 题 1、2;

2. **课外阅读**: P79 对数的发明.

【点评】 对数的教学采用讲练结合的教学模式. 教学中, 以双基为教学主题, 利用文化资源, 采用讲讲练练的教学程序, 运用指数式与对数式的转化策略, 通过教师的讲, 数学家对对数的痴迷激发学生好奇, 从实际问题导入对数概念、对数符号, 理解对数的意义, 通过典型例题的讲授, 充分揭示对数式与指数式间的关系, 掌握求对数值的方法. 通过学生典型习题的练, 使学生进一步理解对数式与指数式间的关系, 掌握求对数的一些方法, 在讲练结合中增强对对数概念的关系性理解, 学会数学抽象, 实现教学目标.

3.3   引导探究的教学模式

探究是进行科学研究的重要方法, 数学探究是作出数学发现的重要途径. 引导探究式教学模式的运用是基础教育课程改革的需要, 是时代发展的迫切要求. 问题探究式教学、实验探究教学、活动探究式教学、课题学习、研究性学习等多种教学方式均属于引导探究的教学模式.

3.3.1   教学模式结构

引导探究的数学教学模式要求学生在教师的指导下, 采用实验、观察、分析、类比、归纳等方法, 进行探究学习活动, 发展探究能力, 培养科学态度, 建构自己的数学认知结构. 引导探究的数学教学模式是由探究学习的理论、探究教学的主题、以培养学生探究意识和能力为教学目标、共同探究的师生关系、"疑惑、猜想、验证、总结" 的教学程序、"学生探究、教师指导" 的教学策略和 "以探究意识和创新能力为目标" 的教学评价组成.

九年义务教育中 7~9 年级有数学课题学习, 普通高级中学有数学研究性学习.《普通高中数学课程标准 (实验)》中指出, 数学探究等应是贯穿于整个高中数学课程的重要内容.《全日制义务教育数学课程标准》认为, 数学学习不应只是模仿、记忆、练习等, 更要倡导自主探索等多种学习方式. 布鲁纳的发现学习理论、皮亚杰的建构学习理论为引导探究的教学提供理论依据. 心理学家布鲁纳研究成果告诉我们, 任何学生均有探究的欲望和创新的动机, 在教师的指导下通过实验、比较、探索、讨论, 必能发现数学规律, 激发学习数学热情, 培养探究的习惯和意识, 在探究中构建数学认知结构, 加深对数学的理解, 巩固和灵活运用知识. 从教育的角度来说, 学生对任一数学规律的自我发现都可视为具有创造性, 发现数学规律的过程均视为运用数学方法进行探究的过程. 从创造心理学的角度来看, 让学生尝试成功有助于增强学生成功的信心. "成功才是成功之母". 皮亚杰的自我建构理论认为, 学生对数学知识的建构不是先验的, 是随学生对数学的认识而产生, 是在学生内化了的心理活动中逐渐形成, 随着数学思维活动展开而构建, 随着对数学认识的深化、丰富而发展. 新的数学结构、新的数学知识是在学生的数学活动中不断产生、不断建构, 由简单的数学构建到复杂的数学构建.

探究教学就成为引导探究教学模式的主题词. 探究教学、探究学习、问题意识、探究能力等成为引导探究教学模式的教学主题繁衍出来的概念. 在整个引导探究的数学教学过程中, 引导探究成为数学教学的主线, 自始至终围绕探究的主题进行教与学活动, 探究意识, 探究学习, 探究方法成为教学的主题.

在引导探究的教学模式运用过程中, 依据发现学习和建构学习理论, 教师创设探究情境, 引导学生运用探究方法, 让学生主动探究、发现问题, 提出猜想、验证猜想, 总结规律, 理解数学知识, 形成数学技能, 构建自我的知识体系, 并激发学习兴趣, 萌发创造的意识, 提高创新能力, 培养数学的科学精神, 实现数学教学目标.

引导探究教学模式由问题情境、提出猜想、共同验证、总结概括、拓展练习 5 个阶段组成. 其教学模式的程序可表示为图 3.2.

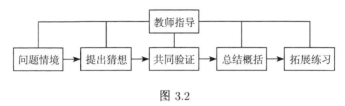

图 3.2

第一阶段: 问题情境.

教师创设问题情境, 学生产生疑惑, 激发探究的欲望, 产生冲动.

第二阶段: 提出猜想.

提出猜想是学生探究的重要环节, 教学模式的重要阶段. 在此阶段, 引导学生的探究方向, 引导学生寻找探究的方法, 集中所有的疑惑, 针对疑惑引导学生寻找产生的原因, 提出猜想, 讨论方案. 针对第一阶段产生的种种疑惑, 提出各种假设, 交流个人猜想, 引起思想碰撞, 启迪数学思维, 纷纷寻找解决方法. 深入的探究、热烈的讨论、全面的交流, 刺激着意识, 冲撞着灵感, 为问题的突破做好充分的准备, 为找到解决的方案提供有利的条件.

第三阶段: 共同验证.

在此阶段, 教师将调控学生的探究活动, 特别是将学生提出的所有解决方案集中起来, 引导学生进行比较、筛选、甄别、探索答案、去伪存真、由表及里, 将数学探究活动进一步引向深入.

第四阶段: 总结概括.

教师引导学生主动、积极、全面地进行总结, 既总结数学方法又总结学习方法, 既对数学知识进行总结又对策略知识进行总结, 既对整个探究过程进行总结又对数学探究的方法进行总结.

第五阶段: 拓展练习.

通过课外读物或相关问题让学生运用数学方法、探究策略再次进行数学的探究训练, 去综合运用数学知识进行研究, 提高分析问题、解决数学问题的能力.

在这 5 个阶段中, 自始至终离不开教师的指导. 为学生创设探究的学习情境, 产生疑惑, 需要教师进行安排; 学生从中感悟, 发现问题, 并进行探索, 提出猜想, 寻找解决策略. 在这过程中也需要教师引导探究方向. 师生共同努力, 寻找验证、筛选的方法, 这也需要教师的指导. 总结概括、拓展训练, 掌握探究学习的方法、巩固探究学习的效果, 更离不开教师的指导. 也就是说, 每一阶段均离不开教师的组织引导. 当然, 教师的引导不能代替学生的探究活动, 引导是为了更好地促进学生积极探究.

3.3.2　教学模式特点

引导探究的教学模式是通过教师创设教学情境, 让学生发现问题, 提出假设, 验证或证明, 得到数学规律, 然后拓展知识和应用. 教师、学生、情境是教学模式中基本的组成部分, 教师创设、借助情境, 指导学生在情境中进行数学的探究活动, 学生在情境中发现数学原理、进行数学创造活动. 通过情境中探究活动完整地实现数学教学的三维目标. 在引导探究的教学模式中, 让学生身临其境, 能充分发挥学生的主体性, 产生创新意识, 运用数学方法进行探究、创新, 通过自身的探究活动最终达到建构学生自我认知结构. 无论是课题学习还是研究性学习, 无论是问题探究教学形式还是实验探究教学形式, 都离不开教师的指导, 引导探究的数学教学模式均具有主体性、引导性、情境性、探究性、建构性这几个最突出的特点.

1. 主体性

探究是学生的探究, 需要学生主动地进行. 学生是数学学习的主体, 是数学探究活动的主体, 更是身心发展的主体. 一切为了学生, 为了一切学生, 为了学生的一切, 自然要求充分发挥学生的主体作用. 探究式教学模式要求教师转变观念, 重视学生的主体地位, 创设探究的学习环境, 让学生积极参与教学活动, 发挥学生的能动性、主动性, 让学生敢想、敢说、敢问、敢做, 勇于表现, 乐于创造, 掌握数学的基本概念、基本原理, 掌握数学的探究技巧和方法, 形成数学的理性精神.

2. 引导性

教学模式要求对教师的角色、作用进行准确定位. 在引导探究的数学教学模式中, 教师是教学活动的组织者, 教师根据数学课程理念和课程目标选择确定探究内容和教学组织形式, 针对教学内容和教学目标创设探究情境, 让学生发现问题, 教师启发学生质疑, 进行验证或证明, 引导学生进行探究活动. 教师自己完全是数学学习活动的组织者、探究情境的创设者、探究活动的引导者.

3. 情境性

问题是数学的心脏, 问题探究教学模式中需要创设问题情境, 让学生发现问题、提出问题; 数学也需要实验, 通过实验进行数学的探究活动也是获得数学知识的重要手段, 在实验探究教学中迫切需要创设实验情境. 在引导探究的数学教学模式中特别需要教师创设探究的情境. 情境是一个人在进行某种活动时所处的环境. 在情境中, 能够让学生进行自我探索, 发现信息, 获取信息, 加工信息, 得到新的信息. 离开了探究情境, 让学生进行探究, 这是不可能的.

4. 探究性

"探索是数学的生命线". 引导探究的教学模式中, 针对教师所创设的数学情境, 学生以主动探究作为主要学习手段, 通过实验、观察、归纳、类比、特殊化、一般化、抽象、概括、分类等数学方法的运用, 提出假设, 再经过实验验证或分析来修正假设, 再验证或证明结论. 通过这一系列的数学探究, 学生亲自进行数学创造, 得到数学原理.

5. 建构性

引导探究教学活动的目的就是要建构学生的数学认知结构. 根据建构主义理论, 数学学习的过程是一个不断进行意义建构的过程, 是学生依据自身已有的知识经验主动地进行建构, 通过情境中数学探究活动, 让学生理解数学知识的意义和方法作用, 利用已有数学知识与经验去理解新知识, 在同化中赋予知识新的意义; 或对原有知识进行改造、重组, 经顺应而建构新的数学知识.

3.3.3 教学模式案例

【案例 2】

课题 几何概型.

教学任务说明

本节课是在学习了几何概型基本概念及其相关知识的基础上所安排的一节探究课. 主要以几何概型中的"悖论"为教学背景, 将同一个问题放在不同背景中, 提出不同角度的要求, 引发矛盾与探究, 体现以学生为主体、教师为指导的课程理念, 给学生提供一个展现自我的教学平台.

教学目标

1. 能够通过独立思考、合作交流提出问题, 针对几何概型的"悖论"产生探究欲望, 寻找探究方法、制定探究方案、概括数学结论;

2. 通过自主解决例 1、例 2 进一步理解几何概型的实际意义, 掌握处理几何概型问题的基本思想和解题技巧, 培养质疑精神;

3. 在探究例 3 的过程中提高参与意识和学习兴趣, 培养发散思维与创新思维能力, 养成严谨求实的科学态度和辩证、客观、全面思考问题的思维习惯, 以及理性看待事物的优良品质.

教学重点 例 3.

教学难点 几何概型"悖论".

教学模式 引导探究.

教学手段 多媒体课件与板书相结合.

教学程序　创设情境 → 学生探究 → 教师指导 → 课堂小结 → 拓展练习与课后作业.

教学过程

(一) 创设情境 (5 分钟)

教师: 同学们! 我们已经学习了几何概型的有关概念及其在实际问题中的一些应用, 今天我们来研究在几何图形中概率问题的计算, 先看下面两道例题 [播放 PPT]:

例 1　在等腰直角三角形 ACB 中, 在斜边 AB 上任取一点 M, 求 $AM < AC$ 的概率.

例 2　在等腰直角三角形 ACB 中, 过直角顶点 C 在 $\angle ACB$ 内部任作一条射线 CM, 与线段 AB 交于点 M, 求 $AM < AC$ 的概率.

教师: 上面两道题目是一样的吗? 请说明你们的见解.

【设计说明】问题的提出不仅要有探究性, 还必须符合学生的认知规律, 也就是要具有探究的必要性和可能性, 上面两道例题是同一个问题, 但背景不同, 学生便有了探究的欲望和探究的空间.

(二) 学生探究 (10 分钟)

[学生独立思考后, 教师组织全班交流解法和想法, 板书与课件相结合]

【学情预设】预计学生会产生如下想法:

学生甲: 我觉得两道题目是一样的, 因为都是同一个三角形同一个条件, 而且所要求的概率也是一样, 所以只要在 AB 上取点 C', 使 $AC' = AC$(图 3.3), 则所求的概率

$$P = \frac{AC'}{AB} = \frac{\sqrt{2}}{2}.$$

学生乙: 我认为这两道题不一样, 刚才的答案只能是例 1 的结论, 如果在刚才的作图中连接 CC', 则例 2 的答案应该是

$$P = \frac{\angle ACC'}{\angle ACB} = \frac{67.5°}{90°} = \frac{3}{4}.$$

学生甲: 不对! 怎么可能以角度来代替边长呢? 而且同一个问题不可能有两种答案.

学生乙: 课外书都是这样证明的, 怎么可能会错呢?

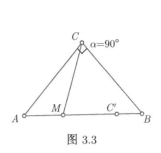

图 3.3

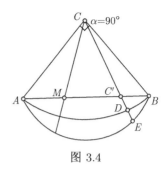

图 3.4

学生丙: 现在很多课外书也会出错, 如果按乙的方法, 我可以以 C 为圆心, AC 为半径作圆弧 $\overset{\frown}{AB}$, 然后在刚才作图基础上延长 CC' 与弧 AB 交于点 D(图 3.4), 则乙所说的答案实际上就是 $P = \dfrac{\overset{\frown}{AD}}{\overset{\frown}{ADB}}$, 我还可以画另一条任意曲线 AEB, 并延长 CC' 与该曲线交于 E, 那么答案岂不是又变成 "$P = \dfrac{\overset{\frown}{AE}}{\overset{\frown}{AEB}}$"? 显然, 这是不能确定的, 所以我同意甲的看法.

学生丁: 我不同意丙的说法, 你把角度换成曲线是偷换了概念, 况且你画的那条奇怪的曲线与点 M 在 AB 上出现的对应事件不一定是等可能的.

(三) 教师指导 (20 分钟)

[在各抒己见中, 教师参与其中, 并对学生所陈述的观点不时作出适当的评价, 大约 6 分钟后, 教师作为平等中的首席, 出来圆场]

教师: 你们刚才的讨论都非常精辟, 令老师也一时难以作出判断. 不过有一点请同学们注意, 在几何概型中, 对于背景相似的问题, 由于选取不同的标准来确定等可能事件, 所得到的概率是可以不同的. 我们不妨再来看下面一个问题 [播放 PPT]:

例 3 在半径为 1 的圆内任意作一条弦, 求弦长超过该圆内接等边三角形的边长 $\sqrt{3}$ 的概率.

[学生先独立探究, 然后通过小组交流, 再向全班展示不同答案]

【学情预设】[PPT 与板书相结合] 学生的答案可能囊括了各种结论, 例如:

结论 1 如图 3.5, 作圆的直径 MN, 以 M 为圆心, $\sqrt{3}$ 为半径作弧 $\overset{\frown}{AB}$ 交 MN 于 D, 则当 P 点落在 DN 上时, 有 $MP > MD = \sqrt{3}$, 故所求的概率为 $P = \dfrac{DN}{MN} = \dfrac{2-\sqrt{3}}{2}$.

结论 2 如图 3.6, 作圆的内接正三角形 MAB, 则当点 N 落在 $\overset{\frown}{AB}$ 上时, 有 $MN > AB = \sqrt{3}$, 故所求的概率为 $P = \dfrac{\overset{\frown}{AB}}{圆周长} = \dfrac{1}{3}$.

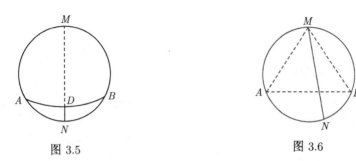

图 3.5　　　　　　　　　　　　　　　　图 3.6

结论 3　如图 3.7, 作圆的直径 MN, 分别以 M, N 为一个顶点作圆内接正三角形, 并使正三角形的一边与 MN 垂直, 分别交 MN 于点 P, Q, 则当弦 $AB \perp MN$ 并且与 MN 的交点在 P 与 Q 之间时, 有 $AB > \sqrt{3}$, 故所求的概率为 $P = \dfrac{PQ}{MN} = \dfrac{1}{2}$.

结论 4　如图 3.8, 在圆内任意作一条弦 AB, 作出圆心 O 到 AB 的距离 d, 则当 $d < \dfrac{1}{2}$ 时, 有 $AB > \sqrt{3}$, 故所求的概率为

$$P = \frac{\text{以}O\text{为圆心}, 1/2\text{为半径的圆面积}}{\text{大圆面积}} = \frac{1}{4}.$$

图 3.7　　　　　　　　　　　　　　　　图 3.8

【教学对策】针对以上结论, 教师给出不同点评:

对结论 1——此法还要说明直径 MN 是任意的或者过 M 作任一大于 $\sqrt{3}$ 的弦等价于 MP.

对结论 2——此法直观明了, 解题思路体现了两个方面的转化: 一是 "任意作一条弦" 转化为同一点 M 出发的弦; 二是把弦长的比转化为弧长的比. 这种转化是否正确? 同学们可以继续探讨.

对结论 3——请同学们判断此法与结论 1 的异同.

对结论 4——你们对几何概率的理解真是太棒了, 简直可以和数学家媲美.

(四) 课堂小结 (4 分钟)

教师: 请同学们想一想, 上面这些结论为什么答案都不一样呢? 到底哪个是标准答案呢?

学生: ……

教师: 其实你们今天做了一件伟大的事情, 这件事情几乎改变了我们数学的历史. 想知道为什么吗? 学生: (齐声) 想!

教师: 你们刚才所解答的例 3, 其实就是历史上著名的贝特朗问题 (也称贝特朗概率悖论). 贝特朗是法国著名数学家, 他在 1889 年提出了概率悖论: "在圆内任作一条弦, 其长度超过该圆内接等边三角形边长的概率是多少? " 这个问题提出后, 在数学界引起了很大的震动, 促使数学家们理性反思概率的基础理论. 直到 1933 年, 俄国数学家柯尔莫哥洛夫, 创造了概率的公理化定义, 从而贝特朗问题才得以解决.

关于"概率的公理化定义", 柯尔莫哥洛夫写在他的经典著作《概率论基础》中, 它涉及测度理论, 有兴趣的同学, 可以在课外去图书馆或上网搜索相关资源作进一步研究.

(五) 拓展练习与课后作业 (1 分钟)

(略)

(广东省湛江师范学院附属中学王晓教师提供, 引用时略作调整)

【点评】 本课以 "探究" 为教学主题, "情境探究、教师指导" 是其教学程序, "学生探究、教师指导" 为其教学策略, 而以 "探究意识" 为教学目标. 教师创设产生概率悖论的文化情境, 激发主动探究. 学生采用对比探究的方法, 针对几何概型提出各种不同答案, 产生知识冲突, 引起探究的深入. 接着, 教师又抛出历史上著名的贝特朗概率悖论, 让学生寻找几何概型答案不确定的原因, 概括出 "选取确定等可能事件的标准不同, 所得到的概率也可能不同" 的结论, 解开产生悖论的原因, 初步意识到概率公理化. 让学生走数学家探究悖论的思维之路, 形成推理意识, 享受探究的快乐.

3.4 讨论交流的教学模式

讨论交流的教学模式是进行数学教学不可缺少的模式之一. 采用讨论交流的数学教学模式, 是将整个班级分为若干小组, 针对某个数学学习主题, 在深入思考的基础上展开讨论, 平等交流, 发表各自的意见, 提出不同的看法、观点, 披露各自的思考方法, 展示多种多样的数学思维方式的过程. 讨论交流的教学模式适合于对数学知识的理解, 数学方法的运用, 数学问题的分析、综合以及数学结果的评估. 小组讨论式数学学习、基于网上的数学协作学习、小组辩论、小组数学竞赛等均属于讨论交流的教学模式.

3.4.1 教学模式结构

在全日制义务教育《数学课程标准》(7~9 年级) 中提出, 在教学方式上提倡学生的合作交流, 在教学内容上要注意选择那些适合学生进行交流的材料, 在教学活动中要注意给学生提供交流的机会, 体现数学地思考的过程. 普通高中《数学课程标准》中也提倡讨论交流的数学学习方式, 并关注对学生表达与交流意识的评价. 学会交流、积极参与是对社会公民的最基本的要求. 讨论交流是当前数学教育的需要, 也是信息时代的需要.

皮亚杰社会建构的观点提醒我们, 学生的数学认知是在思考、交谈、讨论中获得的, 是在社会交流中构建的. 他认为, 不存在孤立的个体, 个体总是和社会相互关联, 个体总量会受到社会历史文化的潜在影响, 这种影响在对话、交流、讨论中不知不觉地出现, 对学生自我的知识构建产生重要的影响. 学生在思考、讨论、交流中学习, 建构数学的意义. 数学教学必然伴随着交流、讨论以及数学的意义建构. 从加涅的信息加工理论来看, 数学教学是数学信息的交流过程, 数学学习是数学信息的选择、获取、加工、交流、反馈、储存的过程. 有教师与学生的交流、讨论, 有学生与学生的交流、讨论, 交流的信息有教材中的数学信息, 有课外的信息, 有经过学生思考加工后的数学信息, 也有学生与学生、教师与学生间的思想碰撞后交换的数学信息.

讨论交流的数学教学模式的教学主题就是让学生在数学思考中交流, 在数学交流中讨论, 在数学讨论中思考, 在思考中构建、在交流中构建、在讨论中构建. 在讨论交流的数学教学模式中, 教师、学生地位平等. 平等地交流, 平等地讨论, 平等地沟通. 学生与学生间、教师与学生间多讨论、多交流、多争辩. 思考、交流、讨论是主要的教学策略. 就是针对数学学习的议题让教师与学生、学生与学生多交流、多讨论, 多让学生动口、动脑、动手, 提出疑问, 深入思考, 发表见解, 畅所欲言, 积极反思.

讨论交流的教学模式的教学目标是, 通过讨论交流, 增强学生的合作精神, 学会处理人际关系, 增强反应速度, 学生能做出自我评价, 增强沟通能力, 提高了语言表达能力; 让学生在对信息交流中、对信息的讨论中构建数学意义, 掌握数学的基础知识, 学会数学地思维, 形成良好的数学情感态度与价值观.

讨论交流教学模式的教学程序主要是由教学目标、情境内容、师生交流、总结应用 4 部分组成. 讨论交流的教学模式是一个调控 (教师调控)、4 个阶段. 即教师通过设计策划、组织主持、引导合作、促进评价 4 个不同时期对讨论交流的 4 个阶段进行调控. 讨论交流的教学模式的程序结构见图 3.9.

在讨论交流的数学教学模式中, 第一阶段: 确定目标, 布置任务. 教师确定教学目标, 根据目标和学生的具体情况进行设计策划, 布置相应任务, 预习学习内容; 第二阶段: 呈现内容, 创设情境. 教师主持课堂活动, 主要是善于设置数学学习情境, 提供讨论交流的课题, 组织呈现学习材料与内容, 注意逐步培养学生提问、讨论的言语技能. 创设讨论交流的学习氛围, 激发学生讨论的欲望, 注意引出有趣味的、有价值的、有启发性的话题; 第三阶段: 讨论交流, 形成共识. 讨论交流中, 学生不是

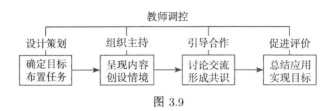

图 3.9

回答问题, 而是积极地思考问题、探讨问题; 学生也不应只是进行数学信息的搜索、收集, 而应是对数学信息进行加工、解析. 教师少提问题或不提问题, 尽可能让更多的学生发现更多的问题、提出更深刻的问题, 教师只是调控课堂, 引导学生、启发学生, 引导学生不要偏离讨论的主题, 启发学生提出更有启示的主题, 为学生共同概括出数学规律引路. 其实质是激发学生的全面思维, 调动他们在学习中的主动性, 增强其对学习的责任感和自信心. 根据学习材料, 进行独立思考, 阐述观点, 提出方案, 互相补充、互相完善、取长补短、相得益彰. 第四阶段: 总结应用, 实现目标. 也就是对交流讨论所达成一致、形成共识的数学原理、数学规律加以运用. 加强应用, 在应用中进行反思, 在运用中体验原理, 在运用中加深理解, 学生实现了学习目标, 教师实现了教学目标. 在这 4 个阶段中, 教师自始至终对学生的整个学习活动进行调节控制, 让学生围绕教学目标, 利用学习材料, 诱导讨论交流的欲望, 通过讨论交流达成共识, 并运用原理解决相关问题, 实现教学目标.

3.4.2 教学模式特点

讨论交流的数学教学模式, 具有许多独有的特点, 如平等的交流、充分的讨论、具有 "拓展式" 的主题、思维的开放性. 平等的数学交流可以充分体现学生在数学教学中的主体地位, 有助于教学、学习信息的及时反馈, 调控教学内容和教学形式; 具有吸引力的主题能激励学生主动参与数学活动, 激发学生的学习动力; 充分、热烈又深入的讨论使学生对主题的思考更加深刻, 让数学教学从纯知识教学转向数学思维的教学; 讨论交流的开放性又有助于学生数学思维的发散性, 收集许多的信息, 让学生共享思维信息, 找到更多的问题解决方案, 拓展数学思维, 激起学生思想碰撞的火花, 提高创新能力, 培养学生良好的数学思维品质. 总之, 讨论交流的教学模式要求, 精心筛选讨论话题, 组织全体学生进行有针对性的讨论、交流, 让学生在讨论中学习, 在交流中提高.

1. 讨论交流的民主性

讨论交流的民主性是讨论交流教学模式的重要特征. 要保证讨论交流正常有效地进行, 就必然要求师生地位的平等. 教师只是讨论交流的幕后策划者, 交流的组织者, 讨论的引导者. 教师不再是课堂的主宰, 既不扮演知识绝对拥有者, 也不是数学结论、学习评价的终结者. 要时刻记住 "三人行必有我师焉", 要蹲下来与学生说话, 去掉教师那些金口玉言的口气. 只有在民主的氛围中组织讨论, 讨论交流才能正常开展, 也只有这样, 才能让学生放下思想包袱, 踊跃参与, 积极讨论, 乐于交流, 大胆争辩, 敢发言, 能发言, 发好言, 知无不言, 言无不尽, 各抒己见, 开拓思路, 增强交流的自信心. 在讨论交流的教学模式中, 课堂不再是教师主宰和控制的神坛, 而是师生共同探究讨论交流的舞台.

2. 好的话题

好的话题是讨论交流的数学教学模式的一个重要特点. 一些好的话题, 犹如 "一石激起千层浪", 能激活学生的数学思维, 唤起学生对数学的好奇心, 引起学生的共鸣, 能引起学生长时间、热烈的讨论, 一发而不可收, 回味无穷. 同时, 一些好的话题往往会产生连锁反应, 会引导出一系列新的、富有强烈吸引力的话题, 让学生的数学思维走向深入、深刻. 比如下面的案例 ①:

开始上课, 老师在黑板上出示思考题:

已知数列 $\{a_n\}$ 中, $a_2 = 2, a_{n+1} = \dfrac{a_n}{2a_n + 1} (n \in \mathbf{N}^*)$, 求数列 $\{a_n\}$ 的通项公式.

老师给学生几分钟时间去做、思考, 同时在教室里巡视, 发现某生的做法:

由 $a_2 = \dfrac{a_1}{2a_1 + 1}, a_2 = 2$, 得 $a_1 = -\dfrac{2}{3}$.

故 $d = a_2 - a_1 = 2 + \dfrac{2}{3} = \dfrac{8}{3}$. 所以 $a_n = a_1 + (n-1)d = \dfrac{8}{3}n - \dfrac{10}{3}$.

将做法公开展示. 此时产生了一个主题: 是不是等差数列? 该主题必将吸引全班的注意力, 引起纷争, 出现各种各样的想法, 众说纷纭. 教师要充分利用好这一话题, 要留够充足的时间让学生深入思考, 充分讨论. 通过争辩, 发现 $a_3 - a_2, a_4 - a_3$ 与 $a_2 - a_1$ 不相等, $\{a_n\}$ 不是等差数列. 学生计算发现 $\{a_n\}$ 也不是等比数列. 因此, 不能套等差 (比) 数列的通项公式. 是不是 "常见数列" 判断的主题结束了. 只有确定了数列是等差数列或等比数列后, 才能 "套用" 公式. 自然而然, "如何求出非常规数列的通项公式" 的主题被引出来了. 此时, 新的主题又激发新的一轮争辩, 吵吵嚷嚷, 将讨论掀起一个新高潮. 主题一个又一个逐渐被大家引出来, 学生的数学思维也就趋向深刻.

3. 讨论交流的开放性

开放性也是讨论交流教学模式的重要特点. 首先, 讨论交流的形式具有开放性, 不仅仅是师生间的讨论, 还有同桌同学间的讨论、前后同学间的讨论, 有小组讨论、个人辩论、小组辩论. 另外, 讨论时还可以个人发言、补充, 谈个人的看法和见解.

其次, 讨论的内容可以丰富多彩, 其内容可以是校对答案, 形成正确的结论; 提

---

① 根据浙江北仑明港中学陆安定教师的教案节选.

出问题, 寻求同伴帮助; 说出解题思路, 互相启迪; 归纳、概括规律, 推广解题策略; 开拓创新, 扩展思路. 在数学教学、学习中的讨论交流中, 师生之间、生生之间交流信息, 相互启迪, 能茅塞顿开, 产生好的想法, 迸发新的思路.

最后, 在讨论交流中, 思想、情感具有开放性. 在讨论中, 有思想的撞击, 有情感的交融. 在讨论交流中, 学生的对数学思想逐步趋向正确、完整和成熟, 对数学的认识、体验也越来越丰富、深刻, 对数学的价值、情感逐渐趋向深刻、浓厚. "独学而无友, 则孤陋而寡闻"、"与君一席话, 胜读十年书", 这些道理在这里都能体验到. 英国大文豪萧伯纳说: "倘若你有一个苹果, 我也有一个苹果, 而我们彼此交换这些苹果, 那么, 你和我仍然是各有一个苹果. 但是, 倘若你有一种思想, 我也有一种思想, 而我们彼此交流这些思想, 那么我们每个人将各有两种思想."

3.4.3 教学模式案例

本案例根据文献 (李士锜等, 2001) 中个案 6 "公开课上的多媒体包袱" 改编.

【案例 3】

课题 认识基本事实 ——

$$a - b > 0 \Leftrightarrow a > b;$$
$$a - b = 0 \Leftrightarrow a = b;$$
$$a - b < 0 \Leftrightarrow a < b.$$

教学对象 高一学生.

教学目标

1. 理解 "基本事实" 的含义;

2. 能够从天平称重实验中抽象出 "基本事实";

3. 能够设计不同的实际背景说明 "基本事实", 并在这个过程中体会 "基本事实" 的现实来源;

4. 经历交流讨论、合作解决问题的过程, 并在这个过程中体会 "基本事实" 在解决不等关系问题中的奠基作用, 提高沟通、表达能力和合作精神, 养成严谨推理、理性思考的思维习惯.

教学重点 基本事实的发现与应用.

教学难点 利用实验说明基本事实; 基本事实的应用、

教学模式 讨论交流.

教学准备 每组学生预先准备 10 颗形状、大小、轻重一样的弹珠和一架天平.

设计思想 在思考中交流, 在交流中讨论, 在讨论中思考, 最终达成共识.

教学程序 创设情境, 揭示任务 → 小组实验, 发现结论 → 讨论交流, 形成共识 → 尝试应用, 实现目标.

教学过程

(一) 创设情境, 揭示任务 (3 分钟)

师: 同学们, 在我们周边存在大量相等与不等关系, 以及描述这些相等与不等关系的模型. 大家在科学实验中用到的天平是一个能够直观刻画相等与不等关系的较好工具, 例如, 两个物品重量相等, 则天平保持平衡, 由此可得到一个等式. 在数学中, 相等与不等关系可以用运算来揭示, 例如两数相等, 则它们的差为 0. 那么, 同学们, 你们能用摆放在你们面前的天平和弹珠, 通过设计不同的称重实验来获得一些相等和不等关系, 并用数学式子加以表达吗?

(二) 小组实验, 发现结论 (10 分钟)

1. 探索 $a-b>0 \Leftrightarrow a>b$

师: 请同学们做一个实验, 在天平的一边放 8 颗珠子, 另一边放 2 颗珠子, 说出你们的实验结论并用数学式子加以表达.

【学情预设】学生立即动手, 并很快得出结论: $8>2$.

师: 现在两边同时取掉两颗珠子, 请写出你们的实验结论.

【学情预设】有的写成 $6>0, 8-2>0$, 有的写成 $8-2=6>0=2-2$ 等等.

【教学对策】教师肯定学生的答案, 让学生讨论这两次实验的数学本质是什么, 要求学生先小组交流, 再全班交流, 并将协商结果, 即 "$8>2 \Leftrightarrow 8-2>0$" 写在黑板上, 并布置任务: 请同学们用同样的方法设计实验, 再得出一些类似的式子, 想一想, 这些式子的共同规律是什么, 如何用式子描述这个规律?

【学情预设】学生们很活跃, 得出了很多类似的式子. 有的学生可能预写过, 很快就得出了结论, 即共同规律是

$$a-b>0 \Leftrightarrow a>b.$$

2. 探索 $a-b=0 \Leftrightarrow a=b$ 和 $a-b<0 \Leftrightarrow a<b$.

【学情预设】采用同样方式, 学生们很快得出了结论.

【教学对策】教师请小组代表发言, 说出所设计的实验, 并用数学式子描述所得到的结论, 教师将这些结论写在黑板上, 即

$$a-b=0 \Leftrightarrow a=b \quad \text{和} \quad a-b<0 \Leftrightarrow a<b.$$

师: 以上三个式子表达了关于两个实数大小关系的基本事实, 也就是说

如果 $a-b$ 是正数, 那么 $a>b$; 如果 $a-b$ 等于 0, 那么 $a=b$; 如果 $a-b$ 是负数. 那么 $a<b$. 反过来也对.

下面, 我们利用这个基本事实来比较大小.

(三) 讨论交流, 形成共识 (15 分钟)

1. $x+5$ 与 5 谁大?

【师生活动】学生以小组为单位进行交流讨论, 2 分钟后, 教师请小组代表发言.

【学情预设及教学对策】

生 1: $x+5>5$.

生 2: 当 $x>0$ 时, $x+5>5$, 当 $x<0$ 时, $x+5<5$.

生 3: 当 $x=0$ 时, $x+5=5$.

师: 听到同学们的回答, 我发现有两截然不同的观点. 其一, 认为 $x+5$ 一定比 5 大; 其二, 认为需对 x 作分类讨论. 请持第一种观点的同学说说你是怎样想的.

生 4: $x+5$ 比 5 还多 x.

生 5: 这个问题相当于在刚才的天平实验中先左右两边各放 5 个弹珠, 再在其中一边放 x 个弹珠, 例如 1 个, 2 个, 3 个, ······.

生 6: $x+5$ 减去 5 等于 x, $x>0$.

听到此答案, 教师请持观点 2 的同学来对以上回答作出评析, 不足之处教师补充完善, 并继续请持观点 2 的同学上讲台, 说出思考过程和对结论作出讲解.

经过讨论, 学生最后能明白其中的道理并达成共识:

因为 $(x+5)-5=x$,

当 $x>0$ 时, $(x+5)-5>0$, 即 $x+5>5$;

当 $x<0$ 时, $(x+5)-5<0$, 即 $x+5<5$;

当 $x=0$ 时, $(x+5)-5=0$, 即 $x+5=5$.

2. $x+5$ 与 x 谁大?

【师生活动】教师对问题 1 作出变式, 提出问题 2: $x+5$ 与 x 谁大? 学生小组讨论. 2 分钟后, 教师让学生举手回答, 尽可能让学生发表不同意见.

【学情预设及教学对策】

生 1: 当 $x>0$ 时, 有 $x+5>x$.

生 2: 当 $x<0$ 时, 有 $x+5<x$.

生 3: 当 $x=0$ 时, 有 $x+5=x$.

这样的回答自然引起大家的讨论, 学生们将很快发现其中存在的问题: 没有弄清楚问题涉及的对象, 盲目套用前面的结论.

教师提醒大家分析两个问题的异同, 弄清楚该问的比较对象.

经教师提示, 学生应能获得正确解答.

教师请学生说出想法.

生 4: 不对! 无论 $x>0$, $x<0$, 还是 $x=0$, 结果都是 $x+5>x$.

教师提出问题进一步引发讨论: 为什么在比较 $x+5$ 与 x 的大小时用不着讨论 x 的正负?

若学生找不到突破口, 则教师通过问题启发: 如果将两个相减, 我们能发现什么?

生 5: 我们发现: $(x+5)-x=5>0$, 所以 $x+5>x$.

生 6: 它们的大小真与 x 的取值无关!

　　为了强调基本事实在解决比较大小问题中的奠基作用, 教师进一步追问: 由 $(x+5)-x=5>0$ 就有 $x+5>x$, 这是为什么? 可以利用今天所学的不等式的性质来说明吗?

　　生 7: 利用前面得到的结论: $a-b>0\Leftrightarrow a>b$, 由 $(x+5)-x=5>0$, 就有 $x+5>x$.

　　3. 经验提升

　　【师生活动】在学生明白道理后, 教师通过问题进一步引发学生思考和讨论: 为什么先前比较 $x+5$ 与 5 的大小时要将 x 与作比较?

　　【学情预设及教学对策】

　　生 1: $(x+5)-5=x$, x 不确定, 它可能大于, 也可能小于或等于.

　　师: 由此, 你们得到什么启示?

　　生 2: 比较两数的大小, 根据基本事实, 可将两数作差, 再将差与作比较. 若差是不确定的, 例如含有未知数, 则要分类讨论.

　　师: 如何分类?

　　生 3: 根据表示差的式子是大于、小于、等于, 分为三类.

　　师: 为什么是这三类?

　　若学生无法回答, 师提示学生: "差的式子" 是什么? 是数还是式? 为什么?

　　生 4: 差式中的字母是数, 将这个数代进去, 最后的结果也是数.

　　师: 什么数?

　　生 5: 实数.

　　师: 实数有哪些?

　　生 6: 正数、负数、零.

　　师: 对, 实数有正数、负数和零. 我们在比较数的大小时, 这两个数可能是具体的数, 也可能是个字母或代数式, 当对两 "数" 作差后, 差也可能是某个具体的数, 或者是字母、代数式, 若是前者, 根据基本事实可以直接作出判断; 若后者, 则要进行讨论.

　　师: 同学们总结得很好, 下面我们来做一组练习, 巩固所学到的知识.

　　(四) 变式训练, 巩固提升 (8 分钟)

　　1. 请设计不同的实际背景说明基本事实.

　　要求: 小组讨论, 每组提供 1 个实例.

　　2. 比较 $(x+1)(x+4)$ 和 $(x+2)(x+3)$ 的大小, 从中你能有什么发现?

　　要求: 独立思考, 全班交流.

　　(五) 课堂小结, 全面梳理 (3 分钟)

　　1. 重要结论及其应用

　　(1) 重要结论

$$a - b > 0 \Leftrightarrow a > b;$$
$$a - b = 0 \Leftrightarrow a = b;$$
$$a - b < 0 \Leftrightarrow a < b.$$

(2) 结论的应用: 比较大小、讨论相等与不等关系.

2. 重要思想

模型思想、特殊化与一般化思想、分类思想、比较思想.

【师生活动】教师提出问题和归纳框架, 学生交流讨论、回答问题, 教师根据归纳框架板书.

(六) 布置作业, 拓展探究 (1 分钟)

1. 比较下面两数的大小:

(1) $(x + 3)(x - 7)$ 与 $(x + 4)(x - 6)$; 　　(2) $2x^4 + 1$ 与 $2x^3 + x^2$;

(3) 16^{18} 与 18^{16}; 　　(4) $\dfrac{1}{\sqrt{n+1} - \sqrt{n}}$ 与 $2\sqrt{n}(n \in \mathbf{N}^*)$.

2. 已知 $a > b$, 证明 $a > \dfrac{a+b}{2} > b$.

【师生活动】教师播放 PPT 并阐述作业目标, 学生认真听讲并作出记录.

【点评】 此案例是采用较典型的讨论交流的数学教学模式. 教学中, 根据课标中合作学习的要求, 以思考中讨论、讨论中交流构建不等式性质的意义为主题, 采用创设情境、讨论交流、总结应用的教学程序, 对不等式性质运用过程中存在的问题进行深入思考、广泛的交流、热烈的讨论, 找出问题, 在思考、交流、讨论中构建不等式性质的意义, 学会数学推理, 增强思维的逻辑性、表达的条理性, 激发学习的热情, 达到教学目标.

3.5　指导自学的教学模式

要适应时代, 学会生存, 就要学会学习, 不断学习, 获得自主发展. 中国科学院心理研究所卢仲衡教授认为: 自学能力是各种能力中最具主动性和独立性的部分, 它不是一种单一能力, 而是多层次的综合能力, 是以独立性为核心的、多种优化的心理机能参与的、主动获取知识的能力. 自主学习 (自学) 的一个基本理论就是, 自主学习有利于提高学生的学习成绩, 有助于学生掌握学习策略. 学生自学能力的培养和提高是当前数学教学不容忽视的问题, 是学生可持续发展、终身学习的关键. 卢仲衡教授在长期的初中数学教学实验中总结出中学数学自学–辅导模式, 简称学导式的教学模式, 这种模式是在教师指导下, 以学生自学为主的教学模式. 其基本做法是: 在一节课中, 学生自学五分钟左右, 配有供学生自学的课本、进行练习的习题本和核对答案的答案本等自学辅导教材, 学生在自学的基础上进行练习并自我批改作业. 教师主要起启发指导、检查督促和辅导提高的作用. 实施自学辅导模式的前提是学生要有较好的自学能力和习惯; 上海育才中学 1977 年创用 "读读、议议、练练、讲讲" 的教学模式. "读读" 即学生在课外阅读课本; "议议" 即让学生议论阅读中发现的问题或由教师提出的问题; "练练" 即学生在课内做由教师组织安排的练习题; "讲讲" 即教师给学生进行启发诱导、点疑解惑. "读读" 是基础, "议议" 是关键, "练练" 是应用, "讲讲" 贯穿教学始终 (李方, 2002)[219]. 以上两种教学模式都是指导自学式的教学模式.

3.5.1   教学模式结构

自主学习, 又称为自我调节的学习, 一般是指学习者自觉确定学习目标、选择学习方法、监控学习过程、评价学习结果的过程 (庞维国, 2000). 普通高中《数学课程标准》中明确指出, 要加强学生的自主学习, 提高学生的数学自学能力. 不少有识之士一直在呼吁培养学生的自学能力, 养成自学的习惯, 学会学习. 在基础教育中, 数学教学改革自始至终都在进行中, 其中关于学生的数学自主学习的教学试验也在不断地改善. 指导自学, 事实上是教师指导下的自主学习, 还不是真正的自主学习, 通过教师指导下的自主学习, 逐步向完全的自主学习过渡, 实现真正意义上的自主学习. 指导自学的数学教学模式, 是指在教师的指导下, 学生明确学习任务, 根据自学目标进行阅读、思考、总结, 获取数学知识, 掌握数学方法, 发展数学能力, 达到学习目标. 在指导自学的教学模式中, 强调学生是学习的主体, 学生要紧紧围绕自学目标进行自学, 独立思考, 发现问题, 查阅资料, 总结规律, 获得数学知识, 掌握自学方法, 学会学习, 提高自主学习的能力. 指导自学的教学模式, 突破了课堂教学中传统的模式, 改变过去单一的以教师讲授数学知识、解题训练为主的教学方式, 主动地获取数学知识, 学会学习, 学会自学数学, 逐步培养学生的自学能力. 最终实现 "教是为了不教" 的教学理念.

指导自学的数学教学模式最基本的策略就是 "先学后教、先练后讲、教师指导、学生自学". 其基本的教学程序是, 老师布置数学自学任务, 根据课程目标提出自学目标, 在教师课堂巡视、自学引导下, 学生依据自学目标独立地进行阅读、思考, 提出数学疑难, 查阅资料, 相互讨论研究, 同学间、师生间进行交流, 最后对自学、讨论、练习进行点评和总结. 指导自学的数学教学模式的教学程序用框图表示如图 3.10.

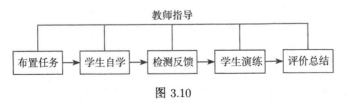

图 3.10

指导自学的数学教学模式中, 首先是教师根据课程目标提出自学任务和学习要求. 教师要了解学生, 熟悉教材, 有明确具体的自学要求, 特别是要了解学生的数学水平和自学能力的高低, 根据学生的实际水平和能力高低确定自学目标, 布置合理的学习任务, 必要时教师要指出阅读的重点、出示阅读提纲以及思考要点. 这是实施学生进行自学、实现自学目标的必备条件.

其次, 学生要明确数学自学的目标, 明白数学学习的任务. 只有自觉地接受学习任务, 明确学习目标, 学生才能自主地进行自学学习. 数学自学过程中, 根据自学目标和学习内容, 自学又分为若干阶段, 每个阶段有各自的自学目标. 因此, 学生必须把自学目标细化到各个阶段上, 这样, 数学自学才能有的放矢, 数学自学才能正常地开展下去. 在自学过程中, 学生的数学自学也离不开教师的指导. 在课堂来回巡视过程中, 教师要善于发现学生的疑惑、难处以及带有共性的问题, 找到问题的根源, 给予学生及时的指导, 以保障学生的数学自学的正常进行.

接着, 对学生的数学自学目标的检测、监控和反馈落实. 待学生数学自学阶段完成后, 利用学生提出的疑惑问题以及教师给出的若干思考题对学生的自学情况进行检测, 也可提出一些自学目标的测试题, 对学生的学习进行诊断性评价, 对数学自学效果进行检测. 根据学生自学检测结果的反馈, 教师调整数学自学进度和自学任务, 提高数学自学目标的达标度.

再次, 学生进行数学演练阶段. 根据自学目标和自学所获得的数学规律确定一定量的、能反映学习要求的思考题或数学习题, 让学生进行巩固性练习, 加强知识的应用, 并注意纠正学生可能会出现的一些错误, 如知识性错误、计算错误、思路错误、策略性错误, 通过训练巩固, 经历数学思考的过程, 体验数学思想, 熟悉数学规则和公式, 掌握解题方法和解题技巧, 提高数学能力.

最后, 师生评价和总结. 一个人要想成为独立自主的学习者, 真正地学会学习, 就必须学会归纳和研究、总结自己的学习过程. 学生的自我评价除了对数学知识、数学规律、数学方法进行自我评价外, 还应注意对自己的自学过程进行评价, 注意对自学策略的评价, 对自学方法进行评价. 教师的评价应着重引导学生对数学知识进行系统的总结, 注意数学知识的来龙去脉, 同时还要注意对学生的自学策略、自学能力进行评估.

3.5.2 教学模式特点

指导自学的数学教学模式要求充分发挥教师的主导地位, 在教师的指导、规划下通过学生的自学, 运用数学思想、方法进行数学地思考, 实现自主学习目标, 并逐步培养学生自主学习的能力, 学会数学学习. 指导自学的数学教学模式最基本的要求是 "先学后教、先练后讲、教师指导、学生自学". 其主要特点有:

1. 有合适的学习任务和明确的学习目标

合适的学习任务和明确的自学目标是实施指导自学教学模式的关键. 合适的数学学习任务是学生进行自学 (自主学习) 的基础, 过难或过易的数学学习任务都对学生的自学不利. 过难的数学自学任务超出其知识范围, 学生对自学任务难以理解、把握, 自学任务难以进行; 若数学自学任务被认为是基本常识, 则过易的任务难唤起学生的学习动力. 自主学习理论认为, 面临学习任务时, 学生利用已有的知识对任务进行解释, 过难或过易的任务会影响对学习任务的表征和解释, 从而会影响对自学目标的设置、对自学目标的承诺、学习目标的坚持以及学习策略的选择和运用 (庞维国, 2000). 数学自学的目标在形成和展开的数学自学过程中将居核心地位, 是学生进行自学的 "航标". 明确的学习目标能确立数学学习的方向, 学生明确了学习目标就会知道要学什么、如何学、达到什么标准.

2. 教师有效的指导

教师对学生数学学习的有效指导是学生进行自主学习的有力保障. 学生的自学, 不是学生一个人孤单地学习, 他还需要寻求他人的帮助. 自主学习的理论认为, 自主学习的学生比学习自主性差的学生更多地寻求他人的帮助, 且仅仅在必要时寻求帮助, 渴望得到提示. 因此, 对学生的自学给予一些指导、帮助也是必要的. 为了让学生的自学沿更有目的的方向进行, 教师根据学生已有的知识、经验水平以及现有的自学能力, 为学生提供相关的背景材料, 结合自学内容和自学目标提供自学提纲, 出示思考的要点, 指出阅读的重点, 这是保障学生进行有效自学的重要机制. 除此以外, 还要注意课堂巡视, 检查学生的自学情况, 发现学生自学中出现的新问题. 特别地, 对学生自学中存在的共同问题要给予高度的关注, 注意其产生的原因, 再给出点拨.

3. 体现自主学习的策略

自主学习理论认为, 策略性知识在学生的学习中起着重要作用, 有效的策略知识是学生自学获得成功的关键. 自主学习策略的掌握是学生自主学习的核心. 教师指导学生进行自学, 就是教师指导下学生的自主学习, 要求学生在自学中运用数学学习的有效策略, 如注意策略、记忆策略、概念学习策略、公式规则学习策略、定理学习的策略、方法技巧学习的策略, 特别是学习监控策略.

4. 对自学的监控

对学生自学的监控是十分必要的, 也是指导自学的教学模式不可缺少的. 学生自学的结果是教师在指导中必须要把握的. 因为自学的成效直接影响教师对学生自学任务的确定, 教师根据自学的成效去减少或增加自学任务, 调节控制学生的自学. 同时, 学生自身也需要对自己的自学进行监控, 自主监控的程度与学生的学业成绩是呈正相关的. 研究表明, 年龄较小自我监控水平也较低, 自我监控的学习效果优于依靠教师监控的学习 (庞维国, 1993). 因此, 在指导自学的学习过程中, 要注意引导学生进行自我监控, 对自学进行检测、监控, 教师要在检测落实、评价总结阶段给学生充足时间, 特别在师生交流、生生交流中让学生进行自我反思, 提供进行自主检测、监控的机会.

5. 教、学的有序性

指导自学的数学教学模式特别强调教、学的有序性, 就是 "先学后教、先练后讲、教师指导、学生自学". 学校环境下学生的自学是在教师的指导下进行的, 教师提出学习目标以及学习任务, 给出自学提要, 并提供对自学成效进行检测、监控的工具, 引导学生进行自我反思. 当然, 学生的自学是学生的自主学习, 是任何教师都不可能代替的. 所以说, 指导自学的数学教学模式的特点是教师指导、学生自学.

指导自学的数学教学模式中还要强调指出的是, 学生先行自学, 自学中存在什么问题时教师才给予指导, 才有教师的教. 这一点与讲练结合的教学模式是完全不同的. 还有一点不同的是, 在学生自学后学生去进行数学练习, 练习后教师结合学生存在的一些问题再讲, 有的放矢. 因此, 指导自学的数学教学模式的特点也是 "先学后教、先练后讲".

3.5.3 教学模式案例

【案例 4】

课题 幂函数 (第一课时)(人教版课程标准实验教材数学必修 1, 2004 年).

教学目标

1) 知识与技能

了解幂函数的概念; 会画简单幂函数的图像, 并能根据图像得出这些函数的性质; 了解幂函数随着幂指数的改变性质的变化情况.

2) 过程、方法与能力

在探究幂函数性质的活动中, 培养观察、分析和归纳的能力, 理解数形结合思想.

3) 情感、态度与价值观

通过师生、生生之间的讨论、互动, 培养合作、交流、探究的意识;

在探索、解决问题过程中领悟数形结合思想的意义, 形成数形结合的意识, 提高学习成就感.

教学重点 幂函数的性质探究.

教学难点 1) 补全幂函数图像; 2) 指数对幂函数图像与性质的影响.

教学思想 自主学习、自学指导、学会学习.

教学模式 指导自学教学模式.

教学手段 多媒体平台, 几何画板.

教学程序

任务一 → 任务二 → 任务三 → 课堂小结 → 布置作业.

教学过程

任务一: 认识幂函数 (9 分钟)

1. 布置任务 (1 分钟)

师: 请同学们阅读教材第 77 页第一段, 寻找共同特征, 完成 "思考". 我们的学习目标是:

① 能由所探索到的共同特征得出幂函数的概念;

② 能区分幂函数和指数函数, 并学会判断何为幂函数.

2. 学生自学 (2 分钟)

学生独立学习, 教师巡视、指导.

3. 明晰内容 (2 分钟)

教师提问学生幂函数的定义、幂函数与指数函数的区别. 学生回答后教师进一步对这些内容作出阐释.

4. 效果检测 (2 分钟)

教师播放 PPT, 通过以下问题帮助学生检测学习效果:

(1) 在函数 $y = \dfrac{1}{x^2}, y = 2x^2, y = x^2 + x, y = 1$ 中, 哪几个是幂函数?

(2) 已知幂函数 $y = f(x)$ 的图像过点 $(2, \sqrt{2})$, 试求这个函数的解析式.

(3) 求函数 $f(x) = (1 - x)^0 + \sqrt{1 - x}$ 的定义域.

5. 反馈交流 (2 分钟)

教师带领学生核对答案, 就典型错误进行分析, 强化幂函数的概念.

任务二: 探索幂函数的图象与性质 (16 分钟)

1. 布置任务 (1 分钟)

教师播放 PPT 呈现学习任务: 在同一平面直角坐标系内作出幂函数 $y = x, y = x^2, y = x^3, y = x^{\frac{1}{2}}, y = x^{-1}$ 的图像, 观察图像, 并将结论填在表 3.1 中.

表 3.1   常见幂函数性质探索

	$y = x$	$y = x^2$	$y = x^3$	$y = x^{\frac{1}{2}}$	$y = x^{-1}$
定义域					
值域					
奇偶性					
单调性					
特殊点					

【任务说明】1) 鼓励学生自主完成, 若碰到困难, 请教同学或老师; 2) 学生应结合所作函数图像完成探究并将结果填入给定的表.

2. 学生自学 (5 分钟)

学生以小组为单位合作学习, 教师巡视、解疑.

5 个常见幂函数图像如图 3.11.

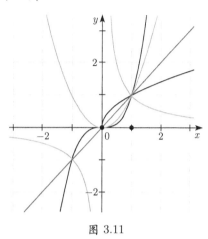

图 3.11

3. 全班交流 (5 分钟)

首先, 教师就 "常见幂函数性质探索" 表与学生交流.

接着, 教师向学生提出学习要求和问题:

① 记住 5 个常见的幂函数在平面直角坐标系内第一象限的图像并思考: 由函数在第一象限的图像怎么补全在其他象限的图像?

② 函数的单调性、奇偶性与幂函数指数之间存在什么样的关系?

③ 指数对幂函数的图像与性质有何影响?

【学情预设与教学对策】

对于问题③, 学生可能发现可以将指数分为 $\alpha > 1, 0 < \alpha < 1, \alpha < 0$ 三种情况进行讨论, 而忽略 $\alpha = 0$ 和 $\alpha = 1$ 这两种特殊情形. 这时教师予以补充.

为了能帮助学生全面认识幂函数的图像, 教师演示指数分别为 $-4, -3, -2, -1, 0, 1, 2, 3, 4, 5$ (图 3.12), 以及 $-1/2, -1/3, -1/4, 1/2, 1/3, 1/4$ (图 3.13) 的函数图像.

教师引导学生观察图像, 深刻体会指数对幂函数图像的影响.

4. 效果检测 (5 分钟)

教师播放 PPT, 通过以下问题帮助学生检测学习效果:

(1) 图 3.14 是幂函数 $y = x^m$ 与 $y = x^n$ 在第一象限的图像, 则 ( ).

(A) $-1 < n < 0 < m < 1$ (B) $n < -1, 0 < m < 1$

(C) $-1 < n < 0, m > 1$ (D) $n < -1, m > 1$

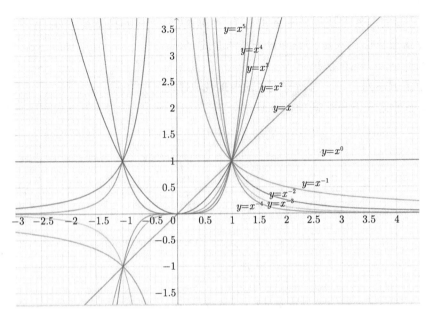

图 3.12

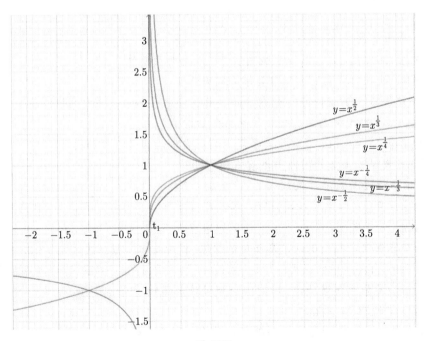

图 3.13

(2) 幂函数 $y = x^{\frac{4}{5}}$ 是 ( ).

(A) 奇函数, 且在 $(0, +\infty)$ 上为增函数

(B) 偶函数, 且在 $(0, +\infty)$ 上为减函数

(C) 奇函数, 且在 $(0, +\infty)$ 上为减函数

(D) 偶函数, 且在 $(0, +\infty)$ 上为增函数

(3) 图 3.15 中曲线是幂函数 $y = x^n$ 在第一象限内的图像, 已知 n 取 $\pm 2, \pm \frac{1}{2}$ 四个值, 则相应曲线 C_1, C_2, C_3, C_4 的 n 值依次为 ( ).

(A) $-2, -\frac{1}{2}, \frac{1}{2}, 2$ 　　　　(B) $2, \frac{1}{2}, -\frac{1}{2}, -2$

(C) $-\frac{1}{2}, -2, 2, \frac{1}{2}$ 　　　　(D) $2, \frac{1}{2}, -2, -\frac{1}{2}$

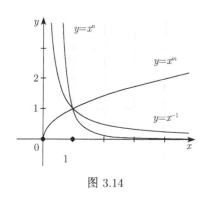

图 3.14

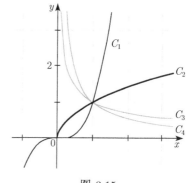

图 3.15

(4) 函数 $y = |x|^{\frac{1}{n}} (n \in \mathbf{N}, n > 9)$ 的图像可能是图 3.16 中的 ( ).

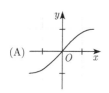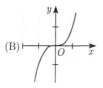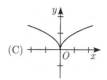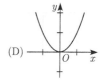

图 3.16

任务三: 证明幂函数的单调性 (6 分钟)

1. 布置任务 (1 分钟)

教师布置学生阅读教材 92 页例 1, 将全班学生按座位分成两个大组, 分别用作差法和作比法证明.

2. 学生自学 (2 分钟)

学生根据教师要求独立学习; 教师请两位自愿回答问题的学生上讲台, 分别写出两种方法对应的解题过程.

3. 全班交流 (3 分钟)

2 分钟后, 教师点名让学生评价黑板上写出的解答过程, 给机会让学生相互补充, 最后教师概括、提炼.

课堂小结 (3 分钟)

(1) 幂函数的定义.

(2) 幂函数的定义域.

(3) 幂函数的图像和性质.

布置作业 (2 分钟)

(1) 教材 92 页第 3 题;

(2) 请借助几何画板, 设计探索幂函数图像与性质的研究方案, 整理研究结论. 要求: 内容全面、系统; 表达有条理, 利于识记.

(湛江市第二中学孙钢坪教师提供, 引用时有调整)

【点评】 采用自学指导的教学模式: 在幂函数教学中强调自学指导、自主学习的教学主题, 采用先学后教、先练后讲的教学策略, 在学生自学、教师指导、学生练习、师生议议的教学程序中, 利用直观想象建立函数与图像间关系, 实现培养学生的自学能力、学会学习、掌握幂函数概念及性质的教学目标.

3.6 复习总结的教学模式

复习总结的数学教学模式, 是指通过提问思考、归纳总结、综合运用等形式对数学的基础知识、基本技能以及基本方法进行有针对性的、系统性的、综合性的教学, 达到基础知识系统化、基本技能自动化、基本方法熟练化的目标. 学完一章、一单元, 或半学期、一个学期结束, 一般地, 都要安排时间进行数学复习. 依阶段分, 有章、单元复习、期末复习、毕业复习. 依学段分, 有中考数学复习, 有高考数学复习. 复习总结是数学课堂教学中不可缺的重要形式. 因此, 复习总结的教学模式也是数学教学中常用的模式之一.

3.6.1   教学模式结构

数学教学实践证明, 复习是巩固数学知识、防止出现遗忘的基本策略. 心理学的研究也表明, 对新学的数学知识要及时进行复习, 以便更牢固地掌握. 复习不仅可以增强记忆, 而且还能加深对数学知识的理解, 掌握对数学方法的综合运用, 提高数学能力. 如果不及时进行复习, 将要付出更多的时间进行学习. 不难理解古人所说的 "学而时习之"、"温故而知新". 数学复习是十分必要的, 是数学学习中不可缺少的重要方式. 复习的目的是将已学过的数学知识系统化、网络化, 在于巩固、加深, 减少遗忘; 进行有针对性的复习, 对重点内容进行综合复习, 对基础知识、基本技能、基本方法进行重点复习; 综合运用所学知识、方法去解决数学问题, 培养学生提出、分析、解决问题的数学能力, 改善学生的数学思维品质, 提高学生的数学学业成绩.

数学教学平时往往是概念教学、定理教学、公式教学、解题教学、证明教学. 对所学的数学概念、数学定理、数学公式、数学解题方法必须进行复习总结, 通过选择、归类、整理、储存、提取而全部纳入个人的数学认知结构系统中, 从而形成完整的体系, 便于提取、运用. 复习总结的数学教学模式可分为信息提取、思考重构、综合运用、反思提高四个阶段, 其程序图可表示如图 3.17.

图 3.17

第一个阶段: 信息提取. 信息的提取, 事实上是指信息的回忆, 这是复习的重要阶段. 学生的学习是不断地进行信息的提取、选择、加工、储存、运用中进行的. 回忆是有一些规律的. 有研究认为, 线索回忆效果好于自由回忆、分类回忆效果好于随机回忆. 在信息提取阶段, 要充分调动学生数学学习的积极性, 发挥学生的主体作用, 引导学生采用线索、分类或任务等合适的导入方式, 让学生对所学的数学概念、定理、公式、解题方法等相关信息进行回忆、提取. 信息提取的方式多种多样, 如章节提纲方式, 让学生系统全面提取相关信息, 回忆数学概念、定理、公式、解题方法相关知识、技能和方法. 也可通过一些典型的数学习题的解题, 逐步提取、回忆与之相关的数学概念、定理、公式、解题方法.

第二个阶段: 思考重建. 各个课时的数学学习中所获得的数学信息需要进行加工、选择、组合, 思考重建的目的就是让学生通过自身的思考, 梳理已学的数学概念、公式、定理、规则、方法, 代数、三角、几何、概率、微积分等成为条理化、有序化、网络化、立体化、高效的数学认知结构体系, 便于构建各自新的数学图式结构. 由此发展为灵活处理数学问题的能力. 如平面直角坐标系的复习, 对于不断变化的位置刻画, 可通过不同任务回忆相关的知识, 再根据任务线索思考, 构建新的网络结构 (图 3.18)(吴越等, 2007), 形成学生的平面直角坐标的图式结构, 发展空间定位能力.

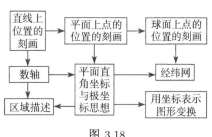

图 3.18

这样的图式结构形象直观, 反映知识的整体结构, 能体现学生的数学思维脉络, 便于学生的记忆、理解、联想、运用, 形成相关知识体系.

第三阶段：综合运用. 综合运用是学生进行数学复习课中重要的任务, 是对数学基础知识、基本技能和基本方法 (简称为三基) 及使用技能、运用方法的策略等综合运用的训练, 强化学生提取信息、选择信息、加工信息的能力. 加强学生综合运用的训练, 可通过一些典型案例、一些典型的习题、某些典型的数学问题进行. 基于数学学习中相关章节中易出现的典型错误、大多数学生会出现的疑点或普遍认为是难点, 教师充分展示给学生, 通过讨论、辩论、辨析, 强化学生的三基. 也可通过需要综合运用本章节的基础知识、基本技能和基本方法的典型习题, 让学生在尝试、分类、联想、探究、分析中选择、提取、加工、运用数学信息, 强化数学基础知识, 熟练地运用基本技能, 灵活地运用数学方法, 达到提高学生数学综合运用的能力目的.

第四阶段：反思提高. 反思提高是指在相关章节复习之后, 根据信息加工理论, 需要学生进行反思, 对信息进行反馈, 对数学学习进行总结. 与同学、老师进行交流, 也可进行自我评价, 聆听他人的评价, 在自我评价和他人评价中反思自己对数学知识、体系的理解, 对解决问题的过程中所用知识、方法、策略进行反思、评价, 改进对数学知识体系的认识, 提高解决问题的能力.

3.6.2　教学模式特点

采用复习总结的教学模式, 既要注意数学复习的目标性, 增强复习的针对性, 提高复习的效果, 又要注意加强概括性、系统性, 提高数学知识、方法、策略综合运用的能力; 同时, 要注意复习时习题、问题的典型性, 解剖麻雀, 举一反三, 也要注意习题、问题的多样性、层次性, 增强学生的数学思维能力, 最终使学生达到运用知识、提高技能、掌握方法的目标.

1. 目标性

目标性要求, 一要正确理解基础知识、熟练掌握基本技能, 二要突出数学复习的重点、突破数学学习的难点, 三要纠正较多学生易出现的原则性错误, 克服数学思维上的盲点, 四要提高学生思维能力或应用能力, 五要灵活运用数学思想方法, 掌握解决问题的策略. 要达到复习的目标, 就要加强数学复习的针对性, 研究教学目标、复习意图和学生的现状, 通过仔细选择和精心设计, 增强针对性, 做到教学中有的放矢, 提高数学复习的有效性, 实现教学目标.

2. 综合性

综合性要求复习时对数学知识进行综合概括, 形成知识之间的关系网络, 使知识与知识之间、不同学科知识之间、数学知识与现实生活之间建立联系, 将数学知识进行综合组织, 把各单元的数学知识纳入自己的数学认知结构中. 如平面几何中的单元复习, 需要对知识进行梳理, 通过对平面内两直线位置的研究、讨论、交流,学生形成平面上两直线的位置关系的认知结构体系 (图 3.19)(吴越等, 2007), 并产生平面上两直线的位置关系的图式表象.

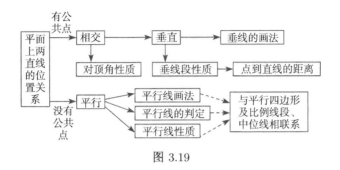

图 3.19

同时, 教学目标具有综合性, 数学问题也具有综合性、应用性和挑战性. 这种特点决定数学的复习总结具有很强的综合性. 首先, 需要学生综合运用多种知识, 包括综合运用多学科知识; 其次, 需要综合运用各种方法, 通过抽象、概括、分类、归纳、推理等各种方法的运用, 才能解决种种数学问题, 这就需要加强学生综合能力.

3. 典型性

数学的复习总结需要通过一些典型问题、习题、例题进行教学活动. 这样一些典型数学习题、例题等所涉及的问题、思维方式、解法及惯用的手段具有代表性, 对学生的复习具有启发性、示范性和实效性. 针对所要复习的数学内容, 精选和设计典型例题、习题、问题等, 既考查学生对各知识点的理解, 也考查学生对解题方法运用和数学思想的把握. 通过对典型例题的剖析、典型问题的思考, 让学生掌握数学知识的同时, 对所学的数学知识有一个质的飞跃, 能从多层次、多角度、多侧面地思考问题, 达到更深刻地理解知识, 清醒地认清问题, 准确地把握问题, 灵活地运用解题策略, 熟练地运用数学方法, 巧妙地解决问题. 典型性例题还需通过多样性来体现, 包括题型的多样性、同一例题思考方式的多样性以及体现知识形式的多样性, 让学生在数学变式中进行复习.

4. 反思性

数学复习需要引导学生通过知识回顾与系统化, 初步形成自己的知识体系. 通过与同伴的交流和老师的指导, 改进对知识体系的认识, 在自我评价和接受评价中反思自己对知识体系的理解, 把本单元的知识纳入自己的认知结构中. 在应用知识解决问题的过程中需要对解决问题的过程进行实时评价与反思, 发展数学思维和解决问题的能力. 在整个复习过程中都离不开对数学基础知识、基本技能、基本方法及解题策略学习的反思, 在反思中提高, 在反思中成长.

3.6.3　教学模式案例

【案例 5】

课题　集合与函数复习 (人教版课程标准实验教材数学必修 1, 2004 年).

教学目标

 (1) 构建集合、映射、函数间的有机联系, 形成比较完整的知识体系;

 (2) 进一步理解函数的基本性质, 并初步体会到函数的性质是解决问题的重要工具.

教学重点　知识梳理; 函数性质的应用.

教学难点　知识梳理; 函数性质的应用.

教学思想　利用任务驱动进行复习、总结, 帮助学生构建综合化、网络化、结构化的知识系统.

教学方法　复习总结教学模式.

教学手段　工作单, 板书.

教学程序　信息提取 → 思考重构 → 综合运用 → 反思提高.

教学过程

 (一) 信息提取 (12 分钟)

 教师发放工作单, 通过工作单上练习一中的学习任务引导学生进行相关知识的提取, 为重构集合、映射、函数间的关系及相关知识体系作准备.

集合与函数复习工作单

练习一:

1. 设 $U = \mathbf{R}, A = \{x| -5 < x < 5\}, B = \{x|0 \leqslant x < 7\}$,

求 $A \cap B, A \cup B, C_U A, C_U B, (C_U A) \cap (C_U B), (C_U A) \cup (C_U B)$.

2. 求函数 $f(x) = (x-1)^2 + 1$ 在下列情况下的值域:

(1) $x \in \mathbf{R}$; (2) $x \in [-1,0]$; (3) $x \in [2,3]$; (4) $x \in [-1,2]$.

3. 已知 $f(x)$ 是定义在 $\mathbf{R}$ 上的奇函数, 当 $x \geqslant 0$ 时, $f(x) = x^2 + x - 1$, 求 $f(x)$ 的表达式;

若已知 $f(x)$ 是定义在 $\mathbf{R}$ 上的偶函数, 当 $x \geqslant 0$ 时, $f(x) = x^2 + x - 1$, 求 $f(x)$ 的表达式.

4. 已知函数 $f(x) = x + \dfrac{1}{x}, x > 0$.

(1) 证明当 $0 < x < 1$ 时, 函数 $f(x)$ 是减函数; 当 $x \geqslant 1$ 时是增函数.

(2) 求 $f(x) = x + \dfrac{1}{x}, x > 0$ 的最小值.

(二) 思考重构 (12 分钟)

在对练习一的答案进行交流讨论后, 教师指导学生运用联想、概括方法对集合、映射、函数相关知识进行梳理 [学生说, 教师板书].

由题 1 引导学生回忆, 着重理解交集、并集、补集、子集等概念的含义, 加深对集合的理解;

由题 2 复习函数及其 "三要素". 联想到映射, 让学生理解函数是数集之间的映射, 函数的值域是自变量取遍定义域中所有值时对应的函数值的集合, 函数的值域由映射 f 及定义域所决定. 当函数的定义域为区间时, 通过取值 → 代入 → 求值的 "三步法" 来确定值域是不现实的, 一条可行的途径是讨论函数的性质特征, 特别是函数的单调性、特殊点及奇偶性.

由题 3、4 复习函数的单调性、奇偶性及相关概念, 检查学生对单调递增 (减)、增 (减) 函数、单调区间、奇函数、偶函数等概念, 函数单调性的证明、函数最大 (小) 值的求法等的掌握情况. 通过边复习、边回忆、边综合, 最终让学生形成如图 3.20 的结构体系 (板书).

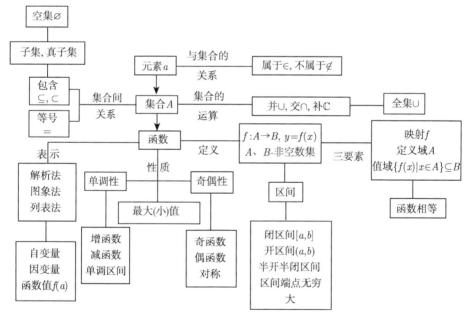

图 3.20

(三) 综合运用 (12 分钟)

复习后, 学生运用相关概念、性质进行解题, 进一步理解集合、函数方面的概念, 掌握集合间的运算关系, 以及函数的基本性质.

练习二:

1. 已知集合 $A = \{x \mid -4 \leqslant x \leqslant -2\}, B = \{x \mid x - a \geqslant 0\}$, 当 $A \cap B \neq \varnothing$ 时, 求 a 的取值范围.

2. 已知 $f(x)$ 是奇函数, 在 $(0, +\infty)$ 上是增函数, 判断 $f(x)$ 在 $(-\infty, 0)$ 上是增函数还是减函数, 并证明你的判断.

3. 已知 $f(x)$ 是偶函数, 在 $(0, +\infty)$ 上是增函数, 判断 $f(x)$ 在 $(-\infty, 0)$ 上是增函数还是减函数, 并证明你的判断.

4. 判断并证明 $f(x) = \dfrac{1}{1 + x^2}$ 在 $(-\infty, 0)$ 上的增减性.

5. 已知 $f(x)$ 是定义在 $\mathbf{R}$ 上的偶函数, 当 $x \in (-\infty, 0)$ 时, $f(x) = x - x^4$, 求 $f(x)$ 在 $(0, +\infty)$ 的表达式.

(四) 反思提高 (4 分钟)

从集合、函数、映射三者关系; 知识体系; 函数基本性质及其应用方面作出反思.

(五) 布置作业

(略).

(广东东莞厚街中学徐继德教师提供, 引用时有调整和删改)

【点评】　该教学范例采用复习总结的教学模式: 由任务导入相关知识, 对相关知识的关系进行回忆、重建, 帮助学生建构集合、映射、函数间的关系, 综合运用数学知识进行巩固训练, 在运用中进行反思, 总结提高. 该模式始终注意任务驱动思维, 突出函数相关概念综合化、结构化、网络化的教学主题, 增强数学各部分间关系理解, 达到学生综合运用函数性质解决问题的目标.

实践与反思

(1) 请你仔细阅读数学教学模式的结构一节, 如何整体认识数学教学模式? 并指出数学教学模式与数学教学方法、数学教学策略的区别.

(2) "同一数学内容因不同的教学主题、不同的数学教学目标要求采用不同的教学模式". 谈谈你的理解.

(3) 查阅《数学通报》《数学教育学报》《数学教学》《中学数学教学参考》《数学教学研究》等中的数学教学实录, 研究其采用何种教学模式.

(4) 任选一本数学教材的某一内容进行认真研究, 确定一种教学模式进行数学教学. 并仔细研究其课程理念、课程目标、教学主题、教学目标、教学策略等在教学模式中的作用.

参 考 文 献

曹一鸣. 2006. 一堂有深度的数学课 [J]. 人民教育, (11).

樊豫陇. 2006. 现代教学论 [M]. 郑州: 河南人民出版社.

傅国亮. 2003. 新课程优秀教学设计与案例——初中数学卷 [M]. 海口: 海南出版社.

高文. 2000. 现代教学的模式化研究 [M]. 济南: 山东教育出版社.

葛军. 2000. 数学教学论与数学教学改革 [M]. 长春: 东北师范大学出版社.

黄甫全, 王本陆. 2003. 现代教学论学程 [M]. 北京: 教育科学出版社.

蒯超英. 1999. 学习策略 [M]. 武汉: 湖北教育出版社.

李方. 2002. 课程与教学基本理论 [M]. 广州: 广东高等教育出版社.

李士锜, 李俊. 2001. 数学教育个案学习 [M]. 上海: 华东师范大学出版社.

李晓文, 王莹. 2000. 教学策略 [M]. 北京: 高等教育出版社.

庞维国. 1993. 自主学习理论的新进展 [J]. 华东师大学报 (教科版), (3) .

庞维国. 2000. 90 年代以来国内外自主学习研究的若干进展 [J]. 心理学动态, (4).

皮连生. 2004. 学科学习困难的诊断与辅导 [M]. 上海: 上海教育出版社.

邵瑞珍. 1997. 教育心理学 [M]. 上海: 上海教育出版社.

王晓. 2006. 非一般的数学课堂, 非一般的教学情境 [J]. 广东教育 (综合版),(3).

吴越, 周元锋. 2007. 新课程数学复习课的设计 [J]. 中学数学教学参考, (1, 2).

奚定华. 2001. 数学教学设计 [M]. 上海: 华东师范大学.

张春莉, 王小明. 2004. 数学学习与教学设计 [M]. 上海: 上海教育出版社.

张奠宙. 2004. 数学教育概论 [M]. 北京: 高等教育出版社.

张文瑞. 2003. 精设高考数学复习题应注意的原则 [J]. 教学与管理, (5).

钟启泉. 1982. 现代教学论发展 [M]. 北京: 教育科学出版社.

第4章　数学问题解决的教学设计

本章目录

本章概览

　　问题解决已引起国内外数学教育界的重视, 把它和数学课程紧密联系起来, 并作为数学教学改革的一个突破口, 已成为了国际数学教育发展的一个趋势. 本章首先论述问题的概念, 包括其含义、特征与分类; 接着阐述数学问题解决的概念和过程, 包括多种问题解决观、数学问题解决与解题的比较、数学问题解决的探索途径与活动阶段; 再者, 对影响数学问题解决的因素进行分析; 最后, 我们将目光聚焦于数学问题解决的教学设计, 包括数学问题解决的教学目标及其实施策略、数学问题、数学问题情境、数学教学活动以及教师角色的设计等方面, 并提供一个数学问题解决教学设计的案例. 学完本章后, 你应该做到:

　　(1) 理解问题的多重含义、一般特征, 能识别数学问题所属类型;

　　(2) 知道问题解决与解题的区别与联系, 树立正确的问题解决观;

　　(3) 了解数学问题解决的探索途径, 懂得如何教学生使用不同的途径探索问题

的解;

(4) 了解数学问题解决活动的心理特征, 理解数学问题解决活动过程的动态循环性;

(5) 知道影响数学问题解决的因素, 并能综合考虑这些因素作出合理的教学设计;

(6) 了解数学问题解决教学的目标系统以及实现目标的策略系统, 并能发展这些系统;

(7) 知道什么是数学问题情境以及数学问题解决中问题的特殊性质, 并能设计好的数学问题及数学问题情境;

(8) 了解数学问题解决教学活动的过程及其特点, 能合理安排数学问题解决教学活动;

(9) 知道数学问题解决教学中教师角色的特征, 能合理设计教师在数学问题解决教学活动中的职能和任务;

(10) 能将本章介绍的理论综合应用于数学问题解决教学的设计.

4.1 问题的含义、特征与分类

4.1.1 问题的含义

问题是我们在日常生活和学习、研究工作中遇到最多的概念, 在数学与数学学习中, "问题" 和 "题" 也是使用频率很高的两个词. 无论是心理学家、数学家、理论研究者、工程技术人员, 还是一般的普通人, 心中都有自己的问题概念. 例如, 在日常生活中, 当我们面临一个未知的东西并想要弄清楚或力图说明白, 或处于一种不能处理的困窘状态却又希望解除这种状态时, 我们就认为自己碰到了问题. 在字典中, 可以查到对问题 (problem) 含义的描述. 例如, 《现代汉语词典》中的解释为: "需解决的矛盾; 要求回答和解释的题目."《牛津大词典》的解释: "那些并非可以立即求解或较困难的问题 (question), 那种需要探索、思考和讨论的问题, 那种需要积极思维活动的问题." 心理学家普遍认为: "问题是这样一种情境, 个体想做某件事, 但不能马上知道这件事所需采取的行动." 当代日本哲学家岩奇允胤和物理学家宫原将平说: "问题是基于一定的科学知识的完成、积累, 为解决某种未知而提出的任务." 我国学者何毕灿将人的各种智能过程都形式地看成 "问题求解" 的过程, 因而问题就意味着 "某个给定过程的当前状态与我们所要求的目标状态之间存在着某种差距." 张奠宙、唐瑞芬、刘鸿坤三位教授在他们的《数学教育学》里指出, " 问题是一种状态, 在这种状态中个人或团体要求去完成一个任务, 对于这个任务他们没有易于理解的、解答方法是完全确定的法则". 按照前苏数学教育家奥加涅相的观点, 一个问题即是主体在当前状态下不能立即求解的题. 美籍匈牙利著名数学家、数学教育家、数学解题方法论的开拓者波利亚认为, 所谓问题, 就意味着要去寻找适当的行动, 以达到一个可见而不立即可及的目标. 第六届国际数学教育大会 (ICME-6) 上, "问题解决、模型化及应用" 课题组提交的报告指出, 问题是对人具有智力挑战特征的、没有现成的直接方法、程序或算法的待解问题情境.

从以上描述可见, 关于 "问题" 一词的含义存在着多种不同的解释. 我们将这些解释聚合起来, 又可达到这样一种共识, 即所谓 "问题", 就是人们所面临的困境、需要解决的疑难. 因其被使用或产生的具体情境不同, 问题又具有不同的表现形式. 在学校数学教育中比较一致的看法是, 问题不仅包括教科书上的问题, 也应包括那些来自实际的问题; 不仅包括常规的问题, 也应包括非常规的问题; 不仅包括条件充分、结论确定的问题, 也应包括条件不充分、结论不确定的问题 (唐瑞芬, 2001)[191]. 所谓常规问题, 指的是存在这样的一般规则或原理, 它们唯一地确定解决这些问题的程序以及实行这个程序的每一个步骤.

4.1.2　问题的特征

一个问题应具有以下基本特征:

1) 系统性

这是指任何问题都不是一个孤立的单点集, 而是一个与外界有千丝万缕联系、自身由相互联系的各种要素组成的系统. 其与外界的联系主要表现为与人的联系; 它的组成要素包括: 元素、元素之间的关系、元素的性质、状态、功能等. 若以 S 表示人, R 表示集合或系统, 则问题即系统 (S, R), 其中, S 称为系统主体, R 称为系统客体或 "题" 系统. 我们通常将问题系统的主体 S 省掉, 简记为 R.

2) 不稳定性

又称问题性, 即指对系统 (S, R) 来说, 要称得上是问题, 必须构成 R 的要素中至少有一个是 S 不知道的. 这时, 若要求 S 从 R 中确定他不了解的要素, 则集合 R 对于 S 就变成了 "题". 在学校数学教育中, 这种要求常常表现为一些特定的、有目的的指示形式, 如 "解方程"、"求证"、"回答下面的问题", "请说出理由" 等. 采用何种指示形式, 与集合 R 有关.

3) 障碍性

即解决问题过程的非顺利实现性. 所谓解决问题 (又称解题、寻求问题的解、求解问题), 即去除系统 (S, R) 的问题性. 对于一些问题, 主体能够顺利实现排除其问题性的要求, 这时称它们为 "不成问题的" 问题. 有很多问题, 主体不能顺利实现排除其问题性的要求, 这时, 就从原问题中产生了新问题——主体在解决原问题之前必须先解决的问题. 新问题可能只有一个, 也可能是很多个, 它们构成了阻止原问题得以顺利解决的障碍. 正是问题的障碍性构成了对人类认知或思维的挑战. 不同障碍程度的问题对个体认知或思维挑战的程度不一样.

4) 相对性

即 "问题" 是相对于系统主体而言的, 具体表现为: ①系统 (S, R) 的问题性取决于主体的知识、经验. 例如, 方程 $x^2 = 2$, 对于小学生来说, 它是一个问题, 而对于高中生来说, 它并非如此. 特别地, 像解方程 $x^3 - 1 = 0$, 对于初中生来说, 若他得到 $x = 1$ 这个答案, 则他解决问题的任务就完成了, 该方程不再是一个问题. 而对于学过复数的高中生或大学生来说, 仅仅得到 $x = 1$ 这个答案还不够, 他必须再求得 x 的另外两个值: ω 和 ω^2 $\left(\omega = \dfrac{-1 + \sqrt{3}\mathrm{i}}{2}\right)$, 才能说是解决了问题, 完成了解题任务. ②系统 (S, R) 的障碍性也取决于主体的知识、经验. 例如, 对于未学过二次函数知识、或从未解决过类似问题的学生来说, 要求 "抛出去的铅球在到达其最高点时距离地面的高度" 会感到困难; 而有解决类似问题的经验, 或学习了二次函数的知识, 对于掷铅球的过程有所了解, 稍作分析就能解决问题. 因此, 所谓问题, 它是相对于系统主体 (人) 而言的. 随着人们数学知识和解题经验的增长, 原先是问题的东西, 现在却可能不成问题; 对于一个人具有很大障碍的问题, 对于另一个人可能并不具障碍.

4.1.3 问题的分类

没有两个问题会完全相同, 问题的变化可能发生在: 问题的结构、解决问题所需要的思维类型或水平、问题的真实意义、问题的目的与功能等方面. 根据这些变化维度, 可对问题作出不同的分类.

1. 按问题的结构分

问题的结构指的是构成问题整体的各个部分及其结合方式. 一个问题由 4 个部分构成: 问题的初始状态 (即题的条件)、最终状态 (即题的目标、结论)、从初始状态到最终状态转化的过程 (即解题过程)、解题的理论依据和实践基础 (即解题的基础). 问题按照其构成成分的确定性可分为结构良好的问题和结构不良的问题两种类型.

1) 结构良好的问题

指构成问题的各种成分对于解题主体来说都是确定的. 例如, 对一名高中三年级学生来说, 下列问题属于结构良好的问题:

(1) 解方程 $2x^2 + 3x - 7 = 0$;

(2) 证明函数 $f(x) = \dfrac{2}{x-1}$ 在区间 $[2, 6]$ 上单调递减;

(3) 在锐角 $\triangle ABC$ 中, P 是垂心, AP, BP, CP 分别交对边于 D, E, F. 求证: $\angle ADE = \angle ADF$.

因为在这类题中都包含了解决问题的充足信息, 对于解决问题可以用什么规则和概念, 求解方法具有什么样的特点、能得到什么样的答案等都是确定的, 学生可以通过一种十分确定的解题途径来达到目的. 教科书上的很多问题都是结构良好的问题.

2) 结构不良的问题

即构成问题的各种成分对主体来说不都是完全确定的. 例如, 以下问题属于结构不良的问题:

(4) 张、王、李三人分别掷 5 个石子, 结果如图 4.1 所示, 规定所投石子 "散度"(分散程度) 最小者为优胜. 请选出优胜者. 另外, 为了测量石子的散度, 需要某种数学方法, 试从各种角度考虑问题并写下表示分散度的各种不同方法, 说出你认为最好的是哪种方法.

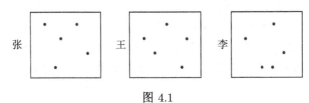

图 4.1

(5) 设计一花坛, 使它的面积为矩形场地的一半. 要求美观;

(6) 写一篇数学作文, 要求与函数有关.

因为这些问题的目标、解决问题所需的条件、解决问题的过程、方法、知识不都是可以明确地加以界定的, 它们要么缺乏对问题各种成分的明确规定, 要么没有明显的、唯一正确、清晰的途径来帮助解决. 在社会生活和数学研究中, 存在着大量需要解决的结构不良的问题.

2. 按解决问题所需思维类型或水平分

解决任何问题都需要思维或认知的积极参与, 不同问题的解决需要思维参与的程度和类型不一样. 例如, 在数学中, 有些问题只需要记住一些公式、遵循一定的程序步骤就能完成, 有的却需要通过复杂的、非算法化的思维过程才能完成. 美国匹兹堡大学 Stein 教授等 (1998) 按照从记忆到使用程序和算法, 再到使用复杂的思维和推理策略, 将课堂上教师设计的用于发展学生思维能力的数学任务区分为记忆、无联系的程序型、有联系的程序型、做数学 4 种类型, 其中, 记忆、无联系的程序型属于低认知水平的任务; 有联系的程序型和做数学属于高认知水平的任务. 由于数学任务这个概念本身包含了数学问题, 且任务分类的依据也是个体的思维水平, 因此可以借用这个数学任务分类系统, 把它移植过来作为一种数学问题分类的框架. 按照这个框架, 数学问题可分为以下类型:

1) 记忆型问题

直接套用一个记住的事实 (数学公式、法则、或定义) 就能得出答案, 不需要与其中隐含的概念、原理或数学思想建立联系或联系甚少.

2) 无联系的程序型问题

按照程序或算法来进行, 这个程序或算法要么是在问题情境中一眼看出的一种操作规则, 要么是一些简单规则或命题的简单组合, 将它们转化到眼前的情境中就行了. 这种转化是一种直接的转化, 是以前已经练习过的. 在使用这个程序或算法时既不需要关注为什么和它们是如何起作用的, 也不用理解隐藏在其中的数学原理、思想或概念以及数学符号所代表的意义.

3) 有联系的程序型问题

按照程序或算法来进行, 但这个程序或算法不是一个明显的规则的直接应用, 也不是对已有东西的简单组合或直接转化. 它受所谓的 "一般策略"(如后面提到的探索问题解决途径的 "便捷经验法") 的指导, 是综合组织已有东西而形成的一种高级规则. 由于问题情境中还可能包含无关的或起干扰作用的因素, 解答这样的问题需要付出比记忆型和无联系程序型更大的认知努力, 且需将思维过程建立在理解的基础上, 与数学的概念、原理、思想方法紧密联系.

4) 做数学的问题

问题情境没有暗示一条明显的解题路径, 转化的规则也不清楚, 个体不能轻松地将新问题与认知结构中的已有观念建立起直接的联系, 而需要付出很大程度的认知努力, 深入探究问题情境, 分析出其中的各种关系, 探索有关概念、思想、过程和关系的本质, 发展意义, 建立理解, 产生想法, 创造出一个新的产物: 一个新的概念、原理、或操作规则. 在整个问题解决的过程中, 思维过程通常不是直线式的、算法的, 而是复杂的、非算法化的, 如以下问题:

(7) 回答: 什么是对数函数;

(8) 根据求根公式解方程 $2x^2 + 3x - 7 = 0$;

(9) 利用辗转相除法求 4453 和 5767 的最大公约数;

(10) 根据定义证明函数 $f(x) = \dfrac{2}{x-1}$ 在区间 $[2,6]$ 上单调递减;

(11) 列方程解应用题: 甲、乙二人从相距 120 千米的两地骑车相向而行, 如果甲、乙两人同时出发, 那么 6 小时两人相遇; 如果甲比乙先出发 5 小时, 那么在乙出发后 4 小时两人相遇. 求甲、乙二人的速度;

(12) 表 4.1 是我国 1950~1959 年的人口数据资料.

表 4.1

年份	1950	1951	1952	1953	1954	1955	1956	1957	1958	1959
人数/万	55196	56300	57482	58796	60266	61456	62828	64563	65994	67207

如果以各年人口增长率的平均值作为我国这一时期的人口增长率 (精确到 0.0001), 试用马尔萨斯人口增长模型建立我国这一时期的具体人口增长模型, 并检验所得模型与实际人口数据是否相符.

(13) 探求多面体的面、顶点、棱之间的数量关系.

(14) 在 1914~1923 年 (其中, 1914~1918 年发生了第一次世界大战), 意大利阜姆港收购的软骨掠肉鱼 (鲨鱼、鳐鱼等) 所占比例如表 4.2 所示.

表 4.2

年份	1914	1915	1916	1917	1918	1919	1920	1921	1922	1923
比例/%	11.9	21.4	22.1	21.2	36.4	27.3	16.0	15.9	14.8	10.7

从表中数据发现, 在第一次世界大战期间, 掠肉鱼的百分比急剧增加, 且到战争结束的那一年达到最大值. 掠肉鱼并不是很理想的食用鱼, 为什么战争期间收购的掠肉鱼的数量会逐年增加呢? 你能通过一个数学模型来解释该问题吗?

其中, (7), (8) 属于记忆型问题; (9), (10) 属于无联系程序型问题; (11), (12) 属于有联系程序型问题; (13), (14) 属于做数学型问题.

在数学中, 将问题作出以上分类可帮助教师思考如何根据课堂教学目标设计数学问题. 例如, 若你的目标是让学生掌握解决某类问题的基础知识和基本技能, 那么你就不能在一开始就给学生需要高水平思维参与的数学问题; 假如你的目标是发展学生运用知识解决问题的能力、促进学生的概念理解, 则低认知水平的问题就达不到要求. 这样的分类还有助于我们区别什么是真正的问题, 什么是 "不成问题的" 问题.

所谓问题的真实意义是指, 问题是否与学生的数学现实密切相关, 从而对学生来说就是真正有意义的. 所谓问题的目的功能是指, 问题的使用是为了帮助学生掌握知识, 还是发展能力、理解数学、或者提高学生的非智力因素水平, 或是学业评价. 问题的真实意义或目的功能均可作为数学问题分类的依据, 读者可自行作出尝试, 这里不再展开.

4.2　数学问题解决的概念、过程及影响因素

4.2.1　数学问题解决的概念

1. 从教育心理学研究中看数学问题解决

教育心理学将问题解决看成一种过程或一种高级的学习活动. 在这个过程或这种学习活动中, 个体要运用他所获得的知识发现新的问题, 并超越过去所学知识的简单应用产生新的方案来解决该问题. 问题一旦解决, 学生就有所习得, 他们的能

力或倾向随之而发生变化 (邵瑞珍, 1993)[140]. 从这个意义上看, 数学问题解决即数学地解决一个初次遇到的新问题的过程, 问题解决的结果是个体的知识和能力得到发展.

另有一些研究将问题解决视作一项研究性工作 (Lock, 1990), 就像实验研究一样, 需要学生们的直接参与, 收集第一手材料, 允许他们提出自己的问题来加以回答, 提出研究假设, 或指出解决问题的各种方法, 并对结果进行仔细分析. 这种研究工作的特征可以从两个维度来描述, 一是研究工作的封闭性与开放性; 二是研究工作的学生导向性与教师导向性. 其中, 研究工作的开放性是指是否存在两种或两种以上的研究设计、解决方案以及结论. 研究工作的封闭性指结果事先存在于研究工作之前. 例如, 学生完成一个活动以检验某个理论, 核实一个先前已学过的概念, 或证明某种现象. 研究者指出, 虽然这类研究在本质上是收敛的, 但若事先没有告诉学生们怎样执行该活动, 则仍可称之为问题解决.

所谓研究工作的学生导向性或教师导向性是针对在研究过程中是学生还是教师控制了工作的主要方面来说的. 这些方面包括: 谁负责确定感兴趣的领域、谁负责陈述问题、谁负责作出计划、谁负责决定所用的策略以及谁负责解释结果等. 研究者们认为, 可以应用上述方面来增加研究工作的开放性. 如果一个活动不仅包括给学生问题, 还包括给他们详细的操作程序及解决方案, 那么这几乎不能算作是问题解决. 如果仅仅给学生提供问题, 而保留解决问题的途径、手段和解决方案, 则该活动是有引导的发现式问题解决. 如果学生在上述各方面都能保持更多的控制权, 则该活动属于开放性探究, 即真正的问题解决. 根据这一观点, 数学问题解决是一种开放性的探究, 其中学生必须自己确定问题、形成假设、设计研究方案、识别可用的资源、得出结果、解释和评价所得结果.

2. 从数学教育研究看数学问题解决

在数学教育研究中, 自 20 世纪 80 年代初在国际上提出 "问题解决" 的口号以来, 人们从不同方面丰富着数学问题解决的含义, 主要有: 将数学问题解决看成是数学教学的目的、数学基本技能或能力、从尝试到解决问题的全过程、数学课程的重要组成部分、一种教学形式等. 数学问题解决在数学教育中的丰富含义启示我们, 在数学教学中应强调让学生学会数学地解决问题, 提高他们提出问题、分析问题和解决问题的能力; 重视学生解决问题的方法、策略和在问题解决过程中形成猜想、进行数学发现、创新等活动; 特别地, 应围绕问题解决来组织数学课程, 把学生引进问题解决中去, 让学生通过问题解决来学习数学; 教师则应当创造一种使问题解决得以蓬勃发展的课堂环境, 对学生运用数学知识进行思维活动的过程加以指导.

3. 数学问题解决与解题

从以上对多种问题解决观点的描述可以得出, 无论是将问题解决看作活动、过程、能力, 还是数学教学的目的、形式、内容等, 其核心都在于问题解决活动的特殊性, 通过问题解决将有利于培养学生的创造性思维品质、有利于学生学会数学的思维方法和思维模式, 从而学会数学地思维、提高应用数学知识解决日常生活和职业生活中的问题的能力.

解题是数学教育中最基本的活动形式, 中国学生在历次国际数学学习成就测查和数学竞赛中的出色表现充分显示了解题对于学生数学学习的作用. 那么, 是否可以认为, 有了解题就行, 而不需要再提出问题解决; 或者认为, 问题解决和解题就是一回事, 完全可以将解题教学中的做法移植到问题解决教学中来.

许多国际调查研究 (如 1992 年 "国际教育成就评价协会"(IAEP) 关于 21 个代表国家和地区的 13 岁学生的数学成就测试; Cai(1995, 2000) 的研究) 表明, 中国学生在应用数学知识解决实际问题方面、在创造性地解决问题方面并没有取得同样出色的表现. 因此, 仅仅靠平时大量的解题并不能自然而然地提高学生解决问题 (包括解决实际问题和创造性地解决问题) 的能力. 国内外数学教育的实践与研究证明, "问题解决" 与 "解题" 是有差异的, 需要强调 "问题解决" 的教学.

那么什么是解题呢? 我们通常指的解题就是求得问题的答案. 这样的理解存在一定的合理性, 但是它是一种片面的理解, 因为该观点将重心置于 "答案" 上, 而忽略了求得答案的过程. 这样一来, 一种过激的做法就是: 课堂上教师对问题作出各种细枝末节的、非本质的变化, 对学生进行解题训练, 希望他们记住各类解题套路和模式, 熟练各种解题技能技巧, 以便能对题目作出快速反应. 课后学生们再通过模仿完成几道类似的题目以巩固当天所学的内容. 学生们感到厌倦, 而教师却认为: "有什么办法? 就是布置他们 30 道同样的题目他们还是不会." 这种解题教法所产生的严重后果正如柯朗 (R. Courant) 所说: "数学的教学, 逐渐流于无意义的单纯的演算习题的训练, 固然, 这可以发展形式演算的能力, 但却无助于提高独立思考的能力."

那么, 何为解题的真正要义? 戴再平先生对我国的习题理论进行系统研究指出, 事实上, 我国传统数学教育观念中的解题, 意味着解答习题. 张奠宙先生等在《数学教育学》中对解题的实质给出了一个初步的、最一般性的说明, 认为在数学中, 解数学题的实质, 就意味着找出这样一个数学的一般原理 (定义、公理、定理、法则、定律、公式) 的序列, 当应用它们到问题的条件或者条件的推论 (解法的中间结果) 时, 我们就得到问题所要求的答案. 因此, 所谓解题就是要找到一种一般的数学原理用于习题的条件或条件的推论 (中间结果), 通过一定的程序得到习题所要求的答案.

上述对解题概念的描述说明, 在问题解决和解题之间不能画等号. 那么, 是否认为可用问题解决取代解题呢? 或者说要在解题和问题解决之间化一条明确的界线, 让它们在数学教育活动中各自为政?

对第一个问题的回答是: 在数学教学中, 解题仍是一种基本的数学活动, 不能被问题解决所取代. 这是因为, 首先, 学生需要巩固所学知识, 并学习知识的简单应用 (这是解决复杂问题必需的技能); 其次, 学生需要学习解题的程序、算法, 掌握一般的解题技巧、技术; 再次, 在解题活动中, 由于教师已经提供了示范, 学生不需要进行艰苦的思考就可以获得成功, 容易树立学习的信心; 最后, 熟能生巧的古训和问题解决本身的局限性也向我们提出了将解题作为基本数学活动的要求. 这些表明, 解题有着自己特殊的使命, 问题解决不可取而代之.

对第二个问题的回答是, 问题解决和解题并非截然对立、互不相关的. 事实上, 一些学者对解题概念的解释就包含了问题解决的观点. 例如, 奥加涅相认为, "所谓解题就是将问题性情境转变为稳定情境的过程"; 莫斯科大学教授娅诺夫斯卡娅在对数学奥林匹克参赛者发表的演讲中指出: 解题, 就意味着 "把所要解的问题转化为已经解过的问题". 这些观点上的解题就具有问题解决的性质. 我们上面作出的区分只在于, 课堂教学是一种有组织有计划的活动, 课堂教学的组织形式和教学结构模式是随着不同的教育目标而改变的. 教学要采用不同的问题——结构良好的问题或结构不良的问题, 低认知水平的问题或高认知水平的问题; 以及不同的教学活动结构和方式. 这样就形成了两种本质上不同的教学, 一种是解题, 一种是问题解决.

4.2.2 数学问题解决的过程

数学问题解决有好几个方面, 优秀的教师应该理解数学问题解决活动的整个过程, 包括一个问题解决方案是如何产生的、数学问题解决活动包括哪几个阶段、各阶段的心理活动特征是怎样的等问题, 以便教给学生有效的问题解决方法.

1. 数学问题解决的探索途径

对不同的问题情境或刺激模式, 问题解决者寻求解答的心理过程会有所不同, 从而产生了不同的问题解决途径或探索法, 包括: 试误法、顿悟、酝酿、算法式、便捷经验法 (或称启发式)、同构问题法等.

(1) 试误法. 指通过反复无定向的尝试, 形成刺激情境与反应之间的联结, 不断巩固这种联结, 直至解决问题. 在没有或辨不清意义联系的形式的问题场合, 试误是不可避免的. 例如, 初次解答 "幻方问题" 的人会利用试误法来帮助解决问题.

(2) 顿悟. 即对问题情境的突然领悟, 指人在遇到问题时, 会重组问题情境的当前结构以弥补问题的缺口, 达到新的完形, 从而联想起一种可行的解决方案. 许多结构不良问题需要顿悟式地解决, 这些问题需要问题解决者以新颖的方法进行思考, 而这种思考方法并不能从问题的表征方式中显而易见地看出来. 例如 "袜子"
问题:

在一个抽屉中放有同一尺码的两种不同颜色的袜子, 如蓝色和灰色的袜子, 它
们以 4:5 的比例混合在一起, 为了保证能搭配为一双, 你需要从抽屉中取出多少只?

这里, 我们需要顿悟到关于比例的信息 (4:5) 是无关的. 于是很快能得到答案:
至多取出 3 只就能保证搭配成一双. 又如, "不诚实的居民代表" 的问题:

某城镇要召开居民代表会议, 需从各街道选出居民代表共 100 人, 其中, 每个
代表或诚实或不诚实. 我们已知以下两个事实: 第一, 至少有一个代表是诚实的; 第
二, 任何两个代表中至少有一个不诚实. 那么有多少诚实的居民代表, 有多少不诚
实的居民代表.

在这里, 有两条重要的线索需要问题解决者顿悟出来, 并将它们结合起来考虑.
其一是, 至少有一个诚实的居民代表, 剩下的 99 个有可能是不诚实的; 其二是, 选
出任意两个, 其中一个一定是不诚实的 (或者两个都不诚实). 将二者结合起来, 当
一个诚实的居民代表与其余 99 个中的任一个相配对时, 由于其中一个一定是不诚
实的, 故能推出有 1 个诚实的居民代表, 99 个不诚实的居民代表.

(3) 酝酿. 指为了能够产生一个顿悟而暂时停止对问题的积极思考的方法. 有
时我们反复探索一个问题的解答, 无论多么努力, 最后还是毫无结果, 这时将问题
搁置一些时候, 几小时、几天甚至更长的时间, 然后再回过头来解决, 这时常常可以
很快找到解决办法. 不仅是数学家, 甚至我们自己, 在学习数学时都曾有过这样的
经历.

酝酿意味着暂时停止对问题的积极探索. 因此, 有时当一位勤奋的学生在解决
问题的过程中遇到困难时, 可能会认为酝酿就是放弃. 教师应帮助这些学生意识到
酝酿也是问题解决的一部分, 它能够促进问题的解决.

(4) 算法式. 指通过使用程序或解题规则以解决问题. 算法式搜索问题解决途
径通常用于结构良好的问题. 对于数学问题解决或现实生活中的很多问题来说, 要
么找不到算法, 要么是相应的算法太复杂以至于不可能成功的应用. 在这种情况下,
人们通常会使用便捷经验法.

(5) 便捷经验法. 又称启发式, 指借助于一些解决问题的 "常识性法则" 来帮助
解决问题. 常用的便捷经验法有: 手段–目的分析、顺向工作、逆向工作、类比.

(6) 同构问题法. 同构问题是与拟解决的问题有着相同的本质结构、却以不同
的方式来表达这种结构的问题. 通过将原有问题转换成其同构问题而促使问题得以
解决的方法称为同构问题法. 有时学生们可能会被一些问题难住, 但是将问题表述
成其同构问题易于看到问题的答案. 例如 "运动员登山" 的问题:

一个登山运动员从早晨 7: 00 开始攀登某座山峰, 在下午 7: 00 到达山顶; 第
二天早晨 7: 00 再从山顶沿着原路下山, 下午 7: 00 到达山脚. 问: 在他上山和下

山的路上是否一定存在一个地点是他在这两天中同一时间经过的, 为什么?

如果按照题目原来的表达方式将很难得到正确的答案, 或难以解释清楚为什么. 然而将这个问题的表述方式稍微改变一下, 答案就非常明显了, 并且能作出清楚的解释. 现在将 "同一登山运动员在不同的日子上山和下山" 改为其同构问题 "两个登山运动员在同一天里一个上山, 一个下山", 则答案是显然的.

人们对信息的不同表征形式会产生不同的反应. 同构问题法正是利用了人的这一知觉特性. 当面对某一问题不知如何入手或难以看出问题情境变化的规律时, 以不同的形式来表征问题可能会取到意想不到的效果. 因此, 对于学生来说, 知道并理解同构问题的概念, 并能找到最适合自己的问题表征形式是非常重要的. 对于教师来讲, 理解同构问题同样非常重要. 例如, 你在课堂上提出一个你认为非常好的问题, 并且你也清晰地表达了这一问题和你的要求, 但是学生们却感到莫名其妙, 不知教师所云为何, 这很可能是因为你所使用的表征问题的形式不是学生能接受的形式. 这时, 你应该用不同的方式来重新表述问题和你的指令. 又如, 你希望将学生培养成为一个优秀的问题解决者, 你就应该告诉学生, 当遇到初看起来很难的问题时, 不妨去寻找该问题的同构问题进行思考. 因此, 要对学生进行用不同方式 (言语的、代数的、几何的等) 表达同一问题的训练, 从而提高学生寻找同构问题的能力.

值得注意的是, 同构问题并不一定要像原问题那样正规, 关键在于要能帮助我们尽快找到问题的解题途径, 并能够使问题的解答简单.

2. 数学问题解决活动的阶段及心理特征

总体而言, 数学问题解决活动包括弄清问题、制订计划、执行计划、回顾 4 个基本阶段. 由于每一阶段都有可能遭遇失败、产生新的问题, 需要退回到原处仔细探查, 且这样的循环往复可能要经历许多次. 故由这 4 个基本阶段组成的问题解决活动过程具有非线性、动态循环的特征.

具体地说, 学生的问题解决活动从认知问题的情境命题 (problem-setting proposition, 对问题潜在意义的一种陈述) 开始, 通过对情境命题进行仔细分析, 理解其意义, 从中确定出问题的初始状况和解题要达到的目标, 并建立起问题的初始表征. 当成功建立起问题的表征后, 就制订解题计划. 这一工作若成功, 则执行计划, 解答问题; 若失败, 则需重新对问题进行表征——完善初始表征, 或建构新的表征.

制订解题计划即寻找 "填补空隙" 的大策略. 所谓空隙, 即问题初始状态和目标之间的差距; 填补空隙即遵循一定的推理规则, 采取一定的策略, 缩小初始状态和目标之间的差距. 这一阶段正是个体创造性发挥的场所.

得到问题的答案后, 要进行检验, 即回顾——查明推理是否有错, 填补空隙的途径是否最为简捷, 是否可以记录下来以供交流等. 当解决问题的程序系统对于解决其他问题同样有效时, 就将它存储在长时记忆中, 以解决其他的同类问题, 这一活动称为经验积累.

　　在问题解决的每一阶段均有许多复杂的心理要素参与, 它们在个体问题解决的过程中分别承担着不同的任务, 同时又与其他要素联系, 共同推动问题的解决. 其中, 求异思维参与解题计划的制定, 求同思维参与解题计划的执行. 记忆储存是问题解决活动中一切操作的基础, 它为每一项心理操作提供已经具有的信息, 并不断地记录着问题解决过程中正在出现的各种情况. 问题表征、图式激活以及个体的经验、背景知识对于理解问题和帮助解决问题具有重要作用, 情感因素对于个体是否想和怎样解决问题有影响. 为避免重复犯错, 提高问题解决的效率, 在问题解决的各个阶段都会有即时的评价.

4.2.3　影响数学问题解决的因素

　　问题解决的思维过程受很多因素的影响, 有些因素能促进问题的解决, 有些因素则妨碍问题的解决. 如果能意识到使思维过程受阻或被错误引导的原因, 我们就能超越那些不正确的思维过程, 并最终找到解决的方法. 总括起来, 影响数学问题解决的因素可分为 3 类.

　　1. 与问题有关的因素

　　1) 情境的刺激特征

　　数学问题情境中所包含的事件或事物, 不论是以模型、实物形式还是以语词、图表等来描述, 当它们呈现在问题解决者的面前时, 总是要涉及特定的空间位置和时间顺序以及它们当时所表现的特定属性、功能. 这些特定的时空关系、功能特征构成了特定的刺激模式, 不仅影响问题解决者对问题的理解和表征, 而且影响对问题解决路径的探求. 具体地, 如果刺激模式直接提供了适合于问题解决的线索, 就有助于问题解决者找出解答的方向、途径、与方法. 反之, 如果刺激模式掩蔽或干扰了问题解决的线索, 就会增加解答的困难, 甚至导入歧途.

　　在解决有几何背景的问题中, 情境的刺激特征对问题解决的影响尤为突出. 利用同构问题来探索问题的解即是通过改变问题情境的刺激模式以突出解题线索.

　　2) 问题的具体性

　　学习心理学的研究表明, 在其他因素相当的条件下, 问题本身的具体性是解决问题的一个重要的促进因素. 对于无经验的问题解决者或当问题的定义范围特别陌生的时候, 问题的具体性有举足轻重的作用.

　　问题的具体性常常表现为与事物的具体模型密切联系和相互作用. 不管是具有日常生活背景的问题, 还是抽象的纯数学问题, 若问题解决者能将要解决的问题与有关的模型联系起来考虑, 则很快能解决问题. 如 1958 年《美国数学月刊》上的"六人集会问题":

证明在任意 6 个人的集会上, 或者有 3 个人以前彼此相识, 或者有 3 个人以前彼此不相识.

集会是日常生活中常见的一种现象, 像这样一个问题, 若凭日常生活的经验, 很难作出判断, 也难以解释清楚获得答案的理由. 但是, 若能想到用 6 个点来分别代表参加集会的 6 个人, 用在两点之间连不同的线来表示两人以前彼此认识或不认识, 如用实线表示两人彼此认识, 用虚线表示两人彼此不认识, 那么很快就能找到问题的答案.

又如一个不定方程的问题: 求方程 $x_1 + x_2 + x_3 + x_4 = 7$ 有多少组非负整数解.

若你认为 7 这个数字并不大, 试图用纸和笔将这些解一个一个地写出来, 那么你很快会碰到困难. 但是若你能将该问题与排列组合中典型的 "隔板法" 问题联系起来, 则很快能找到问题的答案.

但是要注意, 在设计问题情境时, 必须辩证地看待问题具体性的作用. 也就是说, 除了考虑到具体性对学生解决问题的促进作用, 还应注意具体性所产生的消极影响. 这即是, 一方面, 过于依赖具体直观表象的问题解决会妨碍学生想象力的发展或降低问题解决能力的水平; 另一方面, 问题情境中的一些具体数字信息有时会对问题解决起着干扰作用. 例如 "探索等比数列的性质".

问题: 在等差数列 $\{a_n\}$ 中, 若 $a_{10} = 0$, 则有等式 $a_1 + a_2 + \cdots + a_n = a_1 + a_2 + \cdots + a_{19-n}(n < 19, n \in \mathbf{N}^+)$ 成立. 在等比数列 $\{b_n\}$ 中, 如果 $b_9 = 1$, 那么你能得到什么结论?

分析: 学习等比数列的过程中, 我们经常作等比数列与等差数列的类比. 例如表 4.3.

表 4.3

	定义	性质
等差数列	定义用减法表述: 对于数列 $\{a_n\}$, 若对一切 $n \in \mathbf{N}$ 均有 $a_{n+1} - a_n = d(d$ 是常数) 成立, 则称这个数列为等差数列	性质用加法表述: 在等差数列 $\{a_n\}$ 中, 若 $m, n, p, q \in \mathbf{N}$, 且 $m + n = p + q$, 则 $a_m + a_n = a_p + a_q$
等比数列	定义用除法表述: 对于数列 $\{b_n\}$, 若对一切 $n \in \mathbf{N}$ 均有 $\dfrac{b_{n+1}}{b_n} = q(q$ 是常数) 成立, 则称这个数列为等比数列	性质用乘法表述: 在等比数列 $\{b_n\}$ 中, 若 $m, n, p, q \in \mathbf{N}$, 且 $m + n = p + q$, 则 $b_m \cdot b_n = b_p \cdot b_q$

在本题中, 类比给出的等差数列 $\{a_n\}$ 的性质, 可猜测在等比数列 $\{b_n\}$ 中, 如果 $b_9 = 1$, 则有 $b_1 b_2 \cdots b_n = b_1 b_2 \cdots b_{17-n}(n < 17, n \in \mathbf{N}^+)$.

一般地, 在等差数列 $\{a_n\}$ 中, 若 $a_k = 0$, 由 $a_{n+1} + a_{2k-1-n} = a_{n+2} + a_{2k-2-n} = \cdots = a_k + a_k = 0$, 可得 $a_1 + a_2 + \cdots + a_n = a_1 + a_2 + \cdots + a_n + (a_{n+1} + a_{n+2} + \cdots + a_{2k-2-n} + a_{2k-1-n}) = a_1 + a_2 + \cdots + a_{2k-1-n}(n < 2k - 1, n \in \mathbf{N}^+)$, 所以对等比数列 $\{b_n\}$, 如果 $b_k = 1$, 则有等式 $b_1 b_2 \cdots b_n = b_1 b_2 \cdots b_{2k-1-n}(n < 2k - 1, n \in \mathbf{N}^+)$ 成立.

对于该问题, 若只是要求写出类比的结果而不对结果的正确性作出解释, 则通过机械地类比也能得到正确答案. 若要求解释结果的正确性, 就必须越过具体的 "$a_{10} = 0$" 考虑更一般的形式: $a_k = 0$, 否则很可能会得到 $a_1 + a_2 + \cdots + a_n = a_1 + a_2 + \cdots + a_{19} + a_{20} + \cdots + a_n = a_{20} + \cdots + a_n$, 使问题解决误入歧途.

又如, 要证明这样一个不等式: $25^{49} > 49!$, 高效的方法不是聚焦于式子中具体的数字, 而是将它一般化, 化为一个一般的不等式: $\left(\dfrac{n+1}{2}\right)^n > n! (n \in \mathbf{N})$, 通过求解一般问题来得到原问题的解.

2. 思维定势

思维定势, 指个体以某种特定的方式来思考问题的倾向. 探索问题解决途径的酝酿法即打破问题解决中不恰当的思维定势的影响, 促进新思路的产生.

思维定势是人们在长期的思维过程中所形成的一种思维条件反射. 它有积极的一面, 表现为在问题解决中, 根据面临的问题联想起已经解决的类似的问题, 将新问题的特征与旧问题的特征进行比较, 抓住新旧问题的共同特征, 将已有的知识和经验与当前问题情境建立联系, 利用处理旧问题的知识和经验处理新问题, 或把新问题转化成一个已解决的熟悉的问题, 从而为新问题的解决做好积极的心理准备.

思维定势的消极方面是指当问题解决者逐渐产生某种定势支配倾向 (或称为 "习惯性倾向") 时, 他就会固守于某种通常可以解决许多问题, 但恰恰不能解决当前问题的方法, 从而阻碍了新方法、新思路的产生.

功能固着和反应定势就是两种消极的思维定势. 所谓功能固着是指人们习惯于一件事物的常用功能, 而看不出或不能为它创造其他新用途的倾向. 个体解决问题的功能固着性使其很少能考虑到具有特定功能的事物的不平常用途, 从而妨碍他以新的方式去运用该事物解决问题. 例如, 在求解具有现实生活背景的应用题, 或者解析几何的问题中, 学生们会毫不怀疑方程或方程组的效用, 但是却很少能想到将它们用于解决平面几何或立体几何中的证明题. 下面是一道平面几何中的证明题, 用设未知数列方程组的方法能很快解决.

如图 4.2, 已知 $\odot O$ 的三条弦 PP_1, QQ_1, RR_1 两两相交, 交点分别为 A, B, C, 且 $AP = BQ = CR, AR_1 = BP_1 = CQ_1$.

求证: $\triangle ABC$ 是正三角形.

解: 设 $BC = x, CA = y, AB = z, AP = BQ = CR = m, AR_1 = BP_1 = CQ_1 = n$, 由相交弦定理可列出方程组:

$$
\begin{cases}
m(x + n) = n(z + m), \\
m(y + n) = n(x + m), \\
m(z + n) = n(y + m),
\end{cases}
$$

化简后得：
$$\begin{cases} mx = nz, \\ my = nx, \quad \text{三式相加} \\ mz = ny, \end{cases}$$

得：$m(x+y+z) = n(x+y+z)$，即 $m = n$.

由 $m = n$ 可推出 $x = y = z$. 所以 $\triangle ABC$ 是等边三角形. 证毕.

那么如何克服功能固着对问题解决所造成的影响？一个有效的解决办法是在数学教学中经常让学生以略微不同的方式来应用所学的知识.

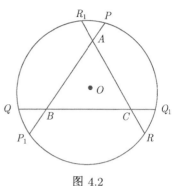

图 4.2

反应定势是指以最熟悉的方式作出反应的倾向. 反应定势有时有助于解决问题, 有时阻碍问题的解决, 其对问题解决的影响是易于使思维活动刻板化. 我们借助于心理学家常用的 "称重" 实验来说明反应定势对于个体解决问题的影响. 在该实验中, 要求被试用天平称量出质量不等的沙子, 且每次给的砝码规格都不一样. 表 4.4 给出了几种处理及相应的结果.

表 4.4　"称重" 实验中的处理及结果

处理	砝码/克	沙量/克	结果	
			A	B
1	20, 9, 5	24	20,9	5
2	2, 50, 40	12	50, 2	40
3	81, 7, 8	80	81, 7	8
4	55, 10, 5	60	55, 10	5
5	7, 6, 10	3	7, 6	10
6	32, 20, 8	20	32, 8	20

分别称天平的两个托盘为 A 盘和 B 盘, 处理 1 的结果表明被试是先将规格为 20 克和 9 克的砝码放在 A 盘, 然后放规格为 5 克的砝码入 B 盘, 并向 B 盘倒沙, 直到天平达到平衡, 即得到所求.

表 4.4 显示的结果表明, 被试在完成任务的过程中表现了一种反应定势, 即始终坚持用它熟悉的解决第一个问题的方法来解决后面的问题. 然而, 用这个方法虽然能得到其他问题的解, 但它并非是解决后面问题的最好方法. 如处理 4 和 5 只需两个砝码, 处理 6 只需一个砝码. 显然, 只有当学生们在建立了一种解决某类问题的方法后仍然希望寻求更好的方法时, 才有可能克服反应定势, 创造性地发现更好的问题解决方法.

反应定势在数学问题解决中的表现是算法固着和对象领域固着. 前者指个体在解决问题时将寻找算法或类似活动的经验应用到一系列表面相似问题中的倾向,

如始终坚持用同一程序和方法解决不同问题, 或以相同的方式回答不同的问题. 后者指将思维对象限制在不恰当领域或范围中的倾向. 学生在解方程或解答与函数有关的问题中常会出现对象领域固着的现象. 克鲁捷次基在《中小学生数学能力心理学》中也举出了许多几何上的对象领域固着的例子.

思维定势是影响问题解决效果的一个极大的障碍, 著名数学家庞加莱和哈达玛分别在《数学创造》和《数学领域的发明心理学》中论述了创造性问题解决的 4 个阶段: 准备、酝酿、澄清、验证. 他们认为, 从酝酿到澄清阶段的转变常常会产生一个富有创造力的、意想不到的、新奇的想法, 如果这一情况没有发生, 多半是因为思维定势.

思维定势的反面是思维的灵活性, 这是一位成功的问题解决者最重要的思维品质. 研究表明 (Haylock, 1997), 那些被称作更具有创造性的数学家们在灵活性上的得分明显高于他们的同事. 因此, 在学校数学教学中, 要培养创造性的问题解决者, 就应该帮助学生克服思维定势的影响, 提高他们思维的灵活性.

3. 与问题解决者本人有关的因素

影响问题解决的个体因素包括 (陈琦等, 2000)[163] 个体的背景知识、智慧水平、认知特性、动机强度、个性特征等. 它们分别从不同的方面对问题解决产生影响.

例如, 专家–新手解决问题的研究表明, 有效的问题解决是以丰富的某一问题领域的知识存储为基础的, 一个人拥有的知识技能越多, 对信息作出更多组合方式的可能性就越大, 也就有更多机会解决问题. 因此, 个体所拥有的背景知识为数学问题的解决提供了方向、选择途径和方法.

而智慧水平高不但与顿悟式解决问题成正相关, 也与尝试错误式解决问题成正相关. 一些认知方式, 如场独立和场依存性、冲动性和反省性都与解决问题的一般策略 (指问题解决者用来调节他们自己的注意、学习、回忆和思维技能的策略) 有关.

动机对于问题解决的影响具有两面性, 一方面, 个体只有具有解决问题的需要和动机时, 才能以进取的心态积极从事寻求解法的活动. 另一方面, 动机强度与问题解决效率的关系并不是绝对的正相关关系. 动机过于强烈, 人处于高度焦虑状态反而会阻碍问题的解决. 关于动机强度与工作效率关系的耶克斯多德逊定律表明, 解决问题的效率, 在比较容易的课题中, 有随动机提高而上升的倾向, 但在比较困难的课题中, 反而有下降的趋势. 这说明不同的动机强度在不同性质的问题解决中所起的作用是不同的.

个体特征对问题解决的影响也是相对的. 一般说来, 优良的个性特征会提高问题解决的效率. 例如, 专家问题解决者同时也很有毅力. 但是有些个性特征对问题解决效果的影响随它们表现的程度而不同, 如大胆、果断、自信、自我评价能力等, 在处于中等程度时会促进问题的解决. 而当大胆果断近乎冲动, 自信近乎专横独断自命不凡, 自我批评变成自我贬低则会阻碍问题解决.

总之, 影响问题解决的因素是多种多样的, 它们综合地影响着问题解决的进程和效果.

4.3　数学问题解决的教学设计

4.3.1　教学目标及其实施策略的设计

数学问题解决教学的目标不仅仅是培养学生解决问题的能力, 它有更多的追求. 我们从学生从事问题解决的全过程和问题解决活动的结果、问题解决教学的全貌进行分析, 可得到问题解决教学的一个目标系统. 我们将实现这些目标的具体策略一并列举出来 (表 4.5), 希望能对读者起到参考的作用, 同时, 也希望读者能够充实、完善之.

表 4.5　问题解决教学的目标–策略系统

	目标	策略
数学观	认识数学与自然界、人类社会生活的联系	以与自然界、人类社会生活、人类历史发展相关的素材创设问题情境
	认识数学知识的产生和发展过程	在问题解决活动中强调观察、实验、类比、归纳、提出猜想、验证猜想、批判、反驳、修正等活动
	认识数学知识的部分特征, 如拟经验性、建构性	
	了解数学的文化价值	在问题解决活动中强调数学地思维、抽象化、模型的作用, 让学生体会数学对人类文明的贡献
	感受数学各部分内容之间的联系	需要综合应用多种知识来解决问题、围绕某个数学主题创设情境, 从已解决问题中提出新问题
情感体验	积极参与问题解决的活动、养成独立思考与合作交流的习惯	创设有利于学生生动活泼、主动求知的问题解决环境
	对数学有好奇心与求知欲	
	具有克服困难的坚强意志、树立自信心	把握问题的潜在距离, 让学生在数学学习活动中能够获得成功体验, 同时又感觉到适当的压力, 教师要注意及时和适时地鼓励、激发
	尊重客观事实, 勇于创新	根据数据说话, 而不是主观臆断, 鼓励学生发现与众不同的解法, 大胆质疑
	体验解决问题策略的多样性	要求学生用多种不同的方法解决问题
	形成批判性的思维习惯、崇尚数学的理性精神	创设与人类利益相关的问题情境, 让学生作出决策

续表

	目标	策略
常规数学思维能力	能够运用数字、符号、图形等表征手段描述现实世界,发展数学表示的能力	要求学生用数学符号、图形、表格、公式、思维导图等描述问题情境中的信息,描述自己理解问题、分析问题的过程
	能够从定量化的角度思考问题	要求学生对情境中的数量进行描述、发现数量关系、寻找变化趋势、进行估算
	建立空间观念,发展形象思维	创设包含空间位置关系的情境,让学生作出图形表征
	发展合情推理能力和演绎推理能力	让学生经历提出猜想、验证猜想的过程
	形成评价和反思的意识	让学生参与讨论、为自己的观念辩护、批判性地看待自己和他人的问题解决成果
解决实际问题的能力	学会从数学的角度提出问题、理解问题,提高分析和解决复杂的现实生活问题的能力,发展思考问题和解决问题的一般思维方法	以较复杂的现实生活背景为素材,设计结构不良的问题情境,要求学生从数量关系和空间形式方面对情境中的信息进行分析,经历发现问题、提出问题、到分析与解决问题的过程;同时关注从数学的角度和其他非数学的角度表述问题与理解问题的区别,关注学生对解题过程的反思,能够将解决问题的方法加以推广、延伸
	能较清楚地表达和交流解决问题的过程和结果	要求学生写出问题解决思路,并解释为什么
	发展探索、创新的精神和能力	让学生在问题解决的过程中"再创造"数学知识
	发展数学应用的意识,提高实践能力	让学生解决自己身边的数学问题,创设体现数学重要应用的问题情境

注:知识与技能、数学思想方法、数学活动经验、数学核心素养等方面的目标与具体内容领域有关,这里不一一列举.

4.3.2　数学问题和问题情境的设计

1. 数学问题的设计

从前述关于问题的定义和类型可看到,问题概念的外延非常广阔,在不同教学情境为实现不同的教学目标,我们应该选用不同类型的问题. 那么,适合于数学问题解决教学的问题是什么? 如何来设计问题解决教学中的问题? 我们在对相关研究作出分析的基础上得到以下结论供读者参考,即数学问题解决教学中的问题除了具有问题的一般特征,还应该具有或至少部分具有以下特征:

1) 现实性

这是从学生的主观感受和体验来说的,它与学生的现实生活密切相关但并非专指有现实生活背景的问题. 事实上,课本上有许多与现实社会、生活实际有着直接联系的问题,但似乎并没有引起学生们的兴趣. 而一些问题,学生们却可能很感兴趣,如"幻方问题". 因此,问题的现实性是指问题能引起学生问题解决的心向并维持对问题解决活动的兴趣, 学生愿意接受它, 希望能通过自己的努力获得问题的答案.

2) 探究性

这包括对问题的障碍性程度、解题方法多样性以及高水平思维的要求. 若问题的障碍性程度太低, 学生不需花多大努力就能解决问题; 或问题的解决方法太单一, 无法展开学生多样化的思维过程, 学生就会对问题解决活动产生不正确的观念, 由此熄灭了他对数学和数学问题解决的热情. 而数学问题解决最诱人之处在于它对人类智力的挑战和接受这一挑战并成功后的快乐体验. 因此, 所谓问题解决具有较强的探究性就在于它能够激发学生从多种途径来解决问题, 能激发他们去探索更佳的解题途径; 能启迪学生的思维, 展现他们的独立见解、判断力、能动性和创造精神. 但是要注意, 这又并非是指问题应有较高的难度, "高不可及", 即问题 $\neq$ 难题.

3) 数学性

即问题需以重要的数学概念、思想方法、原理为基础. 数学问题解决中的许多问题都是有实际背景的, 与学生的实际生活经验、常识、或其他学科的知识有关, 因此, 学生也能根据自己的实际经验或用其他学科的知识来求得问题的答案. 例如, 若将二次函数的问题放在一个 "放焰火" 的背景下 (见后面图 4.5"二次函数的应用"作业单), 事先不规定学生解决问题的方法, 要求学生求出二次函数顶点的横坐标 (即情境问题 "冲天炮飞出后到达其最高点的时间"), 则一些学生很容易选择用他们学过的物理学知识来解答问题 (姚静等, 2005). 这样就会偏离了数学课的主题, 也降低了该问题的数学教育功能.

作为数学问题解决基础的数学概念、方法、原理可以是学生已经学习过的, 也可能是还未学习、正是当前问题解决教学所欲发展的. 前者能够促进学生对于数学基础知识和基本技能的掌握, 学会数学应用; 后者为学习新知识打下基础, 有利于帮助学生形成关于某一数学主题是如何发展的认识, 使数学方法论的出发点更清晰. 对问题解决解题基础的这一要求还有利于与 "偏题"、"怪题" 划清界限, 突出数学建模的观点, 有利于数学应用意识的培养.

4) 拓展性

即问题能推广或扩充到多种情形. 问题解决中的问题不能仅限于求到答案, 而更应能从解决问题的过程、问题的条件和结论中找到变化的线索, 如扩大问题的定义域; 固定问题中某些条件而让另一些条件变化, 看其能产生怎样的结果; 或将问题解决中遇到的障碍发展为值得进一步讨论的问题等. 通过对问题的推广或扩充, 可将学生的思维引导到更宽广或更深刻的领域, 意义非常深刻.

2. 问题情境的设计

问题情境是学生产生解决问题的动机, 积极主动地从事问题解决活动的重要保障, 对于数学问题解决及其教学目标的达成具有十分关键的作用. 目前, 创设情境几乎成了课堂教学的一个常规环节, 那么, 数学问题解决中的情境具有什么样的特征? 如何创设好的问题解决情境? 这是数学问题解决教学设计要考虑的一个重要问题.

1) 关于问题情境的理解

有多种领域在使用情境这个词: 心理学、社会学、教育学、传播学、戏剧……因而赋予情境不同的含义. 例如, 情境可以被看成 "多重刺激模式、事件、对象"; "信息系统"; "传播事件或传播过程具体化的背景"; "人们正在进行某种行为时所处的社会环境"; "具体场合下人的情绪、思维等心理状态及其所造成气氛的总和"; "学生进行意义建构所需要的外部学习环境" 等.

在数学问题解决中, 情境指使学生产生数学问题解决行为、并维持这种行为的条件和背景. 例如, 一个待解的问题、一份包含问题的材料、某个具有特殊意义 (如让学生陷入困境、有所新发现、解决问题、产生强烈探究意识、具有某种情绪等) 的教学场景、有一定难度的新的数学学习任务等. 在数学问题解决教学中所创设的具有上述意义的情境就称为问题情境.

问题情境对于学生问题解决活动的意义, 就如汤之于盐. 盐可以单独吃, 但谁也不会多吃, 将盐溶入汤中, 人们才愿意接受, 而且不知不觉地将它吸收了. 数学问题解决需要融入问题情境之中, 才能显示出美味和活力, 才能被学生自然地接受.

2) 如何创设问题情境

创设问题情境是指在问题解决教学中, 根据师生的实际、教学目标要求、教学内容的性质特征、课堂环境条件等具体情况, 营造一种气氛、提供一定的材料以激发学生的问题解决欲望、维持学生的问题解决行为, 使学生在问题解决过程中受益.

创设问题情境的首要任务是选择与组织情境素材. 一般地, 情境素材可来源于现实生活、学生周边的事物、其他学科、文学作品、神话故事、数学, 甚至学生的问题解决活动. 不同情境素材所发挥的功能不一样. 例如, 来源于现实生活的情境素材有助于培养学生数学应用的意识, 体会数学的技术和工具价值; 来源于学生周边事物的情境素材能激发学生的兴趣, 使学生将他们处理周围事物的经验与严谨的数学方法联系起来考虑, 从而丰富学生们的数学现实; 而来自于数学的情境素材有助于学生体会数学的形式特征, 了解数学内部的矛盾运动, 体会数学思维的特点. 教师应根据教学目标的要求加以选择使用.

将选择的情境素材集中起来加以提炼、概括使之成为一个有序的系统, 即为情境组织. 情境组织犹如电视小品的编排, 需要从主题、事物或事件、结构、规定情境四个方面加以考虑, 做到主题鲜明、寓意深刻; 事物或事件典型; 结构精巧; 与个体问题解决行动有关的规定清楚.

选择和组织好情境素材后, 接着要考虑的工作是情境的呈现, 即情境在课堂上的展示. 通常可采取演示、口头表达、学生活动、想象、虚拟等方式. 例如, 张奠宙、宋乃庆主编《数学教育概论》(P64) 的 "二次函数的应用" 案例中, 教师利用现代技术虚拟了一个 "打高尔夫球" 的情境, 学生登陆学习网站, 通过亲自参与 "高尔夫球赛", 利用二次函数的知识来解决 "球赛" 中碰到的问题.

在 2002 年 6 月贵州兴义举行的 "情境–问题教学" 实验研讨会上, 一位来自四川南充的教师通过口头表达的方式来呈现所创设的情境 (吕传汉等, 2006)[276~279]. 当时恰逢 2002 年韩日足球世界杯刚开幕, 中国队进入了决赛阶段, 当天下午就要打一场比赛, 也是中国队在本届世界杯中最有希望赢球的一场比赛. 据估计, 班上80% 的学生是球迷. 课的伊始, 老师与同学们聊起了足球, 课堂实录如下:

师: 中国队进入韩日世界杯决赛阶段, 就有了小组出线乃至夺冠的机会和可能. 对于本次世界杯足球赛, 每个人可能有不同的看法和预测. 那么, 大家最关心的是什么呢? 今天下午, 中国队将进行本届世界杯上的第一场比赛: 中国队对哥斯达黎加队. 这节课, 我们先来聊一下足球赛. [听到张老师的话, 学生们都显得异常兴奋, 大家真聊起来了.]

生 1: 中国队进入了世界杯的决赛, 我太高兴了, 我希望中国队能在本次世界杯上取得很好的成绩, 爆出一个大冷门!

师: 你说出了我们大家的希望, 希望中国队能发挥出他们的水平, 赛出中国队的风格来!

生 2[看来较保守]: 对于本次世界杯, 中国队的实力还达不到和世界强队竞争的水平, 所以我只希望中国队能进一个球, 能赢一场比赛, 也就不枉进了一回世界杯.

师: 看来这位同学对中国队的现状是作了一些实力分析, 态度比较保守.

生 3: 足球是圆的, 在比赛场上是什么情况都有可能发生的, 只要中国队能赢一场平一场, 就可以进入 16 强, 我最关心的是谁能夺冠和中国队能否出线.[见生 3已击中问题的关键, 张老师见势忙接过话头.]

师: 夺冠和出线可能也是在座各位最关心的问题了! [于是在黑板上写下 "夺冠出线" 四个字 (图 4.3).]

师: 在足球场上, 要想赢球, 是和教练的事前战术布置、球员的技术发挥、比赛双方的实力对比、天气情况等各种外在、内在因素密不可分的. 正如生 3 说, 足球是圆的, 什么情况都有可能发生, 所以说中国队并不是完全没有出线、乃至夺冠的可能.

夺冠
出线

图 4.3

生 4[疑惑地]: 夺冠的可能性有多大呢? [张老师急忙抓住这个机会.]

师: 这个问题我们可以用数学来解决呀! [见学生们有些不信, 张老师继续说] 有些同学可能要问了, 足球和数学有什么关系呀? 夺冠又与数学有什么关系呢? 让我们先想想, 哪些队可能夺冠呢? 强队一定能夺冠吗? 弱队就不可能夺冠吗? 法国队会输吗? 其实, 按照数学上的规则, 这 32 支球队都是有可能夺冠的. 那么现在大家就来解决这样一个问题 ······[张老师将问题摆出来, 迅速地把它写在了黑板上 (图 4.4).]

> 问题
> 如果排除各种外在、内在因素, 单单从夺冠的可能性来说, 这次世界杯的冠军会有多少种不同的可能

图 4.4

　　问题情境到底以何种方式呈现, 取决于情境材料本身的特征和教学资源条件. 不管以何种方式呈现, 教师的讲述是非常重要的. 例如, 在一次问题解决教学实验课中, 教师事先将情境材料 ("焰火") 和任务要求写在了一份 "作业单" 中 (图 4.5). 对于初中三年级的学生, 教师认为学生都能看得懂, 因而课堂上不需再作陈述, 直接将作业单发放给学生, 让他们按照要求解决问题就行. 教师只在学生开始问题解决活动之前演示了用 flash 软件制作的 "放焰火" 课件. 然而, 整堂课学生都显得很拘束, 他们默默地在草稿纸和 "作业单" 上画着什么, 一些学生偶尔低

作业单

班级 _____　　姓名 _____

　　今年元旦节, 市政府决定在世纪公园燃放烟火, 为此请来了有关专家帮助设计. 专家的建议是, 在公园内找一块空地, 搭建一座 8 米高的发射台, 台上装一个定时装置, 届时通过这个定时装置用冲天炮来发射烟火. 计划发射角为 75 度, 冲天炮在竖直方向上的速度为 42 米/秒.

　　另外, 专家们还要解决以下几个问题:

　　(1) 为了烟火能在冲天炮到达其轨迹的最高点处绽放, 需要知道冲天炮在何时到达最高点, 以便调整发射冲天炮的定时装置;

　　(2) 为了让观众能站在最佳位置处观看到放烟火表演, 需要知道冲天炮能飞多高;

　　(3) 为了安全起见, 还需要知道冲天炮能飞多远, 以便提前将这块地用围栏围上.

　　一些公式:

根据物理学知识, 可将冲天炮飞行的高度 h 表示成关于时间 t 的函数,

$$h = 8 + 42t - 4.9t^2.$$

冲天炮飞行的水平距离 d 也可表示为关于时间 t 的函数,

$$d = \frac{42t}{\tan 75°}.$$

　　同学们, 你能用自己所学的知识帮助解决专家们遇到的问题吗? 为此, 你的任务是:

1. 画出该情境的草图;
2. 清晰地写出专家们要回答的问题;
3. 描述你怎样利用给出的函数式来帮助回答这些问题;
4. 利用你所想到的方法求出这些问题的解.

图 4.5　"二次函数的应用" 作业单

声交流几句. 在有学生到黑板前与全班交流自己的结果时, 下面的学生也只是听着, 没有激起任何反应.

在另一个班的课中, 教师改变先前的做法 (姚静等, 2005)[87,88]. 在课的开头, 教师先就市政府决定放焰火以庆祝元旦节的事情向学生们娓娓道来, 然后清楚交代学生们要做的工作和该节课的学习计划, 并按照座位对学生进行了分组. 教师取消了在学生问题解决活动之前演示 "放焰火" 课件的做法, 将它改为在学生碰到问题的时候, 用抛掷粉笔头的方式让学生感知冲天炮的运行轨迹. 学生很快投入了问题解决活动中, 并在课堂上积极发表自己的意见和看法, 表达自己思考问题的过程, 倾听同学的意见, 纠正错误, 最后圆满完成了当天的学习任务. 当下课铃声响起的时候, 学生们似乎并未察觉, 因为他们又寻找到了新的目标——一位坐在前排的学生忽然大喊: "4.3 秒, 时间太慢了! ". "4.3 秒" 是第一个问题的答案, 学生们凭直觉感到焰火从点燃到绽放需要 4.3 秒钟, 等待的时间太长了. 这一看法迅速引起了其他同学的共鸣, "能否再快点, 如 2 秒或 3 秒? " 老师抓住这个时机, 立刻布置了学习任务:

"当冲天炮在发射角为 75°、以竖直方向上 42 米/秒的速度发射出去时, 通过函数关系式 $y = 8 + 42t - 4.9t^2$ 计算, 得到的到达最高点的时间太长了, 那么应该怎样调整问题的初始状态, 在最大高度不变的情况下缩短其到达最高点的时间? "

上面两堂课均由同一位教师执教, 两个教学班级的学生学习水平相当, 使用同样的情境材料, 完成同样的问题解决任务, 但是教学效果却十分不一样, 一个根本原因在于教师对情境的呈现方式.

最后, 我们给出一个从学生角度和目标方法的角度来检验数学问题情境创设的框架.

(1) 从学生的角度:

(i) 情境信息必须与学生的已有知识、经验和兴趣相吻合;

(ii) 学生必须能够从内容上领会并理解给出的情境, 教师能够通过直观图像、具体动作、语言等形式向学生表述情境;

(iii) 为了提高学习的动机, 问题情境应是多层次的, 即就从情境中提出问题和解决该问题而言, 存在为大多数学生都能达到的最低水平, 和一部分学生通过适当的帮助都能达到的中等水平, 以及少数学生通过适当的帮助能达到的较高水平.

(2) 从目标方法的角度:

(i) 情境必须与具体事物或事件的结构有相关性;

(ii) 情境以及所出现的概念应该拥有丰富的意义, 构成一种关系网络;

(iii) 可以通过类比、有意义的概括、专门化和扩大化来表示情境;

(iv) 情境应有助于认知策略、知识技能的形成, 从而促进一般学习目标的达成;

(v) 教师能够对情境中的问题解决活动进行调控.

4.3.3　数学问题解决教学活动的设计

问题解决活动中的那些阶段、步骤只是问题解决循环中可前进又可回复的一个循环点, 而不是线性发展过程中经过的一个环节. 数学问题解决教学活动的设计应该体现问题解决活动过程的非线性、动态循环特征. 图 4.6 是综合问题解决的有关理论和模式而得到的一个动态、循环的数学问题解决教学活动模式, 其中的箭头描述了在数学问题解决过程中学生的思维活动.

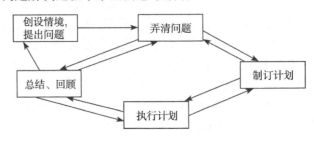

图 4.6　动态、循环的数学问题解决教学活动模式

该模式认为, 数学问题解决教学应该从创设问题情境开始, 让学生意识到自己面临一个问题, 并想去解决它. 然后, 学生需要弄清楚这是一个什么样的问题, 包括通过回顾、提出问题或其他活动来帮助理解问题的本质, 从问题情境中寻找线索组织问题信息并作出正确表征. 在弄清问题后, 就进入寻找问题解决的策略或制订问题解决计划的阶段, 计划同时也包括对时间、努力程度等的考虑. 由于问题对学生来说是新颖的、有一定挑战的, 学生可能会感到迷茫, 这时, 教师要作出一定的指导, 帮助学生走出迷雾. 学生在制订计划的过程中可能发现需要更好地理解问题; 或当一个计划形成的时候, 他便尝试去执行该计划, 即解决问题, 同时监控自己解决问题的情况; 若发现所用的计划不可行, 则对计划进行改进或尝试制订一个新的计划, 这时可通过回顾, 返回到弄清问题这一阶段、发展对问题的新的理解, 或提出一个新的问题 (可能是与原来的问题相关的). 这样的过程继续下去, 直至获得问题的正确答案, 而这又可能成为下一个问题解决活动的起点: 从已解决的问题中发现新的问题.

综合起来看, 上述问题解决教学活动模式表明, 真正的问题解决教学是从学生感觉到有解决问题的需要开始的, 若进展得顺利, 会出现一个单向、线性的教学活动序列, 即经由弄清问题 → 制订计划 → 执行计划 → 回顾 → 提出新问题, 然后进入下一个问题解决教学历程. 若进展得不顺利, 上述过程就不能用一个单向的箭头来表示, 而是一个多向、有循环的非线性过程, 教师在这样的教学模式中要做好充分的准备, 包括随时调节教学.

在问题解决过程中, 学生遇到困难首先是在弄清问题和制订解题计划的阶段,研究者们, 如波利亚、奥加涅相、舍费尔德等, 对在这些阶段上如何教学生探究提出了很多建议, 这里不再赘述. 鉴于 "问题想得透彻, 意味着问题解决了一半", 而实际上, 学生们又常常不愿意在这方面花费时间和精力, 我们拟对弄清问题作出进一步的分析, 以期能引起读者的重视.

弄清问题, 即舍费尔德解题理论中 "对问题的分析和理解", 它主要包括两项工作:

1) 定义问题

即对问题作出清晰界定. 为此, 问题解决者要明确自己面临的是一个什么样的问题, 并从问题情境中筛选出以下信息: 已知什么 (问题的条件)、未知什么 (问题的目标)、这是一个什么性质的问题 (问题的模式).

2) 表征和组织问题信息

即在对问题作出清晰界定后, 用自己独特的方式对有关问题情境要素、要素之间逻辑关系的信息进行整理和组织, 并以符号 (包括各种图、表) 和个人认知结构的形式将信息组织的结果表示出来. 前者形成问题结构的外部表征, 后者形成问题结构的内部表征. 通过表征能使问题情境中的各种信息及其隐含的关系结构得到清楚的揭示, 并使问题和问题情境中的各种信息成为对个体来说是有意义的整体. 因此, 对问题信息的组织与表征决定了问题解决者是否能够解决这个问题, 或者能否正确地解决该问题.

由于数学问题中事物之间的关系通常比较隐蔽, 需要进行一些推理和深入分析才能揭开本质. 若仅从表面信息匆匆作出判断, 必然得出错误的结论, 导致解题失败. 以下是一个因错误表征问题而导致问题解决失败的例子. 该案例来自于笔者的一次教学经历. 那是一堂数学教学论课, 授课对象是大学三年级学生. 问题来自于苏联奥加涅相《中小学数学教学法》(1984)P169 中的一个例题, 当时出此题的目的在于借助它让学生思考如何进行解题教学的设计. 该问题是

一个正三棱柱的棱长为 a. 通过底面一边作一个和底面成 $60°$ 角的截面, 求这个截面的面积.

当问题呈现在学生面前, 有部分学生提出异议: "老师, 底面边长是多少？" 学生的问题让我感到意外, 我事前根本未考虑到学生会在有关正棱柱的概念上出问题. 向他们解释后, 学生似乎都明白该怎么做了. 可是从学生交上来的作业来看, 这道题真成了一个问题! 班上大部分学生画出了如图 4.7 的图形.

由图可见, 学生对问题进行了错误表征, 将所求截面画成了三角形. 事实上, 题中唯一与未知 (截面) 有关的数字 $60°$ 只规定了已知 (正三棱柱) 与未知之间的位置关系, 并未清楚说明未知是一个什么形状的物体, 而截面的形状正是解决该问题的关键. 通过对题中信息作出深入分析和推断不难求得所求截面是一个梯形.

在数学问题解决中, 同一问题常常有多种表征方法, 例如, 在一个 "情境–问题"

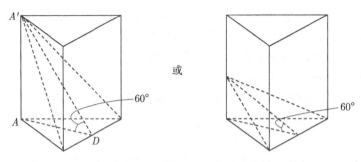

图 4.7　学生解决正三棱柱截面问题中的错误表征

教学实验课上 (姚静, 2003), 有一个求 "巨人" 身高的问题 (学生还未学习相似形的知识, 这是 "相似形" 教学的第一堂课). 问题产生于以下情境故事:

　　一天, 在欧洲某中学的一个班级里发生了一件奇怪的事. 早晨, 当同学们来到教室准备上课时, 看到原本摆放得整整齐齐的课桌椅被弄乱了, 教室地板也被踩脏了. 在教室后墙上有一个巨大的像手掌一样形状的印记. 同学们议论纷纷, 猜测怎么会有这么大的 "手掌"? 它是怎么弄上去的? 是谁故意画上去的吗? 仔细观察, "手掌" 上还可见与我们的掌纹一样的纹路, 从地板上隐约可见的 "大脚印", 大家初步诊断这是一个非常巨大的家伙走进教室把他的脏手按在墙上印上去的. 这只 "手" 有多大呢? 一位学生拿来了一把教师用的直尺, 通过测量得到了以下数据:

　　这只 "手掌" 长 18 英寸, 宽 7.5 英寸. 各手指长分别为: 大拇指 6.5 英寸, 食指 7.8 英寸, 中指 8.5 英寸, 无名指 7.9 英寸, 小指 5.2 英寸.

　　课上学生们共提出了二十几个有关大小、长短、高低、多少的问题, 其中一个问题是: "这个巨人有多高?" 学生用多种不同的方法对信息进行了正确的表征, 见图 4.8, 每一种方法都得到了正确的结果.

4.3.4　教师角色的设计

　　在问题解决教学中, 学生显然应该是问题解决活动的主体, 教师起主导作用. 所谓学生是问题解决活动的主体是指在问题系统 (S, R) 中, 主体 S 应当是学生而非教师, 问题解决应成为学生自主地寻找问题的解的活动, 而不是实施教师给予的一个算法. 具体地讲就是应当让学生感觉到所面临的是他们自己的问题, 并主动承担起解决问题的责任. 他们除了应该自己来对问题作出清晰的表述、设计与实施解题方案、监控解决问题的过程、对答案进行检验以及在解题后进行总结与回顾外, 还应该担负问题解决的后果. 相应地, 课堂动力发生了变化, 学生成了教学的推动力量: 他们将决定课堂的方向、决定最后的学习结果、成为真理的拥有者 ⋯⋯ 而教师被推到了旁观者的境地. 那么是否认为教师在问题解决教学中是不起作用的

算术方法, 如生1

　　已知: 自己的身高为150cm, 自己的手掌长16cm

　　提问: 巨人的身高是多少?

　　自己的身高 : 自己的手掌长=75 : 8

　　巨人的手掌为18英寸≈46cm

　　用巨人的掌手×自己身高与掌长的比

$$=46×\frac{75}{8}=431.25cm$$

代数方法, 如生2

　　设巨人高为x cm,

　　可以算出我和巨人的手掌的比例: $\frac{457}{165}$

　　　我的身高为147cm

　　那么巨人的身高为: $\frac{457}{165}=\frac{x}{147}$

$$165x=76319$$
$$x≈462$$

提出算法名称——"比例方法", 如生3

　　已知: 我的身高158cm, 手掌长18cm,

巨人手掌长=45.72cm, 求: 巨人身高

　　设巨人的身高为$x$cm, 用比例方法得

$$\frac{158}{x}=\frac{18}{45.72}$$
$$18x=7223.76$$
$$x=401.32$$

写出计算公式, 如生4:

$$\frac{自己掌长}{巨人掌长}=\frac{自己高}{巨人高}$$

生5:

$$巨人身高=\frac{巨人手掌长}{自己手掌长}×自己身高$$

利用图形帮助分析, 如生6:

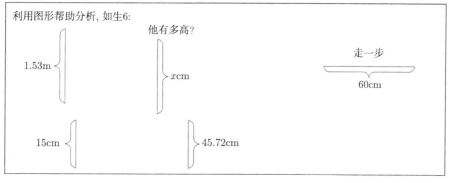

图 4.8　学生解决 "巨人" 身高问题的表征

呢? 其实, 这只是表明, 教师在教学中的作用应当有比 "知识的拥有者和授予者" 完全不同的理解. 在问题解决教学中, 教师更应当在以下方面发挥作用:

1. 问题情境的创设者

由前面的论述可知, 一个好的问题情境对于问题解决教学的成败起着至关重要的作用. 教师作为问题情境的创设者, 即教师应为学生的问题解决活动创造一个良好的环境. 为此, 教师必须要深入地了解学生内在的思维活动. 这即是指除了要认识学生集体的共性外, 还要注重了解学生个体的特殊性. 例如, 学生们对什么样的问题感兴趣? 他们将怎样理解问题? 他们会产生什么样的解法? 可能会出现什么

样的错误? 如何帮助他们走出解题的困境? 面对一个真实生活中的事件, 他们关心的议题是什么? 他们会再提出什么样的问题? 他们是否具备解决问题的条件, 如顺利解决问题所必需的知识、技能、经验背景? 若没有, 教师就应该在学生从事问题解决的活动前注意帮助他们获得必要的经验和预备知识、解题技能.

2. 问题解决主体的合作者、指导者

这是指教师在问题解决教学中不应成为 "居高临下" 的教导者、"救世主", 而应成为学生问题解决活动的平等参与者, 在学生碰到困难的时候能够帮助学生拨开云雾. 为此, 他应该与学生一起想, 善于倾听学生的不同意见; 能在适当时候表现出 "无知", 在适当时候发表看法; 能对学生的观点提出质疑, 并通过提出适当问题的方式启发学生深入思考; 以身作则, 尊重学生、服从理性、思想开放. 如果学生确实遇到一个无法解决的问题, 则教师应该向全班发问, 了解是否大家都存在这样的问题, 若有学生已经解决了该问题, 教师就应该让学生来示范他思考问题的过程; 没有一个学生能解决该问题, 则教师自己应该作出示范.

但是这里要注意, 教师的启发、示范应该旨在帮助学生学会数学地思维, 而不能变成代替学生思维、解决问题. 例如, 以下做法就是不恰当的:

问题: 寻找 1/4 的 1/3, 使用模块, 画出你的答案.

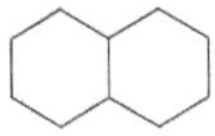

师: "的" 字前面的分数是多少?

生: 1/4.

师: 标出这两个六边形 (图 4.9) 的 1/4, 注意啊, 这个 1/4 是四个相等部分的一份.

图 4.9

[生给两个六边形的 1/4 涂上阴影]

师 [指着 1/3]: 这个分母告诉我们把这 1/4 阴影部分分成三部分, 分子告诉我们答案是这三部分中的一部分. 好, 现在把阴影部分分成三个部分, 并且标识它们.

[生照着老师说的做]

师: 那么你的答案是多少?

生: 1/6.

师: 多少个三角形才能填充完两个六边形?

生: 12 个.

师: 那么你的答案是多少?

生: 1/12[并将答案写在本子上].

这个案例中教师的典型做法是: 只是给予该如何做的指令, 而不是启发学生思考, 希望学生依靠自己的努力去得出答案. 这样, 教师的指导就变成了包办任务, 并不能真正解决学生的疑难.

3. 问题解决活动的组织者、促进者

作为问题解决活动的组织者、促进者, 一方面, 要求教师避免简单地 "给出" 问题, 并通过各种途径让学生 "被迫地" 作出回应的做法, 而应努力调动学生学习的积极性, 让学生感觉到解决问题的需要, 并积极承担问题解决的责任. 另一方面, 教师必须缜密计划和组织学生从事问题解决的活动, 合理安排独立思考、全班讨论、分组工作的时间, 以及教师的作用. 最后, 教师还要善于在恰当的时候发挥激励和 "学习共同体" 在学生问题解决活动中的作用. 这即是, 当学生独立工作取得进展时, 给予及时的肯定; 当学生暂时停滞不前时, 给予充分的理解和支持; 当学生出现错误时, 鼓励学生通过自评和他评弄清问题所在并对如何纠正错误进行分析.

4. 问题解决过程的监督者、调控者

学生从事问题解决的活动通常不是一帆风顺的, 任何一个阶段都有可能碰到新的疑难或问题. 而教学的时间是有限的, 为此, 教师要作出全面的规划. 包括如何分配教学资源, 如何调节和控制问题解决的过程. 就教学资源而言, 教师要事先考虑学生解决该问题所需的时间范围、学生要付出多大程度的努力、教师应提供何种类型的帮助和鼓励、教室空间如何布置、需要提供哪些设备与材料、如何分配这些设备和材料等. 在学生从事问题解决的过程中, 教师要充当好监督者的作用, 督促学生对自己解决问题的活动进行监控, 留心活动的进展及出现的各种状况, 遇到困难和错误及时想办法解决. 在发现学生讨论的焦点偏离问题解决的主题时, 教师应调整谈话的方向, 不是发出指令, 而是通过问题引导将学生的话题转移过来, 如可提出这样的问题: 怎么样? 碰到什么问题没有? 目前进展到何种程度了? 现在在做什么? 能否将眼下的工作清晰地描述出来? 为什么要这样做? 能起到什么样的作用? 这看上去是否合理? 如果不合理, 应该怎样做? 等等. 事实上, 经常向学生提出这样的问题还有利于提高学生自身的 "调控" 能力. 为了保证问题解决教学的顺利实施, 教师要对学生在问题解决过程中遇到的各种问题进行全面评估, 制订补救措施.

4.4　数学问题解决教学设计案例举隅

著名数学教育家弗赖登塔尔有一个重要的观点: "教数学就必须教相互连贯的材料, 而不是孤立的片断"(张奠宙等, 1991)[196], 这里的联系包括数学内部的逻辑联系和数学与外部的联系. 通常认为很难处理数学的内部联系和外部联系之间的关系. 事实证明, 通过问题解决教学能做到兼顾二者. 下面是一个在初中进行问题解决教学的案例 (表 4.6). 在这节课中, 执教老师将学生在初中阶段所学的刻画现实世界中有关量与量之间变化规律的重要数学模型: 一次函数、一元一次方程、一元一次不等式联系到了一起, 通过问题解决教学, 做到了既让学生体会三者内在的逻

表 4.6　数学问题解决教学设计案例

课题：一元一次不等式（组）、方程与函数的应用	计划学时：1 学时	授课教师与执教班级：	学生人数：

教学设计要点	本节课的教学重点是一元一次不等式（组）、一元一次方程与一次函数的应用. 本节课意图通过让学生提出问题、解决自己提出的问题的方式来达到学习目的. 首先以人们日常生活中常遇到的手机卡消费问题为素材创设问题情境. 该问题情境是一个解题目标和条件均不明确的结构不良的问题情境，要求学生根据情境信息，从已有知识、经验出发，通过独立思考与合作交流相结合的方式提出问题. 进而师生合作，共同解决问题. 最后拓展问题. 预计学生会提出以下几个方面的问题： 1. 固定通话时间，哪种卡合算？ 2. 固定月话费，哪种卡合算？ 3. 各种卡分别在何种条件下使用才是合算的？ 　　在解决问题时，由于时间关系，对于简单的问题让学生独立完成，而将教学重点放在较复杂问题上，师生一起分析、探究解决；强调解题方法的多样性，以期培养学生分析问题、综合运用知识解决问题的能力，以及寻求最佳解题方法的思想. 　　考虑到学生的能力水平，先给出的情境信息尽量清晰，简明，解决问题需考虑的因素不要太多. 例如，只考虑市内通话的情况，且接收电话不收费. 在拓展问题中可增加约束条件，逐渐提高问题情境的复杂程度，如给出长途收费标准、或考虑接收电话的费用、发送短信的费用、上网费用等，进一步提高学生解决较复杂问题的能力. 　　由于学生最初表述的问题可能不是标准的数学问题，在解决问题时要让学生对问题进行重新表征，即用清晰的数学语言将要解决的问题表述出来，并能体会数学表示对问题解决的意义.
教学目标	1.在具体背景中理解一次函数、一元一次方程、一元一次不等式的意义，并能有选择地应用它们来解决现实生活中的问题； 2.能借助函数图像分析变量的变化趋势，体会方程、不等式、函数的联系，及其在解决实际问题中的工具作用； 3.经历分析现实情景、发现和提出数学问题，将复杂问题分解、转换成简单问题进行求解的过程，体会解决复杂问题的一般思路，提高从数学的角度发现和提出问题、分析和解决问题的能力； 4.经历从实际问题中抽象出数量关系，建立数学模型，通过模型求解来求得实际问题的解的过程，体会数学语言的精确性、数学思维的严谨性，提升数学抽象与数学建模素养； 5.能从不同途径寻求问题解法，发展思维的灵活性.
教学重点、难点	重点：一元一次不等式（组）、一元一次方程与一次函数的应用. 难点：一元一次不等式（组）、一元一次方程与一次函数之间的联系.
问题情境	问题情境的设计是关系本节课教学成败的重要因素. 对于初中生来说，创设贴近他们日常生活的问题情境能调动他们问题解决的愿望，激发他们学习的兴趣. 从而能促使他们积极思考，发现问题、提出问题、并乐于解决问题. 手机是现在人们生活中常见的一种通信工具，手机付费问题是人们关心的问题，不同手机卡有不同的收费方式，人们在购买时都会心中算一算哪种卡最经济实惠. 故以手机卡的选择和使用为素材创设问题情境.

续表

课题：一元一次不等式（组）、方程与函数的应用	计划学时：1学时	授课教师与执教班级：	学生人数：

习题	课堂上，使用学生提出的问题. 课后，设计必作题和选作题. 必作题要求每位学生都做，共两题：1）以另类生活问题为素材创设情境，问题结构与课堂问题类似，练习要求有所变化，学生不仅要求得问题的答案，还要进行数学写作，作一方案设计；2）总结当天学习内容，写一篇数学周记. 选作题是课堂问题的进一步深化，给有余力或有兴趣的同学做.
教学方法与策略	独立思考、合作交流相结合

媒体准备

	类型与内容	作用	使用方式
多 媒 体 材 料	PPT1：情境资料	展示信息	设疑—演示—讲解
	PPT2：拓展问题	展示信息	边播放，边讲解
	PPT3：家庭作业必作题	展示信息	边播放，边讲解
	Flash课件：图像法解问题2	提供示范	边播放，边讲解
板书		展示事实、呈现过程、解释原理	边说边写

教学过程

环节	内容	师生活动
	（一）复习 一元一次不等式（组）、一元一次方程与一次函数的概念及其联系.	教师讲；学生听
一、创设情境（约5分钟）	（二）引入情境 既然已经学习了一元一次不等式（组）、一元一次方程与一次函数的相关知识，能否用这些知识来解决我们在日常生活中碰到的问题呢？比如说，随着国家的富裕、人民生活水平的提高，人们都普遍使用了手机. 商家瞅准这个商机，推出的手机卡的种类也越来越多，他们会打着各种各样的"优惠政策"来诱惑你，对此，人们经常犹豫不决，稍不留神就吃了亏. 那么我们到底该如何作出选择才算是明智的呢？下面我给出一家电信公司打出的广告，请同学们看： （投影显示） 为迎接5.17电信日的到来，本公司推出三种手机卡供用户选择，收费标准如下： 　　经济卡：月租费30元，通话费0.2元/分钟； 　　亲情卡：月租费12元，通话费0.4元/分钟； 　　如意通：没有月租费，通话费0.6元/分钟； （说明：上述三种通话均指市内通话，接收电话不收费） 　　欢迎广大手机用户选择使用！	教师边讲边播放投影，读情境资料；学生听、看
	（三）提出要求 对于这则广告，我相信同学们一定有很多想法和疑问，那么，请同学们积极思考，大胆发言，如果你是顾客，你将怎样作出选择？	教师讲；学生听

续表

环节	内容	师生活动
	（一）形成问题的总体框架 问题性质：手机卡消费的最优决策问题 初始状态：三种手机卡及其收费标准，顾客根据自己的情况加以选择 目的状态：找出最合算的手机卡 （显然，这是一个结构不良问题，问题的条件不确定、求解目标也不确定. 另外，像顾客的具体情况是什么？如何理解"合算"？这些问题需要澄清.）	学生先独立思考，再全班交流，教师板书
	（二）表征情境信息 1. 将三种卡的收费情况用数学关系式表达出来 用 y（元）表示通话费用，x（分）表示通话时间，则三种手机卡的通话费用与时间的关系可表达成如下的函数关系式： 　　　经济卡：$y=0.2x+30$ ……………………（1） 　　　亲情卡：$y=0.4x+12$ ……………………（2） 　　　如意通：$y=0.6x$ ………………………（3） 　　　（此处要保证所有学生都能正确理解上述函数关系式，并明确其中字母符号所代表的意义） 2. 顾客的情况：他每个月的通话时间、他每个月能花多少钱在手机的消费上…… 3. 合算：省钱（话费少）、可多打电话（通话时间长）	教师提问，学生回答，教师对学生的答案给予肯定和补充，并板书
二、弄清问题（约12分钟）	（三）将要解决的复杂问题转换成具体的较易解决的问题 （学生可能用自然语言或数学语言表达他们的问题，教师先记下这些问题） 1. 若每月通话 100 分钟，使用哪种卡合算？ 2. 在什么情况下使用经济卡合算？在什么情况下使用亲情卡合算？在什么情况下使用如意通合算？ 3. 若每月付费 200 元，使用哪种卡能多打几个电话？ 4. 如果一天打 10 分钟电话，使用哪种卡合算？ 5. 什么情况下三种卡的费用相同？ 6. 某人因特殊情况有一个月不需用手机通话，应选哪种卡？ 7. 若每月通话时间大于 250 分钟，应选哪种卡？ 8. 每月话费为 150 元，应选哪种卡？ ……	学生陈述问题，教师板书，并根据情况作出补充
	（四）进一步表征问题 1. 若每月通话 100 分钟，使用哪种卡话费最少？ 2. 通话时间为多少分钟时，经济卡的话费最少？通话时间为多少分钟时，亲情卡的话费最少？通话时间为多少分钟时，如意通的话费最少？ 3. 若每月付费 200 元，使用哪种卡通话时间最长？ （注意：有的学生可能会将问题表达成："若每月付费 200 元，使用哪种卡能多通几分钟电话"，事实上该问题仍然是不明确的. 因为这里的"几分钟"既可将它理解成一个表达程度的副词，也可以将它理解为是要具体算出那个多出来的通话时间. 若学生中出现这种情况，应让学生清楚地说出他的意思，然后用不会导致误解的方式将问题清晰地写出来.） 4. 如果一天打 10 分钟电话，一个月按 30 天计，使用哪种卡话费最少？ （这里必须要明确一个月按多少天计才能使问题的条件是确定的） 5. 每月通话时间为多少时，三种卡的通话费用相同？ 6. 某人因特殊情况有一个月不需用手机通话，那么他在该月应选择买哪种卡？ （要让学生注意该题的问题出在解题目标不明确，必须确定选择范围，即是考虑当月情况还是其他月的情况？） ……	全班交流，教师板书

环节	内容	师生活动
三、制订计划（约10分钟）	**（一）探索问题解法，并对问题按方法进行归类** （注，问题 6 实质上还可用观察法求得，或凭经验作出判断．每个问题实际上都可用图像法来解，特别地，对于问题 7，更好的方法是图像法．若学生没有想到图像法，则暂时先不提）	全班交流，教师板书
	（二）确定问题解决的顺序 按照学生对解题方法熟悉的程度可确定如下问题解决系列：问题 1、4、6→问题 3、8→问题 2→问题 5→问题 7.	全班交流
	（三）资源配置 学生非常熟悉问题 1、4、6 和问题 3、8 的解法，由学生独立完成，每人从中选作一题，汇报解题结果． 问题 2、5、7 全班交流．	全班交流
四、实施计划（约8分钟）	**（一）求解问题 1、4、6 和问题 3、8　（约 2 分钟）** 教师在黑板上有选择地板书学生问题解决的过程： 问题 1 解：将 $x=100$ 分别代入函数式 $y=0.2x+30$，$y=0.4x+12$，$y=0.6x$ 中， 　　解得 $y_1=50$，$y_2=52$，$y_3=60$. 　　比较得，经济卡 问题 6 解：法一，代值求解，选如意通． 　　法二，观察、心算． 　　法三，经验判断． 　　（对三种方法作出评价，让学生选择最佳解法，并让他们体会不同方法的优势.） 问题 8 解：将 $y=150$ 代入函数式中， 　　由 $0.2x+30=150$ 解得 $x=600$ 　　由 $0.4x+12=150$ 解得 $x=345$ 　　由 $0.6x=150$ 解得 $x=250$　选经济卡	选作问题，交流结果对产生好的解法的同学给予表扬
	（二）求解问题 2　（约 4 分钟） 解法一：列一元一次不等式组解 　　（1）使用经济卡合算：$\begin{cases} 0.2x+30<0.4x+12, \\ 0.2x+30<0.6x \end{cases} \Rightarrow x>90$； 　　（2）使用亲情卡合算：$\begin{cases} 0.4x+12<0.2x+30, \\ 0.4x+12<0.6x \end{cases} \Rightarrow 60<x<90$； 　　（3）使用如意通合算：$\begin{cases} 0.6x<0.2x+30, \\ 0.6x<0.4x+12 \end{cases} \Rightarrow 0\leqslant x<60$ （事实上，由该题的结论可直接得到另外一些问题的答案，如由（1）即得到问题 1、4、7 的解；由（3）还可得到（6）的解．若有学生看出来，给予表扬.） 解法二：图像法（学生说明解题思路，多媒体演示图像）：	点名学生说出解题思路，上黑板前书写解题过程，其他学生做在作业本上，可交流讨论

表（一）探索问题解法部分的内嵌表格：

问题 1、4、6	自变量一定，比较不同函数函数值的大小	解一元一次方程
问题 3、8	函数值一定，比较不同函数自变量取值大小	
问题 2	根据不同函数函数值之间的关系，求自变量的取值范围（不等）	解一元一次不等式组
问题 5	根据不同函数函数值之间的关系，求自变量的取值范围（相等）	解一元一次方程
问题 7	在自变量的某变化范围内比较不同函数函数值的大小	试误法

环节	内容	师生活动
	（事实上，从图像上还易看出其他问题的解，若有学生看出来，给予表扬）	
	（三）求解问题 5、7（约 2 分钟） 问题 5：法一，解方程（组） 　　由 $0.2x+30=0.4x+12$ 解得 $x=90$ 　　由 $0.2x+30=0.6x$ 解得 $x=75$　　无解 　　法二，图像法. （注意提醒学生联系问题 2） 问题 7：法一，试误 　　任取大于 $x>250$ 代入函数式中，求值，比较. 　　法二，图像法. 　　法三，利用问题 2 的结论.	全 班 交流，教师板 书 主 要解 题 过程，对想到图像法的学生给予表扬
	（一）总结 1. 今天解决了哪些问题？解决这些问题的总体思路是什么？ 2. 如何理解"合算"？从中你获得什么启示？	教师总结，提问，学生回答
五、总结、回顾（约 3 分钟）	（二）拓展问题 在今天我们解决的手机卡消费问题中，手机收费的标准十分简单，只考虑了三种条件：是否收月租费、市内通话计费标准、接听电话不收费. 在我们日常生活中，手机收费要考虑的项目还有很多，例如长途通话费、收发短信费、漫游费、上网费、有的手机卡还有接听电话费等. 不同手机卡的收费要求不一样，同学们能否作一项市场调查，看目前市面出现的手机卡有哪些，他们的收费标准如何，顾客有哪些消费需要？写一份"不同手机卡收费项目"的清单，和"顾客手机消费需求"清单，利用今天我们学习的知识，制订一个手机卡购买方案. （投影"拓展问题"） 　拓展问题： 　　　请作一个市场调查，调查不同手机的收费标准，以及顾客的消费需要，写一份"不同手机卡收费项目"清单，和"顾客手机消费需求"清单，利用今天我们学习的知识，制订一个手机卡购买方案.	教师边播放投影边解说

续表

环节	内容	师生活动
六、布置作业(约2分钟)	(一)必作题 (播放投影) 1. 某影碟出租店开设两种租碟方式:一种四零星租碟,每张收费1元;另一种是会员租碟,办卡费每月12元,租碟费每张0.4元,小明经常来该店租碟,若每月租碟数量为x张,请你给小明设计租碟方式. 2. 总结今天所学的内容,写一篇学习报告,题目自定,要回答以下问题: 1)今天讨论的是日常生活中的什么问题?用到了哪些数学知识? 2)今天解决的问题能作出怎样的分类?你的分类标准是什么? 3)你是怎样解决这些问题的?你能根据你的解答过程建立这些问题之间的联系吗? 4)通过今天的学习,你能发现一次函数、一元一次方程、一元一次不等式之间有着怎样的联系? (二)选作题:完成"拓展问题" (三)要求:必作题1.明天交,2.一周后交;选作题两周后交	教师播放投影,边放边解说.学生听,作记录
板书设计	(略)	
教学反思	(略)	

辑联系,又让学生体会三者在解决现实问题中的作用,同时在自己的认知结构中将这些抽象的数学符号、关系与他们的具体的现实背景建立了联系.从而帮助学生进一步理解一次函数、一元一次方程、一元一次不等式这三个概念,认识他们的具体应用. 为了突出这本书的主题,我们根据这堂课的实录 (吕传汉等, 2006)[211~215] 将它改编成一个数学问题解决教学设计的案例,以飨读者.

实践与反思

(1) 请你根据本书关于问题的一般特征和问题解决视野中的问题界定,在中学数学教学内容范围内编拟一个问题,说明该问题对特定年级的学生构成问题的理由.

(2) 请将你编拟的问题应用于恰当的对象 (被试),观察该对象解决问题的过程.
观察方法:你与被试一对一个别进行. 你先向被试呈现你的问题,要求被试应用已学的知识解决该问题. 当被试遇到困难时,给予适当提示,但要注意提示只能帮助他发现新规则而不能暗示或告诉他这个新规则. 记下被试所遇到的困难,以及你的所有提示. **分析要点**:①被试弄清问题的方式、表现;②被试寻找解题途径的方法、表现;③提示对被试问题解决的影响;④被试所采用的解题策略;⑤被试解决问题的过程;⑥问题的性质及被试特征. 你可以选择一个对象也可以选择几个对象进行观察,重要的是要对观察结果进行仔细分析,以得出有意义的结论.

(3) 请对本书给出的数学问题解决教学目标—策略系统作出评价,并提出改进意见.

(4) 请在中学数学课程中选择一个内容, 作一个数学问题解决的教学设计.

(5) 查阅 1980 年以来的数学教育刊物, 如《数学教育学报》、《数学通报》、《数学通讯》、《数学教学》等, 选择其中一本重点调查: ①我国数学教育工作者在解题教学和问题解决教学方面做了哪些研究? ②这些研究运用了哪些方法?③取得了哪些结论?

参 考 文 献

奥加涅相 B A. 1984. 中小学数学教学法 [M]. 刘远图等译. 北京: 测绘出版社.

陈琦, 刘儒德. 2000. 当代教育心理学 [M]. 北京: 北京师范大学出版社.

戴再平. 2001. 数学习题理论 [M]. 上海: 上海教育出版社.

吕传汉, 汪秉彝. 2006. 中小学数学情境与提出问题教学研究 [M]. 贵阳: 贵州人民出版社.

邵瑞珍. 1993. 教育心理学 [M]. 上海: 上海教育出版社.

斯藤伯格 R J, 威廉姆斯 W M. 2003. 教育心理学 [M]. 张厚粲译. 北京: 中国轻工业出版社.

唐瑞芬. 2001. 数学教学理论选讲 [M]. 上海: 华东师范大学出版社.

姚静, 吕传汉. 2005. 走进 "情境–问题" 教学 (SPBI)——从两则案例谈起 [J]. 数学教育学报, 14(4): 87, 88.

姚静. 2003. "情境–问题教学 (SPBI) 对学生数学认知的作用研究 [D]. 博士学位论文, 华东师范大学.

张奠宙, 唐瑞芬, 刘鸿坤. 1991. 数学教育学 [M]. 南昌: 江西教育出版社.

郑毓信. 1994. 问题解决与数学教育 [M]. 南京: 江苏教育出版社.

Cai J. 1995. A cognitive analysis of U.S.and Chinese students' mathematical performance on tasks involving computation,simple problem solving,and complex problem solving[J].Journal for Research in Mathematics Education monograph series7,Reston,VA: National Council of Teachers of Mathematics.

Cai J. 2000. Mathematical thinking involved in U.S.and Chinese students' solving process-constrained and process-open problems[J].Mathematical Thinking and Learning:An International Journal,2,309~340.

Haylock D. 1997. Recognising Mathematical Creativity in Schoolchildren[J].International Reviews on Mathematical Education,29(3):68,69.

Lock R. 1990. Open-ended,problem-solving investigations:What do we mean and how can we use them?[J]. School Science Review,71(256):63~72.

Stein M K, Smith. 1998. Mathematical tasks as a framework for refection:From research to practice[J].Mathematics Teaching in The Middle School,3(4):268~275.

第5章 数学活动课的教学设计

本章目录

本章概览

数学活动课包括数学探究课、数学建模课和数学实践课 3 种类型. 普通高中数学课程标准要求: "数学探究、数学建模、数学文化是贯穿整个高中数学课程的重要内容, 这些内容不单独设置, 渗透在每个模块或专题中"(中华人民共和国教育部, 2003)[98]. 这表明数学活动课在新一轮课程改革中的地位和重要性. 本章研究数学活动课概述、数学探究课及其教学设计、数学建模课及其教学设计、数学实践课及其教学设计, 并探究数学活动课的相关问题及其教学设计的思路, 掌握数学活动

课的基本教学设计技能技巧, 提高对新课程的教学实施能力. 学完本章后, 你应该能做到:

(1) 了解数学活动课的含义、数学活动课的价值、数学活动课的类型;

(2) 掌握数学探究、数学建模和数学活动课 3 种课型的设计思想和方法.

5.1   数学活动课概述

5.1.1   数学活动课的含义

数学活动是指人们从事学习数学、讲授数学、研究数学和应用数学的活动. 数学活动的过程作为数学教学的内容是新课程改革的教学理念. 中学数学活动课是指学生通过数学实践活动获得数学活动的经验, 了解和掌握数学在日常生活中的应用, 使学生学会与他人进行数学合作与交流, 从而实现新课程改革的情感目标. 数学活动课首先应该关注学生的积极参与, 然后引导学生去积极地思考, 增强学生之间的合作与交流, 提高学生运用数学解决问题的能力. 因此, 数学教师对数学活动课的设计要找准问题、精心组织、周密安排、认真总结.

数学学习活动呈现的基本特点主要表现在 3 个方面. 第一, 学生数学学习的过程是建立在经验基础上的一个主动建构的过程, 学生基于校内外的经验, 通过各种活动将新旧知识有机的联系在一起, 从而思考现实中的数量关系与空间形式, 由此发展对数学的理解; 第二, 学生学习数学的过程充满了观察、实验、猜想、推理与交流等丰富多彩的数学活动. 教师应向学习者提供多样化的数学学习方式, 从数学活动的过程获取数学知识; 第三, 学生的数学学习过程应当是富有个性, 体现多样化的学习需求的过程, 学生的智力结构是多元的, 数学思维的形式也是多元的, 多种风格的认知方式可以促进学生形成良好的数学认知结构.

数学活动课的教学设计的基本依据有两点, 首先, 必须以中学数学课程标准为指导. 课程标准特别强调教师的有效的教学方式, 这种有效的教学方式应该指向学生有意义的数学学习, 而有意义的数学学习又必须建立在学生愿望和知识经验的基础之上. 普通高中数学课程标准指出: "学生的数学学习活动不应只限于接受、记忆、模仿和练习, 高中数学课还应倡导自主探索、动手实践、合作交流阅读自学等数学学习的方式, 这些方式有助于发挥学生学习的主动性, 使学生的学习过程成为在教师的引导下的再创造过程." 因此, 数学活动课的教学设计必须依据新课程标准进行. 其次, 必须以现代教育学心理学的理论为基础. 著名心理学家皮亚杰的建构主义学习理论认为: 学习者的知识不是通过教师的传授得到的, 而是学习者在一定的情境即文化背景下, 借助其他人的帮助, 利用必要的学习资料, 通过建构的方式获得的. 教学设计的最终目的是为了学生的学习与发展, 活动课的教学设计也是如此.

数学活动课教学设计的内容应该根据教学目标的要求, 从学习背景分析、学习需要分析、学习任务分析、学习者分析、活动目标的分析与制订、活动策略的制订、活动效果的评价等方面全面考虑. 也就是说活动什么和学生做什么? 如何活动? 活动的收获如何这三个方面去考虑其教学设计.

5.1.2 数学活动课的功能

数学活动课对学生获取数学知识、教师专业的发展和数学课程的发展都具有十分重要意义.

对于学生获取数学知识来说, 首先它有利于培养学生学习数学的兴趣和自信. 它是以学生为中心的数学学习方式, 能激发学生的求知欲和对数学的兴趣. 其次, 它有利于培养学生的 "潜创造力". 人本主义心理学家罗杰斯认为, 要使个人的创造力得以充分发挥, 必须达到心理安全与心理自由. 数学活动课是以学生的 "自主与自由" 为宗旨, 教师的 "权威" 体现在帮助学生的积极参与和促进学生充分发展之上. 再次, 它有助于学生数学学习的策略与学习方法的形成. 最后, 它有利于促进学生的全面发展. 数学课程目标所指的全面发展包括知识、能力和情感领域的发展. 数学活动课可以帮助学生形成与组织数学问题、分析问题和解决问题.

数学活动课一方面对学生学习产生了重要的作用, 另一方面对教师的专业发展有其重要意义. 它可以促进数学教师自觉转变教育观念, 不断学习更新知识. 它是数学教学的一个新领域. 教学的开放性、自主性对数学教师提出了新的挑战, 要求教师具有广博的综合知识, 同时必须关注相关学科的知识. 它有利于原有知识体系的掘深拓宽. 数学活动课内容的选择范围十分广泛, 要求数学教师在教学设计方面对本学科的最新知识的进展有一定的了解与研究. 数学活动课有利于教师提高自身的科研能力和创造能力, 对科研课题的立项、开题、结题等各个环节的全面了解是数学活动课的基本组成形式. 数学活动课可以促进教师的专业发展, 教师的角色的转变即 "教师是研究者".

数学活动课对数学课程的改革与发展产生了积极的推动作用. 它促进了数学课程的深入发展, 也影响着学校的发展. 一方面促进学生的自主学习, 另一方面能督促学生有效地阅读、动手操作、解决实际生活中的问题等. 它改变教学与课程的分离状况.

5.1.3 数学活动课的类型

根据数学教学的内容与教学的目标要求的不同, 数学活动课可以分为实践操作课、课题探究课和数学建模课 3 种类型.

实践操作课是指为了某些数学知识, 形成或检验某个数学结论, 解决某类数学问题, 学生运用有关的工具, 在数学思维活动的参与下进行的一种以学生人人参与的实践操作为特征的数学活动. 这类课是根据实践操作得出的结果、提供的数据进行观察归纳、分析演算、逻辑推证, 从而形成结论.

课题探究课主要是指学生在学习课程知识的过程中, 围绕某个数学问题自主探究、学习数学知识的过程. 运用的方法主要是观察分析数学的事实, 提出有意义的数学问题, 猜测、探求适当的数学结论或规律, 并给出解释或证明 (张思明等, 2003)[14~18].

数学建模课是寻求建立数学模型方法的过程. 它是问题解决的一部分, 其作用对象更侧重于非数学领域, 但需要数学的工具来解决问题. 如何把实际问题抽象化, 转化为一个相应的数学问题这是数学建模课的关键. 它突出表现了对原始问题的分析、假设、抽象的数学加工的过程; 数学工具、模型工具的选择和分析的过程; 模型的求解、再分析、修改假设、再求解的迭代的过程. 数学建模是训练学生的数学科学方法, 培养学生应用数学的意识、数学思维品质的良好的方法.

5.2   数学探究课及其教学设计

5.2.1   数学探究课的维度

数学课程改革面临的一个难题是理论与实践脱节, 理论不能转化对实践产生直接指导意义的操作技术、方法、策略、规范和模式. 教学设计是连接教学理论与教学实践的桥梁, 将教学原理运用于教学实践是教学设计的核心问题. 当前有以知识为中心和以学生为中心的教学设计模式, 它们有其共性, 但又有区别 (表 5.1)(韩际清等, 2007)[81].

表 5.1   以知识为中心的教学设计和以学生为中心的教学设计的比较

	以知识为中心的教学设计	以学生为中心的教学设计
教学设计者所持有的知识观	知识是客观的, 可以从有知识的人那里传递给学生	知识不是纯客观的, 是学生在与外界环境的交互进程中主动建构的
教学设计者所持有的学生观	学生只是知识的容器	学生是对知识的积极加工者, 每个学生都会对知识有独特的理解
教学设计者心中的师生关系	教师是知识的源泉, 学生的活动要配合教师的活动	教师只是学生学习活动的辅导者, 教师的活动要配合学生的活动
规定性理论支持	有比较丰富的规定性理论支持, 如关于教学事件与学习结果的配合的规定性理论	缺少基于建构主义思想的教学分析工具和教学处理的规定性理论支持
教学过程	鼓励学生模仿、记忆	鼓励学生去发现、去创造、去解决问题
教学结果	获得知识很系统, 但往往是机械的、不灵活的	获得的经验可能深刻但不全面

数学探究课的教学设计应该是以学生为中心, 体现现代的数学教育理念, 它是数学课程中引入的一种新的学习方式, 有助于学生初步了解数学概念和结论的形成过程, 初步理解直观与严谨的关系, 初步尝试数学研究的过程, 体验数学创造的科学精神. 数学探究课教学有 7 个方面的基本要求:

(1) 数学探究课内容的选择是完成探究学习的关键. 选择教学内容要有助于学生对数学的理解, 有助于学生体验数学研究的过程, 有助于学生形成发现、探究问题的意识, 有助于鼓励学生发挥自己的想象力和创造力. 因此, 探究课题的内容要具有开放性, 围绕课题学习的预备知识不要走出学生现有的数学知识的范围.

(2) 数学探究课的课题要具有多样化, 可以是某些数学结果的推广和深入, 可以是不同数学内容之间的联系与类比, 也可以是发现和探索, 对学生来说是一些新的数学结果或结论.

(3) 数学探究课的课题可以从教材提供的案例和背景材料中发现和建立, 也可以从教师提供的案例和背景材料中发现与建立. 要特别鼓励学生在学习数学知识、技能、方法、思想的过程中发现和提出自己的问题并加以研究或推广.

(4) 学生在数学探究课的学习过程中应学会查询数学资料、收集与本课题学习相关的信息, 阅读有关的学习文献.

(5) 学生在数学探究课的学习过程中, 应养成独立思考和敢于提出问题, 学会与他人合作、交流, 树立严谨的科学态度, 具有解决问题的决心.

(6) 学生的数学探究课的学习过程中, 了解数学概念和结论的产生过程, 体验数学研究的过程和创造的激情, 学会发现问题、提出问题, 提高解决问题的能力.

(7) 数学探究课应该与课内和课外活动有机地结合起来.

数学探究课有 4 个重要的维度:

维度一, 数学探究的真实性. 数学源于现实、高于现实、用于现实. 数学探究课题应该通过具体的实际问题来教抽象的数学内容, 它应该是从学生经历并所能感受到的客观实际中提出的问题. 例如, 3 名男歌手和 2 名女歌手同台演出, 演出排序中恰有 1 名男歌手在 2 名女歌手之间的概率是多少? 这个问题很自然体现了数学问题的真实, 也是学生能亲身经历的问题. 在数学探究课的题材的选择上不可能也没有必要要求所有问题的情景都是学生所经历的, 但一定要使学生能感受和领悟. 探究问题的真实蕴含着现实的要求, 在不同情境中使用的问题其真实性也有所不同. 在教学情境中使用的材料、背景信息可以通过老师的介绍帮助学生理解. 探究课题的真实性的另一个重要体现是问题中的社会信息是否具有时代感.

维度二, 数学探究结论的开放性. 传统数学教育强调答案的唯一性, 可是当代社会的变革, 人们接受正确的答案可能不止一个的现代新理念. 因为数学已经渗透到社会的各个方面, 教学设计也要适应这个时代的要求; 现代社会问题是复杂多变的, 人们看问题的价值观是多元的, 解决问题的方式也可能是多种多样, 问题的答案也不是唯一的; 我们不能怀疑绝对主义的数学观, 但面对社会的变革, 我们不能空有满腹 "数学经纶", 要教给学生什么样的数学观? 如果说形式化就是数学的基本特征, 数学抽象就是以抽象为形式, 数学的严谨就是要符合形式演绎规则, 那么, 这就是绝对形式论者形式演绎思维方式推导的结果, 使数学教育变成一种机械化的形式推导. 因此必须倡导非形式化的数学活动.

维度三, 数学探究方法的多样性. 传统数学教育强调 "一题多解", 教学的目的则主要表现寻找推导过程中不同的逻辑通道. 数学探究课在探究方法上则要突破这个局限. 首先在时间上的突破, 数学探究课在时间上不要做出过多的要求; 其次是空间上的突破, 传统数学问题是在教室、家里完成, 数学探究题需要学生自己准备材料, 让学生走出学校, 走向社会, 进行调查、收集课题的信息; 再次是工具上的突破, 数学探究课不仅是依靠笔、纸就能解决的, 数学探究课需要现代信息技术的工具才能解决, 工具的突破也导致了数学探究课题的表达形式的丰富多彩, 可能是一件电子产品, 可能是一个信息技术交流平台.

维度四, 数学探究过程的交互性. 信息技术的高速发展为我们探究客观事物提供了相互交流的有效途径. 另一方面, 数学探究课本身也要求我们明确学生探究数学问题的方向需要了解解题过程的进展, 这就需要学生之间进行相互交流.

5.2.2　数学探究课教学设计思想

数学活动是一个可分层的经验领域和组织方法特殊的经验领域的活动, 在每一个层次的体验是学生获取知识、创造新知识活动的过程.

数学探究课具有 "再创造" 的教学思想, 因为数学探究课是在学生已有的数学知识的基础上, 提供合适的情境的一种比较稳定的操作程序式的教学形式, 在老师的指导下, 通过充分的自主探索、共同合作交流的再创造的劳动来获得数学知识, 形成良好的学习氛围. 具有 "再创造" 的教学思想的特点在于: 其一, 强调数学教学是师生共同参与的过程, 教师的主导作用体现在使学生主体达到学习的目标; 其二, 数学探究课的教学环节从课题材料 → 学生探究结论 → 学生自我评价 → 师生互评的过程有利于学生的互动, 与他人合作与交流; 其三, 尊重学生学习数学的方法的选择, 强调全体学生的参与, 人人通过数学探究课有所获, 有所得; 其四, 数学探究课强调数学知识的发生过程, 数学思想方法的呈现过程, 强调数学知识的学习过程是数学认知结构的建构过程.

数学探究课具有 "开放性" 教学思想. 国外数学教育自 20 世纪 70 年代以来就提出数学教育的 "开放性问题", 并强调数学问题的答案是开放的第一步, 接着是问题解决的方法的开放, 最后是数学问题本身的开放. 数学探究课是开放性教学的具体形式之一, 数学探究课教学设计中课题的选择是施行开放性教学的关键一步. 对数学教学而言, "开放性" 指的是数学问题的条件开放, 即所给的条件是在不断变化的; 结论开放, 即多结论或无固定结论的数学问题; 解题策略的开放, 即可以采用多种方法和途径去解决所给的数学问题.

数学探究课不仅能使学生经历知识获得的过程和能力获得的过程, 更重要在于学生的数学素养和数学人文精神的形成过程. 在教学设计方面它体现以下几个方面的特点:

(1) 教学设计要体现主体性与主动性. 数学探究课的实践教学本身就是一种数学活动, 通过这种活动让学生习得获取数学知识的方法和参与数学实践活动的经验, 以及使学生感受终身受用的数学基本能力与创造才能. 这对于素质教育和创新教育的时代要求尤其重要.

(2) 教学设计要体现学生的共同交流. 数学教育的社会责任是培养学生具有数学素养的社会公民, 其重要标志是学会数学交流, 要让学生从读数学、写数学向讲数学 (表达自己的数学思想)、听数学 (倾听他人的数学想法) 转变. 荷兰数学教育家弗赖登塔尔说: "数学学习的过程就是要通过数学语言, 用它的特定的符号、词汇、语法和成语去交流去认识世界."(葛军, 2000)[49]

(3) 教学设计要体现民主性与合作性. 数学探究课的目的是让学生多接触实际的数学问题, 用多种方法去解决所给出的数学问题, 这就必须依靠集体的智慧, 发挥大家的潜力.

(4) 教学设计要体现人人都有收获. 数学是通过其思想方法和思维方式来影响人们的思维方式, 进而影响人们的生活方式甚至生存方式. 数学探究是挖掘、提炼数学思想方法, 展示应用数学思想方法的数学实践活动, 通过对数学思想方法不同深度的理解使得人人都有收获.

数学探究课的教学设计应该分 3 个层次来进行教学设计, 即基础层次、中间层次和较高层次. 基础层次是教师或教材给出的问题, 要给出探究的主要步骤, 制订结果呈现的形式, 对可能出现的问题给出适当的提示. 中间层次是教师或教材给出的问题, 要给出探究的过程的简要过程的需要提示, 对结果的呈现给出大致的要求, 可以适当地不加限制. 较高层次是教师或教材给出的问题, 要对探究的步骤、结果呈现的形式都不设限定, 问题有一定的开放性, 给学生提供一个创新的空间.

数学探究课的教学一方面要从理论上进行反思, 另一方面要从实践中探索总结. 从理论层面对数学探究课的教学提出几点意见. 第一, 数学教师需要研究探究课的理念和课题的材料. 国际数学教育的调查表明我国中小学生数学水平是很高的, 那么, 我们数学教师的数学教育观念是否适应时代的需要, 我们有什么? 还缺少什么? 有什么需要我们学习和补充? 数学探究课是我国基础教育改革过程中的一种新型的教学模式, 对教学设计的探索, 对课题材料的取舍的探究是当前数学教师面临的新的问题; 第二, 数学探究课教师角色的转变也是需要探讨的问题. 学生与教师谁是主体? 课堂的控制权和自主权如何在数学探究课中得到统一? 数学教师要把与数学有关的、学生感兴趣的数学材料呈现给学生, 力求让学生从中发现问题、提出问题、解决问题、拓展问题; 第三, 把握数学探究课教学的几个平衡点. 数学探究课的教学要把数学知识与其他相关学科知识融合, 要以全面培养学生的思维能力为教学设计的出发点, 要把探索的问题答案与数学思维的品质的培养有机的结合 (沈翔, 2003)[70~76].

5.2.3　数学探究课教学设计案例

【**案例 1**】(适合初中)　综合探究: 钟面数字问题数学探究课的教学设计.

教学目标

1. 在学生自主学习、相互交流的基础上, 发展探究数学规律、提出猜想和验证猜想、有条理地进行表达的能力, 培养合作意识;

2. 进一步提高有理数加减运算的能力.

教学过程　教师提出问题 —— 学生自主探究 —— 师生合作交流 —— 变式与推广.

1. 教师提出问题

在钟面上 1~12 的 12 个数中, 试在某些数的前面添上负号, 使钟面上所有数之和等于零.

2. 学生自主探究

这个过程预计 10 分钟: 学生独立学习, 或互相商讨, 在独立思考与合作交流的过程中学会数学交流及与同学之间合作解决问题.

【方法】试错、找规律

【答案】四数组 (6 个)、五数组 (60 个)、六数组 (58 个), 共 124 个解答.

3. 师生合作交流

这个过程预计 15 分钟: 在学生获得探究结果后, 教师组织全班一起交流各自的探究结果及解决问题的思路, 并进一步总结规律.

【解题规律】(1) 这一课题的实质是将这 12 个数分成和相等的两个数组, 各组数的和为

$$\frac{1+2+\cdots+12}{2}=39.$$

要在其中一些数前面添加负号, 只需将其中一组数前添加负号即可, 于是问题就转化为找到几个数, 它们的和为 39.

(2) 在 12 个数中添加负号的数至多有 8 个, 至少有 4 个, 这是因为:

$$1+2+3+4+5+7+8+9=39, \quad 12+11+10+6=39.$$

4. 变式与推广

这个过程预计 15 分钟: 在明确了解决 12 个数的 "钟面数字问题" 基本思路后, 教师带领学生学习在已有问题上如何进一步提出变式问题.

【变式问题】(1) 若在钟面上仅留下 2, 4, 6, 8, 10, 12 这 6 个偶数, 在其中某些数的前面添加负号, 能否使钟面上所有数的和为零?

(2) 若某同学不小心把钟面摔成两块, 这两块上各数之和是否相等? 若钟面摔成三块, 能否出现各块上数的和也相等?

(3) 若某个星球上一天仅有 18 个小时, 钟面上只有 1~9 这 9 个数, 在其中某些数的前面添加负号, 能否使钟面上所有数的和为零?

【更一般化的问题】在 $1 \sim N$ 这列数中每个数的前面添加 "+"(正号) 或 "−"(负号), 所得的代数和能为零吗?

【案例 2】(适合高中) 探究: 凸多面体中的顶点数 v、棱数 e、面数 f 之间是否有确定的数量关系?

针对学生学情, 可进行不同层次的探究教学设计. 下面, 仅呈现其中的探究过程.

1. 基础层次的教学设计

探究活动按以下步骤展开:

第一步, 对于常见的多面体, 如正四面体、正方体、正八面体、六棱柱、五棱锥、四棱台等进行实验观察, 并用表格呈现数据 (如表 5.2);

表 5.2

所选多面体	顶点数 v	棱数 e	面数 f	形成猜想
正四面体				
正方体				
正八面体				
四棱锥				
四棱台				
五棱柱				
五棱锥				
六棱锥				
六棱台				
自选观察体				
自选观察体				

第二步, 进行计数、比较、发现规律、形成猜想;

第三步, 检验或证明猜想, 并用解题报告表写出观察推证过程.

【学情预设】学生可能形成如下的解题报告表 (表 5.3):

表 5.3

探究课题名称	多面体中顶点数、棱数、面数之间的关系			
研究方法	实验观察、计数、归纳			
初步结论 (写出所得结论的性质, 如由实验观察得到、猜想、已证、能证、待证、已构造出、已找到实例等)	所选多面体	顶点数 v	棱数 e	面数 f	$v+f-e=$
	正四面体	4	6	4	2
	正方体	8	12	6	2
	正八面体	6	12	8	2
	四棱锥	5	8	5	2
	四棱台	8	12	6	2
	五棱柱	10	15	7	2
	五棱锥	6	10	6	2
	六棱锥	7	12	7	2
	六棱台	12	18	8	2
	n 棱台	$2n$	$3n$	$n+2$	2
	n 棱锥	$n+1$	$2n$	$n+1$	2
	n 棱柱	$2n$	$3n$	$n+2$	2
初步猜想	对于上面所给出的多面体均有 $v+f-e=2$, 尝试证明未成功			
发现	发现: ① 正多面体的棱数都是 6 的倍数, 顶点数 v 和面数 f 都是偶数; ② n 棱台、n 棱锥、n 棱柱各自的顶点数 v、棱数 e、面数 f 满足以下关系: $$v棱柱 = v棱台 = (v棱锥 - 1) \times 2$$ $$e棱柱 = e棱台 = \frac{3}{2}e棱锥$$ $$f棱柱 = f棱台 = f棱锥 + 1$$			
猜想	多面体中顶点、棱数、面数满足: $v+f-e=2$			
问题	不知道如何证明			

2. 中间层次的教学设计

第一步, 对于常见的多面体, 请学生自己选择不少于 8 个观察对象进行实验观察, 记录观察结果.

第二步, 在结果中试一试可以发现什么样的规律, 形成猜想;

第三步, 检验或证明猜想, 并设计报告表呈现研究结果.

【学情预设】学生可能形成如下的解题报告表 (表 5.4):

3. 较高层次的教学设计

请学生自己设计解决该问题的方案并加以实施. 之后提出如下的附加问题, 学生可以提出与该问题相关的开放的子课题:

(1) 是否有 e, v, f 间的不等关系? 如 $2e \geqslant 3f$, $2e \geqslant 3v$ 等;

(2) 每一个棱数的多面体都存在吗 (显然棱数最少的多面体有 6 条棱)?

(3) 你上面发现的规律总是对的吗? 能不能构造出 "反例" 或找出更一般的规律、或者找到使你发现的规律成立的更严格的条件.

【学情预设】学生可能形成如下的课题研究报告 (表 5.5):

表 5.4

探究课题名称	多面体中顶点数、棱数、面数之间的关系			
研究方法	观察 → 归纳 → 猜想			
初步结论 (写出所得结论的性质, 如由实验观察得到、猜想、已证、能证、待证、已构造出、已找到实例等)	所选多面体	顶点数 v	棱数 e	面数 f	猜想
	正四面体	4	6	4	1. 正多面体只有五种; 2. 所给出的多面体均有 $v+f-e=2$
	正方体	8	12	6	
	正八面体	6	12	8	
	正十二面体	20	30	12	
	正二十面体	12	30	20	
	四棱锥	5	8	5	
	四棱台	8	12	6	
	六棱锥	7	12	7	
	六棱台	12	18	8	
	n 棱台	$2n$	$3n$	$n+2$	
	n 棱锥	$n+1$	$2n$	$n+1$	
	n 棱柱	$2n$	$3n$	$n+2$	
证明猜想	证明猜想 1, ……				
其他发现、猜想、问题	发现: 每个面均为 N 边形的多面体中顶点数、棱数、面数有下面的相等或不等关系: (1) $2e=nf$; (2) $2e \geqslant 3f$; (3) $2e \geqslant 3v$; (4) $2e \leqslant 5v$				

表 5.5

探究课题名称	多面体中顶点数、棱数、面数之间的关系			
研究方法	观察 → 归纳 → 初步证明			
初步结论 (写出所得结论的性质, 如由实验观察得到、猜想、已证、能证、待证、已构造出、已找到实例等)	所选多面体	顶点数 v	棱数 e	面数 f
	正四面体	4	6	4
	正方体	8	12	6
	正八面体	6	12	8
	正十二面体	8	18	12
	正二十面体	12	30	20
	四棱柱	8	12	6
	五棱锥	6	10	6
	六棱台	12	18	8
	n 棱台	$2n$	$3n$	$n+2$
	n 棱锥	$n+1$	$2n$	$n+1$
	n 棱柱	$2n$	$3n$	$n+2$
初步猜想	尝试证明失败　　$v+f-e=2$			
发现猜想问题	尝试寻找反例: 如果一个凹多面体有两个顶点从两侧重合在一起, 并且其余的棱不共线, 面也不共面, 即只少了一个顶点, e, f 的值不变, 这就不满足上述结论了, 所以这个公式只适应凸多面体; 相关问题: 每一个棱数 (不少于 6 的整数) 的多面体存在吗?　研究结果: 最少的棱数是 6, 可以构造除 7 以外每种棱数的多面体; 当棱数 n 是偶数时, 设 $n=2k$, 则 k 是不少于 3 的正整数, k 棱锥就是边数为 n 的正多面体; 当 n 为奇数时, 因为 $n \geqslant 9$, 所以 $n-3 \geqslant 6$, 只要作出 $n-3$ 棱锥, 然而去掉底面上任意一个顶点所在的 "角", 可以增加 3 条棱, 形成 n 条棱的多面体.			

【案例 3】(适合高中)　分期付款问题探究 (韩际清等, 2007)[116~118].

该课题的探究目标要求学生运用等差数列、等比数列的知识解决实际问题中的分期付款问题.

(1) 创设问题情境: 有一位中国老太太和美国老太太在 "天堂" 上谈起自己以往的生活, 中国老太太遗憾地说: "我攒了一辈子的钱, 刚买了新房就到这里来了." 美国老太太自豪地说: "我年轻时就采取分期付款的方式住上了一栋新房, 来见上帝之前, 刚把欠款还清." 面对这个情境, 学生会产生好奇心.

(2) 选择课题, 提出问题: 王先生于 2005 年 9 月购买了一台售价为 10000 元的电脑, 由于资金不足, 采取分期付款的方式, 购买后一个月第一次付款, 以后每月一付, 于 2006 年 9 月付清, 王先生每期应付多少元?

规定: ①月利率为 0.8%, 每月利息按复利计算; ②每月付款额相同.

(3) 分组收集信息: 指导学生通过查阅资料、走访银行或与有储蓄所等业务人员等方式, 使学生明确以下几点: ①本金; ②利息; ③本利和; ④单利计息的计算方式; ⑤复利计息的计算方式; ⑥分期付款.

(4) 组内探究, 交流总结方案:

方案 1　设王先生每次付款为 x 元, 不计利息, 因为每次付款额相同, 共付 12 次, 所以列方程如下: $12x = 10000$.

方案 2　设每次付 x 元, 10000 元钱一年后本利和为

$$12x = 10000(1 + 0.8\%)^{12}.$$

方案 3　设每次付款 x 元, 12 期的款额于 12 个月后一次付清, 则各期应付款额连同到最后一次付清时的利息和等于 10000 元本金及一次付清时的利息和, 于是有下列方程:

$$\left(1.008^{12} + 1.008^{11} + \cdots + 1.008 + 1\right) x = 10000(1 + 0.008)^{12}$$

方案 4　设每次付款 x 元, 每一次付清后欠款 a_i 元, $i = 1, 2, \cdots, 12$, 那么,

$$a_1 = 10000(1 + 0.008) - x, \quad a_2 = a_1(1 + 0.008) - x, \cdots,$$
$$a_{12} = a_{11}(1 + 0.008) - x$$
$$= 10000 \times 1.008^{12} - x(1 + 1.008 + 1.008^2 + \cdots + 1.008^{12}).$$

又第 12 次付款后欠款为 0, 故 $a_{12} = 0$ 知, 可解如下方程:

$$10000 \times 1.008^{12} - x(1 + 1.008 + \cdots + 1.008^{12}) = 0.$$

4 种方案提出后, 学生讨论的气氛热烈, 全班同学对 4 种方案进行比较、分析、计算, 得出方案 1 中商家利益受到损害, 方案 2 中顾客利益受到损害, 方案 3 和方案 4 形式不同但本质相同, 体现了商家与顾客在利益面前平等性.

(5) 问题深入: 王先生准备购买一套售价 20 万元的楼房, 现有资金 10 万元, 每年可存 2 万元, 王先生准备采取分期付款的形式购房. 银行贷款方案如表 5.6, 问王先生采用何种方案更好?

表 5.6

方案类型	还贷次数	还贷方式	每期还贷金额/元	还贷总额/元	与原贷款差额/元
1(按月)	48	贷款后 1 个月第 1 次还贷, 再过 1 个月第 2 次还贷 ···			
2(按季)	16	贷款后 3 个月第 1 次还贷, 再过 3 个月第 2 次还贷 ···			
3(按年)	4	贷款后 1 年第 1 次还贷, 再过 1 年第 2 次还贷 ···			
4(一次性还贷)	1	贷款后 4 年一次性还清			
备注		规定月利息 0.5%, 每月利息按复利计算			

5.2.4 数学探究课的教学评价

数学探究课的评价实际上是教学活动的评价, 评价过程应该考虑以下几个问题.

(一) 活动过程的科学方法. 数学探究课的活动进程中应该结合课题内容讲授观察、实验、调查、模拟、比较、分类、归纳、演绎、分析、综合、科学假说的基本科学方法.

(二) 活动过程的探究性. 一是要评价学生在探究过程中的能力提高了多少? 二是评价学生在探究过程中知识增加了多少? 三是评价学生做了些什么?

(三) 活动过程的层次性. 层次性包括探究内容本身的层次, 探究答案的层次.

(四) 活动过程的发展性. 探究课的教学设计应体现逐步推进、不断深化.

(五) 活动过程的创新性. 成功的数学探究性课题的教学活动过程必然是学生的主体意识、创新意识发扬光大, 创新成果不断涌现的过程.

5.3 数学建模课及其教学设计

数学建模是运用数学思想方法和数学知识解决实际问题的过程, 它已经成为不同层次数学教育的重要且基本的教学内容. 数学建模课的基本程序如图 5.1 所示.

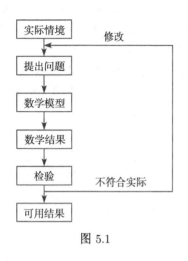

图 5.1

从图 5.1 知道, 数学建模课的方法步骤为

(1) 实际情境: 建模的前期准备阶段, 即建立数学模型之前, 必须理解实际问题的情境, 掌握所要解决问题的有关背景知识和数据资料等信息, 并从实际问题的特定关系和具体要求出发, 找到影响实际的重要因素, 牢固掌握有关数学知识和方法, 并明确建立模型的目的.

(2) 提出问题: 建立数学模型是对实际问题进行具体分析的科学的抽象过程, 在对实际问题分析的基础上, 进行抽象、提出问题, 这是一个化繁为简、化难为易的过程, 我们要抓住主要矛盾的主要方面, 舍弃次要方面, 进行简化, 这是数学建模的关键.

(3) 建立数学模型: 在适当假设的基础上, 运用相关的数学知识方法表示问题各数量之间的关系, 建立相应的数学模型.

(4) 模型求解: 对数学模型进行计算, 得出数学结果, 进行模型分析以及对问题各变量之间的依赖关系进行分析等.

(5) 模型检验: 将模型的结果运用到实际问题的解决中, 运行模型, 对模型的结果与实际进行相互比较, 以便检验模型的可靠性和准确性, 对不符合实际的情况要进行适当的修改, 并进一步提出问题.

(6) 可用结果: 符合实际的结论就是可用的结论, 数学模型被接受后, 进行实际应用阶段, 并在实际应用阶段不断加以改进模型.

5.3.1   模型—数学模型—数学建模

用数学的方法解决实际问题首先必须建立的就是数学模型, 然后才能进行数学的推理、计算、求得结果, 再进一步对实际问题进行判断、进行预测. 那么, 什么是模型、什么是数学模型、什么是数学建模?

模型是人们为了某种特定的目的, 对客观原型所做的一种特性、结构或功能行为等方面具有某种相似关系简化的描述 (韩际清等, 2007)[124]. 它具有定性和定量的两种形式, 其表现形式可以通过实物, 也可以通过抽象的形式来表达. 模型是对客观现象进行抽象或进行模仿, 可以通过模型得到客观事物的原型的信息.

数学模型是运用数学符号、数学表达式以及数量关系对实际问题的简化而得出的关系或规律的描述, 是指对实际问题的主要特征、主要关系进行分析、经过抽象、综合概括所得出的数学结构. 这种数学结构有两个具体的要求, 一是这种数学结构必须是一种纯数学的关系结构, 是客观事物的一种抽象的与事物属性无关的;

二是这种结构必须是借助于数学概念、数学符号来表达的数学结构形式. 通常来说, 数学模型的含义比较广泛, 从广义上说, 数学概念、数学公式、数学的法则、原理、函数关系式、方程式及算法系统都可以称为数学模型; 狭义的数学模型是指只有反映特定问题或特定的具体事物系统的数学关系结构, 这是因为构造数学模型的目的是为了解决具体的实际问题. 根据狭义的数学模型的理解, 数学模型分为确定性数学模型、随机性数学模型、突变性数学模型和模糊性数学模型 4 种. 一般来说, 确定性数学模型是运用确定性数学知识所建立的数学模型; 随机性数学模型是运用概率论与数理统计等随机性数学知识建立起来的数学模型; 突变性数学模型是运用突变理论建立起来的数学模型; 而模糊性数学模型则是运用模糊数学的理论与方法建立起来的数学模型.

数学建模是用数学语言与方法设计数学模型的过程. 也就是说数学建模是运用数学思想、数学方法和数学知识解决实际问题的过程.

5.3.2 数学建模课的设计思想

在进行数学建模课的教学设计之前, 教师必须明确对数学建模课的如下教学要求 (张思明等, 2003)[36,37]:

第一, 数学建模中, 问题是关键. 数学建模问题是多种多样的, 但应该来自于学生的生活实际、现实世界和其他学科等方面, 同时, 解决问题所涉及的知识、思想和方法应与中学数学课程内容相联系;

第二, 通过数学建模, 学生将了解和经历框图所表示的解决实际问题的全过程, 体验数学与日常生活及其他学科的联系, 感受数学的应用价值, 增强应用意识, 提高实践能力;

第三, 每一个学生可以根据自己的生活经验发现并提出问题, 对同样的问题, 可以发挥自己的特长和个性, 从不同的角度、层次探求解决的方法, 从而获得综合运用知识和方法解决实际问题的经验, 发展创新的意识;

第四, 学生在发现和解决问题的过程中, 应学会通过查询资料等手段获取信息;

第五, 学生在数学建模中应采取各种合作方式解决问题, 养成与人交流的习惯, 并获得良好的情感体验;

第六, 中学阶段应至少为学生安排一次数学建模活动, 还应将课内与课外有机地结合起来, 把数学建模活动与综合实践活动有机地结合起来.

数学建模课的突出特点是实践性, 数学学习与数学实践活动的严重脱节是数学教育存在的严重问题, 数学的应用性得不到充分的体现, 数学建模的主要思想是加强数学与社会、科学、生产实际的联系, 特别是用数学知识发现社会和生活中的实际问题, 并力求解决我们所发现的问题. 因此必须推动学生去关心现实、了解社会、体验人生, 并积累一定的感性知识和实践经验. 数学建模课所探究的问题是源于社会生活的实际, 整个探索过程充满了思考、调研、试探、操作实验, 而探索的结果又运用于实践.

数学课程标准对数学建模的教学提出了指导性建议, 数学建模不再单独设置, 而是渗透在每个模块之中. 因此可以针对学生的不同发展水平, 分层次地开展多样的数学应用与建模活动, 常见的有 3 种:

(1) 结合正常的课堂教学在部分环节上 "切入" 应用和建模的内容;

(2) 开展以数学应用和数学建模为主题的课外活动;

(3) 开设数学建模的选修课.

我们知道, 在中学开展数学应用和数学建模的关键是寻找一批适应学生参与的 "好问题", 数学教师在选择问题时应特别注意以下几点 (严世健等, 2004)[286]:

(1) 应努力选择与学生的生活实际相关的问题并减少对问题不必要的人为加工和刻意雕琢;

(2) 数学建模问题应努力表现出建模的全过程, 而不仅仅是解决问题的本身;

(3) 数学建模选用的问题最好有较为宽泛的数学背景, 有不同层次, 以便于不同水平学生参与, 并注意问题的开放性和可扩展性;

(4) 应鼓励学生在问题分析解决的过程中使用现代信息技术;

(5)提倡教师自己动手, 因地制宜地收集、编制、改选数学应用或已有的数学建模问题, 以便更适合于学生使用, 并根据所教学生的实际情况采取适当的教学策略.

在开展数学建模活动教学时, 教师应注意下面 3 点:

第一, 明确数学建模课教学的重要意义.

(1) 培养学生发现问题, 提出问题的意识, 使学生通过查询资料、获取信息等手段去发现问题;

(2) 培养学生的观察力、理解力和抽象能力, 对事物进行正确判断的能力, 从而, 加深对数学本质的理解与认识;

(3) 能扩展数学概念, 强化数学应用的意识, 增强数学研究的能力, 培养学生灵活运用数学知识与数学方法的能力;

(4) 提高分析问题和解决问题的能力, 树立创新意识;

(5) 培养学生的自立能力与使用精神, 增强对数学的感受和情感体验.

第二, 正确把握数学课程标准的教学要求.

数学教育界应重视对数学建模和数学应用的教学, 在中学阶段, 数学与物理、化学、经济、日常生活以及哲学、社会科学的联系越来越多, 如人口增长、质量控制、抽样试验等都需要有相应的数学模型, 都需要应用统计、线性规划、数列等数学知识建立相应的数学模型.

第三, 认真解读数学课程标准中的教学建议.

数学建模课可以采用课题组的学习模式, 教师引导和组织学生学会独立思考、分工合作、交流讨论、寻求帮助, 教师成为学生的使用伙伴; 教师应指导学生完成数学建模报告, 规范报告的格式 (包括问题提出的背景、问题解决的方案、问题解决的进程、合作学习的过程、结果和评价等).

在开展数学建模活动时, 我们要合理运用数学建模的评价. 评价过程应该从 3 个方面进行. 第一, 评价学生在数学建模中的表现时, 要重过程、重参与, 不要苛求数学建模过程的严密、结果的准确, 要关注学生在建模中的创新性, 即问题的提出和解决的方案有新意; 关注内容的现实性, 即问题来源于学生的现实; 关注问题的真实性, 即问题的解决确实是学生本人参与制作, 数据比较真实; 关注问题的合理性, 即数学建模中使用的数学方法得当, 求解过程合乎常理; 关注模型的有效性, 即建模的结果有一定的实际意义. 第二, 对数学建模的评价可以采用答辩会、报告会、交流会等形式进行, 通过师生之间、学生之间的提问与交流给出定性评价. 第三, 数学建模报告及评价记入学生的成长记录, 作为反映学生数学学习过程的资料和推荐的依据, 同时, 对于优秀的数学建模成果教师可以通过各种渠道向专业期刊、大学学报等推荐发表.

5.3.3 数学建模课的设计案例

教师在进行数学建模课的教学设计时, 要根据不同程度、不同要求的内容进行教学设计, 对于课内与课外有机结合的类型的数学建模活动应该在课堂教学中适时引入模型. 表 5.7 的内容就是各种类型的数学建模活动题材.

表 5.7

新课程	教材内容	教师可添加的数学应用及建模内容
	集合	计数问题、编码问题、体育比赛的场次设计问题
	函数的单调、函数的极值	怎样存款获息多、容口的设计等
	二次函数	拴牛问题、磁带问题
必修 1	指数函数、对数函数	细胞分裂、人口或其他生物增减变化的规律、考古中所用到的 ^{14}C 的衰减、药物在人体内残留量的变化、存款、借贷问题、非线性拟合和预测问题
	幂函数	某种商品销量大小的定价问题、旋钮或电位器中电阻随旋转角变化率等
	直线与平面	桌腿着地问题、测高与测长问题
	柱、锥、台的表面积与展开	电视天线的布线、暖气管道保温材料的缠绕、下料问题、圆管或方管弯头的展开图等
必修 2	体积与表面积	电视塔与卫星问题、电缆长度、蒙特卡罗方法求体积、发电站冷却塔的体积、西瓜售价问题等
	直线与方程	线性规划初步、长料短截、运输问题、分工问题、线性拟合问题等
	圆与方程	追及问题

续表

新课程	教材内容	教师可添加的数学应用及建模内容
必修 3	概率	计算机模拟估算圆周率、有奖促销、字典中字词的部首分布、水库中的鱼量、自行商场出口设置问题、掷币问题、怎样估计自己的单词量、怎样评价考试成绩、歌手大奖赛的成绩处理——歌手及裁判水平的评价等
必修 4	三角函数	计算器、计算机求解实际测量问题、单摆运动、波的传播、交流电、残料的利用、抽水站的设立位置问题
	平面向量	力、速度、加速度、功等问题
必修 5	解三角形	与测量、计算有关的实际问题 (如测高与测距)、停车场的最多停车设计、加工精度的间接测量等
	数列	教育储蓄的收益与比较、银行的存款、贷款与分期付款、投资收益问题、人口的增长、资产的折旧、生物种群的变化、铺砖问题、雪花曲线、堆垛问题等
	不等式	线性规划、无盖储水池、洗衣机问题、打包问题、加工程序问题、罐头问题等
选修 1-1 选修 2-1	圆锥曲线与方程	彗星的轨道、桥拱曲线的设计、油罐车、冷却塔、声差定位
选修 1-1 选修 2-2	导数及其应用	增长率、膨胀率、效率、密度、瞬时速度、利润最大、用料最省、效率最高的生活中的优化问题
选修 4-4	坐标系与参数方程	凸轮设计、投篮问题、铅球问题、曲杆联动、定速比、非同向追及问题等

【案例 4】(适合高中)　函数应用的数学建模教学案例.

教学目标

(1) 进一步了解函数在解决实际问题中的应用, 培养应用意识;

(2) 学会构造函数模型的基本方法;

(3) 能够对自己构造的函数模型进行评价并作出改进.

教学重点、难点

重点: 函数模型在解决实际问题中的应用.

难点: 构造恰当的函数模型.

教学方法　问题解决教学模式.

教学手段　多媒体、画图软件.

教学过程

1. 复习铺垫 (5 分钟)

教师带领学生复习一次函数、二次函数、指数函数、幂函数的概念、图像、性质.

2. 提出问题 (3 分钟)

教师播放 PPT 引入实际问题:

某城市新建一个服装厂, 投产前 4 个月产量分别为 1 万件、1.2 万件、1.3 万件、1.37 万件, 并且产品销售良好, 为了推销员在推销产品时, 接受的订单不至于过多或过少, 需要估测以后几个月的产量, 你将用什么样的方法估测产量?

3. 建模求解 (16 分钟)

教师带领学生分析问题, 明确解题思路 —— 根据前 4 个月的产量, 建立月份与产量之间的对应关系:

月份	1	2	3	4
产量/件	1	1.2	1.3	1.37

欲估测以后几个月的产量, 可根据以上数据, 建立一个能刻画各月生产情况的函数模型.

将前 4 个月的数对视为点的坐标得: $A(1,1)$, $B(2,1.2)$, $C(3,1.3)$, $D(4,1.37)$.

建立直角坐标系, 将 4 个点在直角坐标系中画出图 5.2.

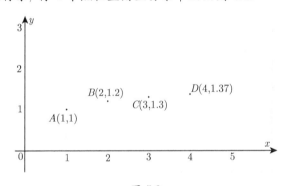

图 5.2

通过连线、观察, 初步分析发现, 4 点坐标可能满足以下四个函数模型:

一次函数 $\qquad f(x) = kx + b(b \neq 0)$,

二次函数 $\qquad g(x) = ax^2 + bx + c(a \neq 0)$,

广义幂函数 $\qquad h(x) = ax^{1/2} + c$,

广义指数函数 $\qquad l(x) = ab^x + c$.

接着利用待定系数法, 从 A、B、C、D 中选出相应的点, 将其坐标代入模拟函数, 求解出函数模型. 再用剩余的点求分别求出各模型所产生的误差, 所得误差最小的那个函数模型即为所求. 各模型的求解和验证如下:

(1) 用 B,C 两点的坐标代入一次函数模型得 $f(x) = 0.1x + 1$, 代入 A 点坐标得 $f(1) = 1.1$, 误差为 0.1, 代入 D 点坐标得 $f(4) = 1.4$, 误差为 0.03.

(2) 用 A,B,C 三点代入二次函数模型得 $g(x) = -0.05x^2 + 0.35x + 0.7$, 再用 D 点坐标代入得 $g(4) = 1.3$, 误差为 0.07.

(3) 用 A, B 两点的坐标代入广义幂函数模型得 $h(x) = 0.48x^{1/2} + 0.52$, 分别代入 C, D 两点的坐标得 $h(3) = 1.3$, 误差为 0.05; $h(4) = 1.48$, 误差为 0.11.

(4) 用 A, B, C 三点的坐标代入广义指数型函数得 $l(x) = -0.85 \times (0.5)^x + 1.4$, 再用 D 点坐标代入得 $l(4) = 1.35$, 误差为 0.02.

综上, 选择误差最小的广义指数函数模型来预测以后几个月的产量.

4. 迁移应用 (16 分钟)

某县 $2002 \sim 2005$ 四年分别有财政收入 2.59 亿元、3.06 亿元、3.80 亿元、4.89 亿元.

(1) 请建立一个数学模型, 预测该县以后的财政收入情况, 并用 2006 年 (6.68 亿元)、2007 年 (8.50 亿元) 两年的财政收入检验一下, 评价模型的优劣;

(2) 计算出该县收入的平均增长率;

(3) 按照 (1)(2) 分别预测 2008 年该县的财政收入, 并讨论哪种预测结果更具有可行性? 倘若你是县长, 你将采取哪种模型?

5. 课后延申

由学生自己总结、相互评价、完善与提高, 并完成数学建模报告.

另一种类型的数学建模活动是课外活动的引申. 由于课堂教学的课时数的限制, 有些数学活动必须在课外完成. 教师应该在课堂上提出问题、建立模型, 问题的求解过程留给学生在课余作业中继续完成.

【**案例 5**】(适合高中) 试建立椅子问题的数学模型.

1. 提出问题

4 条腿长度相等的椅子放在不平的地面上, 4 条腿是否可以同时落地?

2. 分析问题

将椅子的四只脚按递时针方向依次编号为 A、B、C、D, 椅脚连线为正方形 $ABCD$.

设椅子的中心在坐标原点, AC 为 X 轴, BD 为 Y 轴, 将椅子转动视为坐标轴转动, θ 表示 AC 转动后与初始位置 (X 轴) 的夹角, $g(\theta)$ 表示 A、C 离地面的距离之和, $f(\theta)$ 表示 C、D 离地面的距离之和且 $g(\theta)$、$f(\theta) \geqslant 0$.

当地面光滑时, $g(\theta)$、$f(\theta)$ 都是 θ 的连续函数, 由于不共线的三点确定一个平面, 因此, 不论地面如何不平, 三条腿总是同时着地的, 所以有 $g(\theta) \times f(\theta) = 0$.

3. 建立模型

椅子 4 条腿是否可以同时着地的问题转化为是否存在时刻 θ, 使得同时有 $g(\theta_0) = 0$ 和 $f(\theta_0) = 0$.

不妨设在初始位置时, $g(\theta) = 0$, $f(\theta) > 0$, 椅子问题的数学模型为以下待证命题:

已知非负连续函数 $g(\theta), f_0(\theta)$ 且 $g(\theta) \cdot f(\theta) = 0$, 若 $g(\theta) = 0, f(\theta) > 0$, 则一定存在 $\theta_0 \in \left(0, \dfrac{\pi}{2}\right)$, 使得 $g(\theta_0) = f(\theta_0) = 0$.

4. 解决问题 (学生课后完成)

【参考答案】设 $h(\theta) = g(\theta) - f(\theta)$, 则 $h(\theta) < 0$. 将椅子转动 $\pi/2$ 时, AC, BD 的位置互换, 则 $g(\pi/2) > 0, f(\pi/2) = 0$, 所以 $h(\pi/2) = g(\pi/2) - f(\pi/2) > 0$.

由零点定理, 必有 $\theta_0 \in \left(0, \dfrac{\pi}{2}\right)$, 使 $h(\theta_0) = 0$, 即 $g(\theta_0) = f(\theta_0)$.

由于对任意 θ 都有 $g(\theta)f(\theta) = 0$, 所以 $g(\theta_0)f(\theta_0) = 0$, 因此 $g(\theta_0) = f(\theta_0) = 0$.

对数学建模活动的设计我们还应该将它与综合实践活动有机地结合起来, 因为综合实践活动不受教材、教学进度等限制. 教师通过设计, 鼓励学生到社会上去获取信息, 在教师的指导下, 建立模型, 从而解决实际问题.

【案例 6】(适合初中)　教育储蓄问题 (张思明等, 2003)[161~165].

1. 课题的实施设计环节

课题目标　初步了解用数学知识解决生活实际问题的过程, 体会所学知识的应用价值和数学理论由于它的一般性和抽象性所带来的应用的广泛性, 培养学生关注并能发现自身生活中常见的数学因素、数学问题, 主动应用数学知识去解决问题的意识.

预备知识　等差数列的通项公式以及求和的公式.

课题涉及的内容　等差、等比数列的通项公式和求和公式; 整存整取、零存整取储蓄的相关计算.

课题实施的步骤

(1) 调查有关 "教育储蓄" 的资料, 途径: 网上查找、到当地一个储蓄所 (开通教育储蓄业务) 询问等.

(2) 重点获取下列信息: 教育储蓄的对象 (主要是中小学生); 教育储蓄的类型 (零存整取但享受整存整取的利率); 最低起存金额 (人民币 50 元); 每户存款本金的最高限额 (人民币 2 万元); 支取方式 (到期三年或六年, 凭学校开出的在学证明一次性支取本息); 银行现行的各类、各档存款利率; 零存整取和整存整取的本息计算方法.

(3) 在教师的指导下选择适当的数学工具, 建立相应的数学模型, 确定拟解决的问题.

(i) 依教育储蓄的方式, 每月存 50 元, 连续存三年, 到期 (3 年或 6 年) 时一次性支取本息共多少元 (现附 1999 年银行利率表 5.8 供参考)?

等差数列求和:

$$S_3 = 50\left[36 + (1 + 2 + \cdots + 36) \times \frac{2.7\%}{12}\right] = 1874.93(元),$$

$$S_6 = 50 \left[72 + (1 + 2 + \cdots + 72) \times \frac{2.88\%}{12} \right] = 3915.36(元).$$

(ii) 依教育储蓄的方式, 每月存 b 元, 连续存 3 年, 到期 (3 年或 6 年) 时一次性支取本息共多少元?

$$S_3 = b(36 + 666 \times 0.00225),$$
$$S_6 = b(72 + 2628 \times 0.0024).$$

表 5.8   1999 年 6 月 10 日起执行的银行存款年利率　　　　　(单位:%)

项目	年利率	项目	年利率
活期存款	0.99	零存整取 整存整取 存本取息	
整存整取		一年	1.98
三个月	1.98	三年	2.16
半年	2.16	五年	2.25
一年	2.25		
两年	2.43	定活两便	按一年以内整存整取同 档次利率打六折
三年	2.70		
五年	2.88		

(iii) 依教育储蓄的方式, 每月存 50 元, 连续存 3 年, 到期 (3 年) 时一次性支取本息比同档次的零存整取多收益多少元?

$$S = 50 \left[36 + 666 \times \frac{2.7\%}{12} - \left(36 + 666 \times 2.16\% \times \frac{0.8}{12} \right) \right]$$
$$= 50 \times 666 \times \frac{(2.7\% - 1.728\%)}{12} = 26.97(元).$$

(iv) 欲在三年后一次支取教育储蓄本息合计 1 万元, 每月应存多少元?

$$b = \frac{10000}{36 + 666 \times 2.7\%/12} = 266.68(元).$$

(v) 欲在三年后一次性支取教育储蓄本息 b 万元, 每月应存多少元?

$$a = b \times \frac{10000}{36 + 666 \times 2.7\%/12}.$$

(vi) 依教育储蓄的方式, 每月存 100 元, 连续存 6 年, 可是到 4 年时, 学生需要提前支取本息, 一次性可支取本息共多少元?

$$S_4 = 100(48 + 1176 \times 0.00225) = 5064.60(元).$$

(vii) 依教育储蓄的方式, 原打算每月存 a 元, 连续存 6 年, 可是到 b 年时, 学生需要提前支取本息, 一次性可支取本息共多少元?

这是一个分段函数:

$$当 \ b \geqslant 3 \ 时, \quad S = a[12b + (1 + 12b)6b \times 0.00225],$$
$$当 \ 0 < b < 3 \ 时, \quad S = a(1 + b \times 0.99\%).$$

(viii)(开放题) 不用教育储蓄方式, 而用其他的储蓄形式, 以每月存 100 元, 6 年后使用为例, 探讨以现行的利率标准可能的最大收益, 将得到的结果与教育储蓄相比较.

教育储蓄:

$$S_6 = 100 \left[72 + (1 + 2 + 3 + \cdots + 72) \frac{2.88\%}{12} \right] = 7830.72 (元),$$

一年期的零存整取:

$$S = 100 \left(12 + 13 \times 6 \times \frac{1.198\%}{12} \right) = 1212.87 (元),$$

扣除 20% 的利息税, 实际收益为 10.30 元. 将本息转存 5 年:

$$d_5 = 1210.30(1 + 5 \times 2.88\% \times 0.8) = 1349.73 (元),$$

4 年的一笔:

$$1210.30(1 + 3 \times 2.7\% \times 0.8)(1 + 2.25\% \times 0.8) = 1311.92 (元),$$

3 年的一笔:

$$1210.30 \times 1.0648 = 1288.73 (元),$$

2 年的一笔:

$$1210.30(1 + 2 \times 2.43\% \times 0.8) = 1257.36 (元),$$

1 年的一笔:

$$1210.30 \times 1.018 = 1232.09 (元),$$

总计: 6439.83+1210.30=7650.13 元.

(ix)(进一步开放题) 让学生自己设计其他计算题.

(x)(进一步开放题) 将问题解决过程中出现的数学模型 (等差数列或复利增长模型) 进一步抽象出来, 研究它是否有其他方面的应用.

2. 课题的实施建议

(1) 注意问题情境的创设, 使学生体验用数学建模解决教育储蓄问题的完整过程, 特别是数据的采集、问题的设计、一般化的讨论等环节尽可能让学生参与;

(2) 注意计算器、计算机等工具的使用, 特别是在数值求解的过程中要充分发挥计算工具的作用;

(3) 淡化对等差数列、等比数列一般性质的过度讲解与讨论, 围绕问题解决的需求适当介绍等差、等比数列的相关性质;

(4) 时间上作出适当安排, 一般分为 3 个时段:

第一时段, 预留问题, 老师适当介绍教育储蓄的背景知识, 时间 15~20 分钟;

第二时段, 对学生提出欲解决的问题 (数学建模的目标), 寻求数学工具, 建立等差、等比数列的计算模型, 推导它的求和公式, 明确它的适用对象和算法, 时间 45 分钟左右;

第三时段, 实际解决教育储蓄问题, 对结果进行一般化的讨论, 给出问题的算法, 让学生报告他们的求解结果和提出进一步的问题. 时间 1~2 节课.

数学建模课的教学要关注学生的差异性, 不能作出统一的要求, 不同的学生可以选择不同要求的数学建模内容, 我们仍然分为基础层次、中间层次和较高层次, 对各个层次的基本要求见表 5.9.

表 5.9　数学建模不同层次的基本要求与简要案例

	基础层次	中间层次	较高层次
基本要求	提供的问题模型实际涉及的知识在教材控制的范围, 如利用函数或数列的模型, 老师启发引导学生讨论完成模型选择和建立的过程, 由学生自己完成模型的计算, 结果的验证等比较容易实现的环节可以用解题报告的形式呈现	提供问题模型实际涉及的知识基本在教材控制范围内, 可以补充一部分所涉及的数学知识, 教师启发引导学生讨论, 自己完成模型选择和建立、计算、验证等过程, 可以用小论文的形式呈现报告的结果	只提供问题场景, 教师只提供辅导咨询, 问题的选择、建模、解模、误差或适用性分析均由学生自主完成, 可以用小论文的形式呈现结果, 可以安排交流答辩和展示结果的环节, 并希望学生在问题解决的过程中有自己的创新点
简要案例	教师提出任务: 为 355 毫升的饮料罐设计一个最省材料的圆柱罐形, 与学生一起建立数学模型: 体积一定时, 求当表面积最小时, 圆柱的高和底面直径的数值. 数学模型是利用不等式求最小值点, 求解过程交给学生, 结果写成解题报告	教师提出任务: 为某品牌的饮料罐设计一个最省材料的容器 (容器的类型可让学生自己选择), 让学生自己建立数学模型, 求解过程交给学生, 结果写成解题报告或小论文	教师提供问题场景, 如提供一个超市商品在货架上的照片, 让学生提出节约的问题, 分组自主讨论调查求解, 写成小论文. 建模求解的结果在全班展示交流并接受同学的提问的质疑, 完成答辩或进一步修改论文

5.3.4 数学建模课的教学评价

评价是数学建模活动的重要环节, 评价过程应该从三个方面进行. 第一, 评价学生在数学建模中的表现时, 要重过程、重参与, 不要苛求数学建模过程的严密、结果的准确, 要关注学生在建模中的创新性, 即问题的提出和解决的方案有新意; 关注内容的现实性, 即问题来源于学生的现实; 关注问题的真实性, 即问题的解决确实是学生本人参与制作, 数据比较真实; 关注问题的合理性, 即数学建模中使用的数学方法得当, 求解过程合乎常理; 关注模型的有效性, 即建模的结果有一定的实际意义. 第二, 对数学建模的评价可以采用答辩会、报告会、交流会等形式进行, 通过师生之间、学生之间的提问与交流给出定性评价. 第三, 数学建模报告及评价记入学生的成长记录, 作为反映学生数学学习过程的资料和推荐的依据, 同时, 对于优秀的数学建模成果教师可以通过各种渠道向专业期刊、大学学报等推荐发表. 评价的形式包括学生自我评价、教师评价和同行评价.

(一) 学生对数学建模活动的自我评价. 应根据数学建模活动本身的特征答案的不确定性, 学生必须对答案是否满意进行自我评价, 对自己所完成的数学建模活动属于哪一个层次进行评价.

(二) 教师对学生在数学建模活动过程中的评价. 要评价学生的数学观念、数学交流、数学情感的柔性知识; 要评价学生在数学建模中无法体现内容结构性知识, 比如每一个框图是否规范, 前后衔接是否顺畅等; 要评价学生运用信息处理的能力; 要对数学建模活动的组织安排进行评价.

(三) 同行对数学建模活动的评价. 要积极探索数学建模课对解决问题的能力、数学情境的建立、处理复杂问题的能力的评价.

5.4 数学实践课及其教学设计

5.4.1 对数学实践课的理解

数学实践课是在教师有目的、有计划的指导下, 通过有关数学知识的多种实践, 调动学生的所有感官, 以获取数学知识, 体会数学的乐趣. 开展数学实践课教学, 应首先关注学生参与活动的情况, 引导学生积极思考, 主动与同伴合作, 积极与他人交流, 使学生增强运用数学解决简单问题的信心. 数学实践课是数学活动课的另一种表现形式, 也是现代数学教学的重要组织形式.

数学实践课有 3 个基本的特征, 它们是实践性、开放性和学生的主体性. 数学实践课是以学生为主体, 强调实践活动的数学教学活动, 其表现形式有: 一是学生在实践活动中感受情感上的愉悦, 学生喜欢活动, 通过实践, 能调动学生的非智力因素; 二是学生的思维活动, 显现了思维的各种品质, 并在实践活动中得到培养与提高; 三是实践活动富有弹性, 可以让学生自愿参考, 以满足学生的兴趣爱好发展的需要; 四是感官密切配合、协调行动, 使得学生在做中学、在学中做, 达到教、学、做的统一. 数学实践课的开放性集中体现内容的开放、时间的开放、空间的开放. 实践课的内容可以是数学史、数学思想方法、数学学习方法、数学游戏、数学故事会、数学小论文的写作、数学社会实践与调查等. 例如, 数学应用问题的实践课可以让学生采集数学应用问题并对采集的问题进行分析求解, 将结果写成小论文的形式; 实践课的时间安排可以让学生根据自己的需要, 自行选择参与数学实践课的时间; 实践课的空间可以在教室内完成任务, 也可以在学习区、兴趣区、学习中心等弹性的空间进行. 数学实践课主体性指的是它不拘泥于同一方法和同一种答案, 强调发挥学生的主动探索和创造精神, 给每个学生的个性发展留下了广阔的空间.

根据数学实践课的特征, 教学组织的形式是多种多样的, 概括起来有 3 种形式: 集体实践课、小组实践课和个人实践课.

集体实践课可以吸收全班或全校的学生参加, 如数学游戏、数学故事会、数学辩论会、数学小品等形式的数学实践课. 小组实践课是数学实践课的基本形式, 是建立在学生对某项实践的兴趣、爱好的要求的基础上, 机动灵活与小型多样, 能让学生获得学习与实践各个专项实践的机会, 有助于扩大和加深某些方面知识, 发展他们的数学兴趣爱好和才干. 数学园地是一种常见的小组实践课, 每个班、每个学校在内部刊物上开辟数学园地, 数学园地的内容可以是数学家的故事、数学家名言、数学读物等内容, 让学生去收集资料并整理写出刊登. 个人实践课是在教师的指导下, 根据学生本人的数学知识、兴趣组织个别学生进行的数学实践活动, 主要内容有让学生独立阅读数学读物、撰写数学小论文、制作数学模具等.

5.4.2　数学实践课的教学设计思想

数学实践课的教学目的在于通过数学实践使学生应用、验证、巩固数学知识, 训练技能, 获得经验, 培养能力, 提高数学素质, 能最大限度地发展学生的个性. 数学实践课侧重于学生操作技能的训练, 解决实际问题的能力的培养, 个性特长的发展. 数学实践课教学有以下几个特点: 第一, 注重学生发展的充分性, 它不受教材的限制, 是一种开放型教学; 第二, 注重学生数学学习的差异性. 它在考虑学生学习数学的差异性方面比必修课具有明显的优势: 首先, 数学实践课是以满足学生需要和兴趣为主要出发点和归宿. 其次, 在数学实践课中, 允许学生的发展水平的差异性, 实践课的评价主要是根据学生过去的水平进行; 第三, 注重实践的过程性. 数学实践课一方面注重实践活动的直接结果, 另一方面注重实践活动的过程; 第四, 注重教学目标的表述的灵活性. 在开展数学实践课教学时, 教学目标的制订应考虑学生的独立性和个性, 期望学生反应的多样性, 只要学生对实践活动有兴趣, 学生有所获, 就可以说实践课的目标已达到. 对于数学实践课的目标的确定, 我们在教学设计时要求正确处理好两个关系: 一是正确处理好知识与能力的关系, 传统数学教育的高分低能, 存在着知识与能力的不同步现象, 作为数学实践课是必修课的有益的补充; 二是正确处理面向多数学生与培养特长学生的关系, 这是数学实践课的一个原则性问题, 在面向全体学生的基础上, 有选择地培养特长学生.

实施数学实践课的教学的基本原则主要包括:

1) 整体性原则

主要是学生参与的整体性, 在数学实践课中坚持知、情、意、行全面训练的整体性, 要考虑影响学生发展的诸多因素的整体协调性.

2) 因时因地制宜的原则

这就是说要根据学校自身的条件, 扬长避短.

【案例 7】(适合高中) 包粽子与求体积 (上海市黄东兴中学数学组, 1996).

教学目标   通过制作六面体小粽子, 计算六面体的表面积和体积, 加强学生动手、动口、动脑的能力, 加强与同学之间的协调与合作.

教学准备   6cm 宽纸条、水彩笔、量杯若干只.

教学过程

(1) 制作: 介绍端午节来历; 教师提出制作要求 (必须是六面体); 研究得到小粽子的表面积和体积.

(2) 讨论六面体表面积的求法: ① 6 个等腰直角三角形面积之和; ② 3 个正方形面积之和; ③打开后, 一个长方形的面积. 并收集结果.

(3) 讨论六面体的体积的方法 (发给学生水、盆子、量杯让学生去思考有什么用): ①阿基米德法 (排水法); ②灌水法; ③其他方法; 并收集结果.

(4) 讨论误差: ①造成误差的原因 (同学自己分析); ②观察参加实验的同学的误差在什么范围内波动; ③介绍三棱锥公式 $V = Sh/3$, 由学生猜测小粽子的体积的准确值.

(5) 实践活动的总结.

3) 学生主体地位的一贯性原则

要求数学教师在实施实践课教学时始终如一地将学生置于主体地位, 学生是学习的主人, 让学生大胆做、放手做.

4) 愉悦性与教育性相结合的原则

这个原则要求教师在进行教学设计时合理表现数学实践课的特色, 使学生有极大的兴趣参与和投入, 做到寓教于乐, 使学生以饱满的热情在愉悦的氛围中受到教育.

【案例 8】(适合初中) "有趣的数" 的实践课. 通过形式多样的游戏, 使学生在愉悦的心情下加深对数字及运算规律的认识, 并且采用小组竞赛的方法, 使学生人人参加, 创设团结互助, 友好竞争的氛围, 有利于形成良好的学风与班风.

准备工作

(1) 推荐两名节目主持人, 由教师指导商定竞赛的有关准备工作;

(2) 拟订竞赛规则, 评分标准;

(3) 全班分成 4 个小组, 每个小组在教师的指导下准备一个关于 "有趣的数" 的题目;

(4) 准备好 4 块小黑板, 分给 4 个小组作答题用;

(5) 每个小组坐在一起便于讨论, 主持人宣布竞赛规则与评分标准.

实践内容:

(1) 看谁记得快, 写得准确, 每小组派一名代表参加在半分钟内看一组数字 "如 14916253649681100121", 记住后写在黑板上.

(2) 看谁先发现规律, 正确填数, 将答案也写在黑板上, 一分钟后亮出答案,

(i) 7, _____, _____, 28, _____, _____, 49.

(ii) 198, 297, 396, 495, _____, _____, _____.

(3) (i) 虎、鹿、猴、兔各代表什么数字? 小组讨论后将答案写在小黑板上, 2 分钟后亮出答案;

$$\begin{array}{r} 虎\ 鹿 \\ \times\quad\ 虎 \\ \hline 猴\ 虎 \end{array} \qquad \begin{array}{r} 猴\ 虎 \\ +\ 鹿\ 兔 \\ \hline 6\quad 1 \end{array}$$

(ii) a, b, c, d 各代表什么数字? 小组讨论写在黑板上, 2 分钟后亮出答案;

$$\begin{array}{r} a\ b\ c\ d \\ \times\qquad\quad 9 \\ \hline d\ c\ b\ a \end{array}$$

(4) "抢答" 巧妙算法:

$$1^2 = 1, \quad 2^2 = 1 + 3, \quad 3^2 = 1 + 3 + 5.$$

从中找出规律, 利用这个规律写出下列式子的答案:

1+3+5+7+9+11=?

1+3+5+7+9+11+13+15+17+19+21+23+25=?

(5) "抢答" 巧算下列式子:

$$\frac{1}{2} + \frac{1}{6} + \frac{1}{12} + \frac{1}{20} + \frac{1}{30} + \frac{1}{42} + \frac{1}{56} + \frac{1}{72} + \frac{1}{90}.$$

(6) "抢答" 在 1~100 的 100 个数中, 出现数字 8 的有几个?

(7) 小组讨论, 两分钟后亮出答案. 问物几何?《孙子算经》中一道关于自然数的题目: 今有物不知其数, 三三数之剩二, 五五数之剩三, 七七数之剩二, 问物几何?

(8) 各小组依次报告本组准备的 "有趣的数" 的题目, 其他小组同学进行抢答.

上述各项内容完成后, 教师进行小结, 主持人公布各小组的得分, 并总结有关的结论.

5) 实践性原则

在数学实践课教学中, 要引导学生积极用眼、用脑、用手、用口, 通过实践和具体操作去获得数学新知识, 锻炼能力, 发展学生的非智力.

6) 因材施教, 发展特长的原则

这个原则要求教师在组织实践课教学时, 立足学生具体学习情况, 具体问题具体分析, 依据学生不同的实际情况, 运用相应的方法施以相应的教育, 使每个学生在各自原有的基础上充分发挥其特长.

5.4.3 数学实践课及其教学设计

数学实践课的教学内容的来源主要有 3 类, 一是来源于学生的需要、兴趣、爱好与特长; 一类是来源于社会生活; 一类是来源于数学知识. 教师在确定数学实践课的教学内容时要注意知识性、科学性、可接受性和趣味性等基本原则. 具体说, 数学实践课内容涉及数学史、数学家的故事、数学学习方法、数学思想与数学方法、趣味数学、动手制作、数学的应用、数学知识的拓宽和加深等.

数学实践课的教学设计要注意基础层次、中间层次和较高层次的不同要求, 应根据不同层次的学生分层进行. 各层次的基本要求如表 5.10 所示.

表 5.10 数学实践课对不同层次的基本要求与简要案例

	基础层次	中间层次	较高层次
基本要求	给出实践的目标、实践的设计、实践的要求、实践报告样表, 实践的工具尽可能简单	给出实践的目标、实践的要求, 给出实践设计、实践报告的大致要求; 实践工具由学生自己确定	给出实践目标、实践要求, 实践项目的设计、实践报告由学生自己设计; 实践工具可由学生自己选择, 实践项目和设计要有一定的开放性, 给学生创新的空间
简要案例	给出实践目标: 用计算器计算观察小角度的角 (弧度表示)、与相应的正弦、正切之间的关系 给出实践设计: 列表表示 $x, \sin x, \tan x$ 的值, 当 x 的取值为 $-5° \sim 5°$ 间隔 $1°$ 观察结果: 给出你的结果, 为什么会出现这样的结果, 给出说明或证明 完成你的实践报告	给出实践目标: 小角度的角 (弧度表示)、与相应的正弦、正切之间的关系 请学生自己选择实践工具 (如计算机编程、计算器、数学用表) 解决此问题 观察结果: 给出你的结果, 为什么会出现这样的结果, 给出说明或证明 完成你的实践报告	给出实践目标: 小角度的角 (弧度表示)、与相应的正弦、正切之间的关系 请学生自己选择实践工具 (如计算机编程、计算器、数学用表) 解决此问题 观察结果: 给出你的结果, 为什么会出现这样的结果, 给出说明或证明 完成你的实践报告 再自己寻找一个 $y = \sin x, y = \cos x$ 在 $x \neq 0$ 处的线性近似公式

【案例 9】(适合高中)　关于"制作生日推算表"的实践课的教学设计 (季素月等, 1999)[189,190].

教学目标与要求　通过生日推算表的制作, 帮助学生理解二元一次方程的特征, 学习求二元一次方程整数解的方法, 提高学生学习数学的兴趣, 训练学生速算技巧.

准备工作　幻灯片一部, 制表用 (13×31 格) 大白纸一张, 幻灯片 12 张 (1×13 格), 钢笔、软笔各一支; 学生每人备一张 16 开 (13×31) 白纸、草稿纸若干或电子计算机一台.

实践过程

1) 制表的准备工作

(1) 每组发一张幻灯片 (13×31 格).

(2) 生日快乐由某月某日两个数组成, 设月为 $x(1 \leqslant x \leqslant 12,$ 且 x 为自然数), 某日为 $y(1 \leqslant y \leqslant 31,$ 且 y 为自然数), 则 $12x + 31y = \Delta(\Delta$ 表示一个数值).

以此等式, 如果知某人生日为 "Δ" 值, 便可推算出该人的生日了, 如某人的生日的 $\Delta=840$, 则由 $12x + 31y = 840$, 得 $y = (840 - 12x)/31$, 尝试求出 x,y 的整数解 $x = 8, y = 24$, 由这样的实践可知尝试的次数较多, 给计算带来不便.

(3) 分组编制一个生日推算表, 将一年 365 天中每日出生者的 Δ 值均求出并填在表中的对应位置. 如果需由某人的 "Δ" 值求某人的生日时, 则可直接检索.

2) 制表过程

(1) 分组方法, 按 1~12 小组, 每组 6 人分别计算 1~12 对应月份出生的 31 人的 "Δ" 值, 然后填在本组的幻灯片上送到讲台;

(2) 将幻灯片打出的数字填在每位同学准备好的 (13×31 格)16 开白纸表内, 教师也填, 师生各自完成一份生日推算表;

3) 生日推算表的运用

(1) 利用自制的生日推算表验证各自生日的 x,y,Δ 值是否相符, 并及时纠正;

(2) 利用上表核对他人的 x,y,Δ 值是否一致, 并分析表中规律, 从而达到快速查阅的程度.

【案例 10】(适合初中)　利用计算器进行发现探索 (张思明等, 2003)[86~90].

背景: 这次数学实践课的教学内容对应于数学新课程初中一年级有理数计算之后的内容, 介绍计算器在有理数的计算中的应用.

原始课题

利用计算工具, 通过算法设计、计算、观察、发现、研究、归纳、小结某些特殊分数构成和一些算式结果的规律.

问题 1　怎样在计算器或计算机上算出 1/7, 1/13, 1/17, 1/23, 1/29, 1/243 的一个完整的循环节?

问题 2　直接观察这些循环节的数字构成, 你发现哪些规律, 用语言描述你的发现或形成你的猜想.

问题 3 直接计算: $34^2, 334^2, 3334^2, 33334^2, 333334^2,$

$$89^2, 889^2, 8889^2, 88889^2, 888889^2.$$

$11-2, 1111-22, 111111-222, 11111111-2222, \cdots$, 结果中有什么有趣的数字构成规律?

实践过程设计与说明

(1) 课堂上教师只是帮助学生搞懂题目的意义, 如教师提醒学生注意 1/7. 在计算器上键入 $1 \div 7$, 屏幕将显示: 0.142857142(常用十位科学计算器), 后面将是什么? 学生脱口而出: $857142857142\cdots$, 是一个六位字长的循环节. 教师问道为什么后面是重复? 怎样看出来? 如果 1/17, 在计算器上键入 $1 \div 17$, 屏幕上显示 0.058823529, 看不出循环或者不知道从第几位开始循环怎么办? 学生们马上兴奋起来, 一些学生在找显示位数多的计算器, 如好的 "掌中宝"、"快译通", 一些同学提出用计算机. 此时教师把问题交代清楚, 不必做任何方法指导, 告诉学生不限定任何计算工具, 容许学生课下讨论, 用长周期 (1 周) 作业的形式完成.

(2) 初中一年级的学生没有做过类似 "课题", 为了保证学生探索过程的完整和后期便于交流, 给初中学生一个表达 "研究过程" 的体验, 也为教师提供在初中进行研究探索学习是否可行的资料, 教师给每一位学生发一个 "课题研究报告" (表 5.11), 供学生讨论交流, 要求学生必须独立完成, 表后有提示语, 可以增加附页, 也可以自己设计一个研究报告.

表 5.11 课题研究报告单

1. 我的计算结果如下: 对问题 1:	
$1/7=$	$1/13=$
$1/17=$	$1/23=$
$1/29=$	$1/243=$

对问题 3:

$34^2 =$	$334^2 =$	$3334^2 =$	$33334^2 =$	$333334^2 =$
$89^2 =$	$889^2 =$	$8889^2 =$	$88889^2 =$	$888889^2 =$
$11-2 =$	$1111-22 =$	$111111-222 =$	$11111111-2222 =$	

2. 我用的计算机工具和算法是: (如果是用计算机, 请将程序打出来贴在反面; 如果是用计算器, 请以 1/17 为例, 把 "算法" 写在下面):

3. 初步结论 (写明所得结论的性质, 如由实验观察得到、猜想、已证、能证、待证、已构造出、已找到实例等).	我的发现有 1. 2. 3.
4. 选做: 我提出的新问题: 课题的延伸或拓广.	
5. 选做: 用简短语言, 描述我在计算发现中的感受.	

(3) 表 5.11 中用 "第一人称" 比较适合初中学生的心理特点, 也强化了独立和个性的要求. 表中 "2" 试图观察学生怎样描述 "算法", 为新教材中引入算法做一点观测资料. 让学生自己提出问题是传统教材中习题设计中的缺项, 而我们在教学中常常对学生学习的心理感受关注不够, 这是表中的 "4" 与 "5" 的设计的意图所在, 试图给学生一个更完整的 "微科研" 的过程体验, 并关注学生在学习中的心理感受.

(4) 1/7 和 1/13 在普通计算器 (8~10 位) 上是可以计算的, 因为学生知道它们是循环小数. 但对 1/17, 1/23, 1/29 由于循环节超过 10 位, 对于一般学生是不能事先知道多少位要后将出现循环, 因此对学生形成悬念和挑战. 问题 3 中的计算相对容易, 也比较容易发现规律, 由于学生在初中一年级刚到代数教学的入门阶段, 用字母表示数是教学重点与难点, 从结果中也能看出, 学生更习惯用自然语言描述他们的发现, 这在交流和讲评中可以引导学生逐渐体会和使用符号语言来描述结果, 同时也为后面的代数教学提供了很好的素材. 选择这些数的计算作为学生观察发现的素材, 还有另一个意图, 希望学生通过实际计算对数学的形式美和奇异美有所感受, 如循环节有多长? 它们是 "质数分母 -1 后的因数"; 组成每一个循环节 ($2m$ 位) 的数字前一半 (m 位) 和后一半 (m 位) 相加, 正好是 m 个 "9". 如 $1 \div 7 = 0.142857\cdots$, $142 + 857 = 999$, $1 \div 17 = 0.588235294117647\cdots$, $05882352 + 94117647 = 99999999$, 而 $1 \div 243 = 0.004115226337448559670781893$ 更隐藏着一些共性: $411, 522, 633, 744\cdots$ 问题 3 中平方的规律当然更加明显. 希望学生一旦感悟到这些时, 能有美和愉悦的感受.

(5) 学生的研究学习不同于科学家的研究发现, 它是一种带有体验性、实践性和探索性的学习.

结果与分析

(1) 一周后回收学生的课题研究报告. 教师研究分析学生研究的情况汇报.

(2) 对有共同规律的情况要进行系统总结, 得出一般规律, 对学生所用的计算要进行归类总结, 对学生报告的感受要认真分析总结.

(3) 启示:

(i) 数学实践课好的问题的选择是关键, 做出的结果最好具有美感, 才能更大程度地激发学生兴趣;

(ii) 学生的实践报告为后续课程提供了许多值得探索的题材;

(iii) 学生对 "算法" 的理解和描述是基于自然语言的, 体现的是自然数的顺序关系结构;

(iv) 通过这个实践, 可以发现初中代数教学的一大难点: 让学生建立起用字母表示数的观念是需要一个过程的. 原希望学生在描述 "平方数字生成规律" 时能有比较多的学生运用代数式来描述规律, 但事实上没有几个同学能运用代数式描述出来, 大多数学生运用的是自然语言来描述数字规律.

例如，

$$34^2 = 1156, \quad 334^2 = 111556, \quad 3334^2 = 11115556,$$
$$33334^2 = 1111155556, \quad 333334^2 = 111111555556,$$

学生规律的描述是: "每个数前多了一个 3, 结果就多了一个数 1 和一个数 5".

例如，

$$89^2 = 7921, \quad 889^2 = 790321, \quad 8889^2 = 79014321,$$
$$88889^2 = 7901254321, \quad 888889^2 = 790123654321,$$

学生的描述规律是: 每个数字前多一个数字 8, 结果 "79" 后面从 0 开始按自然数顺序多一个数, 从个位数往十位数按自然顺序同样多一个数, 到中间为止.

例如，

$$11 - 2 = 9 = 3^2, \quad 1111 - 22 = 1089 = 33^2,$$
$$111111 - 222 = 110889 = 333^2,$$
$$11111111 - 2222 = 1108889 = 3333^2,$$
$$1111111111 - 22222 = 111088889 = 33333^2,$$

学生的规律描述是: "被减数每多一个数字 1, 减数每多一个数字 2, 结果就等于在原来结果的左边添加一个数字 1, 在右边数第 2 位添加一个 8".

5.4.4 数学实践课的教学评价

数学实践课的内容十分丰富, 我们归纳主要有以下几个方面的内容可选择: 有关数学史、数学家的故事的实践课; 有关数学思想与数学方法的实践课; 有关数学谜语的实践课; 有关动手制作的实践课; 有关数学知识的巩固与加深的实践课; 有关数学应用的实践课; 有关趣味数学的实践课. 数学实践课的教学评估应根据实践的步骤、实践过程预测所发生的错误等进行评价. 我们应该从以下几个方面考虑. 一是由于实践课的答案难以预料, 因此要求 "不做任何计算, 写下你的想法" 作为一项评价内容; 二是要关注阅读、理解、判断、解释、说明的每一过程; 三是要把实践活动中学生每一个障碍作为评价的内容, 学生在实践活动中经常出现的错误有阅读错误 (对阅读内容的关键词、关键符号无法阅读)、理解错误 (出现模糊的理解, 如好像、差不多的判断)、转换错误 (知道要做什么, 但不知道用什么方法做)、运行技巧错误 (在实践操作中出现的错误)、表达错误 (数学语言的错误); 四是对实践操作的观察和描述行为的计划的步骤、态度、实践的结果评价, 甚至要对学生遇到的困难程序进行评价; 五是要评价学生认可数学教学的多元化的说理与表述, 即评价数学实践活动规范的事实和程序; 六是要对教学过程进行评价, 即要评价将学生引导到所开展的数学实践活动中去的程序; 七是要评价学生从事数学实践活动的数学能力与水平.

实践与反思

(1)(适合初中) 调查当前商店商品销售的规律, 组织学生解释下列问题的数学实践课, 并进行教学设计, 从而引导人们树立正确的消费观.

(i) 某服装店为了吸引顾客, 打出一律八折的销售广告, 其实这个八折是原价, 按理说, 他必须把价格提高百分之几后的八折才是原价?

(ii) 如果销售广告为五折, 又要保持原价, 那么先必须提高百分之几?

(iii) 如果要使商品打折后的价格还高于原价, 比如比原价高出 10%, 那么必须提高多少?

(2)(适合高中) 在 A, B 两队的足球比赛中, A 队边锋从 B 队所守球门附近带球过人沿直线向前推进, 试问边锋在何处射门命中率最大 (人高、球门高、球员射门力度等因素不计)?

(3) 对 "焦点弦的性质" 进行探究课教学设计.

(i) 课题的背景:

(a) 过抛物线 $y^2 = 2px(p > 0)$ 的焦点的直线与抛物线相交, 两个交点的纵坐标分别为 y_1, y_2, 求证: $y_1 y_2 = -p^2$.

(b) 过抛物线焦点的一条直线与它交于两点 P, Q, 经过点 P 及抛物线顶点的直线交准线于点 M, 求证: 直线 MQ 平行于抛物线的对称轴.

(ii) 提出问题.

(a) 抛物线的焦点弦的性质有哪些?

(b) 圆锥曲线的焦点弦的性质又有哪些?

请与本节内容的传统教学设计进行比较, 分析进行探究教学会产生怎样的效果和学生的反响如何?

参 考 文 献

葛军. 2000. 数学教学论与数学教学改革 [M]. 长春: 东北师范大学出版社.

关文信. 2003. 新课程理念与实践数学课堂教学实施 [M]. 北京: 首都师范大学出版社.

广东省教育厅教研室. 2005. 高中新课程数学优秀教学设计与案例 [M]. 广州: 广东高等教育出版社.

韩际清, 田明泉. 2007. 高中数学新课程理念与教学实践 [M]. 北京: 商务印书馆.

季素月, 刘耀斌, 戴风明. 1999. 数学典型课示例 [M]. 长春: 东北师范大学出版社.

教育部基础教育课程编辑部. 2004. 中学新课标资源库 (数学卷)[M]. 北京: 北京工业大学出版社.

教育部基础教育司、教育部师范教育司. 2004. 普通高中新课程教师研修手册　数学课程标准研修 [M]. 北京：高等教育出版社.

李汉云, 康士凯. 2005. 高中数学新课程教学设计 [M]. 上海：上海科学技术出版社.

朴京美. 2006. 数学思维树 [M]. 北京：中信出版社.

上海市黄东兴中学数学组. 1996. 数学活动课贵在动手、动口又动脑 [J]. 数学教学, 1.

沈翔. 2003. 数学新题型研究 (数学教育研究前言第一辑)[M]. 上海：华东师范大学出版社.

王工一. 2006. 数学教育新视野 [M]. 杭州：浙江大学出版社.

吴晓红. 2007. 数学教育国际比较的方法论研究 [M]. 广州：广东教育出版社.

严世健, 张奠宙, 王尚志. 2004. 普通高中数学课程标准解读 [M]. 南京：江苏教育出版社.

曾超益. 2006. 与新课程同行：数学教育教学概论 [M]. 广州：华南理工大学出版社.

张奠宙, 李士锜. 2003. 数学教育研究前沿, 第二辑 [M]. 上海：华东师范大学出版社.

张奠宙, 李士锜. 2003. 数学教育研究前沿, 第一辑 [M]. 上海：华东师范大学出版社.

张姜映, 杨斌, 梁英. 2003. 初中数学教学理念与教学示例 [M]. 广州：华南理工大学出版社.

张思明, 白永潇. 2003. 数学课题学习的实践与探索 [M]. 北京：高等教育出版社.

中华人民共和国教育部. 2002. 全日制义务教育数学课程标准 [M]. 北京：北京师范大学出版社.

中华人民共和国教育部. 2003. 普通高中数学课程标准 (实验)[M]. 北京：人民教育出版社.

第6章　数学微型教学

本章目录

本章概览

对于数学课堂教学技能的专门研究一直是数学教育研究的一个薄弱环节. 传统的观念认为, 教学是一门艺术, 而艺术是不可传授的, 这使得教学蒙上一层 "只可意会, 不可言传" 的神秘色彩. 大概受了这种观念的影响, 师范院校数学专业的课程设置普遍存在重学科知识的传授, 轻视教学技能训练的倾向. 一个直接的后果就是走上数学教育岗位的新教师, 往往要经过较长一段时间的自我摸索, 才能在教学上逐渐入门. 教育改革的发展, 需要教师在职前训练中就能较好的解决这个问题. 微型教学正是在这种背景下产生和发展起来的. 究竟什么是微型教学? 它具有哪些方面的特点与优势? 如何对数学课堂教学技能进行划分, 怎样设计微型教学等等就

是本章所要回答解决的问题. 通过本章的学习, 你应该做到:

(1) 了解微型教学的产生背景及发展过程;

(2) 理解微型教学的特点及实施程序;

(3) 能够根据现行数学教材编写微型教案, 制订教学程序, 然后组成微型课堂进行角色扮演;

(4) 能够针对数学学科特点对课堂教学技能进行适当的划分, 并能对各个教学技能制订相应评价表;

(5) 在理解微型教学对于数学教学能力培养的积极性的同时也认识到其局限性的一面, 并能够在实践中结合其他方法训练自己的教育教学能力.

6.1 微型教学概述

6.1.1 微型教学的产生和发展

1. 微型教学的产生背景

1957 年, 苏联成功地发射了世界上第一颗人造地球卫星, 美国上下为之震惊. 联邦政府组织了由科学家、教育家组成的专家小组对此进行专门的调查分析, 结果认为美国科学技术落后于苏联的原因在于教育. 1958 年美国国会通过《国防教育法》拨出巨款用于改革数学、科学、外语等学科的教学以及对学生进行指导和资助. 20 世纪 50 年代末进行的教育改革, 出现了 "新数学"、"新科学"、"新社会学科", 强调学业程度和加强智力训练, 以培养科技人才, 增强美国在科学技术方面的竞争能力. 在师范教育这个领域也不例外, 人们普遍认为师范教育培训教师的方法和内容都已十分陈旧过时, 改革势在必行. 教育界几乎所有的人都意识到, 美国社会的各行各业都不同程度地应用了科学的新发明、新技术, 但作为社会发展基础的教育却缺乏生气, 处于一种相对稳定的状态. 60 年代初, 哈佛大学实验心理学教授斯金纳 (B.F.Skinner) 指出: "教育和其他行业比较起来, 在接受科技成果和技术方面是最缓慢的一个领域, 任凭现代科学技术飞速发展, 唯独教育还停留在'手工业'活动阶段." 所以, 以现代科学技术的应用促进教育自然就成了这次教育改革的特点.

作为教育改革的一部分, 师范教育中教育方法的改革十分活跃. 美国的教育学院开始开发旨在改革课堂教学中的 "教师讲、学生听" 的教学方法, 对教师或师范生进行科学化的培训. 福特集团设立了师范教育基金, 奖励对开发师范教育课程和培训教师有贡献的教育工作者.

2. 微型教学的产生过程

当时在美国的师范教育中普遍实行着一种角色扮演的方法, 类似于我国师范生教育实习前的试教. 可是由于它缺乏具体明确的目标, 又没有完整的计划与设计, 所以不能达到预期效果. 为了提高效率, 改善培训效果, 以爱伦为首的斯坦福大学教育研究中心的研究人员率先对此进行改革. 教学实习前的试教 (英语国家称之为 "Role Play", 即角色扮演) 一般要经历: 备课－教课－评估这样一个过程. 那些刚刚登台讲课的师范生一般要选择某个单元或某节内容讲授 45 分钟, 讲课的时候有指导教师听课, 课后由指导教师提出评价意见. 爱伦等发现这种做法存在以下弊端: ①那些没有任何教学经验的学生一下子就进入正式的教学环境时很难适应; ②对听课的学生来讲, 把没有成功把握的试验加给他们是不合适的; ③指导教师对轮换不停地听评学生的试教感到厌烦, 很难自始至终地认真进行评估; ④每次试教后指导教师都能发现试教学生讲课中的许多不足, 但给试教学生指出之后, 学生一般没有机会立即进行改正; ⑤提出的意见太多, 试教学生不可能对提出的所有意见都给予足够的重视; ⑥试教学生对自己的教学没有直观感受, 难以进行客观的自我评估.

在这样的认识基础之上, 爱伦及同事开始尝试用各种不同的方法来培训学生的教学技能. 实验的第一个办法叫做 "教师辅助计划", 即在暑期把学生派到中小学去, 让他们与那些在暑期代课的教师一起工作, 在观察那些有经验的教师的教学的同时也进行一些真实的教学. 但是这个办法并不理想, 主要原因: ①太费时间; ②重点不明确; ③增加了暑期补习班代课教师的负担; ④学生经常不得不忙于许多教学以外的事情. 为弥补上述办法的不足, 他们又想出了另一个办法 —— 教学演示: 在训练中, 学生角色不是真实的中小学生, 而是由参加培训的学生相互扮演并尽量模拟出真实教学的环境. 为达到这个目的, 他们设计了由 4 个学生参与的教学背景, 并事先对这 4 个学生进行训练, 让他们分别扮演 4 种类型不同的学生: 第一类是求知欲望特别强烈的; 第二类是反应迟钝的, 好像什么都不懂; 第三类是什么都知道的, 常常在教师讲解之前就已经知道了答案; 第四类对什么都不在乎, 总是在课堂上捣乱、说话、制造噪音, 放纸飞机甚至走出教室.

事后发现大多数受训者的讲课效果都不好, 他们不能把这 4 个学生组织在一起, 也无法约束那个什么都不在乎的人, 他们没有用另一方法为那个反应迟钝的学生再讲一遍, 也没有尝试取得那个什么都懂的学生的合作. 只是在随后进行评估讨论时, 受训者才知道这些学生是可以应付的. 那个什么都不在乎的学生只要老师要求他不要再捣乱, 他就会停止他的恶劣行径. 对那个什么都懂得的学生来说, 只要教师从正面承认他已掌握了教学内容这个事实, 他就会开始合作. 那个什么都不懂的学生只要教师能用不同的方法再讲一次, 他就开始接受.

爱伦等后来又对这个方法进行了改进. 师范生可以自己选择教学内容, 但面对的还是那 4 种学生, 整个教学教程由摄像机记录下来, 这次师范生还是在一个人为的环境下教学, 但讲授的教学内容都是真实的. 与第一次实验比这是一个很大的改进, 但结果仍然不太理想. 首先, 讲课的师范生觉得这种教学背景缺乏真实性, 那些扮演不同类型的学生实在难对付, 指导教师也感到困难重重, 这些初上讲台的师范生在教学中用了许多教学技巧和技能, 其中有些应用得相当好, 另外一些则应用得不太好, 指导教师总是不由自主地想把他们观察到的全部现象都告诉试教的学生, 由于提的意见太多, 师范生难以接受, 也很难一下子予以改正. 而且还发现另外一个问题, 指导教师和师范生在观看教学录像时, 很少有人能耐心地把整个教学过程再来一遍. 显而易见, 师范生进行课堂教学练习需要的是在一个真实的教学环境下讲授真正的教学内容. 对此而言, 教学时间需要缩短. 当师范生给表现自然的学生讲授自己选择的教学内容, 而且课堂时间大大缩短时, 微型教学的雏形也就形成了. 1963 年的夏天, 爱伦及其同事开始正式用微型教学向他们的学生传授教学技能.

3. 微型教学的发展

微型教学自 1963 年提出后, 很快推广到世界各地. 美国及欧洲国家的师范生和教学人员对这种培训方法是一致推许的. 在英国, 微型教学被安排在 4 年的教育学士课程内, 在第四学年的第一学期介绍"微型教学的概念"和"课堂交流技能"的理论和实践; 第二学期教授 "课堂交流和相互作用分析". 课程的目的有 3 个: 帮助师范生掌握在教学过程中可能发生问题的处理方法; 有关人际交流的主要沟通因素; 训练在课堂上如何与学生交流的方法, 促进反馈评价. 在第四学年中, 微型教学共 42 周, 每周 5 学时, 共计 210 学时. 接受微型教学训练后, 这些教育学士师范生再到各中学进行教育实习.

澳大利亚在 20 世纪 70 年代初注意到了微型教学对师范教育和在职教师进修的促进作用, 结合部分院校的有关经验, 在 1972~1976 年由国家投资进行了微型教学开发项目的研究. 该门课不仅有完整的教学计划, 而且有正式的教材. 其教材是作为教育学士学位课程用的, 所以能适应各门学科的师范生和在职教师培训所用. 教材中列出各项课堂教学技能: 强化、一般提问、变化、讲解、引入和结束及高层次提问. 每项技能都从教育学和心理学的理论出发加以论述. 此外, 还有如何管理好课堂纪律的技能. 澳大利亚的大学专业课以讲授为主, 而中学的教学通常以学生活动为中心, 课堂活动和讨论较多. 因此, 在微型教学中也强调怎样进行小班教学和个别教学的技能等. 每项基本技能都配以生动形象的录像资料, 教师对不同的培训对象可以有针对性地选取教材中某几项内容作为教学的重点, 微型教学安排在师范生实习前后. 悉尼大学和新南威尔士大学教育学院开设的课程每周 4 课时, 上 13 周课, 共 52 课时, 中间有一段假期. 对于在职教师的进修培训也开设微型教学实习课, 时间是每周 2 小时, 共 13 周, 因为这些教师都是业余进修的, 上课时间都安排在下午 4: 30~6: 30.

日本已有 16 所大学采用某种方式的微型教学, 几乎都作为教育实习之前进行的一种训练方式. 作为在职教师训练的只有一所 (京都教育大学). 有一些大学, 如岩手大学, 重点放在教材的编写与教具的制作技能上. 东京学艺大学和香川大学则把重点放在教学技能的观摩上, 长崎大学的教学技能的综合训练, 在多媒体实习室中进行.

香港中文大学教育学院从 1973 年开始, 采用微型教学的方法来训练学生. 为加强真实性, 1975~1978 年实行以真实学生当作试教过程中的听讲对象, 用录像的方法汇录被培训者在教室里对学生的教学过程. 1983 年在进修的在职教师中进行了实验, 证明了微型教学对在职教师的培训也有很大帮助.

我国于 20 世纪 80 年代开始引进和介绍微型教学的理论, 通过举办微型学习培训班, 组织各种形式学术研讨会, 各师范院校相继建成微型教学实验室, 微型教学逐渐在师范院校推广和普及, 现在微型教学也成为培养师范生教学能力的一个重要手段.

6.1.2 微型教学的概念及程序

1. 什么是微型教学

微型教学是一种建立在现代教学理论和现代教育技术基础上, 系统培训师范生和在职教师基本技能的教学方法. 原名 "microteaching", 其中, "micro" 意为 "小的"、"微量的", "teaching" 意为 "教学", 所以按英语名称可以把 "microteaching" 理解为 "微格教学"、"微观教学"、"小型教学" 等. 在新加坡称为 "小型教学". 微型教学创始人之一的爱伦教授说它是 "一个缩小了的、可控制的教学环境, 它使准备成为或已经是教师的人可能集中掌握某一特定的教学技能." 微型教学实际上是提供了一个练习的环境, 它使综合的、复杂的课堂教学得以分解, 从而变成一些教学片段, 使综合的、复杂的、受多种因素制约的教学能力的培养, 变成有清晰目标、可观察、可描述的、可操作的单一的教学技能的训练. 英国学者、微型教学的另一创始人布朗 (G.Brown) 说: "微型教学是一个简化了的、细分的教学, 从而使学生易于掌握." 简化、细分主要体现在以下方面:

(1) 授课时间短, 这样可以减轻受训者的压力和负担, 也有利于指导教师集中精力观察、评价教学;

(2) 教学内容单一, 只教一个概念和一个片段;

(3) 训练目标单一, 只关注一种技能, 使受训者容易掌握, 指导教师容易评估;

(4) 学生人数少 (一般 5~10 人), 简便灵活易于受训者控制. 北京教育学院微型教学课题组给微型教学下的定义为: "微型教学是一个有控制的实践系统, 它使师范生和教师有可能集中解决某一特定的教学行为, 或在有控制的条件下进行学习, 它是建立在教学理论、视听理论和技术基础上, 系统训练教师教学技能的方法."

2. 微型教学的特点

(1) 微型教学也是真实的教学. 虽然微型教学是为培训教学技能而建构的一种练习环境, 但它具有真实教学的一切要素和特点, 仅仅是规模变小而已;

(2) 微型教学是对整体课堂教学的分解和简化. 分解和简化的目的是为了使受训者易于掌握技能和便于指导教师进行观测评估;

(3) 教学突出某一个重点, 或者练习某一个教学技能, 或是掌握某一项教学内容, 或者演示某一种教学方法;

(4) 微型教学使教学过程更易于控制, 授课时间、学生数量、反馈和指导方法以及其他因素都可以操纵;

(5) 微型教学能更直接、更直观地反映教学的效果, 从而使教学行为更容易得到改进.

微型教学的另一创始人盖奇 (Gage) 还指出:"教育学应采用科学家剖析分子的方法来解决复杂的教学现象." 他把整堂课的教学过程中的各种教学行为, 分析归纳出不同的教学技能, 这些技能历来是许多优秀教师的教学策略和方法的概括与总结, 对改进教师的教学工作显而易见具有意义. 然而, 过去各种教学技能都是综合地出现在课堂中, 初学者很能分辨和掌握. 微型教学解决了这个难题, 它把各种教学技能具体地、逐项地进行研究和训练, 这使复杂的教学得以简化, 并且可以依据具体情况作不同层次的简化, 把教学由难变易, 再由易到难, 由浅入深, 进而达到全面掌握的目的.

3. 微型教学的实施程序

进行微型教学训练前, 首先要向学生介绍微型教学的基本理论, 微型教学的概念、指导思想、目的和作用, 让学生明确是什么? 做什么? 怎么做? 让学生对课堂教学技能的分类理论及分类方法, 做到心中有数, 目的明确, 然后再进行单项技能训练.

微型教学一般包括以下几个步骤 (图 6.1):

1) 理论学习

在培训前, 必须组织学生学习某一教学技能的理论知识, 使学生对该项技能有一个全面的了解, 包括该技能的意义、目的、分类、构成要素、应用原则及实施讲解的方法.

2) 观摩示范

针对该项技能, 选择不同的角度, 不同的水

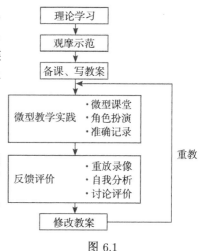

图 6.1

平的示范带, 供学生观摩 (当然也可以进行实地课堂的教学观摩), 可以是正面的示范也可以是反面的示范, 可以是本校教师的示范, 也可以是同级学生相互间的示范. 示范内容可以是一节课的全过程, 也可以是课堂教学的某一片段. 示范要突出重点, 示范内容要多样化, 要通过不同的教学范例来体现同一教学技能, 在示范时指导教师要做好评论与解说.

3) 备课、编写教案

结合指定教材, 针对该项技能的应用, 由学生自己备课, 所备的课是 5~15 分钟的一个教学片段, 重点考虑该项技能的运用. 学生处理教材、设计教法必然受到本人对教材理解的局限, 然而这不是考查的重点, 它只是载体或舞台, 技能的运用才是关注的焦点. 当然, 若对教材理解片面甚至错误, 则无法体现教学技能. 对在职教师的培训, 这一方面的问题少一些; 而对师范生来说, 则经常出现这方面的问题, 因此, 对师范生进行训练时, 应与教育学、教学法课程学习配合, 同时指导教师也要帮助师范生理解、分析教材. 微型教学教案与一般的教案的编写不同, 对它有专门的要求, 6.3 节将提供范例.

4) 微型教学实践

(1) 组成微型课堂. 微型课堂主要由扮演的教师角色 (师范生或在职教师)、学生角色 (由被培训者的同学或真实学生来担当)、教学评价人员 (被培训者的同学或指导老师担任) 和录像设备操作人员 (专业人员或被培训者的同学担任) 组成.

(2) 角色扮演. 在微型课堂上被培训者只上一节课的一部分, 练习一两种技能, 所用的时间一般为 5~15 分钟. 在正式上课前, 被培训者要做一简短的说明, 以便明确训练的技能、教学内容和教学设计的思想.

(3) 准确记录. 在进行角色扮演时, 一般用录像的方法对教师的行为和学生的行为进行记录, 以便准确地进行反馈. 在不具备条件的地方也可以采用录音或文字的记录方式, 但不如录像及时、真实、有效. 例如, 在训练教学语言技能时, 录音方法也是有效的. 但是若采用录像的方法, 效果会更好, 因为录像不仅可以提供听觉反馈而且可以提供视觉反馈. 视觉、听觉同时反馈在引起师范生的学习动机和参与意识方面起着非常重要的作用.

5) 反馈评价

(1) 重放录像. 为了使培训者获得反馈信息, 当角色扮演完成后要重放录像. 教师角色、学生角色、评价人员和指导教师一起观看, 以进一步观察被培训者达到目标的程度. 重放录像可以在角色扮演之后立即进行, 也可以在过了一段时间后进行, 为了便于分析、讨论, 有时需要数次重放录像.

(2) 自我分析. 看过录像后, 教师角色要进行自我分析, 检查实践过程是否达到了所设计的目标, 存在哪些问题, 重教应做哪些改进. 应制订一个自我分析表.

(3) 讨论评价. 在指导教师的指导下进行的集体评议. 根据技能理论, 评议运用是否恰当, 目的是否达到, 是否违背了应用原则 …… 在讨论评价过程中既要正面肯定, 也要指出存在的不足之处, 但最好是提出应如何改进之类的建设性意见. 评价可以是定性的也可以是定量的. 要设计一个教学评价表. 评语不宜太长, 评价内容不宜过多. 一般情况下, 正面和反面评语各有两条就足够了.

6) 修改教案

根据录像, 参考技能示范和技能理论, 对照评估结果, 由受训者自己修改教案, 并准备重教, 进入下一个循环.

6.1.3 微型教学技能分类

教学技能概述

1) 教学技能的含义

技能是通过学习获得的顺利完成某种任务的一种活动方式或心智活动方式. 技能又可分为智力技能与操作技能 (或心智技能与动作技能). 智力技能是指经过练习巩固下来的, 接近自动化的智力活动方式, 它是借助内部言语在头脑里进行的认识活动的技能, 如运算、阅读等都属于智力技能. 操作技能或动作技能是指通过练习巩固下来的, 自动化、完善的动作活动方式, 它是借助骨骼、肌肉以及相应的神经过程实现的. 智力技能与操作技能是有区别的: 第一, 二者活动对象不同, 智力活动对象是客体在头脑中的表象, 是一种观念活动; 操作技能的对象是具有一定物质形式的客体 (实物模式或图像), 具有客观性. 第二, 就活动的进行看, 智力活动是在头脑里借助内部言语默默进行的, 具有内潜性; 而操作技能是在头脑外发生的, 具有外显性. 第三, 就活动结构而言, 操作技能的每个动作都不能省略、简化, 必须实际地做出来; 而智力技能各组成部分可高度省略、简化、甚至常常觉察不到活动的过程, 具有简缩性.

教学技能作为一种特殊的技能是指教师运用有关的知识和经验, 借助一定的手段, 遵循一定的规律, 组织和促进学生学习的一行为方式, 它包含智力技能和操作技能两个方面的特点, 是这两种技能的综合体现. 一定的教学行为是通过一定的智力活动而操纵和控制的, 而智力活动的获得又必须通过具体的教学操作来体现, 教学行为必由这两方面共同参与.

教学技能与教学能力是两个不同的概念. 教学技能的实质是一种教学行为方式, 教学能力则是教师顺利完成某种教学任务的个性心理特征, 当然教学技能的形成必须以一定的教学能力为前提, 而教学技能又是从教育理论知识到教学能力的形成与发展的中间环节, 教学技能对教学能力的提高起着重要的促进作用.

2) 教学技能的形成阶段

(1) 认识模仿阶段. 这一阶段的主要任务是向学习者传授某种教学技能、知识、经验, 通过言语讲解和示范观摩, 使学生理解教学技能的结构及要求, 并进行尝试.

(2) 联系阶段. 在掌握个别局部行为的基础上把个别教学行为联系起来形成一个有机整体.

(3) 熟练阶段. 使教学行为从有意识向无意识转化. 这一阶段的特点是教学方式似乎是自动的. 无需特殊注意, 并且教学行为有充分的稳定性.

3) 影响教学技能形成的因素

当然, 学习者自身的素质会直接影响训练的效果, 这里主要考虑影响教学技能的形成的外部因素.

(1) 明确的训练目标. 确立训练的目标有 3 个方面的意义: 一是使得学习者对练习具有强烈的动机和巨大的热情; 二是使学习者对练习的结果产生积极的期待; 三是为检查和纠正提供依据.

(2) 有效的指导和示范. 在训练教学技能时, 学习者不能观察自身的教学行为, 难于看清教学行为的表象, 因此, 有人从旁指点、评价就非常重要. 具体办法有: 用言语进行指导; 指导教师边作示范边指导; 利用视听手段进行指导.

(3) 及时反馈. 要使学习者知道每次训练后的结果, 学习者如能及时知道每次教学训练的效果, 并对效果有所分析, 就可以对自己的教学行为做出合适的评价, 从而集中精力克服困难、改正错误, 巩固正确的行为方式.

4) 教学技能的基本要求

单项教学技能是课堂教学的一个组成部分. 虽然不同的教学技能有不同的具体体现, 但所有教学技能都必须满足课堂教学的基本要求.

(1) 目的性. 学习是对行为方式的培养和改变, 而教学目的就是对课堂教学所要改变的学生的行为予以描述. 教学目的根据其抽象或具体的程度可分为两个层次.

(i) 指导性目的. 指导性目的是根据教育方针和学科特点规定的教学工作的整体要求. 在数学教学计划中都有这样的规定: 如应该发展学生的逻辑思维; 应该培养学生分析问题的能力等. 在教学中必须经常考虑指导性目的, 因为指导性目的经常影响着课堂教学计划.

(ii) 具体教学目的. 具体教学目的是对一堂课的要求作出的明确而具体的规定. 在表述具体教学目的时经常使用一些有确切意义的词语, 如"会写"、"会说"、"会求"、"理解"、"掌握"、"区分"、"解决"等. 教学目的除了按抽象程度划分之外, 还可以按心理学的理论来划分. 第一是认知性的教学目的, 涉及思维、知识、问题解决、认知和智力; 第二是情感性的教学目的, 涉及学生的兴趣、态度、价值观念的发展变化.

当然各种教学目的之间是相互依赖的, 区分各种教学目的有利于教学过程的分析和设计, 有利于在单项教学技能训练过程中克服教学的片面性.

(2) 适应性. 所谓适应性指教学选择必须始终与教学内容、学生水平相适应. 教学要立足于学生实际的知识和智能水平、学习内容, 教学要求应该是学生经过一定的努力可以接受的. 否则, 教学技能的训练就会与整体课堂教学相脱离. 学生的实际一般是指知识基础、接受能力、心理特征和实际效果. 教学中要努力做到: 充分估计学生的认知水准, 了解他们的知识结构, 选择与其特点相适应的教学内容和教学方法, 使教学的深度、广度和速度符合学生的最近发展区. 要研究学生在一定年龄阶段上身心发展的特点和规律, 通过各种途径, 激发学生的热情和思维的积极性, 防止出现被动的小、慢、差、费偏向. 在学生知识增长的进程中, 应该随时注意学生接受能力的变化, 教师要善于适应各种变化, 根据这种变化来调整自己的教学计划, 以结合新的需要、新的实际进行教学.

(3) 启发性. 学生的积极性是掌握知识的前提. 教学的每一环节都应该注意启发学生的思维, 调动学生的学习积极性. 第一, 要激发学习动机, 根据不同教材和不同学生的特点培养兴趣, 注意理论联系实际; 第二, 要提出启发性问题, 打开思路、活跃课堂气氛; 第三, 要引导动脑、动口、动手, 进行创造性的学习; 第四, 要教会学生懂得怎样学习; 第五, 发扬教学民主, 鼓励提出不同见解, 引导和帮助学生, 注意向学生学习.

(4) 教育性. 教学不仅仅是关于知识的传授, 而且还要通过教书达到育人的目的, 教师的每一教学行为必然会把各方面的知识连同自己的思想、主张、情感一并传授给学生, 在教学中对学生的意识倾向性形成起着潜移默化的作用. 教师要有意识地根据既定的内容, 通过各个环节, 力图使学生在掌握知识的同时得到思想的启迪, 形成一定的品格.

(5) 科学性. 教学技能离不开科学性. 离开科学的态度和科学的思想, 教学技能就会遭到歪曲. 教师针对课堂教学采取的一切措施必须以经过科学证明正确的结果为基础. 在教学技能的训练过程中应坚持做到: 第一, 必须把教育科学理论看成是支配课堂教学活动的法则, 反对把课堂教学理解为主要产生于自发性灵感, 应该把它看成是绝大部分可以被认识、计划和检查, 即可以被学会和研究的现象; 第二, 传授内容必须准确无误, 符合相应学科经过证明是正确的结论; 第三, 教学内容要按照一定的系统和一定的顺序教给学生, 这个系统是科学体系的反映, 这个顺序是保证每个学科内部的概念、课题和章节互相联系, 以及各学科互相联系的顺序.

5) 教学技能的分类原则

教学技能的分类是一个重要的理论问题. 由于教学行为的复杂性以及研究者所持的文化价值观念的不同, 各国学者对教学技能的认识有很大的差异. 例如, 美国爱伦博士就把教学技能分为提问、强化与控制、例证、教学辅助手段、课堂结构、合作学习、学习原则等 7 类. 而英国学者布朗则把教学技能分为讲解技能、提问技能、组织技能、倾听的技能、反应技能等类型. 澳大利亚学者特尼则把教学技能分为强化、提问、变化、讲解、导入、结束、高层次提问等类型.

我们认为教学技能的分类有一定的随意性, 它不可能达到严格科学意义上的分类的标准. 尽管如此, 在分类过程中还是要坚持以现代教育教学理论、心理学理论指导, 并遵循以下原则:

(1) 针对性. 教学技能的分类要考虑培训者的年龄、知识、经验的特点并针对不同学科各自的特殊性. 因此不同的学生, 不同的学科教学技能的类型、层次、水平也不尽相同.

(2) 实用性. 对教学技能分类的目的是帮助受训者掌握这些技能. 因此, 衡量教学技能分类的一个重要标准就是看分类后是否有利于受训者掌握.

(3) 便于示范. 传统的教学示范一般是通过观摩整个课堂教学的过程来进行的. 由于示范者的个人教学风格、独特的教学方法和技巧的综合运用, 使观摩者很难准确把握和学会示范者所示范的教学技能. 因此, 将课堂教学进行分类后, 一定要使技能具有可观测、可操作的特点, 使观摩者对教学的感受更直观具体.

(4) 便于评价. 传统的课堂教学评价往往流于空泛, 对讲课人没有什么实际指导意义. 对教学过程的分解和简化后要力求做到使听课人更容易有针对性对教学行为进行评价, 评价的意见更具体、确切、有指导意义.

6.2   数学教学的基本技能

数学教学既反映一般的教学规律, 又体现数学学科自身特点. 划分数学课堂教学技能, 既要遵循一般教学技能分类原则, 同时也要从数学教学实际出发, 体现当前数学教育发展的特点, 便于学习者理解和掌握. 基于以上考虑我们把数学课堂教学基本技能分成导入技能、讲解技能、提问技能、板书技能、变化技能、强化技能、结束技能等类型.

6.2.1   导入技能

1. 什么是导入技能

导入技能是教师采用各种教学媒体和各种教学方式, 引起学生注意, 激发学习兴趣, 产生学习动机, 明确学习方向和建立知识间联系的一类教学活动方式.

这一意图性行动广泛地运用于上课开始, 或者用于开设新学科、进入新单元和新段落的教学过程.

一堂课的导入在整个课堂教学中是十分重要的一环. 俗话说: "好的开始是成功的一半. " 学生一堂课的学习欲望及其学习效果, 与教师两三分钟的导入有很大的关系. 课堂教学的导入, 犹如文章的 "凤头", 乐曲的 "引子", 戏剧的 "序幕", 负有酝酿情绪, 集中学生注意力, 渗透主题和带入情境的任务. 精心设计的导入能打动学生的心弦, 立疑激趣, 促成学生情趣高涨, 步入求知欲的振奋状态, 有助于学生获得良好的学习效果.

2. 导入的主要类型

1) 直接导入法

直接导入法又叫"开门见山"导入法. 我们谈话写文章习惯于"开门见山", 这样主体突出, 论点鲜明. 当一些新授的数学知识难以借助旧知识引入时, 可开门见山地点出课题, 立即唤起学生的学习兴趣. 例如, 在讲"二面角"的内容时, 可这样引入:"两条直线所成的角, 直线和平面所成的角, 我们已经掌握了它们的度量方法, 那么两个平面所成的角怎样度量呢? 这节课我们就来学习这个内容 —— 二面角和它的平面角!"(板书课题). 这样导入, 直截了当, 促使学生迅速集中到新知识的探索追求中. 再如, 讲"用单位圆中的线段表示三角函数值"一节时, 可作如下开篇:"前面我们学习了三角函数的定义, 每种三角函数的数值都是用两条线段的比值来定义的, 这给我们在应用中带来诸多不便, 如果变成一条线段, 那么应用起来就会方便得多, 这节课就来解决这个问题:'用单位圆中的线段表示三角函数值'". 这样引入课题, 不仅明确了这堂课的主题, 而且也说明了产生这堂课的背景.

2) 事例导入法

事例导入是选取与所授内容有关的生活实例或某种经历, 通过对其分析, 引申, 演绎归纳出从特殊到一般, 从具体到抽象的规律来导入新课. 这种导入强调了实践性, 能使学生产生亲切感, 起到触类旁通之功效. 同时让学生感觉到现实世界中处处充满数学, 这种导入类型也是导入新课的常用方法, 尤其对于抽象概念的讲解, 采用这种方法更显得优越.

例如, 在教授对数概念时, 上课铃声刚落, 一位教师面带微笑导入新课: 请同学们思考这样一个问题, 我国政府在 1980 年提出要使我国工农业生产总值到 20 世纪末翻两番, 因此平均每年的增长率为 7.2%. 同学们, 你们知道这个增长率是怎样算出来的吗? 你们想知道其中的秘密吗? 本节课我就来和大家共同讨论这个问题. 通过这样的实例导入很容易牵动学生思维, 在他们不会解决又急于解决的心理之间制造一种悬念, 激起学生强烈的求知欲.

3) 趣味导入法

新课开始可讲与数学知识有关的小故事, 小游戏或创设情境等, 适当增加趣味成分, 可以提高学生的学习兴趣, 因而有利于提高学生的学习主动性. 例如, 讲"等差数列的求和公式"时, 讲高斯的故事: 18 世纪, 在高斯 10 岁时, 他的算术老师出了一道题: 计算 1~100 的和. 小高斯只用了极短的时间就得出了结果: 5050. 教师接着问大家:"同学们知道他是怎样算出来的吗?"由于大多数学生在小的时候都听过这个故事, 回答说:"他把算式两端的数以及与两端等距离的两数相加, 这样一共有 50 个 101, 所以很快就得出了 5050. " 教师接着说: 他的算法也可以解释成这样: 把原式的数顺序颠倒, 两式相加成为

$$
\begin{array}{r}
1 \;+2 \;\;\;+3 \;\;\;+\cdots+100 \\
+)\,100+99 \;\;\,+98 \;\;\,+\cdots+1 \\
\hline
101 +101+101+\cdots+101 = 101 \times 100
\end{array}
$$

再被 2 除就得到原式的和了 (教师实际上是在做进一步的启发). 教师问: 那么对一般的等差数列 $\{a_n\}$ 前 n 项和 $S_n = a_1 + a_2 + a_3 + \cdots + a_n$ 如何求呢? 这节课就来研究这个问题. 这样通过故事激发了学生强烈的求知欲, 经过引导探讨, 学生较容易地掌握了数列的求和方法 —— 倒序相加法, 得出了等差数列的前 n 项和公式:

$$
S_n = \frac{n(a_1 + a_n)}{2}.
$$

4) 设疑导入法

教师对某些内容故意制造疑团而成为悬念, 提出一些必须学习新知识才能解答的问题, 点燃学生的好奇之火, 激发学生的求知欲, 从而形成一种学习的动力. 例如, 讲 "余弦定理" 时, 可如下设置: 我们都熟悉直角三角形的三边满足勾股定理: $c^2 = a^2 + b^2$, 那么非直角三角形的三边关系怎样呢? 锐角三角形的三边是否是 $c^2 = a^2 + b^2 - x$? 钝角三角形中钝角的对边是否满足关系 $c^2 = a^2 + b^2 + x$? 假若有以上关系, 那么 $x =$? 教师从这个具有吸引力和启发性的 "设疑" 引入了对余弦定理的推证. 再如, 讲立体几何 "球冠" 一节时, 教师可如下设疑: 由三个平行平面截一个球恰好把球的一条直径截成四等份, 试问截得球面的 4 部分面积大小如何? 教师留出几分钟时间让学生观察议论, 同学们一般猜测两头面积较小, 中间的两 "圈"面积较大. 教师这时却肯定地说: "这 4 部分面积是一样的, 都是球面积 1/4!" 又说: "这难道可能吗? 两头看起来确实好像小, 中间的圈要大, 可是它们的面积相等确是事实! 让我们来学习今天的内容: 球冠. " 通过这个内容的学习, 同学们自己就可以解开它们的面积为什么相等的谜. 学生带着这个疑团来学习新课, 不仅能提高注意力, 而且这个结论也将使学生经久不忘.

如何处理教材, 如何设置疑点, 是教学艺术的表现, 良好的设疑可以激起学生学习的欲望, 从而更有利于对新知识的理解.

3. 导入技能的运用要点

各种不同的导入类型在设计和实施中都应符合下列要求, 才能导之有方.

(1) 导入的目的性与针对性要强. 要有助于学生初步明确将学什么? 怎么学? 为什么要学? 要针对教学内容的特点与学生实际, 采用适当的导入方法.

(2) 导入要有关联性. 善于以旧引新、温故知新, 导入的内容要与新课的重点紧密相关, 能揭示新旧知识联系的关键.

(3) 导入要有概括性. 要切中要点, 语言要精练、概括, 不能庞杂、繁琐、冗长.

(4) 导入要有严密性. 导入的语言和形式都应恰当、准确. 无论设疑、引证、说明、比喻等都要明确恰当, 不能使学生产生歧义和误解, 使学生的思维顺势进入新课的正确轨道.

(5) 导入要具有直观性、启发性和趣味性. 导入的语言要生动, 事例要具体, 实验要成功, 设问或讲述才能达到引人入胜、激情引趣、发人深省的目的, 才能产生良好的效果.

(6) 导入要有时效性. 教师在课堂导入阶段要在最少的时间里取得最好的导入效果, 因此, 导入的过程要紧凑, 导入所用的时间要控制在上课的 3~5 分钟之内.

6.2.2 讲解技能

1. 什么是讲解技能

讲解技能就是教师运用语言向学生传授知识和方法, 促进智力发展, 表达思想感情的一类教学行为. 讲解技能在教学中的运用源远流长. 从两千多年前孔子的"私学"和柏拉图的"学园"延续至今, 讲解成了教学的最基本的手段. 它之所以一直受偏爱, 是由于它在较短时间内能较简捷地传授大量的知识; 可以方便及时地向学生提出问题, 指出解决问题的途径; 教材中的微观、抽象的内容, 可以通过教师的讲解帮助学生理解和掌握, 讲解为教师传播知识提供了充分的主动权和控制权. 它是教师进行教学、教育活动不可缺少的手段. 即使在当今现代技术大量应用于教学领域的时候, 也不可忽视削弱讲解技能在教学中的重要作用.

2. 讲解技能的类型

1) 描述性讲解

对数学问题的分析、证明和计算过程、思路程序, 学生认识明确后, 教师再进行简单、概括的描述, 会使学生的认识更清晰, 明确. 例如, 把解一次方程和不等式的步骤描述成是: 去分母、去括号、移项变号 …… 把三角函数中的诱导公式, 最后描述成是"奇变偶不变, 符号看象限"等都是对解题方法、数学事实的一种描述性、程序性的讲解说明. 教师应收集、创造这方面的语言.

2) 分析性讲解

往往用在给出某个数学事实 (定义、定理、例题等) 之前或之后, 它可加深学生对这些数学事实及它的条件、结论的认识和理解, 为下一步的证明和运用打下一个良好的基础.

例如, 以定理形式给出不等式 $a^2 + b^2 \geqslant 2ab$ 之后, 可作下面的分析性讲解:

(1)
$$
\left.
\begin{array}{l}
a \neq b \Rightarrow a^2 + b^2 > 2ab, \ \text{即} \\
\text{当 } a,b \ \text{之一为 0 时} \\
\text{当 } a,b \ \text{为不等的正数时} \\
\text{当 } a,b \ \text{互为异号时}
\end{array}
\right\} \Rightarrow a^2 + b^2 > 2ab.
$$

每种情况, 还可以具体地进一步分析一下.

(2) $a = b \Leftrightarrow a^2 + b^2 = 2ab.$

这就是"当且仅当 $a = b$ 时, 等号成立".

(3) 由公式可变形为

$$
\frac{a^2 + b^2}{2} \geqslant ab; \quad \frac{2ab}{a^2 + b^2} \leqslant 1; \quad \frac{a^2 + b^2}{ab} \geqslant 2, \quad ab > 0.
$$

再进一步用 x, y 代替 a^2, b^2, 得出

$$
\frac{x + y}{2} \geqslant \sqrt{xy}, \quad x, y \ \text{为非负数}.
$$

这就是"两个非负数的算术平均数不小于这两个数的几何平均数".

(4) a, b 代表非零实数, 当然也可以等于任一个代表实数的代数式. 如令 $b = \dfrac{1}{a}$, 则得

$$
a^2 + \frac{1}{a^2} \geqslant 2,
$$

如再令 $a^2 = x$, 则有

$$
x + \frac{1}{x} \geqslant 2, \quad x > 0.
$$

3) 解释性讲解

解释性讲解又称说明式或翻译式. 通过讲解将未知与已知联系起来. 对某个问题的中心思想, 对某个数学事实 (如定理) 的含义, 使用它的注意事项, 解题过程中易出现误解的原因等的讲解, 都属于解释性的讲解说明.

例如对定义"直线和圆有唯一公共点时, 叫做直线和圆相切."可进一步作如下的解释性说明:

(1) 以直尺边作为直线, 在圆所在的平面上摆放, 指出什么时候有唯一的公共点;

(2) 移动直尺, 当直尺与圆心的距离等于半径时, 直尺就变成了圆的切线;

(3) 使直线 (直尺) 和圆交于两点, 使一点固定, 另一点沿圆周向定点移动, 此时直线也随之转动, 当两点重合时, 直线的最终位置 (还是直线) 就是圆的切线.

这样的解释, 加深了对切线的认识, 也为将来学习一般曲线的切线概念打下了一个基础.

3. 讲解技能的运用要点

1) 要有明确的讲解结构

在认真确定教学目标、分析教学内容的重点和难点, 明确新旧知识之间相互联系的基础上, 理清知识结构和学生思维发展的顺序, 提出系列化的关键问题, 形成清晰的讲解框架. 这样能使讲解条理清楚, 引起学生思考.

2) 语言要流畅、准确、明白、生动有趣

语言流畅就是紧凑、连贯、准备充分, 而自信是语言流畅的前提. 语言准确、明白就要求正确运用术语, 用学生理解的词汇. 注意句子的完整, 措辞和发音的准确. 同时还要注意语言技能的应用, 声音、语调、语速、表情、手势等有机的配合, 讲解才会生动有趣, 获取好的教学效果.

3) 讲解要有科学性、教育性、启发性

要把直观、具体的现象事件, 通过分析、综合、抽象和概括, 升华为理性的概念和规律. 要善于应用例证. 例证能将熟悉的经验与新的知识、概念联系起来. 要充分利用图画、实物、模型、标本等直观教具, 借助投影、幻灯、电视、计算机等电教媒体作为说明材料, 使学生获得具体认识. 同时, 讲解还要注意新旧知识之间、例证和原理之间、问题和问题之间恰当的连接, 使讲解形成完整的系统.

4) 尽量做到脱稿讲解

讲解中教师要避免翻阅笔记或讲稿, 也不要朗读讲稿, 更不能让学生逐句抄写下来. 教师的讲述材料应记在心中, 若要让学生精读材料, 应印发给学生, 要最大限度地提高教师的知识传授和学生课堂学习的效率.

5) 要重视获得反馈和及时调控

在讲解中, 教师要善于通过观察学生的表情、行为和操作, 留意学生的非正式发言, 向学生提出问题或给学生提出问题的机会、收集讲解效果的反馈信息, 弄清学生的理解程度, 并及时调整讲解的程序和方式, 以达到教学目标.

6.2.3 提问技能

1. 什么是提问技能

提问技能是教师引出一个信号以激起学生的言语反应的一种行为方式, 它是教师在课堂教学中进行师生交流的一种重要的技能.

提问在课堂教学中应用得非常广泛. 早在 1912 年, 心理学家史蒂文斯 (Stevens) 就在他的一份报告中指出, 教师们平均每天要提问约 395 个问题. 因此, 能否进行恰到好处的提问, 是衡量教师教学能力的一个重要尺度.

　　2. 提问技能的类型

　　1) 事实性提问

　　它需要学生回答的是一些已学过的定义、定理、公式和方法，学生只需在记忆中提取已有的信息即可. 如讲完绝对值定义之后可问：" $-5, 0, \pi$ 的绝对值等于多少？" "$|1 - \pi|$ 怎样去掉绝对值符号才是合理的？" 等.

　　事实性提问属于初级认知水平的提问. 尽管不应过多地局限在这一层面上的提问，但是这并不意味着这类提问没有作用，一般在课的开始或对某个的问题的论证初期，使学生回忆过去所学过的概念、事实和方法时使用，目的是为了学习新知识.

　　2) 理解性提问

　　理解性提问是用来检查学生对已学的知识与技能的理解和掌握情况的提问方式，多用于概念、原理的讲解之中. 学生要回答这类问题必须对已学过的知识进行回忆、解释、重新组合，对学习材料进行内化处理，组织语言然后表达出来，因此理解性提问是较高级的提问. 学生通过对事实、概念、规则等的描述、比较、解释等，探究其本质特征，从而达到对学习内容更深入的理解. 在理解性提问中，教师经常使用的关键词是：请你用自己的话叙述、阐述、比较、对照、解释等.

　　如讲解圆周角定义后，为了使学生理解定义的内涵，可画几个不符合定义中条件的图形，让学生来判断. 圆周角定义是顶点在圆周上，两边都与圆相交的角. 我们可以画一个角的顶点不在圆周上，使角的两边都与圆相交的图形；再画一个角的顶点在圆周上，但角的两边画成在圆内的两条线段；再画一个角的顶点在圆周上，但角的一边在圆内与圆相交，另一边在圆外. 以此三图为例请学生判断其是否为圆周角，并要求学生用定义去阐明理由，以检查学生是否真正理解了定义.

　　3) 应用性提问

　　应用性提问是检查学生把所学概念、法则和原理等知识应用于新的问题情境中解决问题的能力水平提问方式. 在应用性提问中，教师经常使用的关键词是：应用、运用、分类、分辨、选择、举例等. 例如，"用千分尺测量一根金属丝的直径"，"运用所学过的面积公式，计算你家里的面积." 就属于应用性提问.

　　4) 评价性提问

　　评价性提问是一种要求学生运用定义、概念对观点、方法、资料等作出价值判断，或者进行比较和选择的一种提问方式. 这是一种评论性的提问，需要运用所学内容和各方面的知识和经验，并融进自己的思想感受和价值观念，进行独立思考才能回答. 它要求学生能提出个人的见解，形成自己的价值观，是最高水平的提问. 在评价性提问中，教师经常使用的关键词是：判断、评价、证明、你对 …… 有什么看法等.

如在学习了数列极限的"$\varepsilon-N$"定义后, 学生根据定义证明极限 $\lim\limits_{n\to\infty}\dfrac{n}{n+1}=1$.

其间一学生提出: 按照此题证明的书写格式, 他可证得 $\lim\limits_{n\to\infty}\dfrac{n}{n+1}=1.0001$, 这个结论显然是错误的, 根源在于对"$\varepsilon-N$"定义的理解上. 教师不必立即指出学生结论的错误及分析其错误的原因, 而是请其他同学来判断其结论的正误, 并要求学生假定 $\lim\limits_{n\to\infty}\dfrac{n}{n+1}=1.0001$ 的错误前提下, 写出证明过程, 再从中去发现矛盾, 从而加深对数列极限定义的理解.

3. 提问技能的应用要点

1) 提问应有充分准备

"凡事预则立, 不预则废. "在课前, 教师要做好提问的准备, 根据不同的教学目标, 设计不同类型的问题; 针对不同层次的学生, 设计不同水平的问题; 不要即兴提问、随意提问, 避免问题漫无目的, 偏离目标. 教师要事先考虑到可能出现的各种回答及其处理办法, 唯有准备充分, 有备而来, 方能处乱不惊, 稳操胜券.

2) 提问应以学生为中心

在课堂教学中, 教师的任务不是直接向学生提供现成的真理, 而是通过问答甚至辩论的方式来提示学生认识中的矛盾, 最终经由教师的引导或暗示, 学生自己得出正确的结论. 有的教师经常自问自答, 有的教师在学生回答不出时, 干脆提供正确答案, 这种喧宾夺主、越俎代庖的做法不利于学生思维的发展. 另外, 教师应该通过提示、探究、转引、转问、反问等手段引导学生积极思考, 自己得出问题的答案. 教师应该以学生的口吻来提出问题, 这样学生容易接受.

3) 提问宁精勿滥

在促进学生思维发展方面, 问题的质量要比问题的数量更重要. 如果教师所提问题的答案显而易见, 缺乏挑战性, 即使学生回答得再积极, 这样的问题再多, 学生的思维也难有更高的发展. 问题太多, 学生往往把握不住教学重点. 因此, 教师应对提问的问题反复推敲, 做到少而精. 一般来说, 在一节课中, 教师提问不宜过多, 以提 3~5 个能真正触发学生思考、反映教学重点的关键性问题为宜.

6.2.4 板书技能

1. 什么是板书技能

板书技能是教师在黑板或投影片上书写文字或其他符号的活动方式.

教学手段越来越现代化, 板书是否会被淘汰? 权威的牛津大学出版社出版的《教育学》中指出:"一切直观教具, 不论像电影和录像节目那样昂贵复杂, 还是自制的画片和模型那样便宜简单, 都具有同样的目的: 在学习者视觉上留下强烈的印象. 事实上, 所有直观教具中, 数黑板最普遍、最重要、最灵活", 同时又指出:"(板书图示) 几乎可以服务于无限的目的. ”事实证明, “粉笔 + 黑板”的手段虽“古老”, 但在许多场合下确实比现代化教学手段更为方便实用, 可见, 现代化的教学手段与传统的“粉笔 + 黑板”是一种需要互相配合使用的关系, 而不是谁取代谁的关系.

2. 板书技能的类型

1) 提纲式

提纲式板书是指教师根据教学内容进行分析、综合、归纳出若干提纲或提要形式的板书. 提纲式板书的特点是用精练的语言对有关内容的高度浓缩, 省略了细节, 突出了重点、要点, 而且条理清楚, 体现了知识的层次结构, 它可以有效地揭示教学内容和指导学生学习, 加深理解和增强记忆效果. 例如, 为了讲清直线与抛物线的位置关系, 教师作了这样的板书设计:

直线 l 与抛物线 c 的位置关系 $\Leftrightarrow$ 讨论方程组 $\begin{cases} Ax + By + C = 0, \\ y^2 = 2px \end{cases}$ 的解, 消元得

$$ax^2 + bx + c = 0 \quad (\text{或 } ay^2 + by + c = 0).$$

l 与 c 的对称轴平行或重合 $\Leftrightarrow a = 0$.

l 与 c 有两个不同公共点 $\Leftrightarrow \begin{cases} a \neq 0, \\ \Delta > 0. \end{cases}$

l 与 c 相切于一点 $\Leftrightarrow \begin{cases} a \neq 0, \\ \Delta = 0. \end{cases}$

l 与 c 相离 $\Leftrightarrow \begin{cases} a \neq 0, \\ \Delta < 0. \end{cases}$

这种提纲式板书, 使板书配合例题讲解始终围绕教学目的发挥作用, 渗透数学思想方法的教学.

2) 表格式

表格式板书是指根据教学内容对研究课题进行分类、对比并用表格形式出现的板书, 它的特点是化繁为简、对照鲜明、分析综合、增强记忆.

例如, 分析数量关系列分式方程解应用题, 会使一部分学生感到困难. 把应用题分出类型并加以表格化, 可使学生抓住本质 (表 6.1).

表 6.1

问题	有关的量	量与量间的关系	方程中等量关系一般形式
行程问题	距离、速度、时间	距离 = 速度 × 时间	速度 = 速度, 时间 = 时间
工程问题	工作总量、工作效率、时间	总量 = 效率 × 时间	独作用时之和 = 总用时
水流问题	流水总量、流水效率、时间	总量 = 效率 × 时间	独流量之和 = 总量

3) 图示式

图示式板书是指运用文字、数字、线条或其他符号将知识、内容按一定联系组合起来的板书. 这种板书的特点是能够直观形象地显示有关内容的联系和变化规律, 它经常在对某个课题内容进行分析、归纳、推理或将相关知识内容联系起来时使用, 见图 6.2.

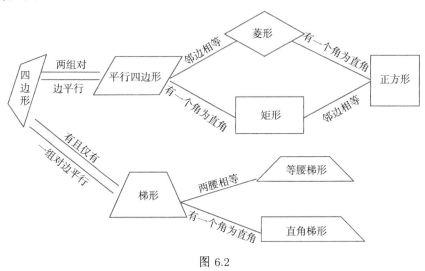

图 6.2

4) 综合网络式

是将零散孤立的知识串起来, 组成以某一内容为主体的知识网络. 这样的板书能帮助学生加深理解某一知识, 便于记忆及迁移, 从全局来把握某一章节的重点要点, 见图 6.3.

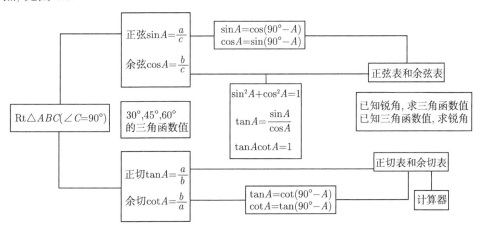

图 6.3

3. 板书技能的应用要点

1) 计划性

要使板书艺术化, 首先要作好周密的计划, 这是教学中成功板书的前提. 板书设计要符合总的教学目的, 体现教学意图, 注意教材的特点和学生的实际, 认真设计板书的内容, 应该为学生提供一个清晰而完整的视觉感知对象, 让学生了解所学知识点的网络、结构. 另外由于板书不是一下子出现在黑板上的, 而是随着教学进程逐步形成的, 因此, 教师除了要做到字迹清晰, 条理分明外, 还应对板书内容进行周密考虑, 精心设计, 具体操作时心中有数.

2) 直观性

学生的思维正处于从形象思维向抽象思维过渡的时期, 而数学的特点之一就是具有抽象性和逻辑严密性. 这样学生的思维特点与数学学科的特点就形成了一对矛盾, 而直观性恰恰是解决这一矛盾的桥梁, 因此在设计板书时要特别注重直观性. 事实上, 在板书设计中, 配以简单的图画、形象直观的图表, 不仅增加板书的趣味性和形式美, 而且可让学生借助图形理解掌握知识.

3) 启发性

启发性也是数学教学中的最基本要求之一. 它能充分调动学生探求知识的积极性, 引导学生积极思维, 主动地去分析问题和解决问题. 因此在设计板书时要通过精心安排, 突出显示规律, 促进知识迁移. 板书中的每个字、词、句、符号都应具有启发性, 能引起联想, 唤起学生对教学内容的想象和记忆, 帮助学生理解所学知识, 引起深层次的思考.

4) 条理性

数学知识系统性强, 逻辑推理严密, 因此要求教师在认真钻研教材、掌握教材重点的基础上, 必须从整体出发, 把所传授的知识要点连成线, 从而逐渐形成一个系统. 在板书设计中则要求条理清晰, 思路简洁, 化繁为简, 要使每个知识点结构严谨, 有主有次. 这样不仅有助于学生理清知识脉络, 对所学知识系统地进行归纳和总结, 明确一个单元或一个知识系统内各个知识点之间的联系, 而且还有助于培养学生的概括能力, 增加学生思维的条理性和严谨性.

5) 艺术性

艺术性原则指的是板书要根据教材的特点, 讲究艺术构思, 要做到形式多样化、结构整体化、表达情景化, 既要庄重端正, 整齐划一, 又要布局得当, 色彩协调, 科学合理. 事实上, 板书设计本身就是一种特殊的艺术创造, 渗透着教师的学识、智慧和审美情操. 直观形象、妙趣横生、错落有致、造型优美的板书不仅能给学生以美的感受, 使学生受到美的熏陶, 培养爱美的情感, 而且能激发学生兴趣, 集中注意力.

6.2.5 变化技能

1. 什么叫变化技能

变化技能是指教学过程中信息传递、教学材料与教学媒体、师生相互作用的转换方式.

人们从感知到思维的每一个认识过程都是从注意开始的, 注意是一切认识过程的开端. 俄国著名的教育家乌申斯基在谈到注意的作用时说道: "注意是一扇门, 一切来自外部世界的, 刚刚进入人的心灵的东西都要从它那里通过". 我国西汉时的大学者董仲舒也指出: "目不能二视, 耳不能二听, 手不能二事. 一手画方, 一手画圆, 莫能成". 由此可见, 在教学过程中获得学生的注意乃是教学的基本条件.

心理学的研究表明, 人在注意对象时, 大脑皮层的相应区域就产生一个优势兴奋中心, 它是大脑皮层对当前刺激进行分析、综合的核心. 这里具有适度的兴奋性, 旧的暂时神经联系容易恢复, 新的暂时神经联系容易形成和分化, 所以能充分显示出注意的对象的意义和作用, 从而对客观事物产生清晰、完善的反应. 引起人们注意的客观因素是刺激物的强度、活动和刺激物之间的对比, 那些千篇一律、刻板、多次重复的东西是很难引起注意的. 因为新的东西很容易成为注意的对象, 所以我们的教学就必须经常有新的内容, 教学手段必须多样化. 多样化就是教学活动需有多种的变化, 即教师的声音和教态、教学材料和教学媒体、师生间相互作用和学生自身活动等方面的变化. 以上每个方面是相互交织在一起的, 教师在教学过程中通过这些变化和综合运用来引起、保持学生的注意力, 激发学生兴趣, 提高学生的认知水平.

2. 变化技能的类型

变化技能分为教态的变化、教学媒体的变化和相互作用的变化 3 类.

1) 教态的变化

教态的变化是指教师说话的声音、表情及身体动作等变化. 这些变化是教师教学热情的具体体现. 教态的变化不需要借助其他工具就可以实现, 是最基本、最常用的变化技能.

(1) 声音的变化. 声音的变化包括语调、音量、节奏和语速的变化. 这些变化对吸引学生的注意有显著效果, 可使教师的讲解更加生动、富有感染力, 还可以突出重点. 比如, 教师在三角函数中讲解了诱导公式之后, 通过加大音量, 放慢语速强调"奇变偶不变, 符号看象限"可起到引起学生重视、加深印象的作用.

(2) 目光接触的变化. 目光接触是人与人之间感情交流的重要方式. 在讲课时, 教师要面对全班, 运用注视全班和注视部分学生相结合的方法与每个学生进行目光接触. 目光接触可以表达教师对学生的期待、鼓励、探询等情感, 也可表达对学生的暗示、警告和提示; 从目光接触中教师还可以获得反馈信息, 了解学生的兴趣和理解程度.

(3) 表情与动作的变化. 人的非语言的面部表情和身体动作又称体态语, 它可以传递丰富的信息, 在课堂上师生的交流中, 教师的体态语变化也起着重要的作用.

(4) 身体位置的变化. 教师在课堂上身体位置的移动大体有两种情况. 一种是讲课时在讲台附近适当地走动, 使学生能看到黑板的各个部分; 另一种是在学生活动时, 在学生中间走动, 教师走到学生中间, 缩短了师生的空间距离, 使学生感到在心理上和教师接近. 教师在课堂上的走动要轻而缓, 姿势大方自然, 以不分散学生注意为宜.

(5) 停顿. 停顿在特定的情况下传递着一定的信息. 在教学过程中, 教师采用停顿是集中注意或引起思考的一种有效方式. 停顿的时间可长可短, 一般以不超过 5 秒钟为宜, 恰当地运用停顿并与声音变化结合起来, 会使人感到讲课具有节奏感而不觉得枯燥.

在教学中, 教师的教态变化往往是上述各种变化的综合应用.

2) 教学媒体的变化

在教学中, 教师运用不同的教学媒体变换信息传输通道, 尽可能地调动学生的不同感官, 向学生传递教学信息.

(1) 视觉通道和媒体. 视觉教学媒体是多种多样的, 有板书、图表、照片、投影片、模型、实物、演示实验、录像片及电脑软件等. 视觉通道是各种器官中效率最高的, 视觉媒体具有直观、形象、生动的特点, 很能吸引学生的注意、激发他们的兴趣. 但是, 只使用视觉媒体 (或仅使用一种视觉媒体) 容易使学生感到疲劳, 应注意变换. 比如, 教师在讲椭圆之前, 条件许可的情况下, 可以带学生去看一下汽车油罐横截面的轮廓, 在黑板上画直线、抛物线、圆和椭圆的图形, 首先给学生直观感觉, 然后用细绳、画图板和铅笔画出一个椭圆, 最后给出椭圆的定义, 推导椭圆标准方程. 运用视觉媒体的变化配合讲解, 对学生理解知识有很大的帮助.

(2) 听觉通道和媒体. 听觉通道传递教学信息的效率虽不如视觉高, 但学生不易疲劳, 且能为学生展开想象留有余地. 听觉通道在教学中使用率最高, 通常占中学课堂的 70%. 当前使用的一些教学媒体, 如录像片、教学电影、电脑多媒体软件 (光盘) 等, 都是视听结合的. 在教学中, 将一些视听媒体与教师的讲解、提问交替使用是完成教学任务的主要方式.

3) 相互作用的变化

在课堂上, 教师、学生、教学内容三者之间存在着相互作用, 在教学过程中进行着一系列活动, 每个活动都可能以教师与全体学生、教师与个别学生、学生与教师、学生与教学内容、学生与学生之间相互作用的方式进行. 相互作用的变化主要有师生交流方式的变化和学生活动方式的变化, 相互作用的变化可以促进学生的学习.

在教学中, 教师应采用多种方式与学生交流 (如让学生回答问题、发表见解、提出疑问等), 了解学生的想法和存在的问题. 教师还应根据需要安排一定的时间用于学生的个别学习、小组讨论和做实验等, 激发学生的学习主动性, 让他们练习讨论问题和听取别人的意见, 培养他们的能力.

3. 变化技能的应用要点

(1) 要有明确的目的. 所有变化技能的运用都应当是有目的的、必要的、为实现教学目标服务的. 过多的或盲目的变化不仅不能促进学生的学习, 反而会起干扰作用.

(2) 要有针对性. 要针对学生的认识水平、能力、兴趣以及教学内容和学习任务的特点选择恰当的变化方式.

(3) 要把握分寸. 教师运用变化技能要适度、有分寸, 不宜夸张. 授课不同于表演, 尤其是教师教态变化的强度和幅度都要恰当, 否则会喧宾夺主, 产生消极作用.

(4) 作好计划和灵活运用相结合. 在教学中采取的主要变化方式要在课前作好计划, 但有时还需要根据课上的具体情况, 及时灵活自然地运用变化技能, 帮助学生理解知识或解决疑难.

6.2.6 强化技能

1. 什么是强化技能

强化技能是对一类教学行为的概括. 这类教学行为的行为方式特点是: 教师根据 "操作性条件反射" 的心理学原理, 对学生的反应采取各种肯定或奖励的做法, 或采取引导学生进行自我检验的方法, 使教学材料的刺激与所希望的学生反应之间建立起稳固的联系, 起到帮助学生形成正确的行为和促进学生思维发展的作用.

"操作性条件反射" 是美国行为主义心理学家斯金纳提出来的. 其主要特征是: 机体自发的反应因有强化或无强化的伴随而相应增加或降低重复出现的概率; 强化只同反应有关, 并出现在反应之后. 如果将操作性条件反射的原理应用在教学中, 则具体体现为: 当学生对教学材料的刺激作出了正确的反应, 教师就给予肯定或奖励 (即强化), 学生就会在以后的学习中重复那些受到奖励的反应而中止那些没有受到奖励的反应, 这种强化也叫做正强化. 教师在学生作出正确反应后消除厌恶性刺激, 如取消处分, 也可以强化正确反应, 这种强化叫做负强化. 如果学生的作业不符合要求, 可以取消他的某些权利, 如不准他玩、不准他参与某项活动等 —— 这是实施负惩罚; 当他的行为符合要求时恢复他之前丧失的权利 —— 这是实施负强化. 如果学生容易表现出某种不良行为, 这时可以结合惩罚和负强化培养一种替代行为, 例如, 先教导他实施好的行为, 这时学生有两种选择, 当他表现不好的行为时给予批评, 而表现良好行为时, 不仅可以避免惩罚 —— 负强化, 还可以获得奖励 —— 正强化. 负强化法是通过逃避和回避两个过程来实现其效果的, 教师的作用在于运用强化的方式创设奖励学生学习的课堂环境.

2. 强化技能的类型

1) 言语强化

言语强化是教师运用语言手段来强化教学的行为. 例如, 学生回答问题后, 教师作出评价:"很好"、"正确"、"进步得很快". 又如, 在讲述难点和重点的内容时, 教师放慢语速, 提高音量, 或对某一句话进行必要的重复.

2) 非言语强化

非言语强化是教师使用语言以外的手段来强化教学的行为. 非言语强化主要有标志强化和动作强化两种形式. 标志强化是教师运用一些醒目的符号、色彩对比等各种标志来强化学习活动的行为方式. 例如, 学生在黑板上演算、书写后, 教师写上评语:"好!"; 用彩色粉笔在黑板上标志打勾; 在作业中加评语等. 又如, 在重点内容、关键地方的板书中加标志 (如加彩色圆点, 加彩色曲线等) 以引起学生注意.

动作强化是教师运用师生之间的交流动作来强化学习活动的行为方式. 如利用体态语来肯定或否定学生的课堂表现. 常见的动作强化有

微笑   对学生的表现表示赞许.

点头、**摇头**   对学生的表现表示肯定或否定.

拍手鼓掌、**举手**   对学生的表现给予强烈的鼓励或同意.

接触   教师运用接触学生, 起到暗示、关心激励学习的强化作用.

接近   教师走到学生身边、站住、倾听讲话, 观看其活动等, 或与正在进行讨论的小组坐在一起, 表示关心他们的讨论和活动.

3) 标志强化

标志强化是指教师运用一些醒目的符号, 不同的彩色对比等各种标志来强化课堂的教学活动.

例如, 对学生在黑板上的演算、证明等书写完后, 教师可用彩色粉笔在正确的地方打上对勾, 还可写上"好", 并画上惊叹号"!".

又如, 对学生的作业, 可用印章 (如五星、红旗等) 的方式给予肯定或表扬.

再如, 在课堂教学中, 对讲解内容中的重点、难点及关键处可加彩色的圆点, 画曲线等方式以引起学生特别的关注.

还可对全班同学或个人的学习、遵守纪律等情况利用图表的方式向全体同学公布展示出来, 以表示对进步明显的优秀学生进行鼓励, 对差生进行督促等. 这一做法一定要防止负面效应.

这种类型的强化方式醒目、时间较长久, 学生印象深刻.

4) 活动强化

教师为学生提供一些活动背景, 让学生参与到教学过程中去, 以达到自我促进, 自我强化的作用, 这样一种教学行为称为活动强化. 活动强化的主要方式有

(1) 设置问题情境, 给学生提供独立思考、动手操作的机会.

例如, 在 "全等三角形的判定" 的教学过程中, 教师可设计如下情景: 一块三角形玻璃, 不小心打成两块. 要截同样大小的玻璃, 要不要把两块都带去? 为什么? 如果带一块去的话, 应带去哪一块? 为什么?

可以让学生通过剪纸来发现问题的结论. 通过亲手操作加深学生对三角形全等的判定定理的理解.

(2) 开展小组活动、组织学生讨论和自由发言.

教师可抓住教材的重点、难点, 设计一些问题让学生讨论各抒己见, 由被动的 "光听不说" 转变为 "既听又说". 学生在小组讨论中积极参与, 充分调动了学习的积极性和独见性, 使教材中的疑难问题迎刃而解, 学生同时体验到了成功的喜悦. 例如: 让同学动手分别画出锐角三角形、直角三角形、钝角三角形 3 个图形中的 3 条高. 学生之间图形对照, 可得到 3 条高相交于同一点: 锐角三角形中, 它们交点在三角形内; 直角三角形中, 它们交点在直角顶点上; 钝角三角形中, 它们交点在三角形外. 再引导学生观察、组织小组讨论, 尝试能不能通过三条高交点位置判断它是哪种三角形? 开始, 小组成员只是悄悄轻声的、支离破碎地发表自己的看法, 后来在组际交流中, 大家一致认为可以, 这时学生看书上的结论, 验证一下自己的说法对不对. 教师把学习和重点、难点作为合作学习的内容, 安排切实有效的讨论. 让学生主动学习, 从而突出教学重点, 克服教学难点, 有效地实现教学目标.

3. 强化技能的应用要点

1) 要有明确的目的

在运用强化技能时, 应根据教学目标, 有目的、有选择地对学生的反应进行强化. 在课堂教学中, 教师不必对学生所有的正确反应都给予强化, 而应当对与达到教学目标有密切关系的正确反应予以强化.

2) 态度要真诚

教师的态度应该是客观的、真诚的, 这样才能使学生受到鼓励. 不恰当的强化, 如过分夸大学生反应的正确程度, 教师的语言、表情过分戏剧化等, 将会使学生感到别扭, 甚至被学生认为是虚假的而适得其反.

3) 要有区别和变化

由于学生在年龄、性别、性格等方面的差异, 学生个人对强化方式的喜好是不同的, 教师应针对学生的特点, 有区别、灵活地采取适合个别学生的强化方式. 在进行强化时, 还应注意变换方式. 如果反复使用单一的强化物, 对学生的激励作用

就会减弱而失去应有的作用.

4) 要把握好时机

把握好强化的时机, 对提高强化的有效性也是很重要的. 对短小、简单的问题, 作业完成的情况等应进行即时强化, 这样可给学生留下较深刻的印象; 学生对一些抽象、复杂问题的解答或对概念、原理的理解, 则应等待学生充分反应后再进行强化, 以使强化更具有针对性.

6.2.7　结束技能

1. 什么是结束技能

任何事物的发展过程, 总是有头有尾的. 要完成一件事, 既要"善始", 也要"善终". 课堂结束与课堂导入是相互对应的一对范畴. 导入是始, 结束是终; 导入是开, 结束是合. 一始一终, 一开一合, 构成课堂教学矛盾运动的完整过程. 课堂教学结束如果不加以注意, 有始无终, 虎头蛇尾, 草草收场, 不仅导致课堂教学过程没有完整性, 而且直接影响到教学效果. 导入要做"凤头", 结束要做"豹尾". 课堂教学结束是课堂教学必不可少的一个环节.

结束技能是完成一项教学任务终了阶段的教学行为方式, 是教师通过归纳、总结、练习、强化等手段, 使学生对所学知识和技能进行及时的系统化、巩固和运用, 使新知识有效地纳入学生原有的认知结构中. 结束技能广泛地应用于一节新课讲完, 一章书学完, 以及讲授新知识、新概念的结尾. 完善、精要的结尾, 可以使课堂教学锦上添花, 趣味无穷.

2. 结束技能的类型

1) 提纲式结尾

这种方式是通过教师或教师与学生的共同讨论, 对一节课的主要内容和数学方法的完整、系统的总结和概括, 以帮助学生理清思路, 巩固所学知识. 例如, 学习高中解析几何的"曲线交点"这一节, 教师可以引导学生作出如下总结:

(1) 求两曲线的交点, 可通过两曲线方程组成的方程组求解得出, 其解就是两曲线交点的坐标.

(2) 通过对两曲线方程组成的方程组及其解的研究, 就会得出它们之间相交 (方程组有解)、相离 (方程组无解) 等几何特性.

(3) 研究曲线特点, 可通过表示它的方程来解决, 反之也一样, 这就是解析几何中数形结合的方法.

2) 提问式结尾

这种方式是在结束教学时, 让学生在回顾所学内容的基础上提出问题, 教师给予解答或让学生讨论回答. 这种方式能再次激发学生的学习兴趣, 启发思维, 有时

也可弥补教学中的不足. 例如, 二次曲线中椭圆一课, 结束时可要求学生从方程:

$$\frac{x^2}{a^2} + \frac{y^2}{b^2} = 1$$

看椭圆的特点: 顶点坐标、焦点坐标、准线方程、长短轴以及 a, b, c, e 的关系, 并进一步提问:"你知道哪些条件, 可以求出椭圆方程?"这样的总结方式, 实质上是促进学生再一次建构这节课的知识结构.

3) 首尾呼应法

一堂好的课, 一般都能注意到首尾连接, 前后呼应. 有因有果, 浑然一体, 形成一种整体感, 使学生对知识形成系统结构.

如教授"函数奇偶性"时, 教师讲述了奇偶性的定义后, 举了几个例子进行奇偶性判断, 教师应因势利导, 留一定时间进行小结深化, 达到首尾呼应:

(1) 符合什么条件的函数是奇 (偶) 函数? (让学生回答小结, 形成首尾连接.)

(2) 由 $f(-x) = -f(x)$ 或 $f(-x) = f(x)$ 可否看出奇偶函数的定义域在数轴上的特征? (启发学生由 $(-x) \to x$ 得出关于原点对称, 形成前后呼应、深化理解.)

(3) 判断下列函数的奇偶性:

$$f(x) = x^2, \quad x \in [0, 2],$$
$$f(x) = 2x - 1, \quad x \in \mathbf{R},$$
$$f(x) = x^3, \quad x \in [-1, 2],$$
$$f(x) = x^{\frac{1}{2}},$$
$$f(x) = 0, \quad x \in \mathbf{R},$$
$$f(x) = a, \quad a \neq 0, \; x \in \mathbf{R}.$$

(4) 按奇偶性定义, 函数可分为奇、偶、既奇又偶、非奇非偶四种 (首尾呼应、有因有果、浑然一体, 形成一个整体).

4) 讨论结尾法

当教师讲完一节内容后, 根据本节内容及以前所学知识, 提出一个能深化理解、掌握概念和技能的问题, 让学生去讨论, 老师不要给出判断, 让学生的思维自由展开, 这样的结尾有益于发展学生的思维, 而且能增强其求知欲, 使课堂教学在活泼的气氛中结束.

例如, 讲完求函数的定义域后, 为了加深对函数概念的理解, 课尾可布置"已知 $y = f(x)$ 的定义域是 $0 < x < 1$, 求 $f(x - 2)$ 的定义域", 让学生讨论思考.

5) 铺垫式结束

一堂课好的结束, 可以使学生急于求知下面的知识, 如同章回小说或电视连续剧, 当情节发展到千钧一发之际, 戛然来个 "且听下面分解", 把观众的胃口牢牢引住, 且隐伏着故事发展的各种情况, 可使观众的想象自由展开.

数学课应用此法, 也能收到好效果, 如在讲解利用公式 $a + b \geqslant 2\sqrt{ab}$ 求最小值后, 教师可举下例: "已知 $x \in (0, \pi)$, 求 $\dfrac{\sin x}{2} + \dfrac{2}{\sin x}$ 的最小值". 许多学生由于受 "$a + b \geqslant 2\sqrt{ab}$" 的思维迁移, 很快得出最小值是 2. 适时的引发能激发思维火花, 引起学习兴趣. 教师启发学生分析解题过程, 达到最小值的充要条件是 $\dfrac{\sin x}{2} = \dfrac{2}{\sin x}$, 即 $\sin^2 x = 4$, 但这是不可能的, 也就是最小值不会在此取得. 又有一些学生应用判别式法求之: 令 $y = \dfrac{\sin x}{2} + \dfrac{2}{\sin x}$, 整理得 $\sin^2 x - 2y \sin x + 4 = 0$, 因为 $\sin x \in (0, 1)$, 所以 $\Delta = 4y^2 - 16 \geqslant 0, y \geqslant 2$, 殊不知, $y = 2$ 时, $\sin^2 x - 2y \sin x + 4 = 0 \rightarrow \sin x - 2 = 0$, 即 $\sin x = 2$, 也不可能. 所以上述两种解法均是错误的. 正确的解法留给同学去思考, 下节课再讨论.

6.3　微型教学的操作与设计

在师范院校引进微型教学, 不仅可以提高师范生的教学技能的培训质量, 而且也对其他课程 (如教育学、心理学) 的教学带来重要的影响. 但是在实际操作中也发现了许多尚待进一步研究及解决的问题: 如怎样组织观察示范; 如何安排微型课堂; 怎样编写微型教案等. 所有这些都牵涉到微型教学的组织与管理.

解决这些问题, 除了要遵循一般的教学设计规律以外, 也要依赖微型教学自身的特点做好合理的教学设计.

6.3.1　微型教学的理论学习

微型教学是建立在现代教学理论、视听理论和技术的基础上系统训练教师教学技能的方法. 要熟练地运用这种方法, 事前学习与研究微型教学理论是非常重要的. 在开始介绍微型教学理论的时候, 不少教师认为, 微型教学与师范生实习前的试教差不多, 所不同的是多了用录像机记录试教的过程罢了. 这说明不少教师对这种先进的培训理论及方法知之不多或缺乏透彻的认识. 认识上的局限性必然会降低使用这种培训方法的积极性, 最终会影响培训的效果. 在实践过程中, 我们发现学生在培训过程中不懂得如何写教案? 不知道如何观察? 指导教师没有提供良好的示范样例, 也没有发挥好积极的指导作用等, 这些问题的出现与我们没有组织好教师和学生学习理论有直接相关.

教学技能是教师在教学过程中, 运用与教学有关的知识和经验、促进学生学习的教学行为方式. 教育心理学的理论告诉我们: 技能是可以通过学习来掌握的,它是在练习实践中得到巩固和发展的. 而学习与练习过程受到许多因素的影响, 其中, 知识的掌握是技能学习掌握的必要条件. 师范生在微型教学实践操作之前, 就必须学习与掌握教学技能相关的知识. 可见, 进行微型教学, 事前的学习与研究是必要的.

事前学习与研究的内容主要有

(1) 微型教学的基本理论. 了解微型教学的起源、特点、理论依据、教学步骤等基本理论知识.

(2) 教学技能. 熟悉中学数学各种常用的教学技能, 掌握各种技能的特点、类型以及应用要点, 评价指标等知识.

(3) 教材的分析与教案的编写. 微型教学的课堂与一般的课堂有很大的区别, 微型课的教案也有其独特的特点. 师范生在确定培训的技能后, 就要学会选择恰当的教学内容, 根据教学目标进行教学设计, 并编写出较为详细的教案.

(4) 微型课的观察与评价. 反馈评价是微型教学的重要步骤, 反馈评价的效果如何除了能否准确记录之外, 还与师范生是否学会课堂教学的观察方法与评价方法有关.

(5) 微型教室的特点及设备的操作使用. 微型教室是进行技能学习培训的专门场所, 师范生应了解微型教室的特点及各种现代教学设备的性能及操作, 否则, 将会影响微型教学任务的顺利完成.

教学技能的培训是在教师指导下, 师范生主动参与的过程. 所以, 无论是指导教师还是师范生都应该进行事前的学习与研究. 作为指导教师应全面掌握以上要学习的内容, 而师范生则要求对"基本理论"作一般的了解, 重点学习和掌握各项教学技能有关的知识. 事前的学习可以安排在专门时间来进行, 也可以结合技能训练时进行, 各学校可以根据自身的具体情况灵活地作出安排.

6.3.2 微型教学中教学技能的示范

1. 示范的必要性

在微型教学的程序中, "提供示范"是一个极其重要的步骤. 示范的理论依据是从美国心理学家班杜拉 (Bandure) 的模仿理论发展而来. 班杜拉认为, 人的社会化、人的行为和个性主要是通过观察学习形成的, 而人的行为的复杂性、人的个性的多样性又是由榜样信息决定的. 在示范信息的作用下, 人们可以形成某种行为, 示范信息的行为特征不同, 能够形成不同的、甚至相反的行为. 为此, 班杜拉确信, 示范作用的影响遍及人类的各种日常行为.

美国另一位心理学家罗伯特. M. 加涅在《学习的条件》一书中也指出: 研究学习的条件, 既要研究学习的内部条件, 也要研究学习的外部条件. 他指出, 运动技能的学习的外部条件包括: 语言的指导、图像的直观 (照片、挂图及运动的电影、电视等)、具体的示范、反复的练习与反馈强化等, 其中"提供示范"是技能学习的重要条件之一.

微型教学是培训教学技能的一种方法, 而教学技能是一系列复杂的行为方式, 它不仅有动作技能, 而且兼有心智技能. 在教学技能的培训中, 为师范生提供科学而有效的指导, 创造并提供有效练习的条件, 使师范生掌握正确的练习方法是极其重要的环节. 英国微型教学专家乔治·布朗认为:"展开具体的教学实例的示范很有成效", 澳大利亚微型教学专家科力夫·特尼认为:"微型教学的成效取决于好的示范 (音像示范为最好)". 这些都说明了在微型教学培训中提供示范的重要性.

2. 示范的作用

具体来分析, 示范在教学技能培训中具有以下作用:

1) 提供模仿范例

根据教育心理学原理, 动作技能的操作是依据知觉的表象来进行的. 如果学生在头脑里没有形成正确的知觉表象, 动作的操作也将是错误的或是不符合要求的, 而帮助学生形成正确的知觉表象的最佳途径是提供正确的示范. 教学技能的培训也是如此. 师范生通过观察示范, 知道了"做什么"和"怎么做", 将技能要点形成的正确印象保存在头脑中, 抑制或清除了学生已形成的对该技能的不正确的知觉印象, 并以此来调节和控制教学技能的方式. 由此可见, 师范生通过模仿范例, 使教学技能的学习更有成效.

2) 明确学习的重点

突出学习的重点是微型教学的重要特点之一. 示范提供了具体的目的和解释, 使学习更加有重点. 克劳斯 (Claus) 的研究指出:示范对明确重点有重要贡献, 教学技能的示范是达到行为改变的最有效的方法, 有助于师范生对所培训的技能的感知和理解, 促进对某一教学技能的掌握.

3) 促进理论的学习

对于师范生来说, 对教学技能的学习大多数只是停留在从书中获得的理性的知识上. 通过观察示范, 可以丰富学生的感性认识、从而进一步地帮助学生理解和印证课堂上学到的理论知识.

4) 提高教学技能培训的效率

由于时间和条件的限制, 事实上不可能对每个师范生进行各种技能的"角色扮演"的训练. 但在学习的过程中, 师范生通过观摩示范, 尤其是观摩研讨示范录像带, 就可以对各种技能的要求、应用等有一定的认识和了解, 在以后的实习工作乃至走上工作岗位之后, 就有了明确的方向和目标, 并在教学实践中自我熟练和完善各种教学技能. 这样在一定程度上弥补了在培训中没有进行"角色扮演"而带来的缺陷, 也因此提高了教学技能培训的效率.

3. 示范的方式

给师范生提供示范的方式主要有以下几种:

1) 现场教学示范

让学生在一个教学现场中学习与观摩. 教学现场可以是真实的, 也可以是模拟的. 现场教学示范又可以细分为 3 种方式.

(1) 师范院校教师的示范. 可以创设一个模拟的教学现场, 由指导教师按照教学技能的特征来示范. 这种示范方式可以随时进行, 易于与学生产生感情共鸣, 学生接受较快. 但这种示范对师范院校教师要求很高, 他们不仅要有丰富的理论知识, 而且要能熟悉中学教学, 且具有较高水平的教学技能, 一般教师很难做到这一点.

(2) 中小学教师的示范. 可以组织师范生到中小学去听课, 直接观摩中小学教师是怎样运用教学技能的. 由于教学现场是十分真实的, 学生易获得生动的、真实的、水平较高的印象, 但这种方式也费时, 不经济, 而且不利于突出某一教学技能的重点.

(3) 同学的示范. 可以创设一个模拟的教学环境, 让学生相互间进行示范. 由于学生在学习生活中建立了稳固的同学友情, 这种示范学生最容易接受. 但示范水平不很高, 易使学生形成不正确的知觉表象.

以上 3 种示范方式都是力求提供一个教学现场. 在现场教学示范中, 由于师范生对示范者进行直接观摩, 学生获得的知觉表象比较真实、鲜明, 但这种方式也有其局限性, 在示范过程中, 往往难以突出教学技能的特征, 而且不利于师范生重复观察.

2) 音像教学示范

即制作教学录音带和教学录像带进行示范. 教学录像示范带是根据某一教学技能的目的、类型及应用要求, 选择某一典型的教材内容, 由高水平的教师进行试教之后录制而成; 或者是从优秀教师录像课的课例中编辑教学片段而制成. 教学录像示范带与其他示范的形式相比较有其以下的优点: 范例的水平高; 利于突出某一教学技能的特征, 明确学习重点; 易使学生获得生动鲜明的知觉印象; 可以重复播放, 便于师范生反复观摩学习. 正因为教学录像示范带具有以上的优点, 所以已成为微型教学极其重要的示范手段, 但录像带毕竟没有现场教学那么逼真, 所以在使用时尽可能与现场教学示范结合起来.

3) 图片、黑板的示范

对板书技能来说, 运用黑板、图片或投影片向学生提供示范不失是一种简便、经济、实用的示范方式.

4. 提供示范时应注意的问题

提供示范的目的主要在于给受训者提供模仿范例, 形成正确的知觉表象, 使学

习更加有重点. 为确保这一教学步骤的效果, 必须注意处理好以下几个关系:

1) 示范与指导的关系

师范生在观察示范过程中, 如果缺乏教师的指导, 就会影响学习的效果. 微型教学实践也证明: 提供如何去观看示范的书面之提示和解说比不提供重点的观摩示范, 在效果上要好得多. 指导教师的指导方式一般有以下几种:

(1) 示范与讲解相结合. 指导老师可以先讲解后示范, 也可以边示范边讲解. 先讲解就是教师向师范生讲述某一教学技能的基本知识, 目的是让学生掌握这些基本知识和运用要领, 有助于学生在教师示范中或观摩示范带时看清教学技能的特点, 形成正确的知觉表象. 如果示范之后再进行讲解, 容易使学生在认知活动中处于被动地位, 学生便不能准确地知觉示范的教学技能, 并且容易与过去的知识经验相混淆. 指导教师也可以边示范边讲解, 在示范带里, 一边示范一边出示字幕提示重点, 也能取得良好的示范效果.

(2) 整体示范与分解示范相结合. 采用整体示范的目的在于使受训者在头脑里形成一个完整的教学技能的印象, 但是只靠教师的整体示范不可能立即解决学生对教学技能细节的了解, 因此必须采用整体示范与分解示范相结合的方法.

(3) 教给学生观察的方法. 教师对师范生的观察方式必须加以指导, 让学生学会重点观察. 因为一种教学技能的运用往往需要其他一种甚至多种教学技能的配合, 无论是示范带还是教师的示范一般都兼用多种教学技能. 师范生只有学会重点观察, 才能在示范带或者教师的示范中看到自己所需要的东西.

2) 模仿和创新的关系

微型教学是对教学技能一个一个地加以训练. 但是, 技能的训练容易使师范生停留在对教学示范的简单模仿上. 教学技能不是简单的动作技能, 它是一项复杂的教学技术, 它有心智的参与, 它受师生相互作用等多方面的影响. 教学技能重视的是教育学, 心理学、专业知识在实际教学中的综合运用, 而不是机械的教学行为的模仿, 高水平的教学技能更是如此. 所以, 一方面要强调将复杂的教学能力细分为各项基本教学技能的必要性和重要性, 另一方面又要使学生掌握各种教学技能的精神实质, 使其在今后的教学实习及工作中能灵活地、创造性地加以运用.

3) 正面示范与反面示范的关系

在微型教学实践中, 示范可以是正面的典型, 也可以是反面的案例. 正面的示范给了师范生良好的学习榜样, 反面的示范也给予师范生很好的启迪. 正、反两种示范可以对照使用.

4) 现场教学示范与音像教学示范的关系

两种示范方式各有其优点, 同时也有其不足的地方. 在实践操作过程中, 应根据教学技能的特点、教师本人的特点、教材的内容、学生的特点以及各校具体情况来确定. 一般情况下, 音像教学示范乃是一种经济、可行、高效的示范方式.

6.3.3 微型教学的教学设计

根据微型教学的基本理论, 在学习每一种教学技能之后, 就需要组织一个微型课堂, 让受训者进行角色扮演, 对所学的教学技能进行训练. 要想这种教学实践富有成效, 就应该对构成微型教学过程的各个要素进行系统的安排和计划, 也就是说要搞好微型教学的教学设计.

微型教学为培训教学技能构建了一个练习的环境, 它具有真实教学的一切要素和特点, 其教学设计当然也要符合教学设计的一般原理与方法, 但微型教学不等于一般的课堂教学, 这就必须研究微型教学课堂的特点, 并在此基础上提出符合微型教学特点的设计方法来.

1. 微型课堂的特点

与一般课堂教学相比较, 微型课堂具有以下几方面的特点:

1) 训练目标单一

微型课堂是以训练某一单项教学技能为目标, 教学重点突出, 它强调的是教师是否能熟练掌握该项教学技能; 而一般的课堂教学的教学目标比较全面, 它强调的是学生是否掌握基础知识和基本技能, 并在此基础上促进品德、智力等全面发展.

2) 教学时间较短

微型课堂的教学时间较短, 一般为 5~15 分钟; 而一般的课堂教学的时间较长, 为 40~45 分钟.

3) 学生人数少

微型课堂的学生人数较少, 一般为 4~8 人; 而一般课堂教学的学生则为一个教学班, 40 人左右.

4) 教学内容单一

微型课堂的教学内容单一、往往只是一项教学技能、一个概念或一个事实; 而一般课堂教学的教学内容则为一个课题或者是多项教学内容.

2. 微型教学的教学设计的内容

从上面微型教学的特点可以知道, 微型课通常是比较简短的, 教学内容只是一节课的一个部分, 并以此作为对某种教学技能训练的基础, 因此在教学设计时就不能像课堂教学设计那样从宏观的结构要素来考虑. 在微型教学教学设计中, 我们把学生学习一个事实、现象、概念等当作一个过程, 在这个过程中涉及教学技能、教学对象、教学内容、教学目标、教学方法、教学评价等诸因素, 因此在微型教学的教学设计中要充分考虑这些因素, 具体要求简述如下:

1) 教学技能分析

微型教学的主要目的是让师范生掌握教学技能. 因此, 师范生在角色扮演、进行教学设计时, 应对该项教学技能作深入透彻的分析, 理解该技能的目的, 类型及应用要点. 教学技能分析是教学设计前期的一项分析工作, 它为训练目标的制订提供了依据.

2) 教学对象分析

在一般的课堂教学设计中, 是十分重视教学对象分析的, 因为学生是认识活动的主体, 是学习活动的主人, 教师必须认真分析学生各方面的特征, 包括原有的知识基础, 技能基础及认识特点, 在此基础上制订出教学目标、处理教材内容、选择教学策略、教学媒体及教学方法. 由于微型课堂主要是培训受训者的教学技能, 且参加角色扮演的学生大多数情况下是由师范生扮演的, 在教学对象的分析上不是分析参加角色扮演的学生的实际, 而是分析与教学内容相应的学生的年龄特征, 这是微型教学设计与一般课堂教学设计的重要区别. 当然, 在这里也要让受训者明白, 将来在实习或工作岗位上, 应重视分析教学对象, 这是教师工作灵活性与创造性的体现.

3) 教学内容分析

由于教学技能分类不同, 对教学内容的分析也有不同. 以教学内容来划分的教学技能如概念教学技能、应用题教学技能、证明题教学技能等应着重分析教学内容的重点部分、难点部分是什么, 分析这部分教学内容在整本教材中的位置与联系等, 为训练目标的确定, 为施教程序的设计提供依据. 对以教学活动方式来划分的教学技能如讲解、导入、结束、提问、强化等教学技能, 在教学内容分析上应着重分析教学内容内部的要素如体裁、结构等, 以便选择恰当的教学方式. 以导入技能为例: 如果教材内容比较抽象, 可以采用具体事例导入的方式, 当一些新授的教学知识难以借助旧知识引入时, 可以考虑"开门见山"的直接导入方式. 总之, 要根据教材内容的特点和需要来选择导入的方式.

4) 教学目标的确定

微型教学中的教学目标实质上是指技能的训练目标, 一个明确、具体的训练目标是在教学技能、教学内容、教学对象分析的基础上提出来的.

5) 相关的教学技能的选择

要达到该项教学技能训练的目标, 往往需要其他相关的教学技能的配合, 如导入技能, 往往要用到语言的技能、提问的技能、强化的技能等. 在微型教学设计中, 在突出某单项的教学技能之外, 仍要保证相关的其他教学技能的规范性. 这就要求受训者在设计中要充分注意选择与区分.

6) 教学媒体的选择

教学媒体是指在传播知识或技能过程中显示信息的手段或工具, 它包括传统的教学工具, 如书本、语言、黑板、图片等与现代化的电教工具如录音、投影、电影、录像、电脑等. 现代教育传播理论认为: 教学过程是教师按教学目标选定教学内容,通过各种教学媒体, 向特定的教学对象传播知识、技能与思想意识. 微型课也一样, 要完成教学技能的训练目标须借助于一定的教学媒体, 如提问的技能, 可借助投影片设置一个问题情境, 然后提出问题. 又如, 讲解的技能, 可根据幻灯片、投影片或录像片来进行讲解. 因此在教学设计过程中, 必须了解各种教学媒体的功能、特点和局限性, 考虑教与学的各种因素, 加以选择和运用. 教学媒体只是一种教学手段, 要注意不要滥用, 也不能认为现代的教学工具一定比传统的教学工具要好.

7) 教学评价的设计

教学评价是微型教学的一个重要的环节. 在这个环节里, 主要是评估受训者教学技能表现和掌握的水平情况, 问题和困难及其原因, 同时这也是对学习者的各种教学技能作出诊断性判断的过程. 为了较为合理地进行教学技能的评价, 需要设计针对每项教学技能的评价单. 按照教学评价的一般方法, 可分成两种评价, 一种是开放性评价, 这种评价允许评价者自由反应, 充分发表自己意见, 开放性评价是一种质的评价; 一种是封闭性的评价, 即评价者对预先设置几项评价要素进行打分, 这种评价是一种量的评价.

以上概要地阐述了微型教学教学设计的内容, 根据这七个方面的内容, 教学设计的程序可用流程图来表示 (图 6.4).

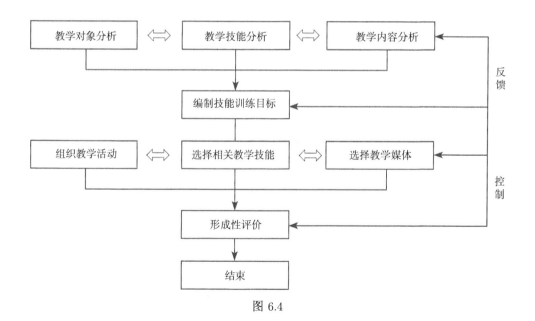

图 6.4

3. 微型教学设计案例

1) 教学程序设计举例

"一元二次方程根与系数关系"的导入如下:

课题　"一元二次方程根与系数的关系"片段.

训练重点　提问技能.

学生特点　有好强心,对解一元二次方程熟练.

教学意图　在观察、激励的前提下提出问题,引发学生研究、学习的兴趣和动机,使学生完成对一元二次方程根与系数的关系的猜想及论证,并得出结论.

学习任务　通过观察、分析、讨论和证明,完成由一元二次方程 $ax^2 + bx + c = 0$ 到 $x_1 + x_2 = -\dfrac{b}{a}$, $x_1 \cdot x_2 = \dfrac{c}{a}$ 的结果. 并要记住和理解.

教学策略　在建构教学观念指导下,通过提问,把学生置于具体方程 $x^2 - 7x + 10 = 0$ 与根 $x_1 = 2$, $x_2 = 5$ 之间的关系的思维考虑之中,进而在高一层次上通过提问,把学生置于一般性的一元二次方程根与系数的关系的建构环境之中,用提问方式,不断地引发学生的数学思维与建构活动.

教学媒体　黑板.

教学过程

1. 提供材料. 给出方程,作为研究问题的特殊材料.

2. 激发动机. 用古人在类似问题上的重要发现,引导、激励学生,并能主动积极地观察分析例题.

3. 探索结论. 引导学生从特殊问题的结论去探索一般性问题是否也有同样的结论,并给出证明.

4. 分析结论. 确认学生得到的结果,进一步要求学生对结论再认识. 对结果正确的分析,是正确认识该数学问题的重要方面.

5. 明确结论. 用语言明确表述结论. 对同一数学事实的不同表述,就会使认识深化,这也是这节课的教学目的.

2) 教案编写举例

如表 6.2 所示.

表 6.2

科目	数学	主讲人	×××	单位	×××××	日期	×年×月×日
课题	一元二次方程根与系数的关系							
教学 目的	通过一元二次方程根与系数的关系的教学, 培养训练教师角色的提问技能及讲解技能							

时间 分配	教师的教学行为 (讲授、提问等内容)	应用的 教学技能	学生学习行为 (预想的思考、回答等)	教学 媒体
1′	1. 请同学们快速心算, 解一元二次方程 $$x^2 - 7x + 10 = 0$$ $$\underline{(x-?)(x-?) = 0}$$ $$x_1 = \underline{\quad}, x_2 = \underline{\quad}$$ 谁来回答	导入技能 (促进参与) (演绎) 板书技能 (副板书) 提问技能 (探查)(回忆)	通过十字相乘得 $$x_1 = 2, x_2 = 5$$ (约有半数学生是动笔算的)	
2.5′	2. 请仔细观察, 这个过程中你发现了什么有趣的巧合? 古代一位数学家, 据说叫韦达, 经过观察发现一个重要结果, 看看咱们谁能发现? $x_1 + x_2 = 7$—— 一次项系数的相反数 $x_1 \cdot x_2 = 10$—— 常数项 (答的太好了)	提问技能 (停顿)(分析) 讲解技能 (讲解)(引导) 强化技能 (语言)	通过十字相乘得 $$x_1 = 2, x_2 = 5$$ (约有半数学生是动笔算的)	
3′	3. 那么一般一元二次方程, 是否也有这样的结果? 有没有敢断言的? 或有类似的结果? 我们来探索这个有趣问题	提问技能 (探查, 分析)	一些学生没有注意到 $a \neq 1$ 的情况. 有的学生想到 $a \neq 1$ 但还不知怎么处理	
6′	§11.5 一元二次方程根与系数的关系 $$ax^2 + bx + c = 0 \quad (a \neq 0)$$ $$x^2 + \frac{b}{a}x + \frac{c}{a} = 0$$ 这两个方程同解, 根为 $$x_1 = \frac{-b + \sqrt{b^2 - 4ac}}{2a}$$ $$x_2 = \frac{-b - \sqrt{b^2 - 4ac}}{2a}$$ 请同学们研究: $$x_1 + x_2 = ?$$ $$x_1 \cdot x_2 = ?$$	板书技能 (主板书) (结论, 推理) 讲解技能 (推理, 逻辑) 提问技能 (结构, 理解)	认识到必须一般性讨论 大部分同学算出 $$x_1 + x_2 = \cdots = \frac{-b}{a}$$ $$x_1 \cdot x_2 = \cdots = \frac{c}{a}$$	

科目	数学	主讲人	×××	单位	×××××	日期	×年×月×日
课题	一元二次方程根与系数的关系							
教学目的	通过一元二次方程根与系数的关系的教学, 培养训练教师角色的提问技能及讲解技能							

时间分配	教师的教学行为 (讲授、提问等内容)	应用的 教学技能	学生学习行为 (预想的思考、回答等)	教学媒体
7′	4. 请同学们分析、叙述一下这一结果? 这个问题中的方程 $$ax^2 + bx + c = 0$$ 如何用语言叙述它的根与系数的关系呢?	提问技能 (探查, 综合) 提问技能 (措词, 综合)	两根之和等于 $-\dfrac{b}{a}$ 两根之积等于 $\dfrac{c}{a}$ 部分学生仍与前一问的回答一样, 部分学生从形式上 a, b, c 的位置上去认识 $$x_1 + x_2 = \frac{-b}{a}, x_1 \cdot x_2 = \frac{c}{a}$$	
9′	5. 说得对!! 一元二次方程 $ax^2 + bx + c = 0$ 的两个根之和等于它的一次项系数除以二次项系数的相反数. 两根之积等于常数项除以二次项系数 (重复一次). 这一结论也称为韦达定理	讲解技能 (语言, 总结) 强化技能 (语言)	学生记忆, 在头脑中重复老师的语言	

3) 技能评价表的举例

见图 6.5, 图 6.6.

导入技能评价单(开放式)　　　　受训者: _____
　　　　　　　　　　　　　　　日　期: _____

1. 本课导入的方式是什么?
2. 本课导入的方式恰当吗?
   (恰当 _____, 不太恰当_____, 不恰当_____)
   理由是:

3. 根据导入技能的运用要点, 你对本课的导入有何看法?
   较好的地方:① _____
   　　　　　② _____
   　　　　　③ _____
   不足的地方:① _____
   　　　　　② _____
   　　　　　③ _____
4. 你认为重教时应作哪些改进?

5. 本课还运用了哪些教学技能?运用得恰当吗?

图 6.5

```
导入技能评价单(封闭式)              受训者: _____
                                日  期: _____

                          差    一般    好    权重

1) 引入能引起学生          □     □     □     0.2
   兴趣和积极性

2) 引入自然              □     □     □     0.15
   衔接恰当

3) 与知识联系紧密,        □     □     □     0.15
   目的明确

4) 确实将学生引入         □     □     □     0.2
   了学习的情境

5) 讲话情感充沛,         □     □     □     0.1
   语言清晰

6) 引入得当、紧凑         □     □     □     0.1

7) 面向全体学生          □     □     □     0.1

你还有什么意见
```

图 6.6

总结与思考

　　自 20 世纪 80 年代末、90 年代初引入微型教学以来, 对微型教学的研究已取得了全面、深入的发展. 我国各师范院校不仅相应建立起先进的微型教学实验室, 而且已经培养出一批熟悉、了解微型教学的教师队伍. 现在微型教学不仅局限于教师的职前训练, 对于在职教师的培训, 微型教学也是一个十分有效的手段和方法. 就数学微型教学来看, 在研究和实践过程中应注意两个问题, 一是要充分体现数学学科的特殊性. 由于数学学科与其他学科显著的不同, 数学教学也有其独特的规律. 在组织和实施数学微型教学时, 不仅要研究一般的教育理论, 而且要深入钻研数学教育内在的规律. 特别是对技能的分类, 不应盲目照搬其他学科, 而应根据当前数学教学实际情况对数学教学技能作出恰当的划分. 二是要认识到尽管微型教学是一种发展教学能力的有效手段, 但是却不能把它当成唯一有效的手段. 微型教学仅关注于教学能力因素中的规范性成分的训练. 由于教学是一门科学, 同时也是一门艺术, 因此不能把教学能力的培养完全归结于教学技能的训练. 事实上, 见习、实习、案例学习等等也是培养教学能力行之有效的方法.

实践与反思

(1) 什么叫微型教学? 微型教学对培养教学能力有什么积极意义? 有什么局限性?

(2) 相对于一般的学科教学, 数学教学有什么特殊性? 你认为怎样划分数学教学技能比较恰当? 理论根据是什么?

(3) 观看数学教学录像片, 研究、讨论运用了哪些教学技能?

(4) 根据某一现行版本的数学教材, 选定某一教学内容, 写出教学程序, 编写微型教案, 然后组成微型课堂进行角色扮演、反馈评价等, 并进行现场录像.

参 考 文 献

陈成祖, 谢明初. 1995. 微格教学的基本理论与实践 [M]. 广州: 新世纪出版社.

罗新兵, 李三平. 2012. 中学数学教师教学技能 [M]. 西安: 陕西师范大学出版社.

孙连众. 1999. 中学数学微格教学教程 [M]. 北京: 科学出版社.

王光明. 2014. 新理念数学教学技能训练 [M]. 北京: 北京大学出版社.

王秋海. 2008. 数学课堂教学技能训练 [M]. 上海: 华东师范大学出版社.

谢明初, 彭上观. 2017. 数学微格教学教程 [M]. 广州: 广东高等教育出版社.

第7章 说课·听课·评课

本章目录

本章概览

　　说课、听课、评课,是教学研究特别是校本教研的基本形式,是教师专业生活与专业成长的重要组成部分,是教师专业学习的重要途径. 说课作为课前的准备与课后的反思工作,听课作为现场的研讨观摩或检查督导工作,评课作为考核评价和推进推广工作,都是提高课堂教学质量的重要方式,也都是提升教师专业素质的有效途径.

　　新课程的实施,赋予了说课、听课、评课新的内涵. 新课程的说课,不再局限于说具体的某一课题、某一授课材料,而更要关注说学科课程,说课程标准,说学科教材,说教学资源等说课的核心内容与形式,同时还要关注说课的时态与实效;听课,主要分为检查、评比、观摩和调研 4 种功能,并特别强调常态性听课;评课,在全面评价新课程课堂教学的同时,主要抓住评价学生的学习过程.

　　本章主要讨论新课程背景下数学说课、听课、评课的问题,即基本概念问题;基本内容问题;基本要求问题;实例操作问题,力求把新课程理念充分落实到数学说课、听课、评课中. 学完本章后,你应该做到:

(1) 理解说课、听课、评课的基本概念、基本内容;

(2) 掌握说课、听课、评课的基本要求;

(3) 熟悉说课、听课、评课实例操作的基本程序.

7.1　说　　课

说课是一种具有"中国特色"的教学行为, 国外鲜有类似的介绍或相近的做法.1987 年, 河南省新乡市教研室的教研员到一所偏僻的山区学校听课, 因所乘车辆途中出现故障, 耽误了一些时间, 到学校时学生已放学回家, 听不到课了, 后来就叫原来上课的老师把所上的课给大家"说"一下, 像电影导演说戏那样, 这就是最早的"说课"; 20 世纪 90 年代, 正式把说课当作为一种教研活动形式. 这种"中国特色"的说课, 在实施素质教育、推进新课程的今天, 正在经历前所未有的新变化.

近年来, 随着"新课改"的深入, 说课作为一种新型的教学研究方式, 因操作比较简便, 并且能够在一定程度上体现教师理论与实践的综合水平, 日益受到各级各类教育行政部门、教研部门和教师教育机构的青睐. 在教师职业技能训练、各级评优评先、招聘教师等工作中, 已被广泛接受和采用.

7.1.1　什么是说课

1. 说课的含义

1) 说课的界定

关于说课, 目前解释众说纷纭, 尚无定论, 缺乏权威的定义. 比较典型的观点有

观点一: 说课是在教师备课的基础上, 让授课教师面对评委教师或其他听众, 系统地谈自己的教学设想及其理论依据, 然后由听者对其进行评说, 以达到相互交流、共同提高的一种教学研究活动.

观点二: 说课是指教师述说授课的教学目标、教学设计、教学效果及其理论依据的教学研究活动.

观点三: 说课就是授课教师在充分备课的基础上, 面对同行教师或专家, 讲述自己的教学设计及其理论依据等, 然后由听者评说, 大家共同讨论, 确定改进意见, 再由授课教师修改, 完善其教学设计, 旨在提高课堂教学效益和教师业务素质的一种教学研究活动和师资培训的组织形式.

观点四: 说课就是让教师以语言为主要表述工具, 在备课的基础上, 面对同行、专家, 系统而概括地解说自己对具体课程内容的理解, 阐述自己的教学观点, 表达自己执教的设想、方法、策略、手段以及理论依据等, 然后由大家进行评说. 简言之, 说课是对课程的理解、备课的解说、上课的反思.

观点五：所谓"说课"，就是任课教师根据课程标准的要求，依据各学科相应的教学规程，采用讲述的方式，在规定的时间 (一般为 15~20 分钟) 内，向教学同行或专家阐述个人对大纲的把握、对教材的理解、对学情的分析、对教法的构想、对教学过程的总体设计等方面的内容，然后由大家进行评说的一种教学活动.

观点六：说课就是教师面对专家、领导，或其他听众，在规定的时间内，针对具体课题，采用讲述为主的方式，系统地分析教材和学生等，并阐述自己的教学设想及理论依据的一种教研活动形式.

不难发现，这些典型的说课观，从不同侧面揭示了说课的基本特征：说课以口头语言为主要的表达形式，即"说"；说课有时间限制，一般为 10~20 分钟；说课以教育教学理论为依据，针对教学内容及学生实际；说课面对同行 (教师或专家) 进行，强调听者与说者的双向互动；说课是一种教育理论与教学实践紧密结合的课堂教学技能训练的操作性研究活动.

我们认为，说课是指教师以教育教学理论为指导，在规定的时间 (一般为 10~20 分钟) 内，面对同行、专家或教研人员，主要用口头和有关的辅助手段阐述某一学科课程或某一具体课程的教学设计，并与听者一起就课程目标的达成、教学流程的安排、重难点的把握及教学效果与质量的评价等方面进行预测或反思，共同研究进一步改进和优化教学设计的教学研究过程.

从定义中可知：说课的主体是教师，说课的客体也是教师；说课不仅仅是讲述，还可以质疑、讨论；说课不是教师的独白，而应是教师之间的互动；说课对课堂教学的预设是有针对性、目的性的；说课的目的是为了提高课堂教学效率，促进教学研究，而不是为了获得所谓的分数和名次；说课可以是课前教学方案的设计和构想，也可以是课后对教学方案的介绍与评述.

一般地，说课活动通常由两部分构成，即解说和评说. 解说是教师以口头表达为主，以教育理论和教材为依据，针对师生具体情况和课程内容的特点，以同行为对象，在备课或上课的基础上进行，它要阐明的问题是"教什么"、"怎样教"、"为什么要这样教"及其理论依据，这是说课的重点；评说则是针对解说而进行的同行之间的评议、交流和研讨.

2) 说课与备课、上课的关系

说课与备课、上课既有联系又有区别. 说课是以备课为基础，对备课成果进行理论提炼和反思，是对上课的理论准备；说课是介于备课与上课之间、基于教学活动系统化特点的一种教学教研活动，它具有较强的参与性和合作性，能很好地解决教学与研究、实践与理论相脱节的矛盾.

说课与备课的关系

(1) 相同点：无论是备课还是说课，其目的都是为上课服务，着眼于提高课堂教学的效益；从所涉及的内容来看，由于说课是一种深层次备课后的展示活动，所以在主要内容方面应该是一致的; 从活动的过程看, 两者都需要教师花费一定的时间来研究课程标准、教材及学情, 并结合有关教学理论, 选择并确定合适的教学方式, 设计最优化的教学流程.

(2) 不同点:

(i) 内涵不同. 一般说来, 备课是教师个体独立进行的一种静态的教学活动行为, 备课的思维过程是隐性的, 备课是教学任务如何完成的方法步骤, 是知识结构如何转化为学生认知结构的实施方案, 属于教学活动; 而说课是教师集体共同开展的一种动态的教学研究活动, 属于教研活动, 在对教学问题的研究与反思方面, 说课显然要比备课更深入、透彻、细致.

(ii) 对象不同. 在备课过程中, 教师一般独立进行教学设计, 不直接面对学生或教师, 而说课是说课者直接面对其他教师同行, 说明自己备课及备课的依据.

(iii) 目的不同. 备课是为了能上课, 为了能正常、规范、高效地开展教学活动, 它以全面提高教育教学质量和不断促进学生发展为最终目的. 而说课是为了帮助教师学会反思, 改进和优化备课, 它以整体提高教师队伍素质和实现教师专业化发展为最终目的.

(iv) 要求不同. 备课强调教学活动安排得科学、合理和全面, 其中, 能为上课提供可操作性强、条理清晰的教学流程是备课的关键内容, 因此, 备课一般只需要写出教什么、怎样教就可以了, 而无须说明为什么要这样教. 而说课就不一样, 教师不仅要说出教什么、怎样教, 还要从理论角度阐述为什么这样教.

说课与上课的关系

说课与上课有很多共同之处, 如都属动态过程, 但有自己的特点.

(i) 要求不同. 上课主要解决教什么, 怎么教的问题; 说课则不仅解决教什么, 怎么教的问题, 而且还要说出 "为什么这样教" 的问题.

(ii) 对象不同. 上课的对象是学生, 是依据教案、创造性地使用教案进行传授知识、训练技能、培养能力、发展智力和教书育人的教育教学活动; 说课的对象是具有一定教学研究水平的领导和同行. 由于对象不同, 因此说课比上课更具有灵活性, 它不受空间限制, 不受教学进度的影响, 不会干扰正常的教学; 同时, 说课不受教材、年级的限制, 也不受人员限制, 大可到学校, 小可到教研组.

(iii) 时间不同. 说课的时间, 通常安排上一节课的 1/4~1/3 的时间, 不宜太长, 也不宜太短, 说课时间一般控制为 10~20 分钟.

处理好说课与备课、上课的关系

鉴于说课与备课、上课的以上关系, 说课应注意: 说课不是备课, 不能按教案来说课; 说课不是讲课, 不能把听说课的老师同行和领导视为学生, 如正常上课那样讲; 说课不是 "背课", 也不是 "读课", 要突出 "说" 字; 既不能按教案一字不差地背下来, 也不能按说课稿一字不差地读下来; 一节成功的说课, 一定是按自己的设计思路, 有重点、有层次, 有理有据、清晰明了地表达出来, 力求新颖严密, 有独特的个性.

当然, 要说好课, 就必须备好课; 说好课是上好课的重要条件, 但课说得好还不等于课上得好.

2. 说课的类型

根据不同的标准, 说课可以划分为不同的类型, 如专题说课与整体说课、个体说课与集体说课、学生说课与教师说课、课时说课与单元说课、问题探究说课与事实梳理说课、书面说课与现场说课等. 说课具有层次性, 可以是说一节课、说一个教学单元、说一本书; 一般而言, 说课的基本单元是说一节课 (1 课时) 的教学内容设计.

一般地, 说课可分为课前说课和课后说课两大类型, 包含研究性说课、示范性说课和评比性说课等基本课型.

1) 课前说课和课后说课

课前说课, 就是教师在认真研读课标教材、领会编写意图、分析教学资源、初步完成教学设计基础上的一种说课形式, 是教师个体深层次备课后的一种教学预演活动. 从其对课堂教学的影响来看, 通过课前说课活动, 可以借助集体的智慧来预测课堂教学的实际效果, 最终达到改进和优化教学设计的目的, 因而, 课前说课也是一种预测性或预设性说课活动.

课后说课, 就是教师按照既定的教学设计进行上课, 并在上课后向所有听课教师或教学研究人员阐述自己教学得失的一种说课形式, 是建立在教师个体教学活动基础上的一种集体反思与研讨活动. 正是在这种集体的反思与研讨中, 使说课者个体和参与研讨的其他教师对教学的成败得失有了更加清晰的认识, 也为进一步改进和优化教学设计提供了可能, 因而, 课后说课也可被认为是一种反思性或验证性说课活动.

习惯上比较注意课前说课, 而忽略课后说课, 从某种意义上, 课后说课对促进教师的专业发展, 反馈课堂教学结果有更为深远的意义.

2) 研究性说课、示范性说课和评比性说课

研究性说课, 一般以教研组或年级备课组为单位, 以集体备课的形式, 由一名教师事先准备并进行说课、说后大家评议研究、形成最佳教学方案的教研形式. 其特点: 一是成员相对固定, 一般是较小范围内的同行, 常常可以进行较深入的探讨和交流; 二是教研组或年级备课组内的教师可以轮流说课, 教研组可以每周一次或两三周一次, 年级备课组教师较多, 可以几天一次; 三是说课的内容形式多样, 可以是一堂完整的课, 也可以是一两个重要问题或教学片段, 还可以是教育教学工作中遇到的重点、难点问题或热点问题; 四是场所和形式灵活多样. 研究性说课强调常

规化和日常化, 重视小范围教师之间的交流与合作, 是大面积提高教师业务素质和研究能力的有效途径.

示范性说课, 一般是以优秀教师如教学能手和学科带头人或特级教师等为代表在向听课教师做示范性说课的基础上, 请该教师按照其说课内容上课, 然后再组织教师进行评议的教学研究方式. 可见, 通过这样一种形式的教学研究活动, 听课教师可以从听说课、看上课、参评课中增长见识, 开阔视野, 不断提高自己运用理论指导教育教学实践的能力, 也是培养教学骨干的有效方式和重要途径. 一般地, 示范性说课比较适合于在校内 (或镇内) 开展, 也可以在区内或市内开展, 每学期一般可以进行 1 次或 2 次.

评比性说课又称竞赛性说课, 就是把说课作为教师教学业务评比的内容或一个项目, 对教师运用教育教学理论的能力、理解课程标准和教材的实际水平、教学流程设计的科学性和合理性等做出客观公正评判的教学研究活动方式, 既要求说课教师按照指定的教材、规定的课题, 在限定的时间内独立地进行准备和说课, 有时还要求说课教师将说课内容付之课堂实践, 通过上课实效来评价说课质量, 最后由评委决定比赛名次. 评比性说课, 既是发现和遴选优秀教师的一种评比方法, 也是以此带动教师队伍建设、促进教师专业发展的有效途径. 相对于评比性说课, 教师在日常教学研究中所进行的说课活动, 都属于非评比性说课, 它既可以是课前说课 (或预测性说课) 方式, 也可以是课后说课 (或反思性说课) 方式 (周勇等, 2004)[18~20].

7.1.2   说课说什么

一般来说, 数学说课应包括说教材内容、教学目标、教学方法、教学过程等 4 方面的内容.

1. 说教材

数学教材是新数学课程标准的具体化, 是进行课堂教学设计的蓝本, 是教师教、学生学的具体材料. 要把握好教材, 落实教学目标, 必须准确理解课程标准, 实践课程标准的要求. 因此, 说课应首先说教材.

说教材, 就是说课者在认真研读课程标准和教材的基础上, 系统地阐述选定课题的教学内容、本节内容在教学单元乃至整个教材中的地位和作用以及与其他单元或课题乃至其他学科的联系等, 围绕课程标准对课题内容的要求, 将三维目标化解到具体的教学环节中, 确定教学的重点、难点、关键以及课时的安排等. 说教材时, 说课者应尽最大努力来阐述自己对教材的理解和感悟, 以充分展示自己对教材的宏观把握能力和对教材的驾驭、整合能力. 说教材应着力解决 3 个问题:

1) 说课课题简析

简要说明本说课的内容来自哪一学科、哪一册书、哪一章节等, 如一位数学老

师是这样简析其说课课题的:

我说课的内容是函数的单调性 (一) 的教学, 用的教材是江苏教育出版社出版的全日制普通高中课程标准实验教科书 (必修)《数学》(1) 第二章《函数概念和基本初等函数Ⅰ》§2.1.3 函数简单性质的第一课时"单调性"(P34∼37), 该课时主要学习增函数、减函数的定义, 以及应用定义解决一些简单问题.

2) 剖析教材的地位和作用

在认真研读课程标准并分析教材编写思路及其特点的基础上, 按照课程标准对本年级学生学习方面的要求, 简要阐述所选内容在本单元、教材、年级乃至学段中的地位、作用、逻辑关系和意义, 以及与其他单元或课程及其他学科的联系等. 比如, 上述函数的单调性 (一) 的说课, 这位老师作了如下处理:

函数的性质是研究函数的基石, 函数的单调性是首先研究的一个性质. 通过对本节课的学习, 让学生领会函数单调性的概念、掌握证明函数单调性的步骤, 并能运用单调性知识解决一些简单的实际问题. 通过上述活动, 加深对函数本质的认识. 函数的单调性既是学生学过的函数概念的延续和拓展, 又是后续研究指数函数、对数函数、三角函数的单调性的基础. 此外在比较数的大小、函数的定性分析以及相关的数学综合问题中也有广泛的应用, 它是整个高中数学中起着承上启下作用的核心知识之一. 从方法论的角度分析, 本节教学过程中还渗透了探索发现、数形结合、归纳转化等数学思想方法.

3) 说教材的重点、难点、关键及其依据

所谓重点, 就是教材中贯穿全局, 带动全面, 起核心作用之点, 它是由教材本身所处的地位和作用来确定的. 通常教材的定义、定理、公式、法则以及它们的推导和重要应用, 各种技能和技巧的培养和训练, 解题的要领和方法, 图的制作和描绘等, 都可确定为重点. 例如, 三角形中两角和或差的正弦、余弦公式是一个重点; 解析几何中圆、椭圆、双曲线、抛物线的定义、标准方程、性质和图像等是重点, 重点具有相对性. 例如, 相似形是平面几何的一个重点, 在相似形这一章中又以相似三角形为重点, 在相似三角形中又以相似三角形的三个判定定理为重点, 而在三个判定定理中, 又以第一个判定定理为重点等.

所谓"难点", 就是教材中理解、掌握或运用上的困难之点. 难点也具有相对性, 且是针对学生而言的. 它是由学生的认识能力和知识要求之间的差距所确定的. 一般来说, 教材中的知识比较抽象, 结构比较复杂, 本质属性比较隐蔽, 需要应用新的观点和方法或学生缺乏必要的感性知识等, 均可确定为难点. 例如, 初中数学中字母系数方程解的讨论、布列方程解应用题、反证法、同一法、函数概念等均是难点.

有时教材中的重点, 又是难点. 例如, 初中数学中关于点的轨迹, 函数的概念; 高中数学中关于极坐标和参数方程、排列组合的应用等既是重点又是难点.

　　所谓"关键", 就是理解、掌握某一部分知识或解决某一问题的突破口. 它还是攻克难点、突出重点之所在, 往往起转折点的作用. 一旦掌握好关键, 其他部分的学习就迎刃而解了. 例如, 平面几何"三角形内角和"一节中, 定理的掌握是重点, 定理的证明是难点, 而证明中辅助线的添置是关键. 在解析证法中选择恰当的坐标系是关键; 在利用参数求曲线方程时, 选择好参数是关键; 在复合函数求导时, 分析复合函数中的复合关系、掌握复合函数的求导法则是关键 (陆书环等, 2004)[156,157].

　　仍以上述函数单调性 (一) 的说课为例, 本说课的重点、难点与关键可确定如下:

　　这是一节概念课, 函数单调性的本质是利用解析的方法来研究函数图像的性质. 教学重点是区间 D 上的增函数的概念、运用定义判断函数的单调性.

　　函数单调性的知识形成、利用函数图像与单调性的定义判断和证明函数的单调性是教学难点, 难点形成的原因首先在于学生不能从描述性的自然语言过渡到严谨的数学形式语言; 其次在于学生第一次接触代数证明, 不能很好地实现严格的推理论证并完成规范的书面表达.

　　从自然语言到符号语言的过渡、增 (减) 函数的定义是突破难点的关键. 对于难点的突破, 除了抓住关键, 在教学策略上, 一方面应重视学生的亲身体验: ① 将新知识与学生的已有知识建立联系, 如学生对一次函数、二次函数和反比例函数的认识, 学生对"y 随 x 的增大而增大"的理解; ②运用新知识尝试解决新问题, 如对函数 $f(x) = \dfrac{x}{x+1}$ 在定义域上的单调性的讨论. 另一方面重视学生发现的过程, 如充分暴露学生将函数图像 (形) 的特征转化为函数值 (数) 的特征的思维过程, 充分暴露在正反两方面探讨活动中, 学生认知结构升华、发现的过程等.

　　可见, 说教材至少可以实现以下 3 个目的: 一是依据学习内容确定教学的重点、难点与关键, 使教学活动能做到突出重点、突破难点、抓住关键, 解决"教什么"的问题; 二是依据课程标准对学习内容的要求, 将三维目标化解到具体内容的教学过程中, 有利于解决"怎样教"的问题; 三是整体把握教材, 根据学生已有的学习体验和认知特点, 循序渐进地设计教学活动, 为解决"为什么这样教"的问题提供教学参考.

　　2. 说目标

　　在充分把握数学课程标准的要求、教学内容和教学对象基本情况的基础上, 教师要说清楚教学目标, 这是说课的重要内容.

　　数学课程标准在总体上把教学目标分解为"知识与技能"、"过程与方法"、"情感态度与价值观"三个不可分割、相互交融、相互渗透的维度. 教学目标的设计应注意总体目标与具体目标的有机结合. 具体描述教学目标时, 应围绕"学生在学习之后, 能干些什么", 或者"学生将是什么样的"来进行, 要注意目标的准确性和具体性, 使其具有可观察性、可操作性、指向性和可评价性. 在描述的方法上, 可以从 "知识与技能"、"过程与方法"、"情感态度与价值观" 三个方面去表达. 具体操作可以按照三维目标的具体内容与不同水平的目标层次进行组合, 用专业规范的术语进行表述 (见 1.3.1 小节).

例如, 上述函数单调性 (一) 说课的三维教学目标可这样描述:

(1) 知识与技能: 理解增函数、减函数、单调区间、函数单调性的概念, 掌握判别函数单调性的方法.

(2) 过程、方法与能力: 经历探索函数单调性和应用函数图像、增 (减) 函数定义解决函数单调性问题的过程, 体会数形结合、转化的数学思想方法, 培养发现问题、分析问题、解决问题的能力.

(3) 情感态度价值观: 体验数学的科学功能、符号功能和工具功能, 培养观察、探索发现、科学论证的良好思维品质.

人民教育出版社出版的义务教育课程标准实验教科书《数学》七年级下册第九章《不等式与不等式组》§9.1 不等式及其解集的第一课时 (P121~123) "不等式及其解集", 可如下确定教学目标:

(1) 知识与技能: 理解不等式、不等式的解、不等式的解集、解不等式等概念; 能用不等式表示正数、负数及数的大小关系; 能求出简单的一元一次不等式的解集.

(2) 数学思考: 通过类比等式的对应知识, 探索不等式的概念和解, 体会不等式与等式的异同, 体会类比的思想方法.

(3) 解决问题: 经历把实际问题抽象为不等式的过程, 能够用不等式表达现实世界中的不等关系.

(4) 情感态度与价值观: 通过对不等式概念及其解集等有关概念的探索, 初步体会不等式是刻画现实世界中不等关系的一种有效数学模型, 提高数学建模与合作交流意识.

值得注意的是, 教学目标的设计没有固定模式, 我们倡导一种个性化、艺术化的方式, 艺术化和个性化的教学可能更容易激起学生的学习兴趣. 名师的课之所以让人耐人寻味, 就在于他的个性, 如果大家把课上得千篇一律, 这个课就没有个性可言了.

3. 说教学方法

说教学方法是指说教法和说学法, 主要是说明 "怎样教 (学)" 和 "为什么这样教 (学)" 的道理, 是说课的关键内容.

说教法, 就是根据本课题内容的特点、教学目标、学生学业情况、教学媒体和授课时间等, 说出选用的教学方法和教学手段及其理论依据. "教学有法, 教无定法",

为实现教学方法的最优化, 常常需要在教育教学理论的指导下, 对常用的接受式教学、合作式教学、探究式教学、自主式教学等教学方法进行优化组合, 通过发挥各种方法的长处和优点, 最终实现教学过程的最优化; 教学手段一般包括语言和教具两大类, 教具有普通教具 (如挂图、模型) 和现代教具 (录音、投影、录像、计算机多媒体等), 提倡充分运用现代数学教育技术.

说学法, 即说学法指导, 就是针对本节教材特点及教学目标, 说出学生宜采用怎样的学法来学习它, 最重要的是从能力目标、学生基础和年龄特征, 以及教法选择与教学手段等方面来说明如何通过学法指导, 让学生既"学会"又"会学", 以最终达到"教是为了不教"的目的.

教法与学法是教师组织教学和学生开展学习的两种不同活动的反映, 它们既相辅相成又相互促进. 教为主导、学为主体, 确切地道出了教学系统中这两个要素之间的关系. 说教法与学法, 实际就是要解决教师"教"如何为学生"学"服务的问题.

如上述函数单调性 (一) 的说课, 可这样说教学方法:

本节课是一节较为抽象的数学概念课. 因此, 教法上要注意:

(1) 通过学生熟悉的实际生活问题引入课题, 为概念学习创设情境, 拉近数学与现实的距离, 激发了学生求知欲, 调动了学生主体参与的积极性;

(2) 在运用定义解题的过程中, 紧扣定义中的关键语句, 通过学生的主体参与, 逐个完成对各个难点的突破, 以获得各类问题的解决;

(3) 在鼓励学生主体参与的同时, 不可忽视教师的主导作用, 具体体现在设问、讲评和规范书写等方面, 要教会学生清晰的思维、严谨的推理, 并成功地完成书面表达;

(4) 采用投影仪、计算机多媒体等现代教学手段, 增大教学容量和直观性. 在学法上:

① 让学生从问题中质疑、尝试、归纳、总结、运用, 培养学生发现问题、研究问题和解决问题的能力;

② 让学生利用图形直观启迪思维, 并通过正、反例的构造, 来完成从感性认识到理性思维的一个飞跃.

又如华东师范大学出版社出版的义务教育课程标准实验教科书《数学》初中一年级 (七年级)(下) 第八章《多边形》"课题学习——图形的镶嵌", 说教学方法可如下处理:

将课题学习编入教材, 是数学课程改革的一项重要举措, 与原有课程相比, 课题学习具有开放性、实用性和全员性. 这个课题以日常生活中的铺地板为背景, 意在巩固已学知识的同时, 让学生自主实践, 从而改变单一的学习方式.

本课题学习可采用数学课堂教学设计、数学活动教学设计或样例学习形式的问题解决设计. 若进行数学课堂教学设计, 对于教法、学法的选用, 考虑到课题学习应以学生自主探究为主, 教师调控引导为辅. 因此, 可选用"引导式探索发现法和主动式探索尝试法"进行教学, 主要是让学生经历"问题情境 → 建立模型 → 调查研究 → 解释应用"的过程, 体验数学与现实生活的联系. 因此, 采用"合作交流—自主探究"的学习方法, 真正使每位学生由"学会"变成"会学".

4. 说教学过程

所谓教学过程, 就是指教学活动的系统展开, 它表现为教学活动推移的时间序列. 通俗地讲, 就是教学活动是如何发起的, 又是怎样展开的, 最终又是怎样结束的. 说教学过程是说课的重点部分, 因为只有通过这一过程的分析, 才能看到说课者独具匠心的教学安排, 才能反映教师的教学思想、教学个性与教学风格. 也只有通过对教学过程设计的阐述, 才能看到其教学安排是否合理、科学和艺术. 一般地, 说教学过程应关注以下几个环节:

(1) 设计思路. 设计思路就是对教学流程主要环节的概括. 说设计思路, 有助于听者更清晰地了解和把握说课者关于教学活动的整体安排. 这一环节, 可以单独列出, 也可以隐含在教学流程中. 例如, 上述不等式及其解集的第一课时的教学流程安排如表 7.1.

表 7.1 教学流程图

活动流程图	活动内容和目的
活动一: 　感知不等关系, 了解不等式的概念	通过实例, 让学生认识到不等关系在生活中的存在, 通过问题的解答, 让学生了解不等式的概念, 体会不等式是解决实际问题的有效工具
活动二: 　通过类比方程, 继续探索出不等式的解、解集及其表示方法	通过解决上个环节的问题, 得出不等式的解, 再引导学生观察解的特点, 探索出解集的两种表示方法 (符号表示、数轴表示), 并且培养学生用估算方法求解集的技能
活动三: 　继续探索, 归纳出一元一次不等式的意义	针对所学的不等式, 让学生归纳出特点, 得到一元一次不等式的概念, 并对概念进行辨析
活动四: 　拓展探究, 深化新知	运用本节所学的知识, 解决实际问题, 使学生经历将实际问题转化为数学问题, 再加以解决的过程, 实现对所学知识的巩固和深化
活动五: 　小结、布置作业	让学生通过自我反思和互相质疑提问, 归纳总结本节课的主要内容, 交流在概念、解及解集学习中的心得和体会, 不断积累数学活动经验, 教师应主动参与学生小结, 作好引导工作, 布置好作业, 并作及时反馈

(2) 教学流程. 说教学流程, 就是围绕教学设计思路, 说具体的教与学活动安排及这样安排的理论依据; 在说教与学的内容时, 不能照搬教案像给学生上课那样详细讲解, 而要力争做到详略得当, 重点内容重点说, 难点突破详细说, 理论依据 (包括教学法依据、教育学和心理学依据等) 简单说; 只要让听者知道"教什么"、"怎样教"、"为什么这样教"就行. 教学流程的具体环节取决于所使用的数学教学模式. 使用频率最高的讲练结合教学模式的教学流程包含课题导入、讲解新课、巩固与应用、课堂小结、课后作业等基本环节.

(3) 重点与难点的处理. 要说明在教学过程中, 怎样突出重点和化解难点以及所采用的教学方法、教学手段.

(4) 板书设计. 板书设计, 视具体说课的要求而定. 一般地, 若是教学研究活动中的说课, 这一环节可以省略; 但若作为业务评比, 则可在说课的过程中直接在黑板上演示就行.

(5) 教学设计说明或反思 (视实际情况选择). 要求说课时, 对预设性的教学设计进行说明, 或对教学实施中的优缺点进行剖析和反思.

7.1.3　怎样说好课

说课, 是一个教师专业素质和文化理论水平的综合体现, 是一门以说课者个人素养为基础, 以说课的方法、手段的巧妙运用为核心, 以显示说课者的艺术形象和风格为外部表现的综合性艺术. 以下是一节成功的说课应遵循的基本要求.

1. 把握说课的基本原则

(1) 科学性原则. 科学性原则是教学应遵循的基本原则, 也是说课应遵循的基本原则, 它是说课质量的基础. 说课应做到内容正确、完整、系统, 即: 一是要求教材分析准确透彻、重点难点正确无误, 教学目标确定, 教法设计合理, 述说教学过程不能出现数学知识性错误等; 二是说课的基本内容如说教材、目标、教学方法与教学过程等必要环节一般不能缺失等.

(2) 说课教学统一性原则. 说课的终极目的是优化课堂教学, 提高教学效率, 这与课堂教学所追求的目标相一致, 说明说课应与课堂教学相统一, 这可有效避免说课中理论与实际脱节的倾向 (如说课中存在要求偏高、容量偏满的问题, 有的课在提出某一重要概念后, 当堂课就立即提出深化对这一概念的认识的要求; 有的课的分量实际上需要一节半甚至于两节课才能完成; 有的课课堂练习布置的习题偏多, 在限定的时间内难以完成等), 使说课真正发挥出提高课堂教学效果的功效.

(3) 创新性原则. 说课要有创新意识, 勇于实践, 不断进取, 敢于创新. 我们常说教学有法却不可拘泥于成法, 说课也一样, 说课有规更不能囿于成规, 应因时、因地、因人 (学生和教者) 的不同, 创造出自己的有效、实用、有特色的说课方式方法.

2. 明确说课的评价标准

明确说课的评价标准是进行说课特别是评比性说课的必要前提, 数学说课要以《数学课程标准》为基本依据, 贯彻 "以学生发展为本" 的科学教育观, 重点对 "教什么"、"怎样教" 和 "为什么这样教" 进行科学评价, 评价细则参见表 7.2 提供的数学说课评价标准.

表 7.2　数学说课评价标准

评价项目	评价标准	评价等级 A	B	C	D	评分
说教材 (15)	课题简要分析	5	4	3	2	
	教学内容的地位与作用	5	4	3	2	
	教学重点、难点、关键确定及其依据	5	4	3	2	
说目标 (10)	阐述通过教学使学生在知识与技能、过程与方法、情感态度与价值观等方面所能得到的发展, 并说明其依据	5	4	3	2	
	教学目标明确、具体、无歧义, 符合课标要求和学生实际	5	4	3	2	
说教学方法 (20)	从教材、学情出发, 选择灵活多样、有启发性的教法和教具	5	4	3	2	
	教学手段或媒体的利用, 对达到教学目标最优化的思考与分析	5	4	3	2	
	具体说出学法指导内容, 教给学生合适的学习方法, 恰当运用学习方法, 培养数学能力	5	4	3	2	
	学法指导的理论依据正确, 学生能获得一定的终身学习能力	5	4	3	2	
说教学过程 (40)	教学主次分明, 层次清晰, 各环节安排周密, 连贯紧凑、过渡自然	10	8	6	4	
	有驾驭教材的能力, 抓住教学重点, 难点突破合理	10	8	6	4	
	教学有特色, 体现教法、学法在教学中的运用	10	8	6	4	
	各环节教学设计的理论依据科学、合理	10	8	6	4	
教师基本功 (15)	讲解准确, 重点突出, 时间分配, 15~20 分钟, 不超过 20 分钟	5	4	3	2	
	板书正确、工整、美观, 布局合理; 信息技术工具与教具操作熟练	5	4	3	2	
	教态自然大方、和蔼亲切、富有激情与活力; 语言简练、流畅, 普通话规范, 富有感染力	5	4	3	2	
总评		总分				
		等级				

注: 90 分以上为优, 70~89 分为良, 60~69 分为中, 60 分以下为差.

3. 精心选用并深入研究相关资源, 写好说课稿

精心查阅、搜集、选用相关说课教学资源并深入研究, 是写好说课稿乃至说课成功的关键. 一般地, 数学课程标准的教学要求、教参对教学内容的分析、知识背景材料、数学问题 (如例、习题)、教具模型、CAI 课件、数学教学报刊等, 都是必备的案头资料.

把说课的内容付诸文字, 形成书面材料, 就叫说课稿, 其着重解决 "为什么这么教" 的问题. 撰写说课稿不必拘泥于固定、呆板的模式, 表 7.3 是一个数学说课稿格式, 仅供参考.

表 7.3　数学说课稿样例

各位老师, 大家好!

今天我说课的课题是_____. 下面我将从以下几个方面进行阐述:

首先, 我对本节教材进行简要分析.

1. 说教材

本节内容是_____出版社出版的_____数学课程标准实验教科书《数学》第_____册第_____章第_____节第_____课时, 属于 (数与代数、空间与图形、统计与概率、实践与综合应用) 领域的知识. 在此之前, 学生已学习了_____, 这为过渡到本节的学习起着铺垫作用. 本节内容是学生学过的_____的延续和拓展, 又是后续研究_____的基础. 它是整个_____中起承上启下作用的核心知识之一. 因此, 在_____中, 占据_____的地位.

本节课中_____是重点, _____是难点, _____是关键, 其理论依据是_____.

基于以上对教材的认识, 根据数学课程标准的_____基本理念, 考虑到学生已有的认知结构与心理特征, 制订如下的教学目标.

2. 说目标

知识与技能: _____; 过程与方法: _____; 情感态度与价值观: _____.

为突出重点、突破难点、抓住关键, 使学生能达到本节设定的教学目标, 我再从教法和学法上谈谈设计思路.

3. 说教学方法

教法选择与教学手段: 基于本节课的特点_____, 应着重采用_____的教学方法与手段, 即_____, 其理论依据是_____.

学法指导: _____, 其理论依据是_____.

最后, 我来具体谈一谈本节课的教学过程.

4. 说教学过程

在分析教材、确定教学目标、合理选择教法与学法的基础上, 我预设的教学过程是_____.

······

各位老师, 以上所说只是我预设的一种方案, 但课堂是千变万化的, 会随着学生和教师的灵性发挥而随机生成的. 预设效果如何, 最终还有待于课堂教学实践的检验.

本说课一定存在诸多不足, 恳请各位老师提出宝贵意见. 谢谢!

4. **语言简练、层次分明、重点突出、特色鲜明, 实施说课**

说课是语言技能的表演, 思维品质的外现, 因此说课应语言简练、层次分明.

说课要说的内容较多, 对某一堂课来说, 问题的引进、概念的讲解、公式的推导还是例题的分析, 往往各不相同, 怎样才能在有限的时间内完成说课内容, 这就要求说课者在全面介绍情况的基础上，突出重点、抓住关键，展示独到的处理和解决办法，防止面面俱到，避免空泛，力求实在，如在说"数轴"这一课时，在教学目标里提出"渗透数形结合的思想方法"后，还在教学过程里具体点出在讲到哪一步时提出所渗透的上述思想方法，从而使这种渗透成为能抓得住、可操作的教学安排(饶汉昌, 1999).

5. 恰当运用计算机多媒体等现代教育技术手段, 使说课生动、出彩

借助计算机多媒体等现代教育技术辅助说课，已成为一种共识. 但说课者在利用多媒体 CAI 课件时，应注意下面几点: ① 若有上课的相关视频片段，最好能将视频嵌入课件当中; ② 如有学生的作业或作品，应将其扫描出来，以图片的格式出现在课件中，学生的作品一般都能给听众带来较大的冲击力; ③ 课件上的文字要简明扼要，提纲挈领即可，字数不宜太多; ④ 课件的整体框架要清晰，有条理; ⑤ 课件的颜色要和谐、统一，不应过于花哨，以免有哗众取巧之嫌.

7.2　听　　课

学校工作以教学为中心，课堂教学是关键. 怎样来认识课堂教学规律和抓好课堂教学质量呢? 听课是一种行之有效地研究课堂教学的重要方法和手段. 本节主要关注为什么要听课、听课听什么、怎样听好课等问题.

7.2.1　什么是听课

1. 听课的含义

听课是教师或研究者带着明确的目的，凭借眼、耳、手等自身感官及有关辅助工具 (记录本、观察表、调查表、录音录像设备等)，直接或间接 (主要是直接) 从课堂情境中获取相关的信息资料，从感性到理性的一种学习、评价及研究的教育教学方法.

听课既是教育行政部门和教学业务部门检查、指导教研活动的重要内容，又是教师必备的基本功和必不可少的常规性工作，是提高教师教学水平的一种方式. 经常听课，有利于及时了解和掌握学校、教师的教育教学现状，有利于教师之间相互学习，相互取长补短，共同提高; 有利于教师特别是青年教师学习优秀教师的先进教学经验，促进教师的专业成长; 有利于良好教学风气的形成，促进教学改革的深入; 有利于转变教学思想，更新教学观念，提高教学质量与水平.

听课是甄别认定课堂教学优劣的手段和途径，目的是提升课堂教学研究的水平与质量，听课具有目的性、主观性、选择性、指导性、理论性与情境性等基本特点.

2. 听课的类型

根据课改和教学实际, 结合课堂教学的特点及相对稳定的共性要求, 听课一般划分为检查性听课、评比性听课、观摩性听课和调研性听课等类型.

检查性听课

检查性听课就是为了了解学校和教师教育教学工作的总体、过程、某一方面或某个问题的情况而进行的听课活动.

上级教育部门对学校督导评估中的听课、检查教学常规落实情况的听课、中考和高考复习调研听课、学校领导听新教师的课、新课程实施情况的调研性听课等都属于检查性听课的范围.

1) 检查性听课的基本特点

(1) 突然性. 听课者是有目的、有计划、有意识地去听课, 对被听课的学校、教师、班级、哪一节课等在绝大多数情况下, 事先是不十分清楚的或提前知道的时间不会太长. 学校或教师对这类听课总有被 "突然袭击" 的感觉.

(2) 真实性. 检查性听课活动在绝大多数情况下, 总是在教学常态下进行的, 学校和教师很少提前刻意做好准备, 听课能及时了解到最接近、最真实反映学校和教师平时正常情况下的教学实际. 当然不可能完全的一致, 因为, 外来听课者的介入会或多或少地影响到学校和教师, 至少他们在主观上要尽最大可能力求上好这节课, 但由于教师的心态变化, 有些课可能比平时好, 有些课可能还不如平时.

(3) 灵活性. 听课者可以根据自己的工作职能和工作需要, 采取灵活多样的形式听课, 受时间、地点、条件的限制较少.

2) 检查性听课的要求

(1) 要明确检查的目的. 无论是检查学校的教学工作, 还是检查教师的课堂教学情况, 以及进行一些有关新课程的专题检查, 都应该目的明确、要求清楚, 否则, 将影响到听课的质量. 检查什么? 检查的主要内容是什么? 怎样检查? 要达到什么目的和得到什么结果? 都应该让听课者知道.

(2) 要在常态下进行. 检查性听课虽然不一定每次都是 "突然袭击" 式的, 有时可以作为工作计划提前下达给有关的部门和学校, 有时可以以适当的形式提前告知学校或教师. 这样在某种程度上可以使学校或教师按照有关检查的要求做好工作, 因为检查的根本目的是为了促进教育教学质量的提高. 但是, 为了确保检查的客观、真实, 尽量不要提前通知, 即使必须通知, 也应尽可能将影响听课客观公正的因素减少到最低限度.

(3) 要熟悉听课的要求. 对于听课者要进行适当的培训或提出要求, 如需要检查的内容、准备哪些材料、怎样使用有关的调查表格和调查工具以及怎样评价等.

(4) 要尽量减少被听课者的戒备心理. 因为这种类型的听课活动带有临时性、

突然性, 外来听课者进入学校或课堂时, 往往会引起被听课对象的戒备, 从而影响到听课的真实性. 为此, 检查者要设法尽快取得被听课对象的理解和配合, 灵活处理听与被听的关系, 避免以检查者自居.

(5) 要准备好与听课对象交换意见. 检查性听课虽然不一定都要同教师交换意见, 但是在允许的情况下, 应该尽可能同教师交换意见或探讨一些问题. 这既是听课的常规要求, 也是对授课教师的尊重与指导.

(6) 要进行总结. 通过检查性听课活动, 要总结经验、发现问题、提出对策, 有时候还要拿出具体的总结性意见或报告供领导决策参考, 并从全局的角度进行以点带面的综合思考分析, 得出共性的定性意见, 提出对全局有指导性的要求和措施.

评比性听课

评比性听课主要是为了对教师做定性评价而进行的听课活动. 如评优课、考核课及评优秀学科教师、名教师、特级教师等的听课就属于这个范畴.

1) 评比性听课的基本特点

(1) 筛选性. 在各级各类的优质课评比及各种考核课中, 被听课的教师是通过各种形式筛选出来的, 他们应该是某一方面的在各种层次上的优秀者.

(2) 公正性. 虽然其他类型的听课也具有这样的特点, 但在评比性听课中, 这一特点更为突出, 听课者会尽可能地减少主观因素的干扰, 客观、公正地对待每一节课.

(3) 比较性. 听课者对上课者不仅要有定性的分析和评价, 而且要进行横向的多角度的比较分析, 如对教学基本功、教学方法、教学理念、教学手段、教学效果、学生能力的培养等进行比较.

2) 评比性听课的要求

要认真了解和掌握评比的目的、要求和相关规定. 对不同的评比课或考核课的目的、标准、要求等是不同的, 对听课者也有不同的要求.

(1) 要熟悉课的内容. 一般评比型课的内容是提前确定的, 有些考核性质的课有可能是临时随堂听课, 但作为听课者虽然是某一方面的有威望的教师或专家, 但不一定都对所要听课的教材内容十分熟悉, 有时候可能还没有接触过. 所以, 如有可能, 听课者要尽可能多地熟悉听课的内容, 以保证评比的公正, 尽可能使个人的评价符合被评价对象的实际及同其他听课者的评价相一致.

(2) 要做详细的比较性记录. 听课笔记虽然应有详略, 但在这类听课中要特别详细地记录各位教师的特殊之处, 做比较性的记录和思考. 因为, 要分出等级, 重要的方面就是听课者要对所有教师的课进行比较, 在比较中区分出层次及做出定性的评价.

(3) 要客观公正地听每一节课. 在评比性听课活动中, 一般教学手段都比较新颖、教学形式都比较活泼、教学设计都比较到位, 但这些都应该为教学内容和教学效果服务. 作为听课者要善于透过现象看本质, 克服片面性, 客观公正地听好每一节课.

(4) 要对听课人员进行选择. 在这类听课活动中, 听课者的个人素质在很大程度上决定了最后定性评价的公正性和有效性. 听课的组织者要根据评比或考核的要求, 选择那些政治素质好、工作责任心强、业务水平高、有一定经验和威望的人员负责听课.

观摩性听课

观摩性听课是为了总结、推广、交流及学习教学经验和方法等而进行的听课活动, 包括公开课、示范课、展示课等.

1) 观摩性听课的基本特点

(1) 示范性. 这类课一般由特级教师、名教师、优秀教师或某一方面有特色、有创新、有经验的教师上的课, 在通常情况下将这种课作为典型、示范来看待.

(2) 推广性. 在这种听课活动过程中, 辅之以一定的形式和要求, 帮助那些有经验、有特色的教师进一步提升教学层次, 推广他们先进的教学方法和教学经验等, 进一步扩大他们的影响.

(3) 学习性. 任何听课都是一个学习过程, 但在观摩性的听课活动中, 学习性的特点最突出.

2) 观摩性听课的要求

(1) 要端正态度, 认真地听和看. 作为听课者, 一定要态度端正, 要虚心, 要认真仔细地、全神贯注地去听和看, 要认真地记录, 即使课上得"很差", 也可从中知道"差"的原因.

(2) 要认真仔细地记录有特色、有创新的地方. 课程既然被观摩, 一般总是有与众不同的地方 (不一定都是成功的方法或经验), 将之记录下来, 并从中发现不足和错误、思考其形成的原因、找到解决的方法, 也是学习和提高.

(3) 要与自己的课进行认真的比较分析. 在听课过程中, 凭借观摩的教学信息, 思考其是否合理、是否有效、是否有特点等, 通过比较分析, 获得自己所需要的信息; 听完课后, 要整理听课记录, 结合自己的教学进行比较性的思考, 如自己如果上这节课将怎样上, 会是什么样的结果? 有哪些东西是值得自己学习的, 自己的课有哪些不足和需要改进的地方? 从而在比较中学习和借鉴别人的经验, 改进和提高自己的教学.

调研性听课

调研性听课是为了研究、探讨有关教育教学问题或了解教学改革实验进展情况而进行的听课活动. 研讨课、实验课、为调研进行的听课等就属于这个范畴.

1) 调研性听课的基本特点

(1) 目的性. 作为这类听课者, 无论是教学研究人员, 还是学校领导和一般教师, 其听课的目的都是十分明确的. 在事前往往对调研的问题进行反复的论证, 解决为什么要进行调研? 怎样去调研? 调研后怎么办等问题. 由于目的明确, 其主动性、积极性和针对性就很强.

(2) 探讨性. 这类听课活动往往是实验研究性质的, 组织者和实施者虽然可能有比较明确的研究目的和比较成熟的做法与经验, 而且在一定范围内已经研讨过一段时间, 但作为听课者来说, 其听课的主要目的不是去评价教师, 而是与授课者一起探讨某些问题.

(3) 选择性. 教育教学中需要调查或研讨的问题很多, 对问题的探究方法和途径也很多, 将哪些问题作为调查或研讨对象呢? 通过什么方法与途径调研? 听哪些人员的课? 让哪些人员来参与听课调研? 这就要进行选择.

(4) 导向性. 虽然是调研性质的听课活动, 但组织者或听课者对调研的问题往往是经过认真的筛选论证, 经过一段时间的实验探讨, 而且至少在这个问题上大概存在什么问题已经有所了解或对问题的解决已经有了一些初步的认识, 只不过对有些问题的认识还不够明确, 需要在调研中不断完善自己的思路. 所以, 这类听课活动交流和研讨的导向性是比较明确的.

(5) 反复性. 这样的听课活动往往需要多次. 如这次调查或研讨的问题, 可以在不同的学校重复, 可以让不同的教师上课, 可以让不同的教师听课. 但听课者中的一部分人员是相对固定的, 他们与授课者往往共同讨论教学设计、教学方法等, 共同切磋问题, 共同反思, 共同总结, 经过这样多次的反复, 逐步完善提高调研的质量.

2) 调研性听课的要求

(1) 要做好调研的准备工作. 调研什么问题, 为什么将这一问题作为调研的内容, 有关这一问题在理论和实践上的进展状况如何, 要学习和掌握有关的一些理论知识, 要了解一些相关的实际操作中的问题, 要选择或设计好调研材料和调研工具, 如调查表格、评价等级量化表、录音录像设备等, 并且要熟悉使用的方法和技巧, 要掌握调查或记录的原则和标准. 同时, 要对调研的有关问题进行自己的思考, 带着问题听课, 要尽可能预先设想在调查中有可能出现的问题及解决的方法等, 以保证调查的准确性、针对性和有效性.

(2) 要积极参与到教学过程中. 听课者要把自己定位为教学活动的参与者、组织者, 而不是旁观者. 否则, 就无法也不可能全神贯注地了解教学活动的全过程, 就无法获得教师和学生在课堂教学中的全面、真实的表现, 也就达不到调研的目的.

(3) 要主动和虚心听取教师的建议和要求. 在课前或课后, 听课者应该将自己的调研主题和设想等告诉讲课教师及其他听课教师, 使他们对调研的有关问题有所思考, 以便交流时提高针对性; 同时积极主动征求教师们对调研的有关问题的建议, 虚心听取他们的建议和要求等, 进一步完善自己的调研思路, 提高调研质量.

(4) 写出调研报告. 无论是集体调研, 还是个别调研; 无论是组织安排的调研, 还是自己主动参与的调研, 每一次调研听课后, 都应该及时地整理好有关的调研材料, 并将自己的所思所想记录下来, 完善下一次的调研方案. 经过一段时间或几次调研听课后, 就有关的调研问题要写出调研报告, 将取得的成绩和经验、存在的问题和不足实事求是地反映出来, 并提出有关的改进意见或工作措施和要求等, 供有关部门决策参考或改进和完善自己的工作 (周勇等, 2004)[72~82].

7.2.2　听课听什么

课堂教学是每一位教师教育思想的折射, 教学观念的渗透, 反映出教学方法的实施, 教学基本功的运用, 也展示了教师的应变和驾驭课堂的能力. 那么, 听课听什么呢? 听课听门道, 听课要听得很多, 归纳起来应听以下几方面:

1. 听目标

听课第一是要"听"授课教师对于本节课教学目标或教学任务的正确制订与落实数学素养的达成水平, 是衡量课堂教学好坏的主要尺度. 从教学目标制订来看, 要看是否全面、具体、适宜, 看是否能从知识、能力、思想情感等几个方面来确定; 具体指知识目标要有量化要求, 能力、思想情感目标要有明确要求, 并能体现学科的特点; 适宜指确定的教学目标, 能以课程标准为指导, 体现专业、年级及符合学生年龄实际的特点, 难易适中. 从目标达成来看, 要看教学目标是不是明确地体现在每一个教学环节中, 教学手段是否都紧密地围绕目标, 为实现目标服务; 要看课堂上是否尽快地接触重点内容, 重点内容的教学时间是否得到保障, 重点知识和技能是否得到有效的巩固和强化; 要看教学目标的落实情况——是顺利地圆满地完成、还是基本完成、还是没有完成本课的教学目标等.

在新课程中, 听课应根据课程的要求, 从学生在"知识与技能、过程与方法、情感态度与价值观"三方面是否有所得来进行听课和反思, 树立新的价值取向, 在听课时要更多地去考虑以下问题:

(1) 课堂中教学目标的落实是否通过教师的灌输来完成的? 上课教师是怎样积极组织、引导、启发学生的? 上课教师是如何促进学生通过主动选择、大胆质疑、合作交流的过程来掌握知识的?

(2) 课堂中教学目标的落实是否靠教师的压制来进行? 上课教师是如何营造良好的课堂气氛的? 上课教师是如何让学生在理性与情感、和谐与合作中进行课堂学习的?

(3) 课堂中教学目标的落实是否靠教师的高超教法才得以解决的? 上课教师是如何让学生在不断参与问题的提出与解决, 在不断形成良好的学习方式与习惯, 在逐步领悟学法中得以实现教学目标的? 如果在听课中能更多地考虑以上问题, 就能促使课堂教师在上课时不会只把"知识传授、技能的培养"作为唯一的目的, 真正重视学生的学, 更好地关注学生的学习与发展, 进而实现教是为了不教.

2. 听重点、难点、关键

听课不仅要看教学目标的制订和落实, 还要看教者对教学内容的组织和处理, 更应注意观察讲课教师是否能根据教学目标和学生的实际情况, 对教材和相关内容进行二次加工和创造 (如对教材进行合理的调整、删减、补充、延伸和挖掘), 是否能赋予教材全新的内涵, 是否能赋予学生创新的灵感, 是否突出了重点, 突破了难点, 抓住了关键.

听重点、难点、关键, 首先要听讲课教师所定位的重点、难点、关键是否准确、到位? 其次, 要看教师所定位的重点、难点、关键是笼统、模糊还是具体可操作 (一般是指一个课时, 而不是一个章节或者一个单元的, 不能把需要若干课时才能掌握达成、突破的重点、难点、关键, 放到一个课时内完成)? 最后, 要具体观摩教师在把握重点、帮助学生解决学习中的困难, 即突破难点方面所设计组织的教学活动的效度.

一般地, 突出重点的方法很多, 如抓住关键字词句或内容结构、运用图表、通过对比设疑等; 突破难点的方法, 常见的有化整为零、动手操作、多媒体演示等. 如对北京师范大学出版社出版的义务教育课程标准实验教科书《数学》八年级下册第17页例 3, 某教师如表 7.4 处理教学重点、难点与关键, 令听课者耳目一新、获益匪浅.

表 7.4 突破重、难点案例

例 3 一次环保知识竞赛共有 25 道题, 规定答对一道题得 4 分, 答错或不答的扣 1 分. 在这次竞赛中, 小明被评为优秀 (85 分或 85 分以上), 小明至少答对了几道题?

这是一道培养学生列不等式解应用问题能力的一个典型案例, 其教学重点是列不等式解实际应用问题的程序与方法、解题关键在于能否建立正确的不等式模型, 而这恰是目前中学生解决数学应用问题的薄弱环节.

教学实践表明, 解答例 3 的关键是将文字语言转化为数学语言, 进而建构不等式模型来求解. 学生难于意义建构的症结在于学生对于应用问题情节结构的不理解, 由此导致不能合理摆脱情节结构的束缚, 有效过渡到数学关系结构, 从而建立不等式模型. 以下建构五种教学情境模型以突出重点、突破难点.

[模型一] 常规教学情境模型

这道题的常规解法是设未知数, 教师引导学生找出其中蕴含的数学关系, 从而列出不等式求解. 教材给出的解法如下:

解 设小明答对了 x 道题, 则他答错和不答的共有 $(25 - x)$ 道题. 根据题意得

$$4x - 1 \times (25 - x) \geqslant 85.$$

解这个不等式得: $x \geqslant 22$.

所以小明至少答对了 22 道题, 他可能答对了 22, 23, 24 或 25 道题.

续表

不难发现, 该问题的设计与解答都很好体现了建模和解模程序, 但却忽视了验模这个重要程序——验模与否结果都一样, 这容易使学生误以为解应用问题无需验模. 因此, 在建构这一问题的教学情境时, 务必予以弥补.

如可将 25 道题改为 26 道 (亦可将 85 分改为 86 分) 此时所求得解为 $x \geqslant 22\frac{1}{5}$, 这是不等式模型的解但不是实际问题的解, 学生在讨论解释为何至少要做对 23 道题 (即取整) 才符合实际的过程中, 真正体会了应用数学解决实际问题的真谛, 并认识到验模的重要性; 同时这一数据的改变使应用问题更贴近现实, 真正着眼于"做应用"而非"做数学".

[模型二] 列方程 (组) 解应用题迁移模型

① 搭脚手架, 创设竞赛情景, 营造探究氛围.

首先将例题中的知识竞赛变为"不等式"知识竞赛. 教师在课前准备 25 张题卡, 题目内容涉及不等式的基础知识 (其中, 前 10 道题为不等式性质及解不等式容易题, 目的在于使学生复习不等式的性质与解法; 后面 15 道题是不等号翻译题, 将"不少于"、"不多于"、"不低于"、"不高于"、"至多"等课本练习涉及的不等关系词, 要求学生用"<"、">"、"$\geqslant$"或"$\leqslant$"填空, 目的是为建立不等式模型做铺垫, 以突破建模难的问题.) 由数学课代表主持, 将全班学生分成 4 组, 每组选取一名代表参加竞赛, 对于所有的题目, 答对的每题得 4 分, 答错或不答的每题扣 1 分. 比赛结束后, 评出得分最高的优胜者. 这一活动激发了学生的学习兴趣, 课堂气氛异常活跃, 为教学铺平了道路.

② 借题发挥顺势诱导, 沟通与列方程 (组) 解应用问题的联系. 不等式 (组) 是方程 (组) 的后继章节, 如何利用列方程 (组) 解应用问题的模式, 促进列不等式 (组) 解应用问题的有效同化是教学的关键环节. 为此, 将问题变为"不等式问题知识竞赛中共有 25 道题; 对于每一道题, 答对了得 4 分, 答错或不答的扣 1 分. 试问小明要答对几道题, 其得分为 85 分或 85 分以上?" 由此引导学生利用方程、不等式的混合组

$$\begin{cases} x + y = 25 \\ 4x - y \geqslant 85 \end{cases}$$　(x 为答对题数, y 为答错或不答题数) 解答, 从而达到复习解应用题程序的目的, 利于促

进列不等式解应用题的正迁移.

[模型三] 图示模型

利用简单明了的如下图示模型同样能达到解题的目的:

据此表达式学生便可容易列出不等式: $4x - (25 - x) \geqslant 85$.

求解易得 $x \geqslant 22$.

[模型四] 结构分析——列表模型

图表是学生解决数学应用问题的有效途径, 利用图表把结果直观罗列出来, 可以让学生分清问题的情节结构与数学关系结构, 便于从中寻找规律, 易于建立数学模型. 以下便是解题表格:

变量	答对		答错		最后得分
	题数	得分	题数	扣分	
⋮	⋮	⋮	⋮	⋮	⋮
1	20	80	5	5	$80-5=75$
2	21	84	4	4	$84-4=80$
3	22	88	3	3	$88-3=85$
4	23	92	2	2	$92-2=90$
5	24	96	1	1	$96-1=95$
6	25	100	0	0	$100-0=100$
⋮	⋮	⋮	⋮	⋮	⋮
	x	$4x$	$25-x$	$1\times(25-x)$	$4x-(25-x)$

由 $4x-(25-x)\geqslant 85$ 解得 $x\geqslant 22$.

[模型五] 信息技术整合模型

把现代信息技术作为学生学习数学和解决问题的强有力工具已成为时代的要求. 本题可借助计算机建构教学情境——预先编一个程序, 使随机输入 1~25 的任何一个数字时, 计算机可以立即给出一个结果, 同时学生可与自己心中的答案相比较, 并提出疑问, 进而达到解决问题的目的.

3. 听教法

听教法, 就是要"听"授课教师对于完成教学目标或是教学任务、突出重点突破难点抓住关键所采用的手段和方法. 同样一节课, 同样一个教学目标, 在不同的人手中, 就会出现不同的教学手段, 就会采取不同的教学方法, 当然也就会达到不同的教学效果. 所以对于听课人来说, 还要注意看一看, 授课教师为了完成自己的教学目的, 都采用了什么样的教学手段, 什么样的教学方法, 而这些手段和方法的采用是不是切合了当节课的实际, 是不是产生了较好的教学效果.

教法不是教师孤立单一的活动方式, 它包括教师教学活动方式, 还包括学生在教师指导下"学"的方式, 是"教"的方法与"学"的方法的统一. 听教法包括以下几个主要内容:

(1) 教法的选择是否量体裁衣、优选活用. 教学是一种复杂多变的系统工程, 不可能有一种固定不变的万能方法; 一种好的教学方法总是相对而言的, 它总是因课程、因学生、因教师自身特点而相应变化的.

(2) 教法是否多样化. 教学方法最忌单调呆板, 再好的方法天天照搬, 也会令人生厌. 教学活动的复杂性决定了教学方法的多样性, 所以评课既看教师是否能够面向实际, 恰当地选择教学方法, 同时还要看教师能否在教学方法多样性上下一番工夫, 使课堂教学超凡脱俗、常教常新、富有艺术性.

(3) 教法是否改革与创新. 听教法既要看常规教法, 更要看教法的改革和创新; 要看课堂上的思维训练的设计, 要看创新能力的培养, 要看主体活动的发挥, 要看新的课堂教学模式的构建, 看教学艺术风格的形成等.

(4) 运用现代教学手段是否适宜、适时、适量. 恰当使用多媒体所达到的效果是传统课堂教学所无法比拟的, 它能拓展学生的视野, 挖掘学生的思维速度, 并为学生认知活动尤其是高水平的思维活动提供有效的帮助. 听课人在听课时, 一定要了解课程的要求, 并在课程的要求的统领下来进行听课. 在听教师采用多媒体上课时, 应该关注课堂中是否出现多媒体取代了教师的现象, 上课教师是否成为课堂的摆设; 多媒体功效是否被过度放大, 教师在教学中是否根据班级、学生和自身的实际情况, 恰当地选择多媒体, 是否在最恰当地把握时机, 寻找最佳切入点; 课堂上是否出现了由 "满堂灌" 到 "满堂看"、"满堂听" 的现象, 教学方法和教学环节是否平淡单一等问题. 因此, 在听课中应该更多地关注多媒体是否适宜、适时、适量, 有些内容, 如数学公式的推导, 教师在黑板上演算推导过程就比采取多媒体效果好, 而并不是非要用多媒体不可.

4. 听效果

听效果, 就是看课堂教学的效果 (主要指课堂教学活动的短期效果), 看教学内容的完成程度、学生对知识的掌握程度 (如回答和笔练的正确率高低)、学生能力的实现程度、学生思维的发展程度等. 着重看教学是否注意联系学生生活的实际, 从而使学习变成学生的内在需求; 是否注意挖掘教学内容中的情意因素, 做到知、情、意结合, 使学生情感的需要、自我实现的需要得到满足; 是否坚持因材施教, 让每一个学生得到其原有基础上的最好发展, 都学有所获. 同时, 每个学生都有他的闪光点, 都有自己独特的见解, 因此还应该关注教学是否面向全体学生, 是否关注学生的和谐发展, 是否关注学生的可持续发展.

好的教学效果, 可以从以下几方面来衡量: 一是教学效率高, 学生思维活跃, 气氛热烈; 二是学生受益面大, 不同程度的学生在原有基础上都有所进步, 教学的三维目标达成; 三是有效利用课堂时间, 学生学得轻松愉快, 积极性高, 当堂问题当堂解决, 学生负担合理.

7.2.3　怎样听好课

新课程理念下, 我们应该怎样听好课呢? 有效听课应做到以下 3 方面:

1. 听课要有准备, 做到有 "备" 而听

在正式进入课堂听课之前, 听课者需要有所准备, 要做到有 "备" 而来. 听课前的准备工作是听课活动的重要组成部分, 是提高课堂观察与课后评析的针对性, 推动听课者的学习与成长, 促进良好教研氛围的形成等听课活动实效性的重要环节.

(1) 要明确听课的目的、计划和要求. 听课应有制度、有规范、有计划, 无论是听何种类型的课, 在听课前都应确定具体的目的要求及具体的操作计划; 否则, 就可能得不到有效、真实的听课信息, 就达不到听课的目的.

(2) 要不断地学习教育教学理论, 了解有关学科的课改信息. 掌握先进的教育教学理论是听好课的前提, 特别是去听较高水平的公开课之前, 应了解与之相关的学术理论, 缩短与"学术"的差距; 在新课程改革的背景下, 听课者也要通过各种途径了解新课程改革对学科教学的要求, 了解学科教学改革的最新动态, 以全面把握学科教学的特点.

(3) 熟悉课标、教材, 了解学校、师生的基本情况. 不同的学科、不同的教材有不同的教学内容、教学方法及教学要求等, 听课者必须熟悉, 要掌握课程标准和课程实施要求等, 熟悉教材可以在听课前突击看看相关的教学内容, 也可在听课初和听课过程中用简短的时间看一看有关内容, 否则, 你就不一定能听出教师是否抓住了教学重点、讲清了教学难点、完成了教学任务等; 不同的学校、不同的教师、不同的学生会有不同的教学传统、教学特色、教学基础、教学风格、学习习惯和认知水平等, 听课者应尽可能通过各种方式进行一些了解, 增加听课的针对性及评价的客观性和公正性.

(4) 审视自己已有的教学观念. 听课前, 听课者一般都存在对课堂教学的个人认识, 对听课者的行为会产生重要的影响. 所以, 听课者应在听课前反思、审视自己对课堂的认识程度、自己的教学观念, 以减少对课堂行为的误解; 在头脑中设计出课堂教学的初步方案, 粗线条勾勒大体的教学框架. 这样, 听课时就能将实际教学过程与教学方案加以对照, 就能有更多的时间, 站在更高的层面上来仔细观察, 理性分析, 处理偶发事件, 找到存在问题的根源, 变被动听课为主动听课, 为听课后的评课活动打下坚实的基础.

(5) 做好物质资料准备. 进入课堂之前, 听课者要携带听课专用的笔记本和笔, 并填好听课需要记录的基本信息, 以便在听课时专心听课; 要自行准备教科书、参考书、纸张等, 如果准备使用一些定量方法来观察课堂教学, 则一定要准备好量表、计时器等, 假如需要一些仪器, 如录音机、采访机、摄像机等, 则要事先进行检查调试, 以免课上不能正常运行, 甚至因为出现故障而影响听课效果. 另外, 听课的物质准备也包括其仪表方面: 一般来说, 听课者的衣着要整洁大方, 其色彩不可过于艳丽, 款式不能偏于新奇, 装扮也要得体.

(6) 做好心理准备. 心理准备指的是听课者在进入课堂之前做好情绪上和态度上的准备. 每次听课, 听课者都要调整好自己的情绪, 做到心平气和、不急不躁; 应站在学习者的角度, 抱着虚心学习、沟通交流、研究问题的心态去听课; 在听课过程中如果出现一些问题, 听课者不能高声评论甚至当即指责, 或者相互议论而影响课堂秩序, 抑或用中途离开、只顾做自己的事等不礼貌的行为表示不满等.

2. 听课要注意观察和记录

教师听课不仅要听, 还要认真观察和记录, 即一方面运用课堂观察技术、有效地"看"(观察) 师生的课堂教学行为, 另一方面做好课堂教学活动的必要记录.

1) 掌握课堂观察的基本方法

课堂观察是指观察者 (听课者、执教者或其他人) 根据一定的目的, 凭着自己感官及辅助工具, 在课堂情境中采集信息, 并根据这些信息进行研究的一种研究方法.

常用的课堂观察记录方法有选择性逐字记录法、座位表法、检核表法、广角镜法等.

(1) 选择性逐字记录. 将师生在课堂上所说的话精确地记录下来, 但并非将整堂课师生沟通过程中所有的事件全记录下来, 而是根据事前确定的重点观察部分 (时段) 发生的口语事件记录下来. 通常是在上课过程直接进行记录, 部分内容也可以由录音或录像转录而成. 一般来说, 当我们关注课堂上的问与答 (师问、生答或生问、师答), 了解教师的各种陈述时, 可用选择性逐字记录法进行.

(2) 座位表法. 观察课堂教师与学生行为时通常用到座位表法, 又称为 SCORE 技巧 (seating chart observation records), 其主要优点是以班级座位表为基础, 可以很快地解释记录的资料, 特别是能使观察者将关注点集中于班上的具体学生, 同时也可观察到全班学生的活动情况. 具体做法是

(i) 画一张观察时易于记录的班级座位表;

(ii) 标上学生基本情况 (性别、言语特征、学习水平) 的符号, 特别是重点观察对象;

(iii) 用图例来说明要观察的行为, 如 A: 在学习中、B: 与他人合作、C: 独自做与学习任务无关的事、D: 离开座位等;

(iv) 进行第一次观察时, 若这名学生正在学习中, 则在格中用 1A 等表示;

(v) 每隔 3~4 分钟重复步骤 (iv);

(vi) 在表格的某一角落如右上角标上每次观察的时间.

通常运用 SCORE 技巧来做以下观察记录: 观察学生在某一段 (整堂课或某个教学环节) 的学习活动; 记录师生的"语言流动" (用语言流动图表, 如 ↑、↓、→ +、→?、→ T、S ← 等); 记录教室中师生的移动 (常用曲线表示一次观察过程中, 教师或学生从教室的一个位置移动到另一个位置, 亦可用具体符号或不同色彩来区分); 记录教师提问学生的数量与次数等.

(3) 检核表法. 有时可利用一些结构性工具 (倾向于"量化"), 如表格、问卷等来描述课堂教学行为, 表 7.5、表 7.6 就是常用的检核表, 其他如练习目标层次表、教学行为检核表、语言互动分类统计表与时间线标记表、课堂教学学生问卷调查表等. 这种统计量表式记录, 重点在于反映课堂现象内部运动变化的脉络, 其中的每一个数字或符号都昭示着一种等待解读的信息, 因而, 有必要对课堂观察所获得的量化资料进行分析, 作为解释班级内师生教学行为的依据.

表 7.5　课堂教学时间分配、所问问题统计表

项目	复习提问	讲授新课	例题讲解	巩固练习	课堂小结	合计
教学时间						
问题数量						
每问题平均占时						

表 7.6　提问技巧水平检核表

	教师提问类型					学生回答类型					教师反馈方式					挑选回答方式				停顿				
问题	管理	记忆	推理	创造	批判	无答	机械回答是否	认知、记忆	推理	创造	打断、代替、提示	不理	重复问题	肯定、鼓励或称赞	鼓励学生提问	提问后叫举手者答	提问后叫未举手者答	追问前先点名	提问后叫其他同学	没停或不足3秒	停顿过长	适当停3~5秒	学生答不出耐心等几秒	特殊学生适当多等几秒
		√					√							√		√				√				
	⋮	⋮	⋮	⋮	⋮	⋮	⋮	⋮	⋮	⋮	⋮	⋮	⋮	⋮	⋮	⋮	⋮	⋮	⋮	⋮	⋮	⋮	⋮	⋮
			√					√						√		√						√		
合计																								
比率/%																								

(4) 广角镜法. 前面介绍的记录方法优点在于帮助观察者集中于少数教学行为, 有时一些未计划的观察项目如课堂教学中教师对偶发事件的处理也颇有观察价值, 这时可用广角镜法这一描述工具来记录, 主要包括轶事记录、录音、录像带记录等, 有时还对教师的教学日记或反思、学生的听课日记做选择性记录与分析 (顾泠沅等, 2003)[367~388]. 下面是某教师对课堂中的"男女不平等"现象所做的一段轶事记录 (罗瑜, 2003):

上课不久, 老师指着黑板上课前准备的草图, 向全班问道:"右图是否与 y 轴对称?""是!"声音很一致, 几乎没有异议, 不过若不是我们亲眼所见, 几乎不敢相信这个班上还坐了那么多的女生, 男生的声音完全盖住了女生的声音. 时隔不久, 老师又问了另一个问题,"在证明 $f(-x) = f(x)$ 时, 此时任取 x, x 是否一定为正数?"课堂上星星点点的是女生的声音, 而男生似乎有点犹豫. 在讲授新课的阶段, 老师提出了一些深层次的问题. 这时老师有意让女生来回答, 女生也回答得很正确、清

晰, 男生反而不那么"热情"了. 在最后的总结联系的阶段, 老师提出了一些有难度的, 有一点"陷阱"的题目, 此时老师有意让男生来回答, 有些粗心的男生纷纷上当, 落入"陷阱". 老师就抓住这个机会, 给同学们纠正了错误, 明确了正确的方法.

当然, 在听课过程中同时使用上述课堂观察记录方法是不现实的, 个体观察者可以选用其中的若干种结合进行, 提倡以备课组、教研组等团队进行合作观察.

2) 认真做好听课记录

做好听课记录是听课者基本素质的体现, 它反映了听课者的品德、态度、能力、水平等各个方面的基本素质. 记什么? 怎样记? 原则上听课记录应包括两个方面, 一是教学实录, 二是教学评点.

教学实录常用选择性逐字记录法进行, 记录要有重点, 要详略得当, 对内容要选择, 文字要精练. 一般要记教学过程、板书设计、教师的重点提问、学生的典型发言、师生的互动情况、有效的教学方法和手段、教学中符合教学规律、有创新、有特色的好做法或失误等, 还可参照听课记录表上的内容标准分项评分. 逐字记录课堂教学实录.

教学评点主要记录自己的主观感受、思考和零星评析. 如教师为什么要这样处理教材, 换个角度行不行、好不好; 对教师成功的地方和不足或出现错误的地方, 要思考原因, 并预测对学生所产生的相关性影响; 如果是自己来上这节课, 应该怎样上, 进行换位思考; 如果我是学生, 我是否掌握和理解了教学内容; 新课程的理念、方法、要求等到底如何体现在日常课堂教学中, 并内化为教师自觉的教学行为; 这节课是否反映教师正常的教学实际水平, 如果没有听课者, 教师是否也会这样上等.

一般地, 常规的听课记录由听课记录本和听课评价两个方面组成, 表 7.7、表 7.8 是可供参考的听课记录表及评价表.

表 7.7 听课记录表

班级		时间		授课人		听课人	
学科		课题					
教学过程				评析			
......				......			
意见及建议							

表 7.8 数学课堂教学评价表

班级		时间		授课人			听课人		
学科		课题							

评价指标	评价因素	分值	评价等级				得分
			A	B	C	D	
教学目标	1. 预设目标明确、具体、恰当, 关注生成目标	10	5	4	3	2	
	2. 教学过程围绕目标展开		5	4	3	2	
内容处理	3. 传授知识基础扎实	40	6	5	4	3	
	4. 传授内容科学、严谨		7	5	4	3	
	5. 重点、难点处理得当		7	5	4	3	
	6. 教学过程安排合理		7	5	4	3	
	7. 传授知识、培养能力有机结合		7	5	4	3	
	8. 重视数学思想方法的训练与培养		6	5	4	3	
教学方法	9. 因课制宜, 选择有效的教学方法与教学媒体	25	9	7	5	3	
	10. 正确处理教师主导与学生主体关系		8	6	5	3	
	11. 面向全体, 注重课堂信息反馈与调节		8	6	5	3	
教师基本功	12. 语言清晰, 表述科学、精练、确切	15	5	4	3	2	
	13. 信息技术工具与教具操作熟练		5	4	3	2	
	14. 教态自然, 热情亲切, 灵活驾驭课堂		5	4	3	2	
教学效果	15. 课堂气氛和谐、学生精力集中、积极思维	10	5	4	3	2	
	16. 学生接受双基情况良好, 目标达成度高		5	4	3	2	
评课意见		总分		等级			

注: 90 分以上为优, 70~89 分为良, 60~69 分为中, 60 分以下为差.

3. 听课要及时整理和总结

听课不能一听了之, 应进行及时整理与理性地思考分析, 归纳、总结、推广或提倡一些成功的经验和做法等, 提出一些改进的意见和要求等. 必要时还要与执教者交流, 谈谈自己对教学中一些具体环节的建议和意见等; 交换意见时要抓住重点, 多谈优点和经验, 明确的问题不含糊, 存在的问题不回避, 要尽可能以平等商量的语气, 以鼓励为主, 在通常情况下, 一般不是去做定性的分析和评价.

在分析总结时, 要注意比较、研究, 取长补短. 每个教师在长期教学活动中都可能形成自己独特的教学风格, 不同的教师会有不同的教法; 听课者就要善于进行比较、研究、准确地评价各种教学方法的长处和短处, 并结合自己教学实际, 吸收他人有益经验, 改进自己的教学; 同时, 要注意分析执教者课外的功夫, 体味其教学基本功和课前备课的情况.

7.3   评   课

要成为一名合格的数学教师, 不仅要学会说课、上课与听课, 还得学会评课. 评课能力的高低在一定程度上反映了教师教学能力的大小. 因此, 有必要对评课进行系统的认识和思考.

7.3.1   什么是评课

1. 评课的含义

评课即课堂教学评价, 是对照课堂教学目标, 对教师和学生在课堂教学中的活动及由这些活动所引起的变化进行价值判断.

评课是提高课堂教学研究效率的重要途径和手段, 它对提高教师的业务水平, 指导青年教师的课堂教学, 总结课堂教学经验, 形成独到的教学风格, 推广先进的教学方法以及在学科教学中实施素质教育都有积极的意义. 评课有利于端正教学思想, 树立正确的教育观和质量观, 有利于新课标精神的贯彻, 进一步深化教学改革, 全面提高教学质量.

2. 评课的目的

评课应围绕确定的目的进行, 做到既有理论阐述, 又有具体的教学建议, 有说服力和可信度. 评课过程中, 要根据上课教师的课堂教学实例, 交流教育理念与教学思想, 总结教学经验, 探讨教学方法, 帮助、指导执教老师和参与听课活动的教师提高教学能力. 对于比较好的课要评得让人心服口服; 不够好的课, 要评得让执教者受到启发、得到帮助; 对于不同类型的教师, 在实事求是的基础上, 评课的目的应有所不同, 如对于新教师应该"鼓励为主, 要求为重", 对于中年教师应该"建议为主, 引导为重", 对于老教师应抱着"学习为主, 表扬为重"的态度. 通过评课, 使每位参与活动的教师, 从一个课堂教学实例中吸取教益, 学习教学方法, 借鉴经验, 以达到共同提高教学水平的目的.

3. 评课的类型 (方式)

评课作为课堂教学评价是一种特殊形式的教育评价活动, 根据目前国内开展评课活动的情况, 评课大致可分为经验性评课、指标性评课和环节性评课, 这 3 类评课不尽相同, 都有着各自的特点和功能.

1) 经验性评课

经验性评课又称传统评课, 是指评课教师根据听课印象、记录, 并结合自身或他人的教学经验及评课常识进行口头评议. 一般要求从教学目标、教材处理、教法运用、学法指导、教学过程、教学效果和教师素质等方面进行评价, 其特点在于评课教师在随堂听课的基础上, 对授课教师课堂教学行为有所侧重地作出一分为二的定性评价, 肯定优点, 指出存在的不足.

经验性评课一般采用"评议结合法"进行评价, 虽不如总结性定量评价精确, 但便于评价者和被评价者双方沟通交流. 这类评课方式是在学校教研组进行观摩教学时, 使用得最为广泛的一种; 容易被广大教师所接受, 它不受评课教师年龄、教学经验所制约, 凡参加活动的教师都能参与评价过程; 但从评价效果看, 经验性评课易受评价者的业务水平、个人爱好、听课时的心理状态等因素的影响.

2) 指标性评课

指标性评课, 就是把课堂教学过程列出若干评价指标, 并依据评价因素的内涵进行具体的量化评价. 指标性评课是在经验性评课的基础上发展起来的, 它能有效地克服经验性评课中的个人主观因素, 能对课堂教学进行比较公正、直观的评价. 因此, 它广泛应用于示范课、研究课、汇报课和评优课等不同课型的评价之中.

当前较为流行的课堂教学评价指标体系的一般范式是"指标体系、权重系数、量化测定、加权平均", 其主要部分是对评价指标体系进行准确的量化测定. 在使用指标性评价过程中, 要求评课人员有较高的学科专业知识、教学水平, 敏锐的观察能力, 扎实的教育教学理论功底, 能正确把握评价指标体系, 对评价指标体系有较完整的理解.

3) 环节性评课

环节性评课, 是指以课堂教学过程的环节为对象, 并逐个进行口头或量化评价. 其特点是评价过程层次分明, 易于掌握, 但易受教学方法及其课堂教学结构等因素的影响. 因而, 要求评课人员必须善于学习, 了解当前课堂教学方法的现状, 掌握多种课堂教学结构模式及其特点. 目前, 最有影响的课堂教学结构是凯洛夫的"五环节"课堂教学结构, 即"组织教学—复习提问—讲解新课—练习巩固—小结作业". 环节性评课特别适用于学习和推广先进的教学经验、方法, 也非常适合于优化课堂教学结构的改革实验.

在实际评价过程中, 三种评课方式可以有选择地应用, 也可以混合使用. 在选择某种评价方式时, 应有针对性, 如经验性评课的诊断功能较强, 适合于各类观摩教学课; 对带有选拔性的评优课则应选择指标性评课; 至于学习推广先进的教学方法, 优化课堂教学结构的改革实验, 则选择环节性评课较好.

具体评价从何处下手, 先评哪一项、后评哪一项, 各项又应按怎样的顺序去评价呢? 综观人们评课的各种思路, 比较合理的评课模式有四种, 即 2×2 模式: 以评课内容为主要线索, 优缺点分散随机评价; 以评课内容为主要线索, 优缺点分别集中评价; 以课的进程为主要线索, 优缺点分散随机评价; 以课的进程为主要线索, 优缺点分别集中评价 (江玉安, 2007).

7.3.2   评课评什么

怎样评课, 见仁见智. 一般来说, 可以从教学目标、内容处理、教学方法、教师基本功、教学效果等方面进行.

1. **评教学目标**

教学目标是可以观察、可以测量、最终可以达成的行为目标, 是规定学生应该学什么、怎样学而不是教师应该教什么的问题. 有人把课堂教学比作一个等边三角形, 而知识与技能、过程与方法以及情感态度价值观恰好是这个三角形的三个顶点, 任何的一个顶点得不到重视, 那这个三角形就不平衡. 这无疑是一个很恰当的比喻, 形象地表现了三者的相互依赖的关系, 反映了这三个目标不可分割, 缺少了任何一个目标的达成, 一节课显然也就不完整了. 因此教学目标就是评课时的关注点和反思时的着力点.

评教学目标, 既关注预设目标, 又关注生成目标, 手段与目的相一致. 对每一堂课, 首先要考察教师是否预设了合适的、明确的、具体的教学目标, 关注这节课的任何阶段、任何步骤、任何活动是不是紧扣着教学目标, 有没有达成这个目标. 其次, 在评课时, 还要关注教师是否重视了 "生成性目标", 即课堂上产生的一些教师事先没有也不可能预设的结果 (后现代主义称之为 "生成性目标"), 对学生的发展有着直接的作用甚至具有重大的意义, 所以对课堂教学目标的考察, 不仅要关注预设目标, 也要重视一些非预设目标. 第三, 评价教学目标对教学活动所起的指向作用、激励作用与检测标准作用; 对于目标的实现, 手段至关重要, 这些 "手段"、"行为" 是否是指向目标、为实现目标服务的, 否则纯粹意义的 "手段" 和 "行为" 是没有任何价值的; 因此, 对课堂上教师的言语、行为、教态、表情以及各种手段的运用, 乃至一些师生互动 (如提问、小组讨论等) 等方面的考察, 既要关注它们本身的性质和特点, 更需要关注它们对目标达成的有效性和功能价值.

2. **评内容处理**

内容处理是指教学过程中教师对教学内容 (主要是教材中的知识、思想、方法、观点等) 由书面文字形式的 "理论数学" (课本数学) 加工、转化为课堂教学形式的 "教育数学" (课堂数学) 的创造性行为.

对内容处理的评价, 应从教师对教学材料的驾驭与挖掘, 教学内容的组织安排, 教学过程的设计与布局, 知识的系统结构和学生的认知能力结构的协调发展, 情感态度价值观与数学素质教育的体现等方面进行价值判断. 一般从处理教材与教学过程两方面评价, 表 7.9 是表 7.8 数学课堂教学评价表中 "内容处理" 的评价细则, 供参考.

表 7.9 内容处理的评价细则

内容处理	3. 传授知识基础扎实	能为讲授新课提供足够的认知、情感或操作前提
		讲授新内容前, 及时弥补学生的知识缺陷
	4. 传授内容科学、严谨	能准确把握并表达数学概念与原理
		推导过程和解题步骤合理规范
		准确理解内容所反映的数学思想方法
		准确把握教材各内容的内在联系性, 创造性地处理 (取舍、补充) 教材, 内容系统完整, 无缺陷
	5. 重点、难点处理得当	重点与难点的确定准确
		能突出重点, 围绕重点组织教学, 把主要精力放在关键性问题的解决上
		能分散难点, 调动教材等相关因素为解决难点作铺垫
	6. 教学过程安排合理	能根据课型和教材特点设计教学过程, 课堂结构科学合理、完整严谨
		各部分 (教学环节、步骤、层次等) 之间布局合理、逻辑性强、思路清晰、过渡自然
		教学容量适中, 时间安排恰当, 教学节奏紧凑
	7. 传授知识、培养能力有机结合	注意形成并不断完善学生的知识结构
		通过训练使学生形成数学基本技能
		注意培养和发展学生的数学能力
		注意培养学生的观察、记忆等一般能力与运用数学解决实际问题的意识与能力
	8. 重视数学思想方法的训练与培养	注重让学生经历数学知识形成、发展与应用的思维过程
		创设问题情境, 结合教学内容, 渗透数学思想方法训练
		以数学思想方法为教学主线, 帮助学生总结数学思想方法并指导应用

3. 评教学方法

评教学方法, 应从教法运用、学法指导进行价值判断.

评教法运用, 主要评价教师主导作用的发挥与教学方式、教学媒体的运用, 如教师在课堂教学中所运用的教法是否符合学生心理特点, 是否激发了学生的学习兴趣, 是否创设问题情境, 引导学生积极思考, 是否有利于培养学生的能力, 是否调动了学生的学习积极性等; 教师对来自课堂中的各种信息, 如何收集、筛选与评判, 形成何种反馈信息, 又是如何处理反馈的信息, 以及采取何种偏差纠正方案与应对措施等.

评学法指导, 主要评价教师在课堂教学中对学生学法指导的情况, 以及学生主体地位的体现, 如能否从学科内容与特点着眼, 针对学生的年龄差异、心理特征、学习基础、学习方法、学习能力、思维特点等进行相应的指导; 是否充分发挥学生主体性, 采用多样化的学习方式, 促进学生主动地、富有个性化地学习, 挖掘学生学习潜力等.

评教学方法的具体操作细则参考表 7.10, 它是表 7.8 数学课堂教学评价表中"教学方法" 评价的具体化.

表 7.10　教学方法的评价细则

教学方法	9. 因课制宜, 选择有效的教学方法与教学媒体	选用的教学方法符合学生心理特点与认知水平
		选用的教学方法符合教学内容主次难易与特点
		选用的教学方法应服务于教学目标的完成
		恰当使用教具与运用现代化教学手段
	10. 正确处理教师主导与学生主体关系	准确把握学生数学学习心理, 有效激发学习兴趣
		善于启发、示范, 恰当把握对学生数学学习活动指导的"度", 具有良好的教学组织、应变机智
		注重学生自主学习与个性发展, 合理有效地运用合作、探究的学习方式
	11. 面向全体, 注重课堂信息反馈与调节	因材施教, 分类指导, 关注学习困难学生的进步
		注意暴露思维过程, 提高数学化能力, 让每个学生都会用自身的情感体验主动参与数学学习
		随时了解学生双基掌握情况, 及时纠正学习错误

4. 评教师基本功

教师基本功是教师上好课的一个重要因素, 这里专指教师完成课堂教学任务所应具备的一些外显的基本教学能力. 对教师基本功的评价, 应从语言、教态、板书、信息技术工具和教具操作等方面进行价值判断.

(1) 评语言. 教学也是一种语言的艺术, 教师的教学语言有时关系到一节课的成败. 教师的课堂教学语言, 要准确清楚, 注意使用普通话, 语言精当简练, 生动形象, 富有启发性、直观性和感染力; 语调要高低适宜, 快慢适度, 抑扬顿挫, 富于变化, 具有节奏性; 能准确熟练地使用数学语言, 表述科学规范, 具有科学性.

(2) 评教态. 教师的教态, 就像是课堂教学的调控器, 要求教师仪表端庄、举止从容. 教态包括教师的姿态、教师的视线、教师的情绪. 教师的姿态要沉着、稳重、自然大方; 教师的视线不能只面对课本、教案、黑板, 要注视全班学生, 通过视线与学生交流信息, 及时反馈; 教师的情绪要乐观、饱满、热情, 师生情感融洽.

(3) 板书、信息技术工具和教具操作. 板书是一节课主要内容的浓缩, 是对一节课内容的进行"简笔画"式的勾勒, 使学生通过对板书的观察与回顾, 能对本节课内容有整体的把握, 从而对所学内容进行更好地梳理. 所以, 板书设计要科学合理, 简洁美观, 有计划性与艺术性; 板书内容要详略得当, 条理清楚, 字迹工整, 作图规范, 示范性强; 板书应具有启发性, 通过板书促进学生积极思维, 正确理解和记忆主要内容, 熟练操作信息技术工具与各种教具; 板书要注意传统板书与电子板书 (多媒体演示等) 的协调配合.

5. 评教学效果

教学效果是评价课堂教学的根本指标. 教学效果, 这里专指课堂教学活动的短期效果, 表现为学生群体参与的程度与学生所显现的教学目标达成度.

评价教学效果, 首先要有是否在规定的时间内完成了教学任务, 是否在知识的传授、能力的培养、情感态度价值观方面都实现了目标要求; 其次要看学生的表现, 看学生的注意力是否集中, 看他们的学习是否积极主动, 能否准确地完成课堂练习, 能否对一堂新授课归纳出主要内容, 进行独立的课堂小结并对自己的学习情况进行准确的自我评价等.

简言之, 好的教学效果, 使每一个学生都能在已有发展的基础上, 在 "双基"、数学能力和理性精神等方面得到一定的发展.

7.3.3　怎样评好课

听好课、评好课都是为教好课服务的. 那么怎样才能评好课呢?

1. **掌握评课的基本原则**

(1) 科学性原则. 评课是对一节课的客观评价, 评课时要联系课标、教材内容和学生实际, 注意运用教育学、心理学的原理去分析, 评议的内容要准确, 语言要经得起推敲, 同时, 评价的手段可采用定性与定量相结合的方式, 使评价结论具有较强的说服力.

(2) 客观性原则. 要客观公正地评价每一节课, 不管是精心准备的课, 还是平时的抽查课; 不管是执教多年的老师的课, 还是初登讲台的年轻教师的课, 都要充分肯定成绩, 看到不足, 要用全面的、发展的观点看问题, 要采取实事求是的态度, 客观地反映教师课堂教学的本来面目, 恰当地对每一个环节作出及时的评判.

(3) 针对性原则. 评课要有针对性, 结合课堂教学中的实例进行讲评, 并用教育教学理论去阐述, 指明改进的方向和措施, 从而使执教者从中受到启发和教育; 既要着眼于课堂教学的全过程, 又不能面面俱到, 要抓住重点和特色进行评议, 对突出的优缺点进行分析, 以利于有针对性地诊断和指导, 使执教者能够认清自己的优势和存在的要害问题, 以便尽快地加以改进和提高.

(4) 评教与评学相结合原则. 课堂教学评价要改变传统的以 "评教" 为重点的倾向, 把评价的重点转到 "评学" 上面, 以此促进教师转变观念, 改进教学.

(5) 因人施评原则. 因执教者情况各异, 课堂教学的形式不同, 评价的侧重点不同, 评课要有一定的区别与特色, 如对一些骨干教师要求适当拔高, 抓住个性, 挖掘特长, 激发个人教学风格的形成; 对于青年教师既要充分地肯定成绩, 又要多帮助他们找出教学差距; 对待性格谦虚的老师, 可推心置腹、促膝谈心; 对待性格直爽的教师, 可直截了当, 从各个角度与其认真交流; 对待性格固执的教师应谨慎提出意见等.

(6) 激励性原则. 评课的最终目的是激励执教者特别是年轻教师尽快成长, 成为课堂教学直至课程改革的中坚力量. 因此, 评课既要解决必须解决的问题, 又要注意语言的技巧、发言的分寸、评价的方向和火候, 以便发挥评课的功能, 从而推进教学工作健康发展.

2. 明确评课的依据与标准

一堂好课没有绝对的标准, 但有一些基本的要求. 表 7.11 是中国教育学会数学教学专业委员会组织全国中学青年数学教师举行优秀课评比活动制订的数学教师优秀课评价标准 (2012 年修订版).

表 7.11　全国中学青年数学教师优秀课评价标准 (2012 年修订版)

中国教育学会中学数学教学专业委员会

全国中学青年数学教师优秀课评价标准 (修订版)

(试行稿 2012 年)

为了贯彻党的教育方针, 落实《国家中长期教育改革和发展规划纲要 (2010—2020 年)》精神, 提高青年数学教师的师德水平、专业水平和教学能力, 鼓励青年数学教师创新数学教育思想、教学模式和教学方法, 促进教学过程的科学化, 提高课堂教学质量, 为造就一批数学教学名师和学科领军人才做出贡献, 中国教育学会中学数学教学专业委员会组织全国中学青年数学教师举行优秀课观摩与交流活动.

本项活动的宗旨是: 重在参与, 重在过程, 重在交流, 重在研究, 提高中学青年数学教师专业水平和教学能力, 提高课堂教学质量, 推动中学数学教学改革. 为了更好地贯彻活动宗旨, 顺利开展本项活动, 特制定本《优秀课评价标准》.

一、课堂教学设计与实施的评价标准

课堂教学要以教育部制定的《义务教育数学课程标准 (2011 年版)》和《普通高中数学课程标准 (实验)》(以下统称为 "课标") 为基本依据, 要把 "数学育人" 作为根本目标. 要根据教学内容和学生实际选择教学方法, 根据数学知识的发生发展过程和学生数学学习规律安排教学过程. 要充分发挥学生的主动性、积极性, 激发学生的学习兴趣, 引导学生开展独立思考、主动探究、合作交流, 使学生切实学好数学知识, 提高数学能力. 要鼓励学生的创新思考, 加强学生的数学实践, 培养学生的理性精神. 要注重培养学生良好的数学学习习惯, 使学生掌握有效的数学学习方法, 并逐步学会学习. 要注重教育技术的使用恰当使用信息技术组织教学资源, 改进教学方法, 增强教学效果. 要注重使用评价 — 反馈手段, 恰当评价学生的学习过程和结果, 促进学生有效学习.

对课堂教学设计与实施的评价包括如下几个方面.

1. 教学内容解析

教学内容主要指 "课标" 的 "内容标准" 中所规定的数学知识及其由内容所反映的数学思想方法, 是实现教学目标的主要载体. 教学内容解析的目的是在准确理解内容的基础上做到教学的准、精、简. 这是激发学生学习兴趣、减轻学生学习负担、有效开展课堂教学、提高课堂教学质量的前提. 教学内容解析要做到:

(1) 正确阐述教学内容的内涵及由内容所反映的数学思想方法, 并阐明其核心, 明确教学重点;

(2) 正确区分教学内容的知识类型 (如事实性知识、概念性知识、程序性知识、元认知知识等);

(3) 正确阐述当前教学内容的上位知识、下位知识, 明确知识的来龙去脉;

(4) 从知识发生发展过程角度分析内容所蕴含的思维教学资源和价值观教育资源.

2. 教学目标设置

教学目标是预期的学生学习结果. 教学目标是设计教学过程、选择教学方法和安排师生活动方式的依据, 是教学结果的测量与评价的依据. 清晰而具体化的目标能有效地指导学生的数学学习.

教学目标的设置与陈述要做到:

(1) 正确体现 "课程目标 — 单元目标 — 课堂教学目标" 的层次性, 在 "课标" 的 "总体目标" 和 "内容与要求" 的指导下, 设置并陈述课堂教学目标;

(2) 目标指向学生的学习结果;

(3) 目标要与教学内容紧密结合, 避免抽象、空洞;

(4) 要用清晰的语言表述学生在学习后会进行哪些判断, 会做哪些事, 掌握哪些技能, 或会分析、解决什么问题等等.

3. 学生学情分析

学生学情分析的核心是学习条件分析. 学习条件主要指学习当前内容所需要具备的内部条件 (学生自身的条件) 和外部条件. 学习条件的分析是确定教学方法、组织教学材料的前提. 鉴于学习条件 (例如, 内部条件包括认知因素和非认知因素) 的复杂性, 本标准着重强调如下要求:

(1) 分析学生已经具备的认知基础 (包括日常生活经验、已掌握的相关知识技能和数学思想方法等);

(2) 分析达成教学目标所需要具备的认知基础;

(3) 确定 "已有的基础" 和 "需要的基础" 之间的差异, 分析哪些差距可以由学生通过努力自己消除, 哪些差距需要在教师帮助下消除;

(4) 在上述分析的基础上明确教学难点, 并分析突破难点的策略.

4. 教学策略分析

教学策略是指在设定教学目标后, 依据已定的教学内容和学生情况, 为解决教学问题而选用的教学方法和手段. 教学策略分析的一个重要目的是提高教学的质量和效益. 从数学课堂教学的实际出发, 教学策略分析要包括如下几个方面, 并做到具体且针对性强:

(1) 对如何从学与教的现实出发选择和组织教学材料的分析;

(2) 对如何根据教学内容特点和学生情况选择教学方法的分析;

(3) 对如何围绕教学重点, 依据知识的发生发展过程和学生的思维规律, 设计 "问题串" 以引导学生的数学思维活动的分析;

(4) 对如何为不同认知基础的学生提供相应的学习机会和适当帮助的分析;

(5) 对如何提供学生学习反馈的分析.

5. 教学过程

教学过程是学生在教师指导下的数学学习活动, 包括学生对数学知识的认知和实践两个方面. 从操作层面看, 教学过程就是由教师安排和指导的学生数学学习的活动步骤和方式. 对教学过程的要求是:

(1) 根据不同知识类型学习过程安排教学步骤, 包括: 引入课题、明确学习目标, 调动学生已有相关知识和学习兴趣, 呈现有组织的学习材料, 引导学生开展主动理解、探索知识的数学思维活动, 通过练习促进知识向技能的转化, 提供应用性情境促进知识技能的迁移等;

(2) 正确组织课堂教学内容: 正确反映教学目标的要求, 重点突出, 把主要精力放在核心内容及其反映的数学思想方法, 注重建立新知识与已有相关知识的实质性联系, 保持知识的连贯性、思想方法的一致性, 易错、易混淆的问题有计划地再现和纠正, 使知识 (特别是数学思想方法) 得到螺旋式的巩固和提高;

续表

(3) 学生活动合理有效, 教师指导恰时恰点: 在学生思维最近发展区内提出问题, 使学生面对适度的学习困难, 激发学生的学习兴趣, 启发全体学生开展独立思考, 提高学生数学思维的参与度, 帮助学生逐步学会思考;

(4) 恰当处理 "预设" 与 "生成" 的关系, 机智运用反馈调节机制, 根据课堂实际适时调整教学进程, 通过观察、提问和练习等及时发现学习困难并准确判断原因, 采取有针对性的补救教学, 为学生提供反思学习过程的机会, 引导学生对照学习目标检查学习效果;

(5) 设计的练习具有针对性和有效性, 既起到巩固知识、训练技能、查漏补缺的作用, 又在帮助学生领悟数学基本思想, 积累丰富的数学活动经验, 发展数学能力, 培养学习习惯等方面发挥积极作用;

(6) 恰当运用学习评价手段, 激励学生的学习热情, 使学生始终保持积极的精神状态;

(7) 根据教学内容的特点及学生学习的需要, 恰当选择和运用包括教育技术在内的教学媒体, 有效整合教学资源, 以更好地揭示数学知识的发生、发展过程及其本质, 帮助学生正确理解数学知识, 发展数学思维.

二、教师专业素养评价标准

1. 数学素养

(1) 正确理解数学概念与原理, 正确理解内容所反映的数学思想方法, 正确把握中学数学不同分支和不同内容之间的联系性, 正确把握数学与日常生活及其他学科的联系;

(2) 正确理解数学教材, 正确解析教学内容, 课堂中没有数学的科学性错误 (包括呈现的材料和使用的语言).

2. 教学素养

(1) 准确把握学生的数学学习心理, 有效引起学生的注意, 调动学生的学习积极性和主动性;

(2) 根据学生的思维发展水平和数学学习规律安排学生的学习活动, 学习材料的难易程度适当;

(3) 实施启发式教学, 善于通过恰当的举例, 或提供先行组织者、比较性材料等帮助学生理解知识, 善于通过恰时恰点的提问引导学生的数学活动;

(4) 具有良好的教学组织、应变机智.

3. 教学基本功

(1) 语言: 能规范、准确地运用数学的文字语言、符号语言和图形语言, 逻辑性强, 通俗易懂, 简练明快, 富有感染力;

(2) 板书: 字迹工整、简洁明了、结构合理、重点突出;

(3) 教态: 自然大方、和蔼亲切、富有激情与活力;

(4) 有较好的信息技术工具和各种教具的操作技能.

　　毋庸置疑, 机械化、模式化、概念化的评价标准会束缚教学的创新与个性发展. 评课时应更多从学生的学习接受和发展方面来评价教师的教学, 尽量整合简化繁杂的评价标准.

　　3. **讲究评课的艺术**

　　评课是一门具有技巧与智慧的说服艺术, 恰如其分的讲评, 能使人心悦诚服, 深受启发, 不恰当的评议则会产生负面效应. 所以, 评课要讲究艺术, 绝不能不顾后果, 信口开河.

　　(1) 评课要有准备, 拟好提纲. 无论是有组织、有目的的正规性评课, 还是同事相互听课后的评课,评课时一要对听课时所获取的材料进行细致分析与整理,作好评课的准备工作;二要拟好评课提纲,主要关注以下几方面内容:本节课的主要优点、经验或特点是什么?不足或需要探讨的问题是什么?你的建议是什么?如改进教学或推广经验的建议等.

(2) 评课要规范,讲程序.评课活动要有目的、有计划、有组织地开展;评课活动一般先由执教者自评,然后由富有教学经验的教师、教研组 (备课组) 长或专家主评,再由听课者 (教师、学生、家长等) 评议;评课要有记录,撰写评课报告等.

(3) 评课要以理服人,力求用数据说话.评课最忌"就课论人"、"评课评人";评课要站在一定的理论高度来审视课堂教学中的种种现象,既要关注细节,又要关注大教育观;尽可能用数据 (如用课堂观察技术等获取的) 与新的教育理念,比照课堂教学实践进行有说服力的评课.

(4) 评课要尊重教者,不居高临下.评课是一种教研形式,一定要从研讨的角度出发,对教学中的优点要充分肯定,即使是上得不够成功的课,也要善于挖掘出教者教学中的亮点,加以肯定;对教学中存在的问题或不足之处,也要以虚心的态度、商量的口气与教者共同分析研讨,善意地提出自己的建议或希望,尤其是对参加工作不久的年轻教师来说,这一点就显得更为重要,绝不能以评课者自居,居高临下去评课.否则,不仅使评课的目的大打折扣,而且会挫伤了教者教学的积极性.同时,还要善于倾听教者的自评,以体现对教者的尊重.

(5) 评课要采用多种形式,注重实效.评课要根据其范围、规模、任务等不同情况,采用不同形式,对于观摩示范性、经验推广性、研究探讨性的听课活动,应采用集体公开形式评课,通过集体讨论、评议,对所示课例进行分析评论,形成对课堂教学的共同评价,以达到推广经验的目的.

(6) 评课要实事求是,切忌片面性和庸俗化.既要充分肯定成绩、总结经验,又要适当指出问题、缺点或不足;避免评课只谈成绩不谈缺点,或者对一些明显存在的缺陷,讲一些模棱两可的评价,甚至把缺点也说成优点,进行吹捧.这样评课也就失去了它的意义与作用.

总之,评课是教师应该具备的一项基本功,真正掌握这项基本功并不是一件十分容易的事情.要评好一堂课,在掌握评课基础理论知识的前提下,只有运用这些评课的理论知识进行评课实践,才能真正掌握评课的技能.

实践与反思

(1) 请在现行中学数学概念课、数学原理课、数学问题解决课、数学活动课等中选择一课时的内容,设计一个规范的数学说课稿.

(2) 以备课组为单位, 分别编写一课时的中学数学概念课、数学原理课、数学问题解决课、数学活动课等说课稿, 并组织一次数学说课演练与评议.

(3) 观摩一个数学教学录像, 运用课堂观察方法与技术收集听课资料, 并根据本书提供的数学课堂教学评价标准予以评议.

(4) 通过教学实习等形式, 以备课组为单位, 运用课堂观察方法与技术实地合作观察一节数学课, 组织一次数学课堂教学评课研讨活动.

(5) 你认为一节好课的标准是什么? 请结合数学课的特点, 设计一个具体可行、易于操作的数学课堂教学评价方案.

(6) 查阅或利用网络收集资料数据, 写一个有关中国目前中学数学说课、听课、评课的现状、特征及其反思的调研报告.

参 考 文 献

顾泠沅, 易凌峰, 聂必凯. 2003. 寻找中间地带 [M]. 上海: 上海教育出版社.

江玉安. 2007. 评课的三个基本问题: 内容、标准与思路 [J]. 课程·教材·教法, (3): 27~28.

陆书环, 傅海伦. 2004. 数学教学论 [M]. 北京: 科学出版社.

罗瑜. 2003. 体验那一份当老师的感觉 [J]. 中学数学月刊, (6): 4.

饶汉昌. 1999. 关于"说课"的几点思考 [J]. 数学通报, (1): 45.

喻平. 2018. 基于核心素养的高中数学课程目标与学业评价 [J]. 课程·教材·教法, 38(1): 80-85.

周勇, 赵宪宇. 2004. 说课、听课与评课 [M]. 北京: 教育科学出版社.

第8章 数学教学设计的原理与策略

本章目录

本章概览

前面以现代数学教学设计导论为指导思想, 以具体领域的设计活动为中心, 先后探讨了数学教学中概念、原理、习题这三大内容的设计, 以及问题解决教学、数学活动教学的设计. 在本章, 我们希望能从理论上加以提升, 围绕数学教学设计中的一些基本问题, 进一步探讨数学教学设计的工作原理与策略. 本书增加这方面的内容, 一方面是考虑到, 通过对数学教学设计基本问题的理论概括, 有助于读者形成关于数学教学设计的总体认识; 另一方面, 通过对数学教学设计工作的系统总结, 有助于沟通数学教学设计与一般教学设计这两个研究领域之间的联系, 为数学教学设计研究的进一步延伸、拓展打下基础. 由于数学教学设计的基本问题必然也反映在具体的教学设计活动中, 为了避免重复, 我们将根据具体情况择重作出讨论. 一些前面已经作出系统探讨的内容, 这里不再赘述. 因此, 本章主要讨论 4 个方面的问题: 数学教学设计的模式与层次、数学教学设计前端分析的原理与策略、数学教学系统设计的原理与策略、数学教学设计成果评价的原理与策略. 学完本章后, 你应该做到:

(1) 知道数学教学设计的一般模式, 各个环节的具体内容;

(2) 了解数学教学设计的层次系统, 每一层次的含义及其工作重点;

(3) 系统掌握数学教学设计前端分析的工作及相关原理、策略;

(4) 系统掌握数学教学系统设计的工作及相关原理、策略;

(5) 了解数学教学设计成果评价的概念, 形成及时反馈、评价的意识, 会对数学教学设计成果进行评价.

8.1 数学教学设计的模式与层次

8.1.1 数学教学设计的模式

教学设计是系统计划或规化教学系统的过程. 在教学设计逐渐发展并成熟的过程中, 人们不断地建构着设计实践中的问题, 将教学设计的实践过程准确再现、并对在设计活动中总结出来的各种思想、观点进行精心简化、理论升华, 就形成了各种教学设计理论.

数学教学设计的模式是在总结各种教学设计理论的基础上归纳总结出来的, 反映数学教学设计工作过程的一种结构形式. 该模式既包含了教学设计工作的基本组成部分, 也包含了数学教学设计工作的特殊内容, 数学教学设计模式及其内容构成如图 8.1 所示.

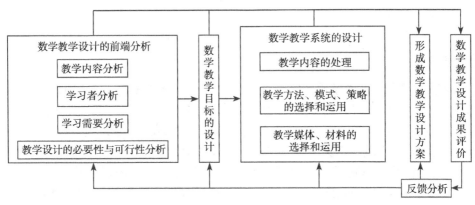

图 8.1 数学教学设计的模式

数学教学设计的模式表明, 数学教学设计从对数学教学系统的前端分析开始, 依次经过数学教学目标设计、数学教学系统设计, 最后形成数学教学设计方案. 在这一过程中, 评价是调节和控制教学设计活动进程与方向的重要手段, 它贯穿于数学教学设计活动的各个阶段, 并不断循环往复, 通过即时的反馈分析对各阶段的工作进行检验、修正、和完善, 直至获得完美的数学教学设计成果.

8.1.2 数学教学设计的层次

数学教学设计是一个解决数学教学问题的系统化工程, 根据教学问题的范围、层次、难度等的不同, 可将数学教学设计分为 3 个层次.

1. "系统"层次

"系统"层次的教学设计涉及规模较大、较综合和复杂的教学问题项目, 如一所学校或一门新专业的数学课程设置、某行业职业教育中职工数学培训方案的制订、学习系统开发等. 设计工作通常包括确定课程培养目标、建立实现目标的课程方案 (包括课程教学计划和课程标准)、选择或开发教学资源、试行和评价课程方案并作出修改等, 涉及内容面广, 设计难度较大.

"系统"层次的教学设计一旦完成就要投入范围很大的场合去使用和推广. 因此这一层次的设计需要由教学设计人员、数学和数学教育专家、教师、行政管理人员、甚至包括有关的学生设计小组来共同完成.

2. "课堂"层次

"课堂"层次的教学设计范围是数学课堂教学, 它是根据数学学科教学的规范性、纲领性文件如课程标准的要求, 针对一个班级的学生, 在固定的教学资源、教学设施的条件下进行教学设计, 包括一个课程单元、一节课或某几个知识点的教学全过程的规划和安排.

"课堂"层次教学设计的工作重心是充分利用已有条件对教学材料进行选择或编辑, 而不是开发新的教学产品. 故通常该层次的教学设计是由教师自己来完成. 在必要时, 也可由其他教学设计人员帮助进行.

3. "产品"层次

这里的"产品"简单的如一般教学媒体、课件等; 复杂的如大型教学系统、计算机软件等. 这一层次的设计一般是根据前两个层次的设计所确定的产品使用目标, 把教学中需要使用的媒体、材料、教学包等当作产品来进行设计. 教学产品的类型、内容和教学功能常常由教学设计人员和教师、学科专家共同确定. 有时还吸收媒体专家和媒体技术人员参加, 共同对产品进行设计、开发、测试和评价.

8.2　数学教学设计前端分析的原理与策略

在一般教学设计的理论书籍中, 都谈到教学设计工作的第一步是 3 种不同的 "分析": 学习者特征分析、学习需要分析以及解决问题的可行性分析, 本书继承了这一观点, 同时认为, 由于各门学科知识的特殊性, 在学科教学设计中还应包括对本门学科知识内容特征的分析, 并应将它放在前端分析的第一步, 以便能够有针对性地进行教学设计的其他工作. 另外, 所谓 "解决问题", 实质上指的是通过教学设计的途径来解决由前面的 "分析" 所产生的问题, 故我们直接使用 "教学设计" 一词. 因此, 在 "模式" (图 8.1) 中, 所谓 "教学设计的必要性和可行性分析" 也就是一般教学设计理论中的 "解决问题的必要性和可行性分析".

以上 4 种分析是进行数学教学目标设计及数学教学系统设计的基础, 它们处在教学设计活动的开始阶段, 所以把它们统称为 "数学教学设计的前端分析".

8.2.1　教学内容分析

1. 知识类型分析

在数学教学中, 关于教学内容的表述通常有数学概念、数学命题 (或称原理)、数学问题、数学思想方法、数学史等提法, 并常将它作为数学知识的一种分类. 现代不同类型知识的划分表明了人们对知识理解的深入, 尤其是美国心理学家加涅 (R. M. Gagne) 和安德森 (J. R. Anderson) 的知识分类观极大地拓展了传统知识的内涵, 并确立了如今日益被广泛接受的一些新的知识观.

在进行教学设计时, 不妨将数学知识的分类放到心理学或更广的范围进行, 每一种分类都可为教学设计提供新的分析工具. 例如, 加涅的 5 类知识 (言语信息、智慧技能、认知策略、运动技能、情感态度) 分类观正好与我们现在的教学目标维度紧密相关. 而安德森的陈述性知识 (关于事实 "是什么" 的知识) 与程序性知识 (关于进行某项操作活动 "怎样进行" 的知识) 则将知识类型与知识习得的方式联系到了一起.

按照安德森的观点, 绝大多数的陈述性知识是可以言传的, 可以通过回忆、再认、应用以及与其他知识的联系等方式来表现, 而很多程序性知识则不能言传, 要通过完成各种操作步骤来表现; 也就是说, 陈述性知识可以通过听讲座、读书本、看电视等方式获得, 而程序性知识则必须通过大量的练习和实践才能获得.

美国心理学家迈耶 (R. E. Mayer) 进一步地从知识类别中区分出了策略性知识, 即关于学习策略或认知策略等方面的知识. 显然, 策略性知识的单独提出有助于我们进一步认识智力的本质以及如何培养智力的问题. 这样, 知识应该包括 3 类: 陈述性知识、程序性知识和策略性知识.

另外, 还有一种知识的分类也是不容我们忽视的. 它是由英国学者、哲学家波兰尼 (M. Polanyi) 提出来的. 波兰尼认为, 人类有两种知识, 一类是可以用语言文字 (书面文字或地图、数学公式) 来表达、传递的知识, 即通常说的书本知识, 称为言传知识或显性知识; 另一类指以整体经验为基础的只可意会、不可言传的知识, 称为意会知识或缄默知识. 例如我们可以认识一个人的脸, 可以在成千上万张脸中辨认出这张脸, 但是通常我们却说不出是 "如何" 认出这张脸的.

与显性知识相比, 缄默知识有两个关键特征: 第一, 不能通过语言、文字或符号进行逻辑的说明 (连知识的拥有者和使用者也不能), 在这个意义上, 波兰尼又把缄默知识称为 "前语言的知识" 或 "不清晰的知识"; 第二, 不能在社会中以正规的形式 (如学校教育、大众媒体等) 加以传递, 也不能为不同的人们所分享. 不难发现, 在数学教学过程中, 不仅存在着大量的显性知识, 而且也存在着大量的缄默知识. 然而对缄默知识, 我们以前没有注意到或没有能够给予充分注意, 至于其在教学活动中所产生的影响则更缺乏充分的认识和研究. 由此产生的后果是: 各种各样的缄默知识在教学活动中自发地产生影响. 一些对教学活动有益的缄默知识没有得到有效的利用, 同时一些对教学活动不利的缄默知识又可能干扰和阻碍了教学活动的进行. 如教学 "难点" 的形成, 一方面可能是由于课程知识本身的复杂性, 另一方面却可能是由于学生所拥有的缄默知识与课程知识不一致或没有得到有效利用造成的. 显然, 波兰尼的这一知识分类观应该受到我们充分的关注, 因为这在很大程度上会影响到教学难点问题的解决, 从而影响教学设计的成效.

以上分析表明, 在进行教学设计时仔细分析知识的类型特征有助于我们将目标与内容相匹配, 有助于根据不同类别知识的特点设计教与学的方式、方法.

2. "过程–对象" 二重属性的分析

关于内容特征分析的另一方面是数学知识的 "过程–对象" 二重属性的问题. 这里要借助于 20 世纪 80 年代中期以来提出的数学概念形成的认识论分析理论. 该理论指出, 数学内容可以区分为过程和概念两类, 其中, 过程指的是具备了可操作性的法则、公式和原理; 而概念, 则是数学中定义的对象和性质.

后来的一些研究, 如斯法得 (A. Sfard) 等进一步指出, 数学中, 特别是在代数中, 许多概念既表现为一种过程操作, 又表现为一个整体性的固定的对象、结构, 概念往往兼有这样的二重性.

例如, 数既代表数一个集合中元素的过程, 又代表数数的结果; 加法, 既代表对两个集合中的元素进行合并或添加的过程, 又代表合并或添加的结果; 多项式 $5 \cdot (x + y) - 8z$, 既可看作将 x 与 y 相加后与 5 相乘, 再从积中减去 $8z$ 这样的运算过程, 也可看成由 $x, y, 5, 8, z$ 通过某些运算关系结合而成的一个结构或运算结果.

又如, 函数既代表将两个集合中的元素按某种确定的关系或对应法则作对应的过程, 又代表具有特定对应关系的对象结构; 数列极限既代表序列按一定趋势发展变化的过程, 又代表这种变化的结果, 可以被当作一个 "东西" 来处理, 成为被运算的对象 (如作数列极限的四则运算).

其至平时经常使用的符号 "=" 也同样有二重性: 有时它是一个指示你去做运算的记号, 如 "8+5=?"; 有时它又是一个客观的对象, 表明左右二式之间的平衡关系, 例如 "8+5=6+7"、"$x - 5 = y + 3$". "=" 的二重性对学生数学学习的影响典型地表现为, 在解方程时, 学生抄完一道题还未加以思考, 就先写上一个等号, 再继续下面的工作. 例如, 解方程 "$x^2 + 2x + 1 = 4$", 在 4 后写上等号并做下去: $x^2 + 2x + 1 = 4 = (x + 1)^2 = 4 = x + 1 = +2$, 这说明学生们还未把等号作为对象看待.

概括地说, 同一个数学知识常常具有如下的二重性: "过程–对象"、"算法–结果"、"操作行为–结构关系". 相应地, 分别具有 "动态–静态"、"历 (继) 时–共 (同) 时"、"细节–整体" 的特征.

数学知识的二重性要求我们在实际运用时, 应根据需要灵活地改变认识的角度, 有时要将它当作有操作步骤的过程, 有时又将它当作一个静止的、具有一定结构的整体对象.

斯法得的研究进一步指出, 数学中的 "过程" 和 "对象" 有着紧密的依赖关系. 具体表现为: ① 先 "过程" 后 "对象" 的数学概念形成顺序; ② "对象化" (由过程到对象的转化) 是数学概念形成、发展的关键环节.

综合以上两方面, 在教学中, 既应该通过操作运算来帮助学生形成和理解概念, 又应把握操作运算的量与质, 实现概念由过程到对象的转变, 以及从 "居高临下" 的视角来理解概念. 表现在教学设计中, 也就是要考虑学生认知数学的 "过程 → 对象" 的顺序, 提供过程操作的条件和对象化的条件, 同时, 要辩证地看待 "熟能生巧" 这一数学学习经验.

8.2.2 学习者特征分析

这主要是指对教学决策起重要作用的那些学习者的心理因素进行深入分析. 分析学习者特征的目的, 在于了解他们的学习起点能力、一般特征及其学习风格, 为后继的教学设计工作提供依据.

1. 一般特征分析

学习者的一般特征指的是学习者所拥有的与数学学科内容无直接联系, 但影响其学习进程和效果的生理、心理和社会等方面的特点. 加涅曾指出, 对学习者的一般特征及时作一些分析, 对教学方法和媒体的选择也是有益的.

学习者一般特征分析涉及学生的年龄、性别、心理发展水平、认知发展特征、学习动机、生活经验及社会背景等诸多方面, 其中, 对学习者认知发展特征的分析是很重要的一个方面, 它体现了学生已有的认知发展水平对新学习的适应性. 在这里, 我们将认知定义为知识的获得和使用, 认知发展则主要地指主体获得知识和解决问题的能力随着时间推移而发生变化的过程和现象. 学习者认知发展特征分析包括分析不同年龄阶段学生的一般认知发展及数学认知发展的特点, 包括发展的总体水平与一般特征、发展的条件与机制以及认知结构等. 在这些方面, 目前有相当多的研究结论可作参考.

另外一个要关注的方面是学习动机, 即学习者对承担学习任务的愿望. 学习动机是影响学习绩效的一个重要因素, 有研究表明, 学生学习成绩中 16%~20%, 甚至 30% 的差异是由学习动机造成的 (张祖忻, 2003). 因此, 在教学设计中应重视对学习者学习动机的分析, 并应将有关动机的理论应用于教学设计.

目前研究人员对动机的基本认识是:

(1) 人既有内部动机 (不为某种利益驱动, "重在参与" 等) 也有外部动机 (为达到某个目的或获某项奖励);

(2) 人的动机既是一种特性, 也是一种状态; 特性与能力相同, 是一种稳定的心理需求; 状态由情景引发, 受外界影响;

(3) 人的动机既有情感成分, 又有认知要素.

由此启示我们:

(1) 人的动机与他的期望、经验和认识等密切相关, 是一种复杂的心理结构, 因人而异;

(2) 人的动机易受外部因素影响, 可以通过对环境的系统设计去影响它, 使其产生我们期望产生的变化或维持一定的水平;

(3) 动机也有其稳定和可预测的方面, 我们可以预测人的学习动机、工作动机和自我动机的变化, 甚至进行量化分析;

(4) 为了真正认识动机, 必须将动机与其他影响学习绩效的因素联系在一起考虑, 特别地, 要重视研究情感和认知对动机的影响.

就动机复杂多变的方面, 凯勒 (J. M. Keller, 1983) 总结出了 12 个与动机有关的理论概念, 其中有 6 个概念与价值相关: 自我实现、成就需要、对激情的追求、个人能力的需要、强化价值、好奇心, 它们可用来研究哪些目的、需要和价值能激发动机; 另外 6 个与期望相关: 归因、个人因果、控制点、习得无助、自我功效、对成功的期望, 它们可用来研究个体期望成功的主观因素.

同时, 凯勒还开发了一个系统化的动机分析和设计的程序模型, 这对我们在教学设计时考虑如何激发学习者学习动机具有一定的指导作用. 该模型称为动机设计的 ARCS 模型, 其中包含四个要素: 注意 (attention)、相关 (relevance)、信心 (confidence)、满意 (satisfaction), 它们对学生课堂教学中的学习活动的作用机理可用图 8.2(张祖忻, 2003) 来表述.

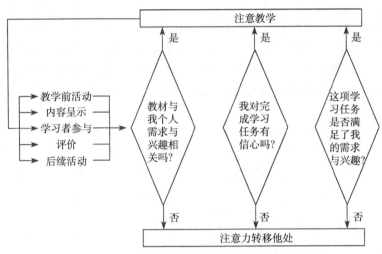

图 8.2　教学中的动机作用过程 (引用时作了修改)

ARCS 模型告诉我们: 为了激发学习者的学习动机, 首先要引起他对一项学习任务的注意和兴趣; 再使他理解完成这项任务与他密切相关; 接着要使他觉得自己有能力做好此事, 从而产生信心; 最后让他体验完成学习任务后的成就感, 感到满意.

如何实现上述过程? 一个重要的方面是对学习任务的设计. 根据 ARCS 理论, 一个能激发学生学习的任务应是能吸引学生注意和兴趣的、学生能入手的、能够让学生自我实现和满足的. 为此, 我们必须作好教学设计中的各项工作.

2. 初始能力分析

初始能力指学习者在从事数学学习前, 已具有的知识技能基础以及对相关学习内容的认识与态度. 确定学生的初始能力, 对于确定教学起点, 进行教学内容分析, 选择教学方法和教学媒体等都有直接的影响.

初始能力分析包括: 预备技能分析、目标技能分析和学习态度分析. 所谓预备技能, 指的是学生在开始新的学习活动之前, 必须掌握的知识与技能, 这是现实的学习基础. 通过预备技能分析, 可以预测学习者对于新学习是否有必备的行为能力, 应该提供哪些"补救"措施等. 目标技能指的是学生对所要学习的内容已经知道了多少, 这是理想的学习基础. 目标技能分析有助于我们在确定教学内容方面做到详略得当. 对预备技能和目标技能的分析可通过一套测试题来帮助作出判断.

学习态度是学习行为的一种准备状态, 它在一定程度上导致了学习者的某种学习行为趋向性, 如表现为向往学习与逃避学习, 喜欢学习与厌恶学习, 学习积极与学习涣散等. 判断学习者态度最常用的方法是态度量表. 下面的问题 (http://courseware.ecnudec. com/zsb/zjx/zjx07/chapter2/section2. htm) 可以用于测量学生的数学学习态度:

(1) 对于成为一名数学家, 我觉得: ① 毫无兴趣; ② 尚无兴趣; ③ 不知道; ④ 感兴趣; ⑤ 极感兴趣.

(2) 在校外, 我使用数学的情况是: ① 从不想用; ② 很少去用; ③ 有时使用; ④ 经常使用; ⑤ 一有机会就使用.

(3) 在校外娱乐、阅读、消遣或观看电视时, 我使用数学的情况是: ① 从未有过; ② 很少会用; ③ 有时使用; ④ 比较经常; ⑤ 极为经常.

此外, 观察、会谈等评价技术也可用于态度分析.

3. 学习风格分析

学习者是带着自己的学习特点进入学习的, 这些特点的一个很重要的方面是学习风格. 所谓学习风格, 是指学生在学习时所表现出的带有个性特征的、持续一贯的学习方式和学习倾向的综合. 为了使教学符合学习者的特点, 需要进行学习者学习风格的分析. 为此, 我们首先要了解学习风格的构成因素及如何分类这两个问题. 在这方面的研究成果有很多, 如格雷戈克 (Cregorc) 将学习者的学习风格分为具体–序列、具体–随机、抽象–序列和抽象–随机 4 种类型. 考伯 (Kolb) 划分为善于想象的、善于吸收的、善于逻辑推理的、善于调和的 4 种类型. 威特金 (Witkin) 提出了场依存性和场独立性的概念等.

其次还需了解不同学习风格类型的学习者所具有的不同学习特点. 表 8.1 分别从受环境影响的程度、善于学习的内容、喜欢的学习方法、擅长的职业几方面对场独立性和场依存性学习者的特点进行了比较. 读者仿此, 可对其他类型作出比较.

表 8.1　场独立性和场依存性学习者的特点比较

学习风格	受环境影响	善于学习的内容	喜欢的学习方法	擅长的职业
场独立型	知觉稳定, 不易受环境影响	偏爱自然科学, 数学成绩好	以内在学习动机为主; 喜欢独立思考、自主学习; 易于适应结构不严谨的教学方式	人际关系较单纯而可独立完成的工作
场依存型	以外界参照作为信息加工的依据; 易受环境影响	偏爱人文社会科学, 社会科学成绩好	易受外在动机支配; 较依赖于同学的接纳与教师的鼓励和反馈; 喜欢结构严谨的教学方法	与人的活动有关的工作

美国教学技术专家克内克 (F. G. Knirk) 等提出的有关学习风格的内容及其分类框架对在教学系统设计中如何把握学习风格也具有较强的操作性. 他们指出, 教学系统设计者为了向学习者提供适合其特点的个别化教学, 最好能掌握有关学习者的下列情况: 信息加工的风格、感知或接受刺激所用的感官、感情需求、社会性的需求以及环境和情绪的需求等.

其中, 信息加工的风格包括下面的类型: 用归纳法呈示教材内容时, 学习效果最佳; 喜欢高冗余度; 喜欢在训练材料中有大量正面强化手段; 喜欢使用训练材料主动学习; 喜欢通过触觉和 "动手" 活动进行学习; 喜欢自定学习步调等.

感知或接受刺激所用的感官方面包括: 通过动态视觉刺激 (如电视、电影) 学习效果最佳; 喜欢通过听觉刺激 (如听讲、录音) 学习; 喜欢通过印刷材料学习; 喜欢多种刺激同时作用的学习等类型.

感情的需求包括需要经常受到鼓励和安慰; 能自动激发动机; 能坚持不懈; 具有负责精神等类型.

社会性的需求包括喜欢与同龄学生一起学习; 需要得到同龄同学经常性的赞许; 喜欢向同龄同学学习等类型.

环境和情绪的需求包括喜欢安静; 希望有背景声或音乐; 喜欢弱光和低反差; 喜欢一定的室温; 喜欢学习时吃零食; 喜欢四处走动; 喜欢视觉上的隔离状态 (如在语言实验室座位中学习); 喜欢在白天或晚上的某一特定时间学习; 喜欢某类座椅等类型.

关于学习者的学习风格, 奥苏贝尔则认为, 对教材学习有意义的认知风格中最为重要的因素是, 学习者倾向于成为概括者还是成为列举者, 或倾向于成为这两者之间. 概括者注重观念的整体方面, 列举者注重其个别的方面. 由于不同的风格对信息加工和储存有不同的影响, 因此对意义学习和保持具有预示的含义.

8.2.3 学习需要分析

1. 学习需要分析的含义与作用

1) 含义

学习需要指在某一特定的情境下, 学习者学习方面目前的状态与期望达到的状态或应该达到的状态之间的差距. 学习需要分析就是通过系统化的调查研究, 确定学习者现有状态与期望状态之间的差距和学生学习能力发展的不足, 并在此基础上得出一系列教学问题序列.

2) 作用

一般地, 学习需要分析发生在 "系统" 层次和 "产品" 层次的设计中. 通过学习需要分析, 我们可以获得有关 "差距" 的资料和数据, 由此形成教学设计的总目标.

有了总目标, 就可以寻找相应的解决问题的方法即达到目的的手段, 从而最终解决问题.

有时在"课堂"层次的设计中, 教师也经常需要作以目标为内部参考的学习需要分析, 在此基础上形成的"教学目标"可作为指导教学设计工作继续进行的总的依据, 并为后面的内容分析、策略制订、评价等提供可靠的基础.

2. 学习需要分析的步骤与方法

1) 步骤

通常, 学习需要分析可以分为 4 个基本步骤, 在实践中应根据实际情况灵活掌握. 这 4 个基本步骤是:

(1) 规划. 包括确定分析对象、选择分析方法 (如内部参照法或外部参照法)、确定收集数据的技术 (包括问卷、评估量表、面谈、小组会议及案卷查寻)、选择参与学习需要分析的人员.

(2) 收集数据. 包括考虑样本的大小和结构、日程的安排以及分发、收集问卷等工作.

(3) 分析数据. 包括对收集到的数据进行科学分析, 并根据经济价值、影响、某种顺序量表、呈现的频数、时间顺序等对分析的结果予以优化选择和排列.

(4) 写出分析报告. 报告内容包括研究目的、研究内容和过程、研究结果、建议 4 个部分.

2) 方法

确定学习需要的基本方法有内部参照需要分析法和外部参照需要分析法.

内部参照需要分析法是以已经确定的教学目标为期望标准, 找出学习者的现有状态和期望状态的差距, 从而鉴别学习需要. 在运用时需注意, 首先, 要将教学目标具体化, 即用可测量的行为术语描述出来; 其次, 重点收集能够反映学习者目前状态的资料和数据, 收集方法可采用测验、问卷、座谈等.

由于内部参照需要分析法是在某一特定教育或培训组织机构所规定的教学目标之内考虑教学设计问题, 而对该目标的设定与社会实际要求是否相符却不够关心, 这就存在一个内部目标是否合理的问题. 因此, 为避免教学活动与社会要求脱节, 在使用内部参照需要分析法时需要结合外部参照需要分析法.

外部参照需要分析法是根据社会或职业要求来确定对学习者的期望值, 并以此为标准来衡量学习者学习的现状, 找出差距, 从而确定学习需要. 其特点是根据社会目前的和未来发展的需要为准则和根本价值尺度来揭示教育、教学中存在的问题, 从而制订教育、教学的目标.

将内部参照需要分析法和外部参照需要分析法结合起来使用分析学习需要的过程见图 8.3.

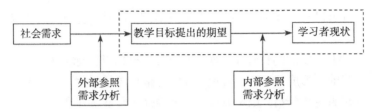

图 8.3　使用内部参照分析和外部参照分析确定学习需要

8.2.4　教学设计的必要性和可行性分析

1. 必要性分析

教学设计是一个问题解决的过程, 只有发现了问题, 认清问题的本质才能着手对它进行解决. 通过学习需要分析, 揭示了教学中实际存在和需要解决的问题, 那么这些问题是什么性质的问题? 造成这些问题的原因是什么? 教学设计是否是解决这个问题的合适途径? 现有资源和约束条件是否可支持这些教学设计课题的实现? 这即是要对教学设计的必要性和可行性进行分析, 其中, 教学设计的必要性分析可通过提出以下的问题和讨论步骤来进行:

(1) 在学习需要分析中发现的问题是不是通过学习者的学习可以解决的? 只有通过学习者的学习可解决的那些问题才能成为真正的学习需要, 这时, 将它们用行为术语 (如说出、写出、画出、解释、解答、证明等) 描述出来;

(2) 成为学习需要的那些问题能否通过分析、归纳成为几个集中的问题? 如果能, 将它们确定为教学设计的项目;

(3) 产生这些问题的原因是什么? 有没有其他非教学的因素 (如学生的身体状况、学生的学习态度、学习环境、教师态度、素质以及师生关系等) 引起的? 教学设计中应排除那些非教学因素引起的问题;

(4) 与教学因素有关的问题是否能通过一定的教育或培训解决? 排除那些不能通过教育或培训解决的问题;

(5) 其中的问题能否通过比较简单易行的方法 (如改进某些教学方法, 调整教学进度和时间或采用其他教材) 来解决? 若能, 这些问题将不必通过教学设计来解决;

(6) 深入考虑教学设计是不是解决问题的最佳途径? 若答案是肯定的, 说明教学设计是必要的.

2. 可行性分析

教学设计的可行性分析包括 3 个部分的工作:

1) 分析资源和约束条件

指对支持和阻碍开展教学设计的人、财、物进行全面评估, 包括经费、时间限制、人员情况、设施、设备、现存文献、资料、组织机构、规章制度和管理方法、教学组织形式、政策法规等要素.

2) 设计课题认定

通过资源和约束条件的分析之后, 去掉那些条件不允许的问题项目, 对留下项目还要作出进一步的认定, 即对是否值得设计作出判定以及确定教学设计的优先课题.

对是否值得设计的问题的回答可根据两个标准进行考虑, 一是解决这一问题在人、财、物、时间上要付出的代价 (记为 A), 二是若不解决这一问题将付出的代价 (记为 B). 当 $A < B$ 时, 说明该问题是值得用教学设计解决的问题.

对优先课题的认定需要在下面几个项目上作出评估: 课题的紧急性、课题所反映学习需要的稳定性、课题存在的普遍性、课题的推广价值、课题对教学改革的意义以及时间、人员、经费要求.

3) 阐明总的教学目标

一旦设计课题确定了, 就要给该课题起个名字, 然后提供关于该项目要解决问题的总的陈述, 即总教学目标的阐明. 若确定的课题是属于"系统"层次的设计, 就应给出人才培养的总目标; 属于"产品"层次, 就应给出产品的使用目标; 属于"课堂"层次, 则应根据相关学科的课程标准给出课程教学目标.

8.3 数学教学系统设计的原理与策略

8.3.1 数学教学系统的构成

数学教学是一个目标明确的信息传播系统, 该系统的构成要素有: 教师、学生、教学信息、教学媒体、教学方法、教学策略以及教学模式, 其中, 教学信息是学生学习的知识、技能、经验、态度、情感等的总和, 即教学内容; 教学媒体是教学信息传递的工具和手段; 教师与学生是教学系统中的两大主体, 教师与学生之间的信息传递、交流构成了教学系统中的基本活动过程, 该活动过程受教师所用的教学方法、策略及教学模式的制约. 教学系统中各种要素相互作用, 有机联系在一起, 构成了动态的数学教学系统 (图 8.4).

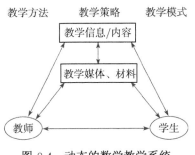

图 8.4 动态的数学教学系统

8.3.2　数学教学内容的处理

数学教学内容是指为了实现数学教学目标要求学习者系统学习的知识、技能、经验、情感、态度等的总和. 相应于数学教学目标的层次, 可将教学内容分为课程、单元和项目不同层次. 其中, 项目可以是知识点、数学问题, 也可以是技能、经验、观点等. 在数学教学系统前端分析中, 通过对学习需要的分析, 揭示出数学教学中存在的问题及其主要原因, 据此确定了教学设计的课题, 并提出教学目标. 为了保证教学目标的实现, 要求数学教学必须有正确、合乎目的的内容.

在数学教学设计中, 教学内容处理是指以数学教学目标为基础, 分析、确定学习者所学内容的深度、广度以及这些内容之间的联系, 并作出合理安排, 其中, 教学内容的广度是指学习者需要系统学习的知识、技能、经验、情感、态度等的覆盖面、宽度; 深度指学习者所学知识、技能、经验、情感、态度等的深浅程度和质量水平; 而教学内容之间的联系则主要指知识、技能之间的逻辑联系, 它为具体安排这些内容在课程教学中的呈现顺序奠定了基础. 根据数学教学目标的层次性, 教学内容处理又可分为宏观和微观两个层次, 宏观层次主要涉及整个课程内容体系, 包括学段、学年内容的处理, 微观层次主要涉及单元和课时内容的处理.

教学内容处理主要解决学习者"学什么"的问题, 其次也考虑学生"如何学", 这两方面的内容涉及教学内容的选择、分析、及组织安排. 为了提高教学设计工作的成效, 我们将介绍教学内容处理的具体工作步骤, 以及可以使数学教学更加有效的, 选择、组织与分析教学内容的具体程序、方法.

1. 数学教学内容处理的工作步骤

数学教学内容处理依一定步骤进行, 按照这些步骤可帮助教学设计者完成不同层次的内容处理, 包括:

1) 选择与组织课程单元

单元是划分课程内容的基本单位, 在数学课程中, 一个单元即教材中的一章, 通常指一个相对完整的数学主题或某类数学问题. 根据课程目标确定学习者必须学习的内容主题, 将这些内容主题确定为各课程单元; 然后确定各单元在课程中的顺序, 并将之安排成一个有机的课程结构整体, 这样的活动就称为课程单元的选择与组织. 通过课程单元的选择与组织可确定课程内容的基本框架.

2) 确定单元目标

单元目标是一个单元或一堂课的教学结束时所要得到的学习结果, 也就是对学生学完本单元或本节课后在知识、技能、经验、情感、态度等方面所要达到的要求的总和. 确定了单元目标, 课程目标就具体化了.

3) 选择与组织单元内容

单元内容是为了实现单元教学目标而要求学习者系统学习的项目或课题. 单元内容的选择与组织通常涉及 3 个方面: 范围、重点、和序列. 范围主要指单元内容覆盖的广度和深度. 一般在决定单元范围时, 应根据数学课程的连续性、社会和学生的需要确定单元内容中各个项目的相对重要性, 从中选取难度适当的核心内容. 例如, 集合的运算包括集合的并、交、补、差、对称差、直集、幂集等, 从中确定中学生要学习的核心内容为并、交、补运算.

重点是指内容中的关键部分. 序列是内容材料展开的顺序, 一般在确定内容序列时, 要注意新旧内容之间的联系, 保证新的内容是在原有学习基础之上来展开的.

4) 分析单元内容

即对各单元列出的具体项目进行更加详细的分析, 包括项目的性质、各学习项目之间的联系、完成这些项目所需的条件、操作过程等. 不同的分析可采用不同的方法.

5) 评价

即对各个步骤上所做的工作进行判断, 找出不足, 进行修改, 完善结果.

2. 数学教学内容选择的程序

教学内容选择依一定程序进行, 可避免出现内容重复或遗漏的现象. 在职业技术教育中, 克内克等曾总结出了按照岗位要求来确定培训内容的工作程序 (陈晓慧, 2005)[78], 见图 8.5.

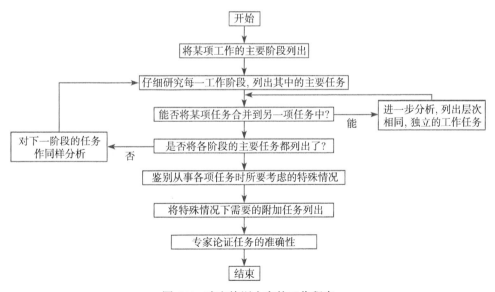

图 8.5 确定培训内容的工作程序

　　这一程序思路清晰, 实践效果明显, 能作为数学教学设计中根据课程目标选择教学内容的工作框架. 通过分析, 可得到一个类似的, 选择数学教学内容的工作程序, 见图 8.6.

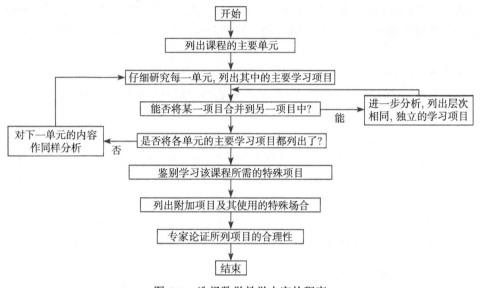

图 8.6　选择数学教学内容的程序

3. 数学教学内容组织的方法

　　数学教学内容组织是指将已选定的教学内容组织编排成具有一定联系的系统整体, 也就是我们常说的课程内容结构. 在宏观层次的教学内容处理中, 由于涉及对一个学年及以上的课程内容的组织安排, 因此, 首要考虑的是各课程单元之间的联系, 教学内容组织的结果是形成系统的课程单元结构体系. 这样的结构体系通常有 3 种类型: 一是相对独立型, 各单元在顺序上可互换位置; 二是逻辑严密型, 一个单元的学习构成另一个单元的基础, 组成一个逻辑极为严密的关系结构; 三是综合型, 其中一些单元在编排顺序上可互换位置, 而一些单元不能 (它们的逻辑关系不容打破).

　　例如, 普通高中数学新课程 (2003) 的教学内容结构就是一种综合型的单元结构体系, 其中选修系列 3、4 中的单元不依赖于其他系列课程单元的学习, 在教学安排上可以不考虑先后顺序; 必修课程是选修课程系列 1、2 的基础, 选修课程系列 1、2 中的单元就不能安排在必修课程单元的前面; 而必修课程中, 数学 1 又是数学 2、3、4、5 的基础, 它必须安排在课程内容的最前面.

　　在微观层次的教学内容处理中, 内容组织主要在一个单元的范围内进行. 由于单元学习内容是围绕某个数学主题来确定的, 故教学内容的组织应该是以该主题为核心安排各学习项目的呈现顺序.

20 世纪六七十年代以来, 出现了一些组织编排教学内容的理论, 其中较有影响的有:

1) 布鲁纳 "螺旋式编排教学内容" 主张

该主张认为, 教材从一开始就应将反映学科发展水平的最基本的概念和原理 (称为学科基本结构) 作为教学内容的主体, 在编排上根据儿童的智力发展水平, 按照动作的、表象的、符号的三种水平加以组织. 各级水平中有的内容可能相同, 但教材的直观程度是逐渐降低的, 相应地, 抽象程度不断提高, 内容不断加深, 从而体现 "螺旋" 特点. 布鲁纳认为, 这样组织编排内容可让学生尽早接触学科的基本结构, 迁移能力强, 并对学科有更深刻和有意义的理解.

2) 加涅 "直线编排教学内容" 观点

即将教学内容转化为习得能力目标, 按照目标之间心理意义上的水平关系, 从较简单的辨别技能的学习到复杂的问题解决技能的学习, 把全部教学内容按等级来排列. 其中, 每一个简单的部分都是复杂部分的先决条件, 简单部分的教学是复杂部分教学的基础.

3) 奥苏贝尔 "渐进分化和综合贯通" 原则

即根据人类认识事物的规律性 (先认识事物的一般属性, 然后在这种一般认识的基础上, 逐步认识具体细节) 来安排学科内容结构, 将学科最一般和最概括的观念先呈现, 然后按细节和具体性逐渐分化, 同时强调学科的整体性.

4) 梅里尔等 "最短路径序列" 主张

即按照计算机程序编制和信号管理的思想, 先分析出完成学习任务的所有可能途径, 每一途径都对应着一系列的学习内容, 将与其中最短路径相对应的学习内容安排在先, 再逐步安排较长路径所对应的学习内容. 这样, 随着教学进程的展开, 序列和规则变得更加复杂和详尽, 教学内容被安排成了一个由简到繁的序列.

上述组织教学内容的理论主要针对宏观层次的内容处理, 对微观层次的内容处理也有一定指导意义. 从整体而言, 在组织教学内容方面还应重视以下几点: ① 由整体到部分, 由一般到个别, 不断分化; ② 确保从已知到未知; ③ 按事物发展的规律排列; ④ 注意教学内容之间的横向联系.

4. 数学教学内容分析的方法

与 "教学设计前端分析" 不同, 在教学系统设计阶段, 对数学教学内容的分析旨在揭示为实现教学目标所需学习的内容要素或项目、各教学内容要素或项目之间的关系、达到某一目标所需的心理操作过程或步骤以及教学子目标系列, 从而为教学顺序的安排和教学情境的创设提供科学依据. 下面介绍常用的分析教学内容的方法:

1) 归类分析法

主要是对教学内容进行归类, 旨在鉴别为实现某个教学目标所需要学习的知识项目. 一般以图示或提纲的方式, 将所需学习的知识内容归纳成若干方面, 这样, 达到教学目标所需要的内容范围就十分清楚了. 例如, 对高中数学课程中"集合"内容用归类分析法进行分析, 如图 8.7 所示.

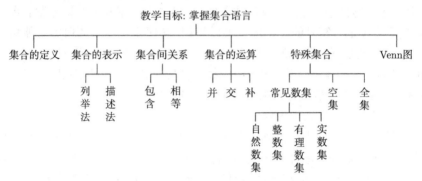

图 8.7　"集合"内容的归类分析

从图 8.7 可以看到, 与"集合"有关的内容组成了一定的知识结构层次. 要注意的是, 这些结构层次只是组织内容的一种方式, 将同一主题的东西放在一起, 并没有反映知识项目之间的逻辑联系, 也不反映各知识之间的难易关系.

2) 图解分析法

图解分析法是一种用直观形式揭示教学内容要素及其相互联系的内容分析方法, 其结果是形成一种简明扼要、提纲挈领地从内容和逻辑上高度概括教学内容的一套图表或符号. 例如对高中数学课程中"集合"内容用图解分析法进行分析, 如图 8.8 所示.

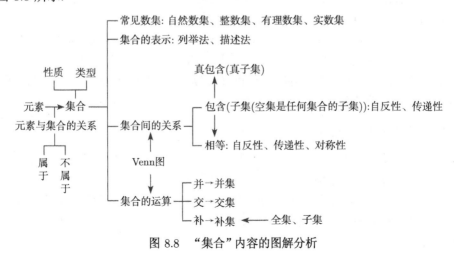

图 8.8　"集合"内容的图解分析

由图 8.8 可见, 使用图解分析法, 可以将教学内容按照一定的逻辑联系组织在一起, 使得分析者不仅能够看清知识之间的逻辑联系, 有助于教学内容的顺序安排; 同时也易觉察教学内容的残缺或多余部分以及相互联系中的割裂现象.

3) 信息加工分析法

这是将教学目标要求的心理操作过程揭示出来的一种内容分析方法. 其特点是能够清楚地揭示达到终点目标所需的心理操作过程或步骤. 例如, 解一元二次不等式, 用信息加工分析法将其操作过程表示为图 8.9.

教学目标: 解一元二次不等式

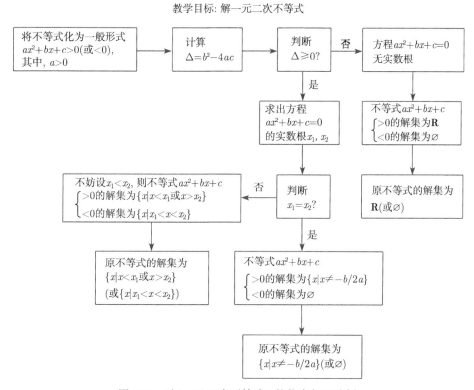

图 8.9 "解一元二次不等式" 的信息加工分析

由图 8.9 可见, 信息加工分析法能够直观地表现出达到某个目标要求的整个操作过程、步骤、一系列决策点、可供选择的不同行动路线, 这样的表述能够较好地表达出某个操作过程或某个 (类) 问题求解过程, 适合于对程序性数学知识和策略性数学知识中心理活动过程的揭示.

4) 解释结构模型法

前面介绍的方法能够较快和清晰地分析出教学内容中各要素或项目之间的从属递推关系, 也能帮助我们较快地确定数学教学子目标层次序列. 然而, 有时教学内容诸要素之间的关系结构并不明显, 要想用上述方法直接求出教学内容层次结构和教学子目标序列就不容易. 解释结构模型法 (interpretative structural modeling, ISM 分析) 是结构模型化技术的一种, 1973 年由美国华费尔 (J. Warfield) 教授为分析复杂的社会经济系统有关问题而开发. 该方法的特点是将复杂的系统分解为若干子系统要素, 利用人们的实践经验和知识以及计算机的帮助, 最终构成一个多级递阶的结构模型. 我国学者将它用于分析并揭示具有复杂关系结构的教学内容, 取得了很好的效果.

ISM 分析可将数学教学内容集合中各要素之间复杂、零乱的关系分解成清晰的多级递阶的结构形式, 同时确定达到某教学目标的教学子目标序列, 包括三个操作步骤: 抽取知识项目, 确定教学子目标; 确定各子目标之间的直接关系, 作出教学目标矩阵; 利用目标矩阵, 求出教学目标结构图.

下面, 以教学专家得到"掌握不同分母分数的加减法"的教学子目标层次序列 (何克抗等, 2002)[113~117] 的过程为例对 ISM 分析的工作步骤作出描述.

① 抽取知识项目, 确定教学子目标

在这一步骤中, 要将达到目标"掌握不同分母分数加减法"(记为 G) 所需学习的知识项目从教学内容系统中抽取出来, 对这些知识项目赋予行为动词如了解、理解、掌握、运用等即得到达到目标 G 所需的教学子目标. 分析结果见表 8.2.

表 8.2　"掌握不同分母分数加减法"的知识项目及教学子目标

i	知识元素 (教学子目标, 记为 G_i)	i	知识元素 (教学子目标, 记为 G_i)
1	分数的概念 (理解分数概念)	9	同分母真分数的加减 (掌握同分母真分数加减法)
2	真分数 (了解真分数)	10	同分母分数的加减 (掌握同分母分数加减法)
3	分数线 (了解分数线)	11	约数 (了解约数)
4	带分数 (了解带分数)	12	倍数 (了解倍数)
5	假分数 (了解假分数)	13	最大公约数及最小公倍数 (了解最大公约数及最小公倍数)
6	同分母分数的大小 (能比较同分母分数的大小)	14	通分 (掌握通分的方法)
7	大小相等的分数 (理解大小相等分数的含义)	15	约分 (掌握约分的方法)
8	约分和通分 (理解约分和通分概念)	16	不同分母分数的加减 (掌握不同分母分数加减法)

② 确定各子目标之间的直接关系, 作出教学目标矩阵

在这一步中, 主要是分析出各子目标之间的直接关系, 然后根据它们的相关性建立子目标直接关系矩阵, 又称教学目标矩阵.

所谓各子目标之间的"直接关系"是指, 对于子目标 G_i, 如果认为在达到该目标之前应先达到子目标 G_j, 则称子目标 G_i 与 G_j 之间具有直接关系, 并称子目标

G_j 为子目标 G_i 的直接子目标. 分析表 8.2 中各子目标之间的直接关系便可得到表 8.3 所示的教学目标矩阵.

表 8.3　"掌握不同分母分数加减法"的教学目标矩阵

	G_1	G_2	G_3	G_4	G_5	G_6	G_7	G_8	G_9	G_{10}	G_{11}	G_{12}	G_{13}	G_{14}	G_{15}	G_{16}
G_1		1														
G_2				1	1			1								
G_3		1		1												
G_4					1											
G_5							1									
G_6							1			1						
G_7								1								
G_8														1	1	
G_9										1						
G_{10}																1
G_{11}												1				
G_{12}												1				
G_{13}														1		
G_{14}																1
G_{15}																1
G_{16}																

注:"1" 表示两个子目标之间具有直接关系,"空白" 表示两个子目标之间不具有直接关系.

③ 利用目标矩阵, 求出教学目标结构图

从表 8.3 可见, 目标 G_1, G_3, G_{11}, G_{12} 均不存在直接子目标, 这意味着它们应处于教学子目标层次序列的最底层 (相应的知识项目即为学习该知识范围内其他知识的预备知识), 称为第一层次教学子目标.

为了方便观察, 可将 G_1, G_3, G_{11}, G_{12} 所在行和列删除, 得到一个较小的目标矩阵, 称为一次剩余矩阵, 见表 8.4.

表 8.4　"掌握不同分母分数加减法"的一次剩余矩阵

	G_2	G_4	G_5	G_6	G_7	G_8	G_9	G_{10}	G_{13}	G_{14}	G_{15}	G_{16}
G_2		1		1			1					
G_4			1									
G_5					1							
G_6					1			1				
G_7						1						
G_8										1	1	

续表

	G_2	G_4	G_5	G_6	G_7	G_8	G_9	G_{10}	G_{13}	G_{14}	G_{15}	G_{16}
G_9								1				
G_{10}												1
G_{13}										1		
G_{14}												1
G_{15}												1
G_{16}												

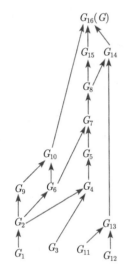

图 8.10　"掌握不同分母分数加减法"的教学目标结构图

观察一次剩余矩阵发现, G_2 和 G_{13} 无直接子目标, 于是, G_2 和 G_{13} 就是第二层次教学子目标.

将一次剩余矩阵中 G_2 和 G_{13} 所在行、列删除, 得到更小的目标矩阵, 称为二次剩余矩阵. 观察发现, G_4, G_6 和 G_9 均无直接子目标, 于是将它们作为第三层次教学子目标.

这样继续下去, 每次从剩余目标矩阵中分离出一层教学子目标, 直至分完得到最后一层次的教学子目标 (即需要达到的教学目标 G), 这样得到一个达到给定教学目标 G 的教学目标层次分类. 有了教学目标层次分类, 结合教学目标矩阵, 就可作出教学目标结构图, 见图 8.10.

在教学目标结构图中, 给定目标处在最高级, 即位于图形的最顶层, 根据这个结构层次图可建立教学目标的解释结构模型, 见图 8.11. 从这个模型可以得到实现某一目标的先行目标, 以及先行目标对后继目标所造成的影响. 例如, 实现"掌握不同分母分数加减法"这一目标, 其直接子目标有 3 个: 掌握约分方法、掌握通分方法以及掌握同分母分数加减法. 由此说明, 学生若不能掌握不同分母分数的加减法, 我们应该首先从其对约分方法、通分方法以及同分母分数加减法的掌握情况作出诊断. 并以此往前推, 直到找到最根本的原因. 从这个解释结构模型的最底层看到, 给定目标的最低一级的子目标有 4 个: "理解分数概念"、"了解分数线"、"了解约数"以及"了解倍数", 它们即是影响学生掌握不同分母分数加减法的最根本的原因. 例如, 学生如果分数概念理解得不好, 就不能认识真分数, 进而影响对同分母真分数加减法的掌握, 以及进行同分母分数大小的比较, 并且影响对带分数的认识; 同样, 不了解分数线, 也就不能了解带分数、假分数以及大小相等分数的含义等.

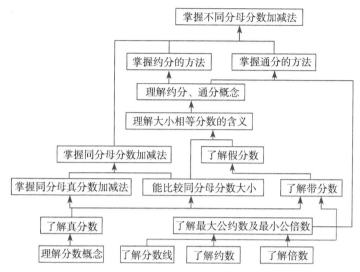

图 8.11 "掌握不同分母分数加减法"教学目标解释结构模型

ISM 分析步骤明确、可操作且可算法化, 易于转换为程序设计语言在计算机上实现, 从而可提高教学内容分析的效率.

以上介绍的分析数学教学内容的方法是教学设计理论所提供的重要的分析教学内容的工具, 通过这些工具, 可鉴别学习者达到某个目标或学习某项内容所需要的先决条件及操作步骤, 可为设计教学活动顺序提供参考. 但是决不能简单地认为该分析结果就是唯一有效的教学顺序. 内容分析的另一个主要目的是诊断. 也就是说, 有了学习的先决条件及操作步骤的鉴别, 当学生遇到困难时, 教师可以很准确地判断问题所在, 是某种先决条件的缺失? 还是操作步骤有误? 这样才可能对学生进行有针对性的指导.

8.3.3 数学教学方法、模式、策略的选择和运用

1. 数学教学方法及其选用

数学教学方法指课堂上为完成一定教学任务所采用的师生共同活动的方式、途径和手段. 既包括教师教的方法 (例如讲解、指导和检查学生认识活动的方法), 也包括学生学的方法 (例如掌握学习内容、自我检查的方法), 是教的方法和学的方法的统一. 在数学教学过程中, 教学方法既是构成教学过程的重要因素, 也是引导、调节教学过程的重要手段, 数学教学设计应重视对教学方法的设计.

数学教学常用的教学方法有: 讲授法、谈话法、教具演示法、指导作业法、讨论法、发现法、自学辅导法、实验法、引导探究法、练习法等, 这些方法各有其优缺点和适用范围, 教师应如何作出决定? 苏联教育家巴班斯基等人通过调查研究, 归

纳出了教师在选择教学方法时的一般决策步骤, 包括:

(1) 决定是选择由学生独立地学习该课题的方法, 还是选择在教师指导下学习教材的方法;

(2) 决定是选择再现法, 还是选择探索法;

(3) 决定是选择归纳的教学法, 还是选择演绎的教学法;

(4) 决定关于口述法、直观法和实际操作法三者如何结合的问题;

(5) 决定关于激发学习活动的方法的选择问题;

(6) 决定关于检查和自我检查的方法的选择问题;

(7) 认真考虑所选择的各种方法相结合时的不同方案.

由这个决策步骤可得选择教学方法的一个总体思路是: 首先, 决定学习课程教学内容的总体方法, 这需要从教师、内容、学生三者相互作用的方式方面给予全面的考虑. 其次, 决定教学活动过程中处理特殊问题的方法, 例如, 如何激发与维持学生学习的兴趣, 如何检查完成学习任务的质量等. 最后, 对所选择的方法作出合理规划, 形成一套完整的课堂教学方法系统.

从本质上讲, 教学方法是实现教学目标的手段, 它首先受制于教学目标的要求. 例如, 对"能运用两角和与差的正弦、余弦、正切公式进行简单的恒等变换"这一目标, 指导作业或练习法会是一个很好的方法, 而讲授法和谈话法却不一定. 那么, 实现各种教学目标的最好的教学方法是什么? 表 8.5 提供的根据教学目标选择教学方法的框架值得参考.

表 8.5　教学目标和教学方法的优选关系

方法＼目标	记忆事实	记忆概念	记忆程序	记忆原理	运用概念	运用程序	运用原理	发现概念	发现程序	发现原理
讲授	△	★	○	★	★	○	□	□	○	□
演示	★	○	○	○	○	□	○	○	★	○
谈话	△	★	□	★	★	○	□	○	○	○
讨论	□	△	□	□	★	□	★	○	△	□
练习	○	□	★	★	□	★	○	□	△	△
实验	★	△	□	○	△	★	□	○	○	★

注: ★: 最好; □: 较好; △: 一般; ○: 不定. (乌美娜, 1994)[178]

从表 8.5 中发现, 与某个教学目标相适应的较好的、或最好的教学方法并不唯一, 那么, 面对多种决策时, 教师又应优先考虑哪些方法? 这些方法又该怎样有机地结合在一起? 一般认为, 除了教学目标的因素外, 还应综合考虑学生特点、教学内容特点、教师特点、教学环境、技术条件等诸多因素. 并尽可能广泛地考虑有关的教学方法, 确定一个选择的明确标准, 再对各种可供选择的教学方法进行比较、筛选, 作出最后决定.

2. 数学教学模式及其选用

数学教学是在一定的时空中进行的, 空间上体现为数学教学过程诸要素的相互作用和组合方式, 时间上体现为数学教学活动的一系列操作顺序. 对数学教学活动的空间结构和时间序列进行系统概括, 体现一定理论逻辑、相对稳定且具有特色的数学教学活动框架就是数学教学模式. 数学教学模式具有以下特征:

(1) 整体性. 即任何教学模式都有一套独特的、系统化、结构化的教学方法、策略体系和活动方式, 体现了数学教学理论、目标、方法、策略、活动过程的有机整合.

(2) 简约、直观性. 数学教学模式形象、简约、直观地表达了数学教学的基本结构和活动程序, 容易认识、容易比较、容易掌握.

(3) 相对稳定性. 任何教学模式都具有典型的、相对稳定的教学基本结构, 体现一定的规范性; 但是它同时又是一个在一定范围内可以变通、更新的系统, 体现了开放性.

(4) 可操作性. 数学教学模式是指导在教室和其他环境中从事数学教学活动的一种计划或范型, 它将抽象的数学教学理论转化为具体的、可操作的教学行为, 可供参照、模仿、并能迁移.

我国广大数学教育工作者深入实践, 通过对数学教学实践的深入研究和细致考察, 总结形成了各种教学模式, 如讲解–传授式教学模式、讨论式教学模式、学生活动式教学模式、探究式教学模式、发现式教学模式、尝试指导–效果回授教学模式、数学开放题教学模式、情境–问题教学模式等.

"教学有模, 但无定模", 各种教学模式都有其自身的优势, 它们中任何一种都不能独占所有的数学教学活动, 在数学教学中, 我们提倡多种数学教学模式的互补融合. 那么, 如何设计合理的教学模式以使教学活动能够有效地推进? 这是教学模式选择和运用的核心问题. 为此需要进一步了解教学模式的基本构成要素.

研究认为, 一个完整的教学模式应包含以下基本要素:

1) 理论基础

指教学模式所依据的教学理论或教学思想. 每种教学模式都是在一定的教学理论或教学思想指导下建立的. 例如, 讲解–传授式教学模式的理论基础是奥苏伯尔的有意义学习理论; 发现式教学模式的理论基础是布鲁纳的认知发现学说; 情境–问题教学模式的理论基础是建构主义学习理论等. 一定的教学理论或思想决定了教学模式的服务方向和独特功能.

2) 功能目标

指教学模式所能达到的教学结果, 即能够在学习者身上产生何种效果. 任何教学模式总是指向一定的教学目标, 为了完成特定的教学目标而设计构建的. 例如,情境–问题教学模式的功能目标是培养学生的创新意识和实践能力, 提高提出问题、研究问题和解决问题的能力. 讲解–传授式教学模式的功能目标是在单位时间内快速、系统地学习数学基础知识和掌握基本技能. 讨论式教学模式则有利于培养学生的交往能力、数学交流能力、独立的人格等.

3) 操作程序

指主要教学活动按照时间流程从逻辑上展开的各个环节、步骤以及每个步骤的具体操作方式. 其中包含了教学内容的展开顺序、师生复杂的心理活动顺序、师生交往方式、教学方法的运用顺序等. 例如, 讲解–传授式教学模式的操作过程有: 组织教学 → 引入新课 → 讲授新课 → 巩固练习 → 布置作业. 尝试指导–效果回授式教学模式的操作过程: 启发诱导 → 探究新知 → 归纳结论 → 变式练习 → 回授调节. 情境–问题教学模式的操作过程: 设置数学情境 → 提出数学问题 → 解决数学问题 → 数学应用, 并且学生"质疑提问、自主学习"以及教师"激发兴趣、反思矫正"贯穿全教学的过程.

当然, 任何教学模式中的操作程序并不是一成不变的.

4) 支持 (或实现) 条件

任何教学模式都必须在特定的条件下才能发挥效力. 教学模式的支持条件包括环境、设施、媒体材料、师生特点、教学的时空组合、课时安排等. 例如, 对于课桌椅固定的教室, 采用讨论式教学模式就难以取得较好的效果. 在一个学习水平较差的班级, 不适宜采用发现式教学模式.

通过对教学模式基本构成要素的分析可知, 在选择与运用教学模式时应注意:

(1) 由于教学实践依据的教学思想或理论的不同, 学习内容和目标的不同, 教学活动的形式和操作过程必然不同, 从而需要采用不同的教学模式, 有时在一堂课中需要对不同教学模式进行优化组合, 灵活运用;

(2) 为了发挥教学模式的效力, 教师在运用教学模式时必须对各种教学条件进行优化组合, 要遵循一定的原则, 采用一定的方法和技巧;

(3) 随着教学手段现代化, 教学对于物质条件的依赖程度越来越大, 各种媒体在教学过程中的运用, 对于实现教学模式的功能起到不可或和缺的作用, 认真研究并保障教学模式的实现条件, 可以更好地掌握和运用教学模式, 成功达到预期目的.

3. 数学教学策略及其选用

课堂教学是一个多因素复杂的系统, 要实现数学教学的目标, 需要教师对教学作出精心计划和组织. 教学策略是教师在教学规律的指导下, 为达到特定的教学目标, 根据特定的教学情境, 在对教学系统诸要素进行总体考虑的基础上, 对教学原则、方法、模式的变通使用.

教学策略含有教学模式和教学方法的一些特征, 在教育学或教学论的文献中,常常会发现, 同一个名称, 有时指教学策略, 有时指教学模式, 有时又指教学方法, 例如, 发现学习教学策略、发现式教学模式、发现法. 这种现象表明, 教学策略、教学方法和教学模式之间具有一些共同的特征, 是相互联系的, 如它们都是教学规律、原则的具体化; 都具有可操作性; 模式、方法的使用离不开策略; 策略的运用也离不开模式、方法的选择和使用. 但是策略与模式、方法又不能完全等同, 它们之间具有一定的差别. 例如, 与模式相比, 策略灵活多变、结构性弱、指向单个教学行为; 而模式较稳定、有清晰的逻辑线索、指向整个教学过程. 特别地, 有选择地使用模式即为策略. 相对于方法而言, 策略的含义更宽广, 广义的策略包含了方法、手段、计划、技巧、艺术以及系统决策与设计, 它既有理念支撑, 又需技巧配合, 而有选择地使用方法即表现为策略. 因此, 相对于模式与方法而言, 策略更具有居高临下、运筹帷幄的特点.

有人认为, 教学策略是指教学方面的指南和处方, 从以上分析可见, 对于教学设计来说, 掌握一定的教学策略是必要的. 考虑到篇幅有限, 我们在这里只简单提出目前教育学和数学教育文献中普遍谈到的、较有影响的教学策略, 它们是: 情境–陶冶教学策略、示范–模仿教学策略、先行组织者教学策略、掌握学习教学策略、发现学习教学策略、活动式教学策略、启发式教学策略、九段教学策略、脚手架策略、抛锚式教学策略、随机进入教学策略、再创造教学策略、合作学习教学策略等.

教学策略选择与运用的一个观点是: 没有任何一种策略能够适用于任何教学情境; 好的教学策略应是高效低耗, 能够使学生在规定的时间内顺利实现教学目标, 并能使教师的教和学生的学都能愉快地进行.

8.3.4 数学教学媒体、材料的选择和运用

1. 数学教学媒体及其选用

数学教学媒体是指直接加入教学活动, 在教学过程中处理信息、传输信息的手段和工具. 包括两个部分: 一是承载信息所使用的符号系统, 如文字、数学符号、声音、图形、图像、软件程序等; 二是存储、加工、传载信息的实体, 如数学教科书、模型、挂图、幻灯机、投影仪、计算器、计算机等设备. 所谓数学教学媒体的选择是指在一定的教学要求的条件下, 选出一种或一组适宜可行的教学媒体.

选择数学教学媒体需要教学设计人员结合各种影响媒体选择的因素, 依据不同媒体对实现教学目标和完成教学内容的功能综合作出决定. 下面我们给出一个影响教学媒体选择的因素模型 (图 8.12), 以及教学媒体与教学目标之间的优选关系表 (表 8.6)、根据教学内容特征选择视觉媒体 (实物、图形、照片、动画等) 的流程图 (图 8.13)(何克抗等, 2002, 引用时作了修改)[122~126] 供参考.

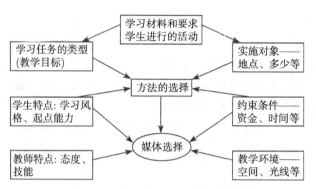

图 8.12　影响教学媒体选择的因素模型

表 8.6　教学媒体与教学目标的优选关系

媒体种类	教 学 目 标					
	学习事实信息	学习直观辨别	学习概念、原理、规则	学习过程	执行技能化的知觉动作	发展态度、观点、动机
静止图像	+	++	+	+	−	−
电影	+	++	++	++	+	+
电视	+	+	++	+	−/+	+
三维物体	−/+	++	−	−	−	−
录音	+	−	+	+	−	+
程序教学	+	+	+	++	+	+
演示	−	+	−	++	+	+
印刷材料	+	−	+	+	−	+
口头表述	+	−	+	+	−	+

注: ++: 高; +: 中; −: 低.

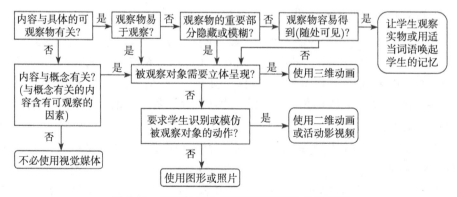

图 8.13　根据教学内容选择视觉媒体的流程图

教学媒体的运用是指对选出的教学媒体加以组合使用, 如在某一教学活动中, 对几种媒体适当编制、轮流使用或同时呈示各自的信息; 或将各种媒体的功能结合起来, 组成多媒体的系统, 如声画同步、幻灯、交互视频系统等. 在教学媒体的选择与运用中, 教学设计人员的主要工作就是对人机功能的合理分配进行思考.

2. 数学教学材料及其选用

数学教学材料指包含数学教学信息的那些材料, 包括各种印刷材料 (教材、辅导练习册等)、音像材料、多媒体材料 (网络课程、学习包、课件等). 考虑到开发教学材料所付出的代价, 一般在设计数学教学材料时, 应尽可能选择现有的材料, 或对现有材料进行改编. 只在选取和改编都不行的情况下考虑重新设计、开发新的、符合教学要求的媒体材料.

下面提供一个数学教学材料选取的流程图 (http://www.gszx.cn/jsyd/jyll/《教学设计》.doc)[98](图 8.14).

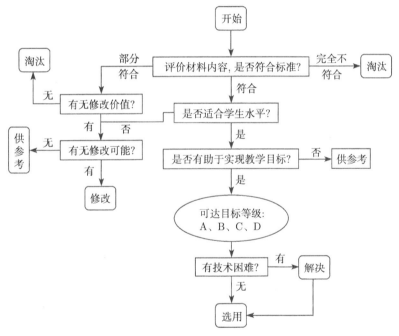

图 8.14 数学教学材料选择流程图 (引用时作了修改)

参考 www.gszx.cn/jsyd/jyll/《教学设计》.doc

在图 8.14 中, 评价数学教学材料的标准包括: 是否有激发学生学习动机方面的内容, 是否包括了必要的教学内容, 教学内容顺序是否合理, 是否提供了全部必要的数学信息, 是否配有练习题, 是否包括了反馈, 是否安排了评估, 是否考虑不同水平学生的学习需要, 是否作出学习指导.

如果现有材料被淘汰, 则应重新设计新的教学材料. 在设计新的教学材料时需

注意:

(1) 遵循媒体材料选用的基本原则, 即目标控制的原则、内容符合的原则、对象适应的原则.

(2) 遵循人类认知活动的基本规律, 包括注意规律、知觉规律、记忆规律、概念形成规律等.

8.4　数学教学设计成果评价的原理与策略

8.4.1　数学教学设计成果评价的意义

所谓评价是指对人、事、物的作用或价值作出判断. 数学教学设计成果评价是指对数学教学设计成果作出肯定或否定判断, 并加以修改和完善. 不但在数学教学设计过程中涉及多种因素的评价活动, 而且在数学教学设计成果的实施过程中也贯穿着评价活动. 数学教学设计成果评价可以提高数学教学设计工作的成效, 从而提高数学教学工作的效果, 完善数学教学设计理论. 具体地说, 数学教学设计成果评价具有以下意义:

1. 数学教学设计成果评价是数学教学设计活动的有机组成部分

评价活动是渗透在教学设计过程之中的. 由于受传统观点的影响, 一般认为评价活动是独立的一个设计环节, 甚至于是独立于教学设计过程之外的. 这种认识现已受到许多研究者的反对. 在实际工作中, 评价活动贯穿于教学设计的各个环节, 在实施的时间上没有严格的先后次序. 虽然我们的教学设计模式将它放在设计过程的最后一个阶段, 但是其中往回的箭头充分说明它对各个阶段的介入性, 是数学教学设计活动的有机组成部分.

2. 评价使数学教学设计及其成果更趋有效

评价可以诊断数学教学设计过程中存在的问题及其成因, 为教学设计人员提供决策信息. 决策过程按性质又可分为两种: 一种是规划性决策, 如依据人、物 (学习资源)、费用、社会需求等信息对数学教学设计的过程、方案进行初步规划; 另一种是优化性决策, 如依据教学设计方案实施的结果、有关专家和领导的意见, 对初步制订的教学设计方案进行修改、完善. 就教学设计整体过程而言, 设计过程每向前推进一步, 都要对先前完成的工作进行评价, 以避免工作的重复、浪费, 从而提高设计工作的效益, 保证设计成果的科学性.

3. 评价能激励和调控数学教学设计人员的工作热情与创造热情

数学教学设计是一项富有创造性和改革意志的实践活动, 要使教学设计人员保持积极的工作情绪与极富创造性的思想, 必须对他们的心理进行调控, 激发其创造的欲望和改革的动机. 对数学教学设计成果的评价可以及时反映教学设计工作的效果与质量水平, 是对设计者关于工作成果的价值观念和其创造性才能的认同, 能使教学设计工作者在心理上获得满足和成功的体验, 从而进一步激发其工作动机和向更高目标努力的积极性. 而通过评价揭示的问题又使教学设计人员认识到自己工作中的不足, 从而为他们调整自己的工作方式和创造思路提供客观依据. 总之, 数学教学设计成果评价有利于使教学设计过程成为一个随时得到反馈调节的可控系统, 使教学设计成果越来越接近预期的目标.

4. 评价能提高数学教学设计研究的水平, 推动数学教学设计理论的发展

评价本身就是一种教育研究活动, 在评价中发现的问题即成为数学教学设计研究要解决的课题, 而为评价所肯定的成绩经过研究又可成为一种教学设计理论, 从而丰富和发展我们的数学教学设计理论.

8.4.2 数学教学设计成果评价的类型

依照不同的分类标准, 可将数学教学设计成果的评价划分为不同的类型. 如按评价内容的不同, 可分为对数学教学目标设计的评价、对数学教学内容处理的评价、对数学教学方法、模式、策略选择与运用的评价、对数学教学媒体、材料的选择与运用的评价以及对数学教学设计方案的评价. 按评价功能的不同, 可分为诊断性评价、形成性评价和总结性评价. 按照评价分析方法的不同, 又可分为定性评价和定量评价. 这里择要略作介绍.

1. 诊断性评价

这种评价也称设计前评价或前置评价. 一般是在某项设计活动开始之前, 为了使教学设计工作得以顺利进行对实施设计活动所需的条件进行评估. 目的在于摸清数学教学设计的基础, 为教学设计者作出正确决策提供依据. 例如, 该教学设计活动的主要问题是什么? 解决问题的关键在哪里? 教学设计人员是否具备完成这一工作的能力? 人员的配备是否足够? 人员是否需要培训? 资金是否足够? 时间是否充足等.

2. 形成性评价

这种评价是在某项设计活动的过程中, 为使设计工作的效果更好而不断进行的评价, 它能及时了解设计活动的进展情况、存在问题、原因、阶段性成果的质量等, 以便及时反馈、及时调整和改进设计工作. 要保证教学设计工作的质量, 必须重视形成性评价.

3. 总结性评价

这种评价又称事后评价, 一般是在教学设计工作告一段落时为把握教学设计的最终效果而进行的评价, 主要表现为在教学设计模式中各个阶段工作结束时所作的对该阶段整个工作的一个全面的评估. 总结性评价注重教学设计工作的最后成果, 借以对教学设计者在各阶段工作中所取得的较大成果作出全面鉴定和对整个教学设计方案的有效性作出评定.

4. 定性评价

定性评价是对评价数据作"质"的分析, 是运用分析、综合、比较、分类、归纳、演绎等逻辑分析的方法, 对评价所获取的数据资料进行思维加工. 分析的结果是一种描述性材料, 数量化水平较低甚至没有数量化. 定性评价不仅用于对成果或产品的评价分析, 更重视对过程和相互关系的动态分析, 以评价变量之间相互影响的过程.

5. 定量评价

定量评价是从量的角度运用统计分析、多元分析等数学方法, 从复杂纷乱的评价数据中总结出规律性的结论. 在数学教学设计成果评价中, 由于涉及人的因素, 且教学系统变量及其关系的复杂性, 为了揭示数据的特征和规律性, 定量评价的方向、范围必须由定性评价来规定. 事实上, 定性评价与定量评价是密不可分的, 二者互为基础、互相补充, 分别从不同方面反映数学教学设计成果的质量水平.

8.4.3　数学教学设计成果评价的内容

数学教学设计是一个解决数学教学问题的过程, 如何评价数学教学设计的成果需要明确在解决教学问题的过程中哪些是关键性的工作, 这些工作即为数学教学设计成果评价的主要内容, 下面进行简要的介绍.

1. 对数学教学目标设计的评价

对数学教学目标设计的评价从两个维度来进行, 一是目标的科学性, 二是目标的可行性. 目标的科学性标准可从以下几方面来考虑:

(1) 目标的完整性、规范性、重要性如何;

(2) 目标定位是否明确, 即目标是属于课程目标层次还是学段、单元目标层次、或者课时目标层次;

(3) 目标领域、层次水平是否清晰, 即目标是否清晰地反映了某类知识的特定领域及学习结果要求的层次水平;

(4) 目标是否符合学生身心发展水平的要求, 即目标的难易、复杂程度是否与学生的认知风格、一般特征、初始能力相匹配;

(5) 在进行某一具体目标的学习中是否兼顾了其他领域或层次的教学目标要求;

(6) 是否具备专门的教学内容 (教材或活动) 来支持目标的实现.

目标的可行性可根据所制订的目标体系推导出一套与目标因素有关的指标, 通过教学实验来考察教学目标的达成度.

2. 对数学教学内容处理的评价

在各单元确定以后, 为保证所选择内容与学习需要相符合, 教学设计者应重视对教学内容的处理进行评价. 在教学设计的初期, 可从下列方面评价教学内容的处理:

(1) 所选内容是否为实现课程目标所必需, 还需补充什么, 哪些内容与目标无关应予以删除;

(2) 各单元的顺序排列与数学科学的逻辑结构的关系如何, 在这种关系的处理上体现了何种教学法的加工;

(3) 各单元的顺序排列是否符合学生的心理发展;

(4) 各单元的顺序排列是否符合数学知识发展的规律;

(5) 是否吸收了数学领域的最新成果, 反映了学科发展的最新动态;

(6) 是否对日常生活有实用价值, 是否适应不断发展的社会对人才数学素质的需求;

(7) 内容体系的完整性、条理性、层次性如何.

教学内容处理的初步评价不仅有助于避免在无关内容上花费时间与精力, 更重要的是可使学习需要、教学目标、学习内容及后面的教学评价四者保持一致, 保证教学的效果和效益.

在教学设计的后期, 应通过数学教学的实验来检验内容设置的合理性, 从授课过程中判断是否精选了内容, 所选内容是否适合于学生的兴趣和学科的特点, 是否有利于教师的组织和讲授, 是否有利于学生的学习掌握, 是否有利于突出重点, 解决难点, 是否有利于提高学生在各目标领域的达标程度等.

参加教学内容评价的人员应包括数学专家、数学教育专家、有实际教学经验的教师和学生代表等. 他们反映的意见与建议可能是教学设计者和参加教学设计的学科内容专家所忽视的.

3. 对数学教学方法、模式、策略选择与运用的评价

对教学方法、策略、模式设计的评价主要通过实际的授课过程来体现, 可从以下方面作出综合判断:

(1) 是否有利于教学目标的顺利实现;

(2) 是否促进学生的理解和记忆, 有利于培养学生的数学思维能力、学习能力、创新精神和实践能力;

(3) 是否有助于教学信息的交流、反馈以及教学调控;

(4) 是否体现教学中特殊认识活动的规律;

(5) 是否能维持学生的注意和兴趣, 能给师生带来较大的满足感和成就感;

(6) 是否有利于师生感情的融洽和教学气氛的和谐, 有助于对影响教学顺利进行的智力障碍和情绪障碍的排除.

4. 对数学教学媒体的选择与运用的评价

前面我们在教学材料的选用中已给出了评价教学材料合理性的标准, 这里给出评价数学教学媒体选用的标准. 一般地, 从以下方面来判断教学中媒体选用的合理性:

(1) 功能, 每一种媒体都有其优势功能, 媒体选用是否恰当就要看所选媒体是否有利于实现它的优势教学功能. 例如, 黑板在呈现知识方面较有利, 而在反馈信息和诊断评价上却不利, 而多媒体教学系统在这三方面都是较有利或很有利的. 常见媒体的功能优势如表 8.7 所示.

表 8.7

功能＼媒体	教科书	程序课本	黑板	模型	幻灯	电影	投影	电视	反应分析装置	模拟机	录像	教育信息处理器	多媒体教学系统
呈现信息	3	3	2	2	3	3	2	3	0	2	3	0	2
反馈信息	1	2	0	1	0	1	2	0	2	3	2	0	3
激起反应	2	3	1	3	2	2	2	3	0	3	3	0	3
控制反应	2	3	1	1	2	2	1	0	0	3	3	0	2
诊断评价	0	2	0	1	0	0	0	0	3	2	2	3	3

注: 3: 很有利; 2: 较有利; 1: 困难; 0: 不利.(陈晓慧, 2005)[160]

(2) 代价, 从准备的精力、设备投资、日常耗费、保存性、反复性方面进行衡量.

(3) 内容, 包括结构新颖、例证丰富、内容科学、生动直观、促进学生感知和理解、组织表现符合学生特点、有吸引力、富有启发等要求.

(4) 艺术性, 包括表现性 (表现事物的空间、时间、运动特征、逻辑特征的能力) 和感染力 (能引起共鸣).

(5) 便利性, 即操作的难易程度.

(6) 经济实用性, 以较小代价获得较大效益.

5. 对数学教学设计方案的评价

数学教学设计方案是数学教学设计活动的终结性成果, 它可以是一份新的课堂教学方案, 即通常说的教案; 也可以是一套新的教学材料, 如教科书、教学录像、课件、学习包; 或者是一份新的培训计划、课程标准等. 这些设计成果在推广使用之前, 最好先在小范围内试用, 测定它的可行性、适用性和有效性以及其他情况.

对数学教学设计方案的评价包括形成性评价和总结性评价, 是对整个教学设计工作的全面总结和肯定. 因此, 它要进行全面系统的规划, 从制订评价计划、选择评价方法、试用设计成果和收集资料、整理和分析资料、写出评价报告等都要作出耐心、细致的考虑. 鉴于篇幅所限, 这里不再展开讨论.

值得注意的是, 为确保评价工作的科学性, 必须根据数学教学的规律和特点, 按照一定的要求来进行, 具体来说, 即是应贯彻以下原则:

(1) 客观性原则. 即在进行教学设计方案评价时, 应该以客观存在的事实为基础, 以科学可靠的评价技术工具为保障来取得数据资料, 并作出实事求是、公正严肃的评定.

(2) 整体性原则. 即在评价时, 要对组成教学设计方案的各个方面作出多角度、全方位的评价, 而不能以点代面, 以偏概全. 这首先要求评价标准要全面, 尽可能包括教学设计工作的各项内容, 防止突出一点, 不及其余; 其次要把握主次, 抓住主要矛盾, 在决定教学质量的主导因素和环节上花大力气; 三要把前面的各类评价结合起来, 过程与结果并重, 定量与定性结合, 相互参照, 全面准确地判断教学设计方案的实际效果.

(3) 指导性原则. 指在进行评价时, 不能就事论事, 而应把评价和指导结合起来, 不仅使教学设计人员了解该份教学设计方案的优缺点, 而且为以后进行教学设计指明方向. 也就是说, 要对评价的结果进行认真分析, 从不同角度查找因果关系, 确认产生问题的原因, 包括哪些是由于评价工作本身造成的, 哪些是由于试行方案过程中的偶然因素造成的. 并及时通过信息反馈, 让教学设计人员作出修改、完善.

实践与反思

(1) 请在中学数学课程中选择一个单元, 作教学内容分析.

(2) 请在中学数学课程中选择适当的内容, 分别用归类分析法、图解分析法、信息加工法、解释结构模型法进行分析.

(3) 请调查自 1980 年以来, 我国在数学教学的模式、方法和策略方面取得的研究成果, 并分析各种模式、方法和策略的优缺点.

(4) 请根据本书介绍的数学教学设计的过程模式, 在中学数学教学中选择一个主题作一个"产品"层次的数学教学设计.

参 考 文 献

陈晓慧. 2005. 教学设计 [M]. 北京：电子工业出版社.

何克抗, 郑永柏, 谢幼如. 2002. 教学系统设计 [M]. 北京：北京师范大学出版社.

李士锜. 2001. PME：数学教育心理 [M]. 上海：华东师范大学出版社.

乌美娜. 1994. 教学设计 [M]. 北京：高等教育出版社.

张祖忻. 2003. 如何将动机原理整合于教学设计过程 [DB/OL].http://www.shtvu.edu.cn/research/kaifang/2003/20032/2003_2_2.HTM.

Keller J M. 1983. Motivational design of instruction //Reigeluth C.Intructional De sign Theories and Models:An Overview of Their Current Status. Hillsdale, N. J. :Lawren ce Erlbaum Associates, 387~435.